高等院校中学教师培养系列教材

教育哲学

JIAOYU ZHEXUE

主编 刘黎明

北京师范大学出版集团
BEIJING NORMAL UNIVERSITY PUBLISHING GROUP
北京师范大学出版社

图书在版编目(CIP)数据

教育哲学 / 刘黎明主编. --北京 ：北京师范大学
出版社，2025. 4-- ISBN 978-7-303-30173-7

Ⅰ. G40-02

中国国家版本馆 CIP 数据核字第 2024X1M808 号

出版发行：北京师范大学出版社 https://www.bnupg.com
　　　　　北京市西城区新街口外大街 12-3 号
　　　　　邮政编码：100088
印　　刷：唐山玺诚印务有限公司
经　　销：全国新华书店
开　　本：710 mm×1000 mm　1/16
印　　张：21.25
字　　数：405 千字
版　　次：2025 年 4 月第 1 版
印　　次：2025 年 4 月第 1 次印刷
定　　价：60.00 元

策划编辑：王　超　　　　　　　责任编辑：刘　溪
美术编辑：焦　丽　　　　　　　装帧设计：焦　丽
责任校对：梁　爽　　　　　　　责任印制：赵　龙

总　序

为贯彻党的二十大精神，全面落实立德树人根本任务，系统推进教育部于2022年新修订的义务教育课程方案和语文等16个课程标准的落地实施，我们将孕育于中原沃土的"高等院校中学教师培养系列教材"奉献给广大读者。

在发展学生的核心素养这一国际教育趋势下，核心素养教育在我国教育界日益升温。从学科教学过程中衍生出的教学设计问题构成了培养学生核心素养和可持续发展能力的重要一维。教学设计是落实核心素养的关键环节和动力，是促进课堂教学提质增效的重要依据，更是沟通教学理论与教学实践的桥梁。我们认为，教学设计即教师为优化教学过程，提高教学质量，以认知学习理论、教育传播理论和系统科学理论为基础，根据学生的学习特点和自身的教学风格，对教学环节、教学要素预先进行科学的计划、合理的安排，制定出整体教学运行方案的过程。作为指导教师有效教学的蓝图，教学设计是教师教学不可或缺的一个环节。新课程标准对教师的教学设计能力提出了更高的要求。因此，如何提高在职教师和高等师范院校师范生的教学设计理论水平和实践能力，让教学理论"上可着天、下可落地"成为一道待解难题。

为总结和推广新课程标准中的新理念、新实践，发展中学生的核心素养，我们与北京师范大学出版社合作出版"高等院校中学教师培养系列教材"。本丛书由14册构成，涵盖了中学教育的各个学科，包括《中学语文教学设计》《中学数学教学设计》《中学英语教学设计》《中学物理教学设计》《中学化学教学设计》《中学生物教学设计》《中学历史教学设计》《中学地理教学设计》，另加一些基础课程，包括《教学设计与评价》《教育哲学》《现代教育技术》《教师职业道德》《班级管理》《教育测量评价技术》，旨在为广大教师搭建一座连接教学理论与教学实践的桥梁。

本丛书以新课程标准为依据，以国家政策、教育动态、社会需求为风向标，紧跟课改步伐，将现代教育理念、教育技术和教学方法融入学科教学设计和教学实践，系统分析、研究各学科的教学目标、教学内容、教学方法、课堂教学、实践活动、教学评价等中学教学设计中出现的问题、需求以及解决的途径，填补了中学教学设计研究领域的缺口，旨在为中学教学设计中的一些困惑提供参考和借鉴。如何培养适应新时代要求的中学教师、如何在课程实施中培养学生的核心素养是教育工作者要直面的重要课题。面对这些现实问题，本丛书试图在教学设计领域探寻答案。"高等院校中学教师培养系列教材"的编写立足于教学实践，贴近教育实际，以提升中学生的学科核心素养为目的，深入挖掘中学教学设计的本质，思考教师与教学、文本与设计之间的关系，探究教学设计在各学科中的运用模式，不断完善教学设计的理论基础与方法策略，更新教师的教学思想，弥合教师"教"与学生"学"之间的裂痕，打造"师生协奏"共同体，培养与新课程同步成长的专业化教师队伍。基于此，本丛书可作为高校本科师范生和教育硕士生研习之用，亦可作基础教育师资培训和各学科教研参考用书。

本丛书顺应中学教育改革和发展的需求，以培养专业化的学科教师为目标，力求体现先进性。本丛书具有以下几方面特色。

立足素养本位，着眼教学提质。本丛书以 2022 年新课程标准和新教科书为依据，在重视学科知识体系与教学方法的基础上，注重由"教"的设计走向"学"的设计。在编写过程中，本丛书教学活动的设计践行学科学习活动观，并运用认知学、心理学等理论进行指导。本丛书的编写是基于教材整体教学活动的设计，能够为一线教师的教学设计提供参考。另外，本丛书立足素养本位的教学设计，是教师开展新教学的有效抓手，有助于提升教师的教学质量。

重构设计图谱，链接多彩教学。本丛书在以往教学设计研究的基础上融入了新的元素，以学科核心素养为培养目标，重在提升学习者综合运用知识和进行教学设计的构思能力，融理论性、知识性、实践性于一体，设计内容涵盖整个教学活动。在内容的呈现形式上力求生动活泼，穿插多种类型的教学案例分析和启发探究式小栏目，并对每个设计项目从简到繁、从易到难、从部分到整体进行有序编排和训练，使教材体现出实用性和可操作性，既有助于读者思考与参与体验，也便于读者对教学活动进行组织与安排，使各学科教学设计在重构之后更易获得、更有质量、更具包容性。

科学研判学情，设计和而不同。本丛书科学研判每门学科及具体课堂教学中的学情，有助于学生核心素养的培育真正落实。为此，在体现共性的同时，各本的内容又各具特色。就共性而言，丛书各部分内容的阐述依据创新精神和实践能力的要求，紧密结合我国课程改革的基本理念、要求以及日常学科教学案例，设计出具有河南省区域特色的、符合学科特点的实践与应用内容。就个性而论，各本根据学科性质的不同，从中学教学实践出发，结合教学设计的相关理论，阐释中学各科教学设计的方式方法，既包括理论层面的解读，又附有翔实的案例分析。

　　时至今日，有关中学各科教学设计的出版成果已具有丰厚的基础，我们理应朝着一个更高的境界奋进。希望我们的工作可以让读者对中学教学设计有一个较为真实且全面的理解，也恳请各界先进对本丛书不吝给予批评与指正。

刘志峰

2024 年 2 月 15 日

前　言

百年大计，教育为本；教育大计，教师为本。因此，培养和造就高素质、高质量的教师队伍就显得尤为迫切和重要。教师作为学生发展的促进者，以及教育实践的履行者，应该具备正确的教育理念和专业的实践能力。这就要求教师教育课程起到引导未来教师树立正确的教育理念的作用，帮助他们掌握必备的教育知识与能力，从而有效地参与教育实践，获得丰富的专业体验。很显然，教育者的教育理念是支配其教育行为，统领教育实践的关键因素。

哲学是关于世界观的学问，是思维的科学。这意味着，学习哲学将有助于人们正确世界观的形成。由此推论，教育哲学的学习与掌握，必将有助于教育者树立正确的教育理念。作为高校师范类教师教育的核心课程，"教育哲学"理应承担起培育学生正确教育理念的使命。为了履行这一使命，同时也为了更好地落实国家教育规划，深化教师教育改革，规范和引导教师教育课程与教学，培养造就高素质专业化教师队伍，本教材的编写将立足哲学特有的性质与价值，紧紧围绕"教育理念"这一核心，力求从教育观念和教育思维两个层面提升师范生的教育理论素养，进而达到培养高素质教师的目的。

哲学是关于世界观的学问，教育哲学理应是关于教育观的学问。所谓教育观的学问，简言之，就是探寻以下问题：作为一个教育者，应该具有什么样的教育理念？为什么要有这样的教育理念？什么样的教育理念才是正确的？怎样才能形成正确的教育理念？据此，本教材的基本构架就是把抽象化的"教育理念"具体化为教育观、学生观、教师观、课程观、教学观及班级管理观这些有关教育的核心概念，在全面梳理和深入探讨相关理论知识的基础上，归纳概括出上述教育理念。

教育理念是关于教育的理性认识；理性认识是关于事物的本质、规律的认识。因此，对教育本质、规律的深刻理解和把握是教育理念形成的基础。人们对事物的正确认识，就是对事物本质、规律的揭示。从这一基本认知出发，本教材关于教育观、学生观、教师观、课程观、教学观及班级管理观的探讨，首先是对教育、学生、教师、课程、教学及班级管理等基本概念进行深入剖析，使读者从根本上真正理解什么是教育、学生、教师、课程、教学及班级管理；在此基础上引导读者明辨应该具有什么样的教育观、学生观、教师观、课程观、教学观和班级管理观，以及如何形成这些观念。同时，依据对相关教育理论知识的把握和理解，对古今中外已有的一些教育理念进行审视、分析和评判，一方面，强化学生对合理、正确教育理念的认识和信念，另一方面，培养学生的教育思维能力与品质。

众所周知，教育理念的形成并非只是通过理论知识的学习就能完成的，还必须面向教育实践，在对教育实践经验的不断反思中逐步完成。因此，本教材的课堂教学要求把理论知识的讲授植根于现实的教育问题之中，培养学生从根本上审视、分析和思考教育问题的能力，并尝试进行不断的教学改革，变一言堂的课堂讲授教学模式为阅读经典、学术讨论、读书指导等多种教学方式。加强教学中的过程性评价，关注学生的学习体验，注重学生问题意识和独立思考能力的培养，进而使书本知识的"教育理念"真正内化为学生个体的思想观念。

本书在写作的过程中，借鉴了之前已出版的本人主编的《教育哲学》的相关内容，在此对参与这本书编写的作者（李妍妍、张务农、张鹏君、王举、蒋军营、孟艳和杨飞云）表示衷心感谢。同时，平顶山职业技术学院的李晶晶参与了第七章"班级管理观"的写作，并做了一些资料搜集和全书的校对工作，在此一并表示感谢。

我们力求在汲取国内外现有《教育哲学》教材精华的基础上，针对本科高校师范生培养的特殊需要，并依据"教育哲学"特有的学科性质及育人价值，编写出一本帮助学生树立起正确的教育理念，以及形成良好的教育思维方式的《教育哲学》教材。因此，以"理念"和"思维"作为抓手布局全书，既是本教材特有的构架与思路，也体现出我们对教育哲学在提升师范生教育理论素养中特有价值的根本认知。然而，必须承认，由于作者的水平有限，成书未必能完全达到我们的预期以及读者的要求。因此，我们恳请各方人士不吝赐教，以激励我们在这一探索的道路上不断前行。

刘黎明
于郑州工业应用技术学院

目　录

引　论

一、教育哲学是怎样一门学科

对于教育哲学是怎样一门学科的认知，可以帮助我们更好地学习与掌握教育哲学，并学以致用。

（一）教育哲学是一门教育学与哲学的交叉学科

随着教育科学的发展，教育学与其他学科有了越来越多的交融和渗透，形成了诸多交叉学科，教育哲学就是其中的一门交叉学科。作为教育学的交叉学科，教育哲学包含教育性和哲学性两个方面特性。

教育哲学的教育性是指教育哲学是教育学的分支学科，以教育问题为其特定的研究对象：

> 教育哲学是一门用哲学来探讨教育的理论和实践诸方面问题的学科。[①]

> 教育哲学是研究教育领域中带有哲学意味的一般问题和根本问题的，以便教育工作者从总体上形成正确的教育观、教育价值观和教育方法论。[②]

> 正如普通哲学企图用最一般的系统的方式解释实在，以达到从整体上理解实在一样，教育哲学则力图用指导选择教育目的与政策的一般概念解释教育，以达到从整体上理解教育。[③]

> 教育哲学是以哲学态度和哲学方法来考查教育的基本概念与基本原理，从而对教育现实以及教育科学的各个领域从根本上加以整体把握的一门"原理"性学科。[④]

上述表明，教育哲学的教育性所要强调的是，研究教育问题，解释和指导教育实践，是教育哲学独特的使命及主旨，也是教育哲学独特的价值所在，这

[①]　傅统先、张文郁：《教育哲学》，2 页，济南，山东教育出版社，1986。

[②]　《教育哲学》编写组：《教育哲学》，3 页，北京，高等教育出版社，2019。

[③]　[美]乔治·F. 奈勒：《教育哲学导论》，陈友松、蔡振生译，见陈友松主编：《当代西方教育哲学》，27～28 页，北京，教育科学出版社，1982。

[④]　[日]下程勇吉：《教育学小事典》，京都，法律文化社，1976，转引自黄济：《教育哲学通论》，318 页，太原，山西教育出版社，1998。

是一般哲学无法替代的。

教育哲学的哲学性是指教育哲学对教育问题的解释是价值性的，而非事实性的。人类任何一门学科无非都是人们对大千世界万事万物的认识，而人类所有的认识可以分为事实性认识和价值性认识两大类。所谓事实性认识就是人们对大千世界万事万物存在的本质特征及客观规律的认识，即科学认识。所谓价值性认识就是人们对大千世界万事万物存在的意义及价值的认识，也就是哲学认识。

"哲学与所有其他学科不同，它不是出于实用的需要，而是出于人性和人存在的需要。哲学不是单纯的理性活动，而是生命本身的一种基本方式。哲学不是一套现成的知识体系，而是人存在的基本方式。"[①]也就是说，科学通过提供有关世界万事万物的知识，帮助人们增强生存本领，从而使人们更好地活着；而哲学则是通过明辨、省思、质疑、批判的生存状态提升人们的生存意识，让人的生存乃至生命更有价值。

因此，教育哲学对教育问题的研究，是旨在探索教育存在的意义，提升教育活动的价值，从而使人类的教育真正成为体现人性、满足人的需求、充分彰显人之生命价值的活动。

21世纪的教育哲学把自己看作从哲学的角度帮助教育者对任何教育问题的理论进行批判与反思，其目的是唤醒和促使教育者更好地理解与他们密切相关的教育生活，进而获得重建教育生活的意识、知识、能力与信念。这是一种从"以教育知识为核心"转变为"以教育实践或教育生活为核心"的教育哲学转向。这种转向的最终目的是要提升人们的教育智慧，而不仅仅是增加人的教育知识。为此，教育哲学要为各种教育活动提供前提假设，要为各种教育方法和手段给予价值判断，要为人们的各种教育行为进行理念引导等。

教育哲学与教育基本理论虽然都是探索教育"原理"的学科，却有着实质性的区别：教育基本理论是通过分析教育现象揭示教育本质及其规律的科学，教育哲学则是基于教育生活探索教育意义及价值的学问。因此，教育基本理论研究不能取代教育哲学研究。

（二）教育哲学是一门具有方法论性质的学科

教育哲学作为探索教育意义及价值的学问，集中地体现为它是具有方法论性质的学科，对教育问题进行研究。

顾明远主编的《教育大辞典》把"教育哲学"定义为："教育哲学（Education

---

① 张汝伦：《作为哲学问题的"哲学"》，载《哲学研究》，2021(11)。

Philosophy；Philosophy of Education)是教育科学分支学科，是教育科学中一门具有方法论性质的基础学科。对教育理论和教育实践中的一些根本问题进行哲学探讨，以为教育理论和教育实践的指导。"①桑新民认为："从定义来看，教育哲学是哲学的应用学科，又是教育的基础理论。哲学是世界观和方法论，教育哲学则是教育观和教育研究的方法论。"②哲学意义上的"方法论"，主要是指关于思维的学问，即人们认识大千世界万事万物的思维方式是否合理、正确和有效的学问。"一切真正的哲学都是思维的普遍方法，都具有方法论的功能。"③也就是说，哲学从根本上就是一门具有方法论性质的科学。这种方法论性质体现为，哲学以人的思维活动和认识过程为研究对象，以反映关于自然、社会本质及规律的思考、行动原则和方法为研究内容，也可以说，哲学是各门具体科学的概括和总结。进一步讲，"哲学虽然本身是一种知识，但它所提供给人们的并不是知识，而是知识背后的那种精神、原则和方法。哲学虽然是各门具体科学的概括和总结，但哲学的任务不是为了揭示客观事物的更深刻的本质和规律，而是为了探讨科学认识如何产生，何以能够产生，探讨认识、思维的普遍规律"④。

既然哲学是具有方法论性质的科学，那么教育哲学也就必然是一门具有方法论性质的教育科学体系的学科。作为教育研究的方法论，教育哲学就是要对人们如何认识教育问题、理解教育的思维方式进行探究，进而提升人们从事教育实践活动的理论思维能力。正如恩格斯所指出的，一个民族要想站在科学的高峰，就一刻也不能没有理论思维。同理，一名教育工作者要想使教育活动卓有成效，就必须具有较强的理论思维能力。而提升思维能力最终要达到的是，帮助人们真正感悟教育的真谛，领会教育的精髓，形成教育的智慧。

(三)教育哲学是一门探索教育生活真谛的实践哲学

教育哲学虽然是教育思维的科学，但并不等于说教育哲学是"思辨哲学"。马克思主义的"实践唯物主义"学说告诉我们，哲学的使命不仅仅在于解释世界，更重要的是要改变世界。"哲学不再思考一些抽象的问题，为知识而知识，而是思考一些现实问题，为行为和社会的改变而探求知识。"⑤正是在此意义上，实践性是教育哲学的根本性质。

① 顾明远主编：《教育大辞典(增订合编本)》，794~795 页，上海，上海教育出版社，1998。
② 桑新民：《当代教育哲学》，23 页，昆明，云南人民出版社，1988。
③ 袁贵仁：《论哲学思维方法》，载《哲学研究》，1987(8)。
④ 袁贵仁：《论哲学思维方法》，载《哲学研究》，1987(8)。
⑤ 石中英：《教育哲学》，27 页，北京，北京师范大学出版社，2007。

人类的教育活动，就目标而言是一种手段，即人们为了过上一种理想的生活而必须通过教育获取想要的知识和能力；就过程而言，教育则又是人们生活的必要组成部分，正如杜威所言，教育即生活，即生长，即经验的改组和改造。因此，教育哲学对教育问题的探究，绝不仅仅是为了获得有关教育的一些概念、命题、判断等理论知识，而是要对人类的全部教育生活实践进行反思、批判、概括和总结，从而为教育活动指明方向，确立思维路径，寻找最佳方案，进而推动教育实践的改革和发展。正是在此意义上，教育哲学是探索教育生活的实践哲学，以区别于只停留在概念、判断、命题层面的"玄学"或"思辨之学"。

二、教师为什么需要教育哲学

作为一名教师，每天面临着大量烦琐的具体工作，而这项工作又直接关系着年轻一代的健康发展。因此，教师是否能不负使命，取决于他们思想的高度和思维的品质，而这在一定程度上又取决于他们是否具有较高的教育哲学素养。

(一)教育活动需要教育哲学

众所周知，人类的教育活动伴随着人类的产生而产生。人类教育活动发展的历史表明，人类教育活动的理性化、自觉性程度在不断提升，表现为人们越来越依赖科学而不是主观臆断或经验从事教育活动；也表现为人们在教育活动中思考的问题由"怎么做"转向了"为什么""是什么"，这种转向意味着人们不只是关心如何进行教育活动的问题，而是关注为什么要进行教育活动，以及教育活动是怎样的一种活动；同时还表现为人们在从事教育活动的过程中，对教育活动何以存在，其存在的意义是什么等问题产生了越来越浓厚的兴趣，并积极进行探索。

上述这些表现足以说明，人类的教育活动始终伴随着人们不同程度的哲学活动，即人类的教育活动需要思考，需要反思，需要思想。如前所述，哲学不是出于实用的需要，而是出于人性和人存在的需要。那么，教育哲学就不是为了解决教育活动中的具体问题，而是要追寻对于人类而言什么才是更好的教育，什么样的教育才更有价值。毫无疑问，只有伴随着如此"追寻"的教育活动，才能产生人类社会最理想的教育，以及最能呵护人性和满足人的生存与发展需要的教育。

教育哲学对于教育活动的必要性还可以从教育活动的根本性质上得以证明。教育是什么？虽然古今中外的人们对这一问题有着不同的认知和解答，但通过对这些认知和解答的梳理与分析，以及对教育产生、发展历史的透视，不难归纳出教育最本质的内涵在于：促使一个人更好地生存和发展。基于这一本质内涵，所有的教育活动，无论是教师日常的教育教学，还是教育政策法规的制定，抑或教育理论的建构，都必须思考什么才是更好的人生，人的发展理想境界是什么等问题。否则，教育就会误入歧途，就会背离其初衷，甚至成为人的生存与发展的"隐形杀手"。很显然，对人本、人性、人生，乃至人的生存与发展的思考，不是对教育问题的直接思考，却是从事任何教育活动的前提和基础，而且是不可或缺的思考，而这种思考就是哲学在教育活动中的体现。"哲学探究的是我们思想、行为和经验的前提，这些前提构成了我们一切经验、一切思想与行为的基础。例如，人类都有的道德与法律责任的观念，其前提或隐性基础是对人性的一个基本理解：人是有自由意志的行动者。"①也就是说，我们所有的教育思想、教育行为以及教育经验，都必须建立在对人及其与社会的关系的探究基础上，这种探究便是教育哲学的使命与担当。

（二）教师发展需要教育哲学

教师职业的特殊性需要教育哲学。教师是社会分工中的一般性社会职业，更是以促进人的全面发展为旨归的特殊性社会职业，其特殊性集中体现为以个体生命为职业对象，以促进人的发展为职业目标，以人类的知识、道德、技能等要素为职业内容，而所有这一切都离不开哲学的浸润与奠基。

所谓以个体生命为职业对象，是指教师职业所面对的是一个个鲜活的、具有主观能动性的且不断变化的、具有个体差异性的生命个体，对这一个体不同的认知与理解，便构成了教师进行教育活动的基本前提。所谓以促进人的发展为职业目标，是指教师职业最终要完成的是让每一生命个体通过教育获得一定的发展，而对"发展"寓意的理解，对人的发展境界的判定，又构成了教师进行教育活动的基本理念和信仰。所谓以人类的知识、道德、技能等要素为职业内容，是指教师对人的发展的促进，就是将这些要素内化为个体的身心素质，而对这些要素的性质、价值及其与人的发展关系的认识，将直接导致教师教育行为的方向。教师职业的这些特性表明，人类的教育活动始终是伴随着人们的哲学活动而进行的，教师的教育无法与哲学相剥离；否则，教师职业就失去了应有的价值和功能。

教师个体的专业成长需要教育哲学。教师作为教育活动的设计者和实施者，并非任何人都能胜任。教师职业的特殊性，要求每一位教师不断追求自身

---

① 张汝伦：《作为哲学问题的"哲学"》，载《哲学研究》，2021(11)。

专业化水平的提升，在职业生涯中实现自我的专业成长。专业化，简言之就是职业的专门化，即某一职业达到相关特定标准的过程；同时也意味着从业人员必须具备相应的专门知识和技能等专业素养。因此，教师职业专业化是指教师职业的专业地位确立和提升以及教师个体专业水平提高的过程。教师个体专业水平提高的过程，也就是教师在职业生涯中成为一名合格的教育工作者的专业成长过程。

教师的专业成长主要是指"教师专业知识与技能技巧的丰富与娴熟，专业信念与理想的坚持与追求，专业情感与态度的深厚与积极，教学风格和品质的独特与卓越"①。其中，专业信念和理想是教师个体专业成长的灵魂；专业知识与技能、教学风格与品质是教师个体专业成长的核心。

教育信念与理想，是内隐于教师个体行为的观念和追求，是教师行动的内在动力。常言道，观念支配行动。对教师而言，有什么样的教育观念就会有什么样的教育行为，而不同的教育行为必将导致不同的教育结果。正是在此意义上我们说，教育信念与理想是教师个体成长的灵魂。需要明确的是，教育信念与理想的形成，并非一个自然而然的过程，而是教师不断自觉探究教育本真的过程。这一探究需要教师具有对丰富的教育实践活动的敏锐洞察能力，对纷繁复杂的教育现象的透彻分析能力，以及对各种教育学说的深刻质疑批判能力等，而这些能力的形成在一定程度上就是哲学滋养的结果。或者也可以说，教育哲学的功能就在于培养教师这些方面的能力。

专业知识与技能、教学风格与品质，是外显的教师行为，是教师作为专业人士的直接体现，因此也是教师个体专业成长的核心体现。专业知识与技能的获得，良好教学风格与品质的形成，表面看来是教师个人努力学习，不断进取的结果；实则是他们善于思考，勇于反思，追求自我完善的结果，是他们作为一个思想者而非单纯的行动者从事教育活动的体现。如前所述，教育哲学是关于教育思想的学问，这表明教师要想成为一个思想者，就必须掌握教育哲学。

(三)教师教育需要教育哲学

教师的专业成长并非一个自然而然的过程，而是通过专业化、系统化培养而逐渐提升的过程。正如人的发展需要教育一样，教师的发展同样需要教育。教师教育就是对教师进行培养、培训，以促进其专业化发展。这种教育包括职前有关教师的理念、知识、技能等方面的培养，也包括进入教师行业后

---

① 王鉴、徐立波：《教师专业发展的内涵与途径——以实践性知识为核心》，载《华中师范大学学报(人文社会科学版)》，2008(3)。

的各种培训。而无论是职前培养还是职后培训，均无法脱离教育哲学的涵养与引导。

教师教育理论体系的形成需要教育哲学。教育哲学是教师教育理论体系的核心构成要素，也是教师教育理论的前提假设和思想基础。因为对教师教育的理论认知，首先应建立在对教师的本质是什么，什么是理想的教师，教师教育的目的、意义、价值取向何在，以及教师教育的知识内容应包括哪些等问题的探究。需要明确的是，对这些问题的思考，并不只是要寻求一个确定的答案，而是要帮助人们树立正确的教师教育观，真正认识教师教育的意义和价值。由于教育哲学就是探索教育意义与价值，对人们的各种教育行为进行理念引导的学问，所以教师教育的理论建构需要教育哲学的奠基。

高素质的教师培养需要教育哲学。毫无疑问，教师在一定程度上是依赖知识进行教育活动的，甚至教师的优劣在某种意义上也以知识掌握的多寡、深浅来衡量。然而，有知识的人并不等于教师，博学的人也未必就是良师。"正如马克斯·韦伯指出的那样：具有学者资格与合格的教师，'两者并不是完全相同的事情。一个人可以是一名杰出的学者，但同时却是个糟糕透顶的老师'。"[①]因此，教师教育不只是培养教师如何掌握更多的知识，并将其传授给学生；而是要帮助教师真正理解教育，明确教育的意义，坚定教育的信念。这是教育的本质内涵所决定的，也是教师教育的根本宗旨所在，更是当代教育发展对教师素质的必然要求。"培养把书本知识传授给学生的教师不是太困难的。但是，要使学生能应付未来的不可预料的，非常规的世界，学生就需要有较高素质的教师。"[②]毫无疑问，高素质的教师首先是具有正确教育理念的教师，而正确教育理念的确立，必须要有教育哲学的涵养。

三、教师如何学习教育哲学

人们一般认为，哲学是一门高深的学问，只有少数具有此方面特殊天赋的人才能真正掌握。因此，对于一般教师来说，学习和掌握教育哲学就是一件非常困难的事情。事实并非如此，哲学作为有关思想、思维的学问，虽然由于其没有数学、物理学、政治学、社会学等具有的"实在的"具体研究对象而显得抽象和高不可攀，但是这并不意味着哲学就是一般人难以触及的领域。因为哲学归根结底源于人性的需要、人的存在的需要，是人的一种生存方式，即人是有

---

① 于伟主编：《教育哲学》，272 页，北京，北京师范大学出版社，2015。
② 国家教育发展与政策研究中心：《发达国家教育改革的动向和趋势（第 2 集）：美国、苏联、日本、法国、英国 1986—1988 年期间教育改革文件和报告选编》，284 页，北京，人民教育出版社，1987。

理性的物种，人的理性驱使着人们对自己的生存状态进行思考，进而追求更美好的人生，由此便产生了哲学。这说明哲学并不是远离或高于我们每一个人的高深学问，而是一种与我们同在的生活方式、人生智慧。正如西方著名哲学家海德格尔所指出的："我们并不有时从事哲学（philosophieren），而是始终和必然从事哲学，只要我们作为人存在。在此为人，就叫哲学（philosophieren）。动物不能哲学；神不需要去哲学。从事哲学的神就不是神。因为哲学的本质是一个有限的存在者存在的一种有限可能性。"①

因此，教育哲学就是我们每一位教师进行教育活动的一种存在状态，一种追求高质量的教育成效和自我发展的状态，所以说教育哲学不是远离或高于教师之上的，而是融入我们每一位教师日常教育生活之中的。当然，哲学作为一种人的生存状态，是从哲学的本质属性说的。事实上，哲学同时还作为一门学问、一门学科，是人类智慧长期积累的结果，人们需要自觉努力地学习才能真正达到哲学的生存方式。同理，教师只有努力学习教育哲学，才能使自己的教育人生达到一个较高的境界。依据哲学的本质属性，教师学习教育哲学应从以下几个方面着手。

首先，教师要培养自己对教师职业的热爱。热爱不等同于兴趣、爱好，后者属于人的本能、天性，前者则是人的感性与理性的高度统一。对教师职业的热爱，需要我们发自内心地喜欢，更要求我们对教师职业的本质、特性及价值的深刻理解。哲学是关于思想的学问，而思想首先源于热爱。只有热爱，才会去关注，才会去思考，才会刨根问底地追问，而这一切就是哲学的潜质所在。因此，教师与其说是培养自己对教师职业的热爱，毋宁说是让自己作为一个哲学家去审视教育问题和理解教育。

当然，由于教师职业的复杂性等特点，培养这种热爱也并非易事。这就要求教师一方面能在安心本职工作的基础上，认真、努力做好每一件事，如备课、上课、批改作业等，并从中捕捉点滴的成就感，以激发自己的兴趣；另一方面要自觉主动地学习教育理论知识，提升自己的理论素养，进而不断感知和理解教育的真谛及教师职业的意义与价值。

其次，教师要养成一种质疑和批判的思维与习惯。哲学是一门学问，更是一种思维活动，而这一思维活动集中体现在质疑与批评中。人类文明发展的历史表明，任何知识都是从疑问开始的，正是人们对大千世界的种种不解和疑

---

① M. Heidegger, *Einleitung in die Philosophie*, GA27, Frankfurt am Main, Vittorio Klostermann, 1996.

问，才促发了人类的探究活动，进而才形成了人类的各种知识。同时，人类知识的更新与进步，还需要不断地批判。事实上，批判也是一种质疑，是对已形成的思想、观念、理论等的质疑。批判不仅是人们对现存知识的进一步辨识和审视，更是对现实永远不满足的一种意识和精神。人类的文明正是靠这种意识和精神推动的。

所以，教师学习教育哲学，就是要养成质疑与批判的思维品质。这种思维品质的养成，要求教师在各种教育活动中多问几个为什么，对各种教育思想观点进行深入思考，并结合自身和他人的教育经验进行分析、判断，辨识正误，进而形成自己的教育观念和立场。事实上，质疑与批判的过程是"一种学习的过程，是一种使学习对象意义显现的过程，同时也是一种使批判者自身价值立场和认识框架呈现的过程"[①]。这表明，教育哲学对于教师而言，并非一种外在的知识形态，而是教师自身理论素养不断提升的过程。

最后，教师要广泛阅读和深入钻研教育哲学理论知识。如前所述，哲学从本质上说是人的一种生存状态，但同时也是一种学问，是人类智慧的结晶。教育哲学同样如此，它是长期以来无数个思想家、教育家、哲学家等对教育问题进行思考、交流与碰撞、归纳与提炼的结果。因此，教师要想比较快地提升自己的哲学素养，就必须首先拥有一定的教育哲学理论知识。理论是行动的指南，更是一个人站位高低的基石。作为一名教师，无论是对教师职业热爱的培养，还是质疑与批判思维品质的养成，都离不开教育哲学理论知识的涵养与指导。

当然，由于哲学的抽象和思辨性，阅读教育哲学书籍和钻研相关理论的确不是件简单的事情。但在笔者看来，学习教育哲学理论知识，最大的问题不在于看不懂、想不明白，而在于是否有强烈的学习欲望，以及追求自我发展的迫切意识和决心。也就是说，当一个教师有了这种欲望、意识和决心，就能要求自己静下心来去阅读，去思考，去钻研，进而也就一点一点地潜入教育哲学的知识海洋中去。

总而言之，什么是教育哲学，教育哲学与教育活动具有怎样的内在联系，教育哲学对于教师而言意味着什么，只有当我们明确了这些问题，才能真正懂得学习教育哲学的意义，也才能运用教育哲学更好地从事教育活动。

---

① 石中英：《教育哲学》，30 页，北京，北京师范大学出版社，2007。

"那些不应用哲学去思考问题的教育工作者必然是肤浅的，一个肤浅的教育工作者，可能是好的教育工作者，也可能是坏的教育工作者——但是好也好得有限，而坏则每况愈下。"[①]这表明，作为一名教育工作者需要学习和掌握教育哲学。那么，什么是教育哲学？教育哲学具有什么价值？教育哲学和教育实践之间是什么关系？教育哲学在教师的专业成长中的意义是什么？作为一名教师如何走向教育哲学？这些就是本章着重探索的问题。

第一章　教育哲学与教育

教育哲学作为教育学与哲学的交叉学科，同时也作为一门探索教育生活真谛的实践哲学以及研究教育问题的方法论学科，与教育的本质关联就在于：教育哲学是教育观的学问，是教育思维的科学。

第一节　教育哲学的本质内涵与性质

教育哲学作为一种知识体系，作为一种思想理论，其本质内涵究竟是什么，又有哪些基本性质？对于这一问题的探究和思考，有助于我们深入理解和掌握教育哲学。

一、哲学与教育

很显然，教育哲学与哲学有着不可分割的内在关联；因此，要想认识教育哲学的本质内涵与性质，就必须首先了解哲学的内涵与性质。

（一）哲学的含义

最早的哲学一词，源于希腊语"philosophia"，由"philo"和"sophia"组合而成，前者意为"爱"，后者意为"智"，二者合意为"爱智慧"，这也是哲学的原初含义：热爱智慧，追求真理。对智慧与真理的热爱与追求，便催生了哲学这一知识体系，这是一种高度概括并具有普遍意义的知识体系。

"哲学最初是一门普遍的科学。它主要包括：自然、人类、道德、国家、

---

① ［美］乔治·F. 奈勒：《教育哲学导论》，陈友松、蔡振生译，见陈友松主编：《当代西方教育哲学》，135 页，北京，教育科学出版社，1982。

艺术以及为了正确思考的规则等学科……哲学把关于世界的理论和关于一种美好生活的理论(如自然和道德)合并起来。"①

随着时代的发展，哲学的内涵也在不断丰富和演变。"根据所追求的具体目的，至少有五类陈述系统可能被看作'哲学'。1.世界观或观念学哲学或作为一个'宗教的观念学代替品'；2.作为一个'为了掌握生活的规则系统'或对生活起指导作用的哲学；3.作为理论陈述系统的哲学，这些理论陈述是独立于科学和世界观的结果而构思出来的；4.作为一种总结独立性科学的结果的统一景象的哲学；5.作为对基本原则的调查，作为一种理论和对知识的评论的哲学。"②

国内外各种对"哲学"含义的解读，可以归纳、概括为两种理解哲学的基本方式。

1.作为学术意义的"哲学"

所谓学术意义的"哲学"，是指把哲学看作一系列专门的概念、范畴、命题及话语方式构成的知识体系，即作为理论陈述系统的哲学。这是一种静态的理解方式，是把哲学作为一门高深的学问，一种需要人们有较深厚的知识底蕴，较强的思辨能力，以及良好的思维品质才能认识和把握的知识体系。在此意义上的哲学是高深莫测的，是凌驾于人们日常生活之上的独立的、专门的知识体系，也是一般人不可轻易触及的领域。很显然，这种哲学只是一门少数人才能学习的学科，一种只有经过专门训练的人才能掌握的知识体系。

2.作为生活意义的"哲学"

所谓生活意义的"哲学"，是指把哲学看作"一种思维方式、一种寻根问底和不断反省的思想态度"。这是一种动态的理解方式，是把哲学作为源于人们日常生活的深入思考。无论是智者对"我是谁？我从哪里来？我到哪里去？"的质疑，还是寻常百姓对"我为什么活着？"的询问，都属于哲学的范畴。因此，哲学是每个人都可能拥有的一种思维方式，是与人们的日常生活密切相关的学问。

事实上，哲学是源于生活的，人们为了追求更美好的生活，才有了对生活的哲学思考。然而，"西方自柏拉图之后，中国自先秦以降，哲学就逐渐地与

---

① ［德］沃尔夫冈·布列钦卡：《教育知识的哲学》，164页，杨明全、宋时春译，上海，华东师范大学出版社，2006。

② ［德］沃尔夫冈·布列钦卡：《教育知识的哲学》，165页，杨明全、宋时春译，上海，华东师范大学出版社，2006。

生活脱离，成为一门借助于专门的范畴来穷尽世界'本质'的专门学问。此时，哲学也就不再是'智慧之学'，而成为一种'知识之学'"①。显而易见，这在一定程度上背离了哲学的初衷。生活意义的哲学就是要回归哲学的本义，认为哲学是与每一个普通人息息相关的，是能够规范人的行为，提高人的生活品质的智慧之学。

把哲学看作一种思维方式和思想态度，并不是否认其作为一种知识体系的存在。事实上，哲学的确是以这两种形态存在着的。只是长期以来人们更加关注知识形态的哲学，而忽略了观念、思维形态的哲学，使得哲学成为一种"玄学"，令大多数人望而生畏，进而失去了哲学应有的价值和意义。

基于上述认识，我们可以把哲学理解为：哲学就是关于世界观的学问、思维的科学，是理论化、系统化的世界观和方法论。

世界观是人对自然、社会及人自身的总体看法。众所周知，人类对真理的追求促发了科学的产生，如以天地万物大自然为研究对象产生了自然科学；以人类所构成的社会为研究对象产生了社会科学；以人本身为研究对象产生了人文科学。哲学则是用最普遍的概念、最一般的范畴和具有普遍性的规律来把握世界，即它是对自然、社会及人文的整体认知，而对非具体问题的理解。因此，哲学是系统化、理论化的世界观。

方法论是研究人、社会、自然的方法取向，是方法的理论基础，是方法合法性和适用性的理论依据。自然科学、社会科学及人文科学均以其特有的方法探索各自领域的本质和规律；而哲学对真理的探求则体现为以什么观念、什么方式认识自然、社会及自我。故在一定意义上可以说，哲学是思维的科学，是人们认识自然、社会及自身的方法论。如果说自然科学、社会科学及人文科学是认识世界的科学，那么哲学就是认识世界的科学，也就是一切科学研究最根本的方法论。

(二)哲学的基本属性

哲学的内涵极其丰富，且随着时代的发展而不断发展变化。古今中外，人们往往基于不同的视角和认识解读哲学，定义哲学，故迄今为止对于"哲学是什么"并没有一个统一答案。尽管如此，我们却可以从各种不同的哲学界定中，归纳出哲学的一些基本属性，并从这些哲学属性中进一步理解"哲学是什么"。

1. 惊讶与好奇

惊讶与好奇是引发哲学活动的动因。人是由于对事物的好奇或惊讶而产生

---

① 石中英：《教育哲学》，6 页，北京，北京师范大学出版社，2007。

哲学活动的。"惊讶，这尤其是哲学家的一种情绪。除此之外，哲学没有别的开端。"①人的本性中有"好奇"的天性，求知欲是人之为人的本性。好奇心意味着对未知的事物感到奇怪，进而想要有所探究。因此，没有好奇心就很难有真正的哲学活动；只有对万事万物保持一种好奇的状态，才能让我们真正步入哲学的殿堂。

2. 爱智慧

爱智慧是哲学概念的本源意蕴。如前所述，哲学原初的含义就是追求、热爱智慧。作为一种活动，哲学是通过追问智慧的问题使人变得有智慧的精神活动；作为一门学科，哲学是通过追问智慧的问题使人智慧地生活的学问。智慧不同于知识，知识（knowledge）是人们通过观察、实验、推理、判断等手段所获得的对世界的认知，并且是被证明为真的陈述和表达，是人类理性认识的结果，是人们对于事物本质的反映。智慧（wisdom），是个体具有的基于知识、经验、实践等形成的高级综合能力，包括感知、理解、记忆、分析、判断、情感、创造思维等。智慧不同于一般意义上的"智力"，智慧表达智力器官的综合终极功能，处于"形而上之道"的层面；智力则处于"形而下之器"的层面，是生命的一部分技能。智慧不能像知识那样通过传授和学习获得，而是在不断习得知识、追求真理的过程中逐渐形成。因此，知识可以占有，且具有功利性；而智慧只能热爱，只有勤于思考，崇尚质疑，不计名利，才能真正拥有智慧。

总之，爱智慧，就是爱真理，即不停地追寻事情的本质是什么，不断地检验我们的信念是否真实，考察我们的行动是否正确，反思我们的生活方式是否合理，在这种追问、反思、考察中，我们确证自己持有的观念，明了行动的目的和原则，思考生活的意义。

3. 质疑与批判

质疑与批判是哲学的精神所在。如前所述，爱智慧是哲学的本源意蕴，而爱智慧的根本体现就是对万事万物始终保持质疑和批判的态度与思维。批判性思维的起源可以追溯到苏格拉底、柏拉图以及孔子、孟子等人，表现为他们对一些信念和知识的质疑、检讨和对自身认识有限性的反思。也就是说，质疑与批评，是一种态度、旨趣，也是一种思维品质，更是一种科学精神。

哲学作为世界观的学问、方法论的科学，其根本要旨就是对人类的各种认识进行前提性批判，即追本溯源、寻根究底。体现为：哲学一方面要揭示、彰显暗含或隐匿在人们日常所拥有的各种常识、成见或理论背后的根本性假定；

---

① ［古希腊］柏拉图：《柏拉图全集》第2卷，王晓朝译，670页，北京，人民出版社，2003。

另一方面则是对这些假定的合理性进行质疑、批判和拷问。"一直以来，哲学的功能之一是对当时一些理智上的争论进行批判性检验，并提供新的思考方向。"①正如德国学者汉斯·波塞尔所指出的："引导科学发展的是提出问题，保证科学中找出正确结果的是科学批判。"②而科学批判正是哲学的精髓所在。

因此，哲学以批判性、反省的精神与方式，以及通过省思之后，一个人所形成的通达、明智与见识，使人成为一个有智慧的人。

4. 反思

反思是哲学的认识方式。人类认识世界的方式有多种，科学、艺术、宗教、哲学等。哲学作为世界观的学问、思维的科学，是一种最具普遍意义的把握世界的方式，而这种方式的基本特征就是反思。黑格尔曾经指出："哲学的认识方式只是一种反思，——意指跟随在事实后面的反复思考。"③"要获得对象的真实性质，我们对它进行反思，惟有通过反思才能达到这种知识。"④不过，我们这里所说的反思，不仅仅指活动后的反思，还包括对活动前提假设的省思，以及活动过程中的反复思考。反思就是对一切问题进行前瞻性和反省性思考，从而对人们通常未加省察和批判就加以接受的一切成见、常识等进行批判性省思，质疑其合理性根据和存在权利。反思的目的是更好地引导未来。

（三）哲学与教育的关系

教育是一种以人的培养为宗旨的社会实践活动，是一种现实的、具体的存在形式；作为学科的哲学则是一门以探求世间万事万物本源、真谛为旨归的学问，是一种抽象的、思辨性存在形式。二者看似一个地下，一个天上，但彼此却有着不可分割的内在关联。

1. 哲学是教育的一般理论

哲学虽以抽象、思辨的形式存在，却是深深植根于现实之中的。人类对现实生活的反思，对自身具体行为合理性的质疑，以及对生命存在及其价值的追寻，才促发了哲学的产生。因此，哲学是一门抽象的学问，更是引领、规范人们生活和行动的理论。

教育是人类社会的一项实践活动，在某种意义上也是人类生活的一部分。学校教育活动由一系列具体环节组成：备课、上课、布置作业、学习成绩考

---

① [美]奥兹门、克莱威尔：《教育的哲学基础》，石中英、邓敏娜等译，4页，北京，中国轻工业出版社，2006。

② [德]汉斯·波塞尔：《科学：什么是科学》，240页，李文潮译，上海，上海三联书店，2002。

③ [德]黑格尔：《小逻辑》，贺麟译，7页，北京，商务印书馆，1980。

④ [德]黑格尔：《小逻辑》，贺麟译，74页，北京，商务印书馆，1980。

评、课外活动等。所有这些教育活动都必须有一定的理论支撑，才能够达到预期目标。如要想上好一节课，不仅要深谙所教学科知识，还要掌握教育学、心理学、社会学等相关理论知识；其中，哲学是最具普遍指导意义的理论。这是由于哲学不是指导解决具体教育问题的理论，而是对一切指导解决教育问题的理论的有效性、合理性进行反思、质疑和批判的理论。"如果我们愿意把教育看作塑造人们对于自然和人类的基本理智的和情感的倾向的过程，哲学甚至可以理解为教育的一般理论。"①

因此，对于现实的、具体的教育实践活动而言，哲学有其不可或缺、独特的价值。正如美国学者奈勒(G. F. Kneller)所指出的："哲学解放了教师的想象力，同时又指导着他的理智。教师追溯各种教育问题的哲学根源，从而以比较广阔的眼界来看待这些问题。教师通过哲理的思考，致力于系统地解决人们已经认识清楚并提炼出来的各种重大问题。那些不应用哲学去思考问题的教育工作者必然是肤浅的。一个肤浅的教育工作者，可能是好的教育工作者，也可能是坏的教育工作者——但是好也好得有限，而坏则每况愈下。"②这就是说，哲学作为教育的一般理论，可以提高教育工作者的理解力，指引他们从事教育活动的方向，并帮助他们深入反思各种教育观念、教育制度，以及教育行为的合理性等。

2. 教育是哲学的实验室

哲学以思辨的形式反映人们对宇宙万物的认识，因此不可避免带有个人的主观意识和价值取向，进而产生不同的哲学观。比如，人之初究竟是性本善，还是性本恶？人的本质是自然性，还是社会性？这些争执本身在一般人看来并无明显的现实意义，但若放在教育中便获得了最为直接、实际的意义——事关教育的人性假设及教育活动的一系列方案制定。也就是说，如果我们在教育活动中假设人性本善，那么教育的目的就是充分挖掘和发挥人之善性，所有的教育行为都应以此为基础展开；相反，如果我们在教育活动中假设人性本恶，那么教育的目的就是要抑制和扼杀人之恶性，进而一切教育活动也就以此为宗旨展开。

教育是以改变人、促进人的发展为宗旨的活动；教育不仅要以人性为基础，更是对人性的深入挖掘和引领，也是对哲学上各种人性观的不断验证与校

①　[美]约翰·杜威：《民主主义与教育》，王承绪译，347页，北京，人民教育出版社，2001。

②　[美]乔治·F. 奈勒：《教育哲学导论》，陈友松、蔡振生译，见陈友松主编：《当代西方教育哲学》，135页，北京，教育科学出版社，1982。

正，其目的是要涵养善之人性，追求美好人格。正是在此意义上，杜威指出，"教育乃是使哲学上的分歧具体化并受到检验的实验室"①。

二、教育哲学的本质内涵

哲学是关于世界观的学问，是思维的科学；哲学与教育有着密不可分的关系。那么，教育哲学是什么？这需要对教育哲学的本质内涵及根本性质进行深入分析。

（一）"教育哲学"的界定

从教育哲学的发展历程中可知，作为一个学术概念，教育哲学的内涵也是不断发展变化的；而且，不同的学者基于不同的知识背景、学科立场、观念意识、思维方式等，对"教育哲学"的理解更是不尽相同。

1. 国外学者关于"教育哲学"的界定

美国著名教育家、哲学家杜威指出："教育哲学不过是就当代社会生活的种种困难，明确地表述培养正确的理智的习惯和道德的习惯的问题。所以，我们能给哲学下的最深刻的定义就是，哲学就是教育的最一般方面的理论。"②

美国现代教育哲学家奈勒认为："正如普通哲学企图用最一般的系统的方式解释实在，以达到从整体上理解实在一样，教育哲学则力图用指导选择教育目的与政策的一般概念来解释教育，以达到人们从整体上理解教育。"③

英国教育哲学家彼得斯(R. S. Peters)指出，"近代教育哲学"完全被认为是"利用已建立的哲学分支，用与教育有关的方法将它们融合在一起"④。

日本学者细谷俊夫提出："教育哲学是教育学领域中的哲学部分，是对教育问题进行哲学探讨的学科。"另一位日本学者下程勇吉则进一步指出："教育哲学是以哲学态度和哲学方法来考察教育的基本概念与基本原理，从而对教育现实以及教育科学的各个领域从根本上加以整体把握的一门'原理'性学科。"⑤

《简明不列颠百科全书》对"教育哲学"的定义是：教育哲学是"从哲学的角度探究人类学习活动的规律，并用这些规律指导实践的一门理论学科"⑥。

---

① ［美］约翰·杜威：《民主主义与教育》，王承绪译，348页，北京，人民教育出版社，2001。
② ［美］约翰·杜威：《民主主义与教育》，王承绪译，350页，北京，人民教育出版社，2001。
③ ［美］乔治·F. 奈勒：《教育哲学导论》，陈友松、蔡振生译，见陈友松主编：《当代西方教育哲学》，27～28页，北京，教育科学出版社，1982。
④ R. S. Peters, *The Philosophy of Education*, Oxford, Oxford University Press, 1973, p. 1.
⑤ 转引自黄济：《教育哲学通论》，318页，太原，山西教育出版社，1998。
⑥ 中国大百科全书出版社《简明不列颠百科全书》编辑部译编：《简明不列颠百科全书》第4卷，353页，北京，中国大百科全书出版社，1985。

在分析教育哲学家朗特里所著《英汉双解教育辞典》中，教育哲学词条被如下解释："哲学的一个分支。其内涵一是建立有关知识、认识与作为制度化社会活动的教育的思想体系，二是澄清教育概念的含义。"①

德国学者布列钦卡在梳理、分析大量教育文献中有关"教育哲学"的讨论的基础上，归纳概括出"教育哲学"的 8 种陈述。①"教育哲学"是一种关于教育的科学经验性的陈述——规范性陈述所不能充分讨论的陈述。②"教育哲学"偶尔也被理解为一种普遍性的科学，比如，被看作经验性教育科学、规范性形而上学和分析—认识论哲学的结合体。③有时"教育哲学"这种表达用来指一种教育的实践理论，如赫尔巴特就认为教育学是一种实践科学，且是哲学的一部分——教育目的必须从伦理学中衍生出来；杜威也曾指出，哲学是一种审议建构的实践的教育理论。④"教育哲学"这种表达也可以指陈述系统，它处理哲学教义施加在教育理论上（因此可能也在教育实践上）的影响。⑤"教育哲学"研究可被看作从教育学的观点来解释哲学文本——根据教育问题进行哲学研究或对哲学家的教育理论文本进行研究。⑥"教育哲学"也可表述为分析或认识论哲学意义上的陈述系统，这种陈述并不是与教育有关的，而是与涉及教育或教育理论的陈述有关。⑦"教育哲学"可以被称为教育的世界观哲学（world－view philosophies of education）的陈述系统，这种陈述系统更多是在教育者中宣布和传播一种世界观，而不是为教育行动提供一个具体的规范基础。⑧"教育哲学"这一术语或相关表述非常普遍地用来指一种规范性教育哲学——"教育哲学"的目的在于为教育家和政治家提供经验性教育科学所不能提供的规范和价值。②

2. 我国学者关于"教育哲学"具有代表性的界定

我国教育哲学的先驱范寿康先生认为："研究教育学的假定的哲学，我们叫他做'教育哲学'……教育哲学是应用哲学的一种，与经济哲学、政治哲学及法律哲学一样，是必要的而且是可能的。"③

我国当代著名学者傅统先认为："教育哲学是一门用哲学来探讨教育的理论和实践诸方面问题的学科。它是根据一定的哲学观点，并用历史的、逻辑的和比较的方法来进行研究的。教育哲学和哲学、教育学、心理学以及其他一些

①　[英]德里克·朗特里：《英汉双解教育辞典》，赵宝恒等译，346 页，北京，教育科学出版社，1992。

②　[德]沃尔夫冈·布列钦卡：《教育知识的哲学》，169～174 页，杨明全、宋时春译，上海，华东师范大学出版社，2006。

③　宋恩荣：《范寿康教育文集》，6 页，杭州，浙江教育出版社，1989。

学科有相互交错的联系，它是一门与多种学科相关的边缘学科。"①

我国当代另一位著名学者黄济先生对教育哲学的认识是："教育哲学……是用哲学的观点和方法来分析和研讨教育中的根本理论问题。"②

学者桑新民认为："从定义来看，教育哲学是哲学的应用学科，又是教育的基础理论。哲学是世界观和方法论，教育哲学则是教育观和教育研究的方法论。"③

"马克思主义理论研究和建设工程重点教材"《教育哲学》中对于"教育哲学"的界定是："教育哲学是研究教育领域中带有哲学意味的一般问题和根本问题的，以便教育工作者从总体上形成正确的教育观、教育价值观和教育方法论。"④

顾明远主编的《教育大辞典》把"教育哲学"定义为："教育哲学（Education Philosophy；Philosophy of Education）是教育科学分支学科，是教育科学中一门具有方法论性质的基础学科。对教育理论和教育实践中的一些根本问题进行哲学探讨，以作为教育理论和教育实践的指导。"⑤

此外，《中国教育大百科全书》也提出：教育哲学是"运用哲学基本原理和方法研究教育问题，或者从教育基本问题总结出哲学问题的一门学科"⑥。

（二）国内外"教育哲学"界定评述

上述关于"教育哲学"的陈述表明，教育哲学的内涵既可表达为一种经验的、实践的科学，也可表达为一种规范的、思辨的科学；既可以从哲学的立场对教育进行解读，也可以从教育的角度对哲学进行诠释。这不仅说明教育哲学内涵的丰富性，同时也说明"教育哲学"是一个仁者见仁智者见智的概念。

但是，虽然学术界关于"教育哲学"界定各抒己见，但从中不难看出，在其基本含义上还是有着一些共识的："第一，教育哲学是从哲学的高度研究教育的一门学问；第二，教育哲学是研究教育的根本问题或根本假设的，其目的是探究教育的一般原则或规律；第三，教育哲学是一门应用哲学；第四，教育哲学是教育学的深化、概括和总结，是教育学研究的方法论。"⑦而这些共识在一定程度上也构成了我国教育哲学的传统。

---

① 傅统先、张文郁：《教育哲学》，2 页，济南，山东教育出版社，1986。
② 黄济：《教育哲学通论》，18 页，太原，山西教育出版社，1998。
③ 桑新民：《当代教育哲学》，23 页，昆明，云南人民出版社，1988。
④ 《教育哲学》编写组：《教育哲学》，3 页，北京，高等教育出版社，2019。
⑤ 顾明远主编：《教育大辞典（增订合编本）》，794～795 页，上海，上海教育出版社，1998。
⑥ 顾明远主编：《中国教育大百科全书》，1016 页，上海，上海教育出版社，2012。
⑦ 石中英：《教育哲学》，15 页，北京，北京师范大学出版社，2007。

进入 21 世纪，教育哲学的内涵发生了一定的转变：从"以教育知识为核心"转变为"以教育实践或教育生活为核心"；从聚焦"抽象教育问题"转变为关注"具体教育问题"；从注重思辨性、规范性、概括性等学科特点转向真正触及教育生活，针对教育实践的现实问题给出评判和引导。这表明，人们对教育哲学内涵的认识，由纯粹的抽象理论，转向了现实、实践，使教育哲学不再成为高高在上的"玄学"。

（三）本书关于"教育哲学"本质内涵的界定

综合国内外学者关于"教育哲学"的探讨，本书将"教育哲学"的本质内涵界定为：教育哲学是关于教育观的学问，是研究教育理论与实践问题的方法论。对此可做如下理解。

第一，由于哲学是世界观的学问，故教育哲学理应成为教育观的学问。所谓教育观的学问，就是通过对教育本质及其规律全面、深刻的把握，以形成对教育正确理解的知识与思考。观念支配行动，教育哲学可以帮助教育工作者树立正确的教育观，进而使其教育行为更加合理与有效。

第二，由于哲学是思维的科学，是普遍的方法论，故教育哲学就是教育问题研究的方法论。也就是说，教育哲学是对教育问题的一种系统、整体并具有根源性的思考。正如我国学者陈桂生先生所指出的：教育哲学"从根本上说，它应是对教育问题进行独特的哲学思考的产物。这种思考是从独特的视角考察教育问题，并对教育实践或教育理论陈述提供指导；同时它又是藉关于教育的特殊研究对某种哲学思想加以检验"[1]。

因此，教育哲学不仅意在帮助人们树立合理、正确的教育观，而且还是人们思考和考察教育问题的方法论。

三、教育哲学的基本性质

根据哲学及教育哲学的本质内涵，以及教育哲学内涵在 21 世纪的转向，可将教育哲学的基本性质概括为：实践性、反思性、批判性和价值性。[2]

（一）教育哲学的实践性

实践性是教育哲学的首要特征。教育哲学的实践性主要是指教育哲学在其性质上是一门"实践哲学"。实践哲学有广义、狭义之分。广义的实践哲学指人们从事具有历史性的社会活动的哲学；狭义的实践哲学就是伦理学。教育哲学作为实践哲学，是一种广义的实践哲学，即教育活动是一种历史性的社会活

---

[1] 陈桂生：《"教育哲学"辨》，载《教育评论》，1995(5)。

[2] 石中英：《教育哲学》，26～32 页，北京，北京师范大学出版社，2007。

动，对这种活动进行理性思考、价值判断，便形成了教育哲学。

教育哲学实践性中的"实践"并非简单地指教育实践，还包括社会实践和个体的生活实践。因为教育是个体生活与社会生活的一部分，在认识与理解教育活动时，只有深入个体生活与社会生活中去，才能真正感知教育实践，破解教育问题，领悟教育真谛。

强调教育哲学的实践性，并不是要贬低其学术性。事实上，丰富的教育实践以及广泛的个体实践与社会生活实践，才是教育哲学真正的学术根基。因为任何一门学科知识的发展，都源于现实生活的启迪，以及对现实生活的反思及其批判。不仅如此，只有明确了教育哲学的实践性，使教育哲学面向鲜活的教育生活，才能使教育哲学真正成为一门独立的、有着特殊价值的学科。

（二）教育哲学的反思性

反思性是教育哲学最关键的特征，也是教育哲学重要的思想方式。教育哲学的反思性是指人们对教育认识和行为的根源、性质、前提假设等进行深入思考，从而使这种认识和行为更具合理性。

教育哲学的反思性特别强调两层含义。一是指教育哲学的研究不是价值中立的，也不追求价值中立，而是以研究者自身的立场和思想关注和评判教育问题，在思维方向上是一种由"内"而"外"的思考路径。二是指教育哲学的知识不是一种操作性、描述性知识，而是一种体现着研究者立场的"反思性知识"。操作性知识是指可以直接改变人的行为的知识；描述性知识是指直接增加人们对事物认识的知识；反思性知识的作用在于唤醒人们被程序化了的意识，使之重新审视自己的认识框架和行为模式，为新的生活实践提供思想前提。这种知识发生效用的前提就是人们的自我反思。

教育哲学研究与教育学研究最大的不同在于：教育学研究是建立在主客二分的认识论基础上的，即研究主体与研究对象是分离的，研究目的是获取价值中立的客观知识；而教育哲学则是超越主客二分的认识论模式的，研究对象在一定程度上就是研究者主观意识的产物，且研究过程和结果均具有较强的价值取向，即研究者始终是以自身的立场、旨趣甚至利益思考和评判教育问题。因此，教育哲学要想充分体现其应有的价值，并发挥对教育实践的积极推动作用，就必须强化研究者与学习者的反思意识。如果说哲学是对事物寻根究底的反思，那么教育哲学就是对教育问题的寻根究底的反思，其目的是不断提高教育者对教育生活的感受力、理解力和判断力。

（三）教育哲学的批判性

批判性是教育哲学的根本特性。从中外词源看，"批判"一词基本含义是

"解读"或"识别"、"讨论"或"批注"、"评价"或"判断"。因此，"批判"实际上就是一种通过学习凸显学习对象的意义，并使批判者自身价值立场和认识框架呈现的过程，而这一过程也是思想者交流与对话的过程。事实上，学术界如果缺乏真正的思想交流与对话，也就不可能有知识的不断更新和学术进步。

教育哲学的反思总是一种批判性反思，表现为对教育理论和实践中的各种概念、观点、知识等进行解读、识别、判断和评价。具体表现为以下几点。

第一，通过批判，使教育生活中潜在的知识基础和价值观念显现出来，使模糊的知识基础和价值观念清晰起来，使零碎的知识基础和价值观念系统起来，从而帮助教育者从常识和陈规陋习中解放出来，更加理性地从事教育工作。

第二，通过批判，指出教育生活中原有的知识基础和价值观念形成的历史过程及其所处的社会背景，将思想的触角深入到社会实践，从而拓宽和加深教育者的思想视野及思维深度。

第三，通过批判，对教育生活中已有的知识基础和价值观念在当代社会中的适应性进行评价和判断，并根据当代社会发展的要求和条件，重构教育生活的知识基础和价值观念，以此引导教育者与时俱进。

此外，教育哲学的批判性还包括对不同教育哲学流派的解读与评判，一方面要充分汲取各流派的真知灼见和智慧；另一方面也要切实认识它们的不足与弊端，以促进教育哲学的学术交流与对话，使教育哲学的批判性得以真正实现并充分发挥应有的作用。

（四）教育哲学的价值性

价值性是教育哲学的本源性特质。所谓教育哲学的价值性是指任何教育哲学活动都不是"价值无涉"或"价值中立"的，而是在一定的价值取向和价值原则指导下进行的。教育哲学尽管是一种追求教育真理的思想活动，但并非一种单纯的理智活动，而是渗透着研究者一定的价值立场并追求着特定的价值理想的活动。事实上，任何一种教育哲学知识，都体现着教育哲学家个人的价值立场、价值观念和价值取向。

教育哲学的价值性认识来源于后现代哲学关于知识性质的认识。现代哲学认为，知识是人类"镜式"反映外在事物的结果，是一种纯粹的认识成果，与人类的价值偏好或利益欲求无关。客观性、普遍性和中立性，是现代知识的三个最基本的特征。后现代哲学在批判现代哲学关于知识性质认识的基础上，提出了后现代知识性质的主张，即知识作为人类对世界万事万物的认识成果，是与认识者的兴趣、利益、价值观念、生活环境等密切相关的。而且，认识的对象往往是由认识主体和社会的价值需要共同建构的，而非客观世界自行给定的，故任何知识都不可避免地带有个体与社会的价值倾向。所以，不存在绝对客观、普遍和价值中立的知识。

教育哲学作为教育观的学问，毫无疑问，其价值性更加突出。教育哲学的价值性告诫我们，任何一项教育哲学研究，都必然体现着一定的社会或个体的价值观。

教育哲学的四种基本性质相辅相成，融为一体。忽视实践性和价值性，教育哲学就沦为空洞的说教；忽视反思性和批判性，教育哲学就会失去"哲学味"，不能将自身与其他教育学科相区别。

第二节　作为教育观学问的教育哲学

教育哲学是教育观的学问。这里所说的"教育观"，是宏观层面的，包括人们对教育、教师、学生、课程、教学等的理解与认识。为了区分微观层次的"教育观"（对教育的理解与认识），我们把宏观层次的"教育观"称为"教育理念"。何为教育理念？教育理念对于教育实践及其教育者意味着什么？这就是本节所要探讨的主要内容。

一、教育理念及其意义

我们知道，每个人都有自己的生活方式，不同的生活方式，是由我们每一个人关于生活的不同认知而形成的，这种认知就是理念。理念对人们的行动起到了提纲挈领、纠偏反馈、评价完善的积极作用。教育活动需要教育理念，合理完善的教育理念会对教育实践的启动、发展和总结起到重要的引领作用。

（一）教育理念的内涵

理念，就是人们关于大千世界万事万物的认识所形成的看法、思想，是一种理性认识。人类对事物的认识分为感性认识和理性认识。感性认识是通过人的各种感官对事物表面现象的感知和认识，因此也可称之为现象认识；理性认识则是通过人们的理解、推理、分析等思维活动，透过现象对事物本质的认识，故也称之为本质认识。感性认识是理性认识的前提和基础，理性认识是感性认识的升华和提炼；二者相辅相成，共同达成人们对世界万事万物的完整认识和深刻把握。

理念所体现的是理性认识，即人们对事物的本质认识，而非现象认识。本质认识是对事物根本特性的认识，"'理念'是基于理性认识而形成的洞见、理想与信念，体现着对人类事物之本质的深刻洞察与对行动的明确指引。它不同于普通的观念或意见，因为它需要有系统的理论思考的支撑。理论是对思想的系统论述，理念则是思想的集中表达，二者是合而为一的"①。如此说来，理念不仅仅体现为理性认识，还包含理想与信念——对真理的不懈追求。

由此推论，教育理念就是关于教育的理性认识。作为对教育的理性认识，不只是体现为对教育本质和规律的把握，还体现为对这种认识的坚信不疑和执着追求。我国学者陈桂生先生关于教育理念的理解十分具有远见和深度。他在《"教育学视界"辨析》一书中指出，在教育学陈述中出现了教育概念"泛化"现象，这种现象的产生主要是由于教育"理念"与教育"概念"的混淆，是以教育"理念"代替了教育"概念"。在他看来，教育"概念"是按逻辑规则下的定义，是科学概念，作为反映对象本质属性的思维形式，其内涵只能是根据它所指称的对象的"实然状态"的规定，即对既成事实的概括，而教育理念则是关于"教育的应然状态"的判断，是渗透了人们对教育的价值取向或价值倾向的"好教育"观念。②

毫无疑问，陈桂生先生关于教育理念的这一认识，已经抓住了"教育理念"的灵魂性东西，即教育理念作为对教育本质的理性认识，其中包含着人们对教育的价值判断和理想追求。

（二）教育理念的形成

由于教育理念作为对教育诸要素的本质认识，需要大量、细致的分析、推理、思辨等思维活动，且依赖于人们较扎实的理论基础、良好的思维品质，以及较高的思想觉悟等。因此，教育理念的形成不是一蹴而就的，而是一个长期、反复的累积与渐进的过程，着重需要通过以下几个方面完成。

1. 明确教育目的的导引

教育目的是教育理念形成的方向。人是有目的性的物种，人类对大千世界的认识都是以达成某种目的为前提的。

根据《辞海》的解释③，目的，是指作为主体的人在从事某种活动时所要达到的目标。在此，"目的"（end）与"目标"（aim）有着基本一致的内涵，只是"目的"往往用于较抽象的事物，而"目标"则更多地用于比较具体的事物。所以，目标可以测量，而目的则无法测量。

---

① 王有升：《理念的力量：基于教育社会学的思考》，2页，北京，教育科学出版社，2007。
② 陈桂生：《"教育学视界"辨析》，4～12页，上海，华东师范大学出版社，1997。
③ 参见辞海编辑委员会：《辞海（第六版彩图本）》，1618页，上海，上海辞书出版社，2009。

目的有两个重要的属性。第一，目的是主观意识的产物，因此目的是属人的，即任何目的都是作为某种活动的主体的人的目的。同时这也意味着，在一个涉及多个主体参与的活动中，由于不同主体的主观意识不同，就将产生不同的目的。第二，目的是内在于人的实践活动之中的。人类的任何实践活动都是有目的性的，而目的不仅是对实践将要产生的结果所做出的预设，并且还作为一种重要的内驱力随时作用于整个实践过程。同时，目的的实现并不意味着目的的消失，它此时以实践活动结果的形式存在。从这个意义上说，人类的任何实践活动都应目的而产生，为实现目的而存在，最终复归于目的。

据此，教育目的就是指教育主体对所从事的教育活动要达到的总目标的预设或预期的结果。需要特别强调的是，作为一种"预期"，教育目的是人们主观意识的产物，具有主观性。人类活动的一个基本特征就是意识性、目的性，即人在活动之前，其活动所要取得的结果就已经在人的头脑中预先存在了。因此，所谓教育目的，实际上就是人们对于教育活动所要达到的结果的一种主观愿望，是一种存在于人的头脑中的观念意识。人类的各种活动正是凭借这种主观愿望、观念意识，才更具有明确的指向性、严密的系统性和实际的有效性。同样，人类的教育活动也必须首先建立这种主观愿望，才能更加有序和有效。

同时，教育目的虽然是主观的，但却必须是以客观现实为基础的。作为教育活动结果的主观意愿，教育目的并非人随心所欲的主观臆断，而是依据一定的客观现实产生出来的，人们对教育活动结果的预期，既要符合社会发展的现实需要，又要符合个人发展的现实需要。不仅如此，人们在观念中设定了目的，就意味着必然采取一定的手段作用于客观现实，使之产生符合人的主观愿望的结果，从而使主观目的变为客观结果，即主观目的的客观化。所以，教育目的不仅是主观的，而且还是客观的，是主观见诸客观的。

目的性虽然是人类活动的一个基本特性，但作为人的一种主观预期，目的在现实的实践活动中并非都是合理、清晰的，而只有合理、清晰的目的才能确保人的活动更加高效，教育活动亦是如此。

教育理念作为对教育的理性认识，在一定程度上首先取决于教育者以一种什么样的预期或意愿去认识教育、理解教育，即希望通过教育活动达成一个什么结果。因此，教育理念的形成首先取决于教育者对自己所从事的教育活动有无明确、合理的目的。只有目的明确、合理，教育者才会有意识地积极探索教育活动的本质和规律，进而也才可能形成有关教育的各种理念。

2. 对教育本质、规律的深刻理解

对教育本质、规律的深刻理解是教育理念形成的基础。本质、规律是事物存在、运动的本真状态，人们对事物的正确认识，就是对事物本质、规律的揭示。

本质是指事物的根本性质，是一事物区别于其他事物的质的规定性，也就是一事物所独有的特性。规律是指事物发展过程中的本质联系和必然趋势，具有普遍性、重复性等特点。规律是客观的，是事物本身所固有的，人们不能创造、改变和消灭规律，但能认识规律。科学的任务就是要揭示客观规律，并用来指导人们的实践活动。也就是说，只有真正抓住了事物的本质和规律，才能真正把握和认识事物；而只有真正把握和认识了事物，才能使事物的运作与发展达到我们的预期。

毫无疑问，教育本质是教育的根本性质所在，对教育本质的揭示，就是要回答教育是什么。然而，由于教育的复杂性，很难有一个关于"教育是什么"的确定的、唯一的答案。因此，对教育本质的揭示，实际上是一个对教育本真内涵不断探寻的认识过程，通过这一过程逐步加深对"教育是什么"的理解。同理，教育规律所反映的是教育发展过程中特有的本质联系，但这种本质联系也不是一成不变的，故对教育规律的揭示，同样也是一个对教育运作与发展过程不断探索的认识过程，通过这一过程逐步加深对教育如何运作、如何发展的理解。

如前所述，理念即人们对事物的理性认识，而理性认识则是透过现象对事物本质、规律的认识。那么，教育理念也就必然是对教育本质、规律的认识。换言之，作为主观状态的教育理念，并不是人们的主观臆想，而是通过对教育本质和规律的真正理解，形成对教育的理性认识。正是在此意义上，我们说，对教育本质、规律的深刻理解，是教育理念形成的基础。

3. 对教育经验的反思

教育经验是教育理念形成的原材料。教育理念虽是一种理性认识，但绝非空中楼阁和想当然，而是建立在大量教育经验基础之上的。

教育经验源于教育实践，是人们通过教育实践获得、积累的有关教育的初级认识。这种认识虽然只是对教育表面现象的认识，甚至具有一定的局限性、偶然性和局部性，却是构成人们对教育更高级认识不可或缺的元素。"教育是在经验中、由于经验和为着经验的一种发展过程，愈是明确地和真诚地坚持这种主张，对于教育是什么应有一些清楚的概念就愈加显得重要。"[①]这充分说明

---

① ［美］约翰·杜威:《我们怎样思维·经验与教育》，姜文闵译，250 页，北京，人民教育出版社，2005。

了教育经验对真正理解教育本真的重要性。当然，并非所有的教育经验都具有积极的正向功能。"相信一切真正的教育是来自经验的，这并不表明一切经验都具有真正的或同样的教育的性质。不能把经验与教育直接地彼此等同起来。"①也就是说，人们对教育的认识必然要来源于经验，但经验并不直接构成教育的理性认识，而是需要人们通过反思和研究，将其抽象与升华为思想乃至理论，这才是对教育的理性认识。

既然事物的本质只能通过对其现象的认识才能获得，理性认识也只能是感性认识积累到一定阶段的产物，教育理念的形成也就必然是教育经验积累到一定程度的结果。当然，教育经验不能直接形成教育理念，而是需要通过人们的分析、概括、归纳和推理等思想活动，即对教育经验的反思才能形成。所以说，教育经验是教育理念形成的原材料。

4. 良好思维品质的形成

思维品质是教育理念形成的重要保障。无论是对教育本质、规律的把握，还是对教育经验的反思，都必须依赖人们的思维活动。

思维品质是指人们在思维过程中所表现出来的各自不同的特点，如敏捷、灵活、系统、深刻等；而良好的思维品质往往体现为思维的广阔性和深刻性、独立性和批判性、逻辑性与严密性等，尤其体现为思维的辩证性。

人类的思维发展经历了形象思维、普通思维和辩证思维三个阶段。"形象思维是以形象为主要思维材料的思维，也就是说，它主要是通过大脑中不同事物形象的联结进行的……形象思维与非形象思维（包括普通思维和辩证思维）的根本差别就在于前者以形象为思维材料，后者以概念为思维材料；前者的思想交流主要依靠手势，后者的思想交流主要依靠语言（用语词表达概念）。"②形象思维是一种具体思维，虽然也属于认识的理性阶段，却是对事物的比较外在的一般特性的反映。普通思维，也称抽象思维，如前所述，是以概念为主要思维材料的思维，即通过语词表达而非事物的形象进行思想交流。普通（抽象）思维的本质在于："它是反映事物的相对稳定性和质的规定性的规律，反映事物的因果条件规律，不自觉或自觉地按照事物的这种规律认识世界的思维。"③所以，普通思维是对事物内在本质属性的反映，它不再表现为一定的形象，而是

---

① ［美］约翰·杜威：《我们怎样思维·经验与教育》，姜文闵译，248 页，北京，人民教育出版社，2005。

② 马佩：《辩证思维研究》，2 页，开封，河南大学出版社，1999。

③ 马佩：《辩证思维研究》，10 页，开封，河南大学出版社，1999。

表现为思想。辩证思维是反映和符合客观事物辩证发展过程及其规律性的思维，其特点是从对象的内在矛盾的运动变化中，从事物各个方面的相互联系中进行考察，以便从整体上、本质上完整地认识对象，突出地表现为在联系和发展中把握认识对象，在对立统一中认识事物。很显然，辩证思维是人类思维的高级阶段，亦是人类认识的高级阶段。只有达到辩证思维，才能真正实现由感性认识到理性认识的飞跃，进而实现对真理的掌握。

人类的思维阶段，代表着人类的认识水平；而人类认识水平的高低，又决定着人类实践能力的强弱。这足以显现思维的重要价值。正如杜威所说："思维能力被看作是把人同低等动物区别开来的机能……它使我们从单纯冲动和单纯的一成不变的行动中解脱出来。"[①]这表明，思维能力是人们理性认识和行动的重要保障。然而，思维是有品质的，只有达到辩证思维的水平，人的认识才是合理、正确的，人才能具有良好的思维品质。

毋庸置疑，良好的思维品质不是先天具备的，也不是自然而然形成的，而是借助一些天赋的力量，如良好的遗传素质、好奇心、求知欲等，通过引导和训练精心培育的。"思维需要细心而周到的教育的指导，才能充分地实现其机能。"[②]因此，教育过程中对思维的训练与培育，就显得尤为重要。

总之，教育理念作为对教育的理性认识，必然需要良好的思维品质做支撑；而人的良好思维品质的形成，又必然要求教育者对思维品质的培育高度重视。

（三）教育理念的意义

教育理念的本质内涵表明，真正与教育内在本质及时代精神相契合的教育理念，对于教育实践具有不可估量的推动力量，它能给人们以思想的启迪和精神的感召，并指引着教育事业发展的方向。进一步说，教育理念作为一种观念或精神形态，引导和推动着全部教育实践活动的展开，这主要体现在以下几个方面。

1. 教育理念是教育实践的指针

教育理念虽然不等同于教育的实践活动，却是人们从事教育实践活动的指针。教育实践是指"人们以一定的教育观念为基础展开的，以人的培养为核心

---

① ［美］约翰·杜威：《我们怎样思维·经验与教育》，姜文闵译，23页，北京，人民教育出版社，2005。

② ［美］约翰·杜威：《我们怎样思维·经验与教育》，姜文闵译，27页，北京，人民教育出版社，2005。

的各种行为和活动方式"①。这就意味着，任何教育实践活动都是基于一定的教育观念意识展开的。教育理念作为教育的理性认识和理想追求，对于教育实践而言具有思想导向的特性。它以文化氛围、精神力量、价值期望、理性目标的形式，引领和激励着教育者的教育行为，并对其产生潜移默化的影响，从而引导着教育实践的方向。

例如，国家所倡导的素质教育理念，就是一种以促进每一个学生身心全面发展为宗旨的教育认知。素质教育是针对我国学校教育中以考试为中心，一味追求升学率，忽略学生身心健康与可持续发展等弊端提出的。可以说，素质教育理念所体现的是教育的本质追求与本体价值，即教育要以人为本，一切为了人更好地生存与发展。这一理念一旦被人们所认同和掌握，就将成为茫茫大海中的一座灯塔，指引着教育实践沿着一定的航线前行；诸如教育目标的设定、课程体系的设置、教学方法的运用、教学评价标准及形式的厘定等，都应紧紧围绕"以学生为本""一切为了学生的发展"的主旨，且都要以践行这一主旨为其运作的大政方针。事实上，自我国推行素质教育理念以来，已出现了许多学校教育整体转型与变革的案例。

当然，素质教育是国家倡导和大力推行的教育理念，借助国家权力和行政力量可以得到广泛呼应，以尽显其引领我国教育事业发展方向的作用。然而，在现实中，不乏存在大量的个体理念，如一校之长对教育的认知所形成的教育理念，一位普通教师对教育的认知所形成的教育理念。毫无疑问，这些教育理念对于一所学校的运作与发展、教师个人所有的教育行为，均起着积极的定向与引领作用。所以，教育实践需要教育理念的引导，而教育理念只有通过教育实践才真正具有意义。

2. 教育理念是教育制度的思想基础

教育理念不是教育制度，而是教育制度的思想基础。教育制度是指一个国家的教育组织结构及其正常运行所需要的各种规则体系的总和。也就是说，教育制度作为一种规范体系，以规则的形式限定和规范着各级各类教育机构与组织的基本关系，使之有序化和组织化，以确保教育机构与组织充分发挥其应有的育人功能。因此，一个教育机构或组织的教育活动是否卓有成效，在一定程度上取决于其制度是否完善。换言之，完善的教育制度是有效教育的重要支撑体系和可靠保障。

---

① 郭元祥：《教育理论与教育实践关系的逻辑考察》，载《华中师范大学学报（人文社会科学版）》，1999(1)。

毫无疑问，教育理念不是教育制度本身。这是因为教育制度是实践性、规约性的，它必然扎根于教育实践活动之中，不能脱离教育实践而单独存在；而教育理念则是思想层面的东西，当它没有被人们接受之前，是不具有实践性和规约性的。但是，不能否认，任何教育制度都是在一定的教育理念支配下形成的。事实上，每一种教育制度的形式都体现着人们特定的教育理念。甚至可以说，教育制度是教育理念的物化形式。众所周知，学校组织是教育制度的核心构成，而学校教育制度的形成、演变与变革的过程，无不伴随着时代的发展、社会的变迁及知识的增长，尤其是人类教育理念不断更新与完善。比如，在"制器"教育理念支配下，会生成一种偏重知识传输和技能训练的学校教育制度；在"育人"教育理念的支配下，则会生成一种以人为本，关注学生全面发展的学校教育制度。所以，教育理念作为一种思想准则，对一所学校的发展方向、运行机制、系统构成等具有一定的强化说明和规范作用。

教育理念作为教育制度的思想基础，二者有着同生互助的关系。"任何一种学校教育体制与制度的建立与维系都需要特定的教育理念作为内在支撑，任何一种教育理念在社会中的真正实现也都需要特定的体制与制度形式予以保障。"①然而，需要明确的是，新教育理念的形成与出现是飞跃式的、激进式的，学校教育体制的形成与发展则相对缓慢，并且有很强的惯性与连续性，激进式的体制与制度变革只能带来混乱与破坏。学校体制的变革一方面应考虑在现行体制之下因新教育理念的激发与唤起而使之充满活力并作局部的改良与调整，另一方面应探讨新的可能的体制与制度形式，使新教育理念得以更大程度地实现。②

3. 教育理念是个体教育行为的基本准则

教育理念不是个体的具体教育行为，而是每一个体教育行为的基本准则。从理论上讲，有什么样的教育理念，就有什么样的教育活动。众所周知，观念支配行动。17世纪英国哲学家洛克曾指出："任何人从事任何事项，都依据某种看法作为行动的理由。不论他运用哪种'官能'（faculties），它所具有的理解力（不论好坏），都不断地引导他；所有的活动能力，不论真伪，都受这种看法的指导。"③这表明，任何一位教育者的言行举止都是在一定的思想观念支配下

---

① 王有升：《理念的力量——基于教育社会学的思考》，76页，北京，教育科学出版，2007。

② 王有升：《理念的力量——基于教育社会学的思考》，76～77页，北京，教育科学出版社，2007。

③ 转引自[美]约翰·杜威：《我们怎样思维·经验与教育》，姜文闵译，27页，北京，人民教育出版社，2005。

发生的。因此，作为个体教育行为的基本准则，教育理念的意义主要体现在以下几方面。

(1)引导教育者对实践经验的反思

教育理念是关于教育的理性认识，而这种认识的根源就是对教育实践经验的反思。理性认识来源于感性认识，感性认识源于实践经验。如前所述，教育理念的一个重要源头就是对教育经验的反思。同时这也说明，教育理念的形成过程也就是对教育实践经验不断反思的过程。所以，教育理念可以引导、强化教育者对教育实践经验的反思。

实践经验对于教育者的教育行为有着特殊的意义。如前所述，教育经验是人们对教育的初级认识，是构成对教育更高级理性认识的基础与元素。但是，由初级的感性认识上升为高级的理性认识，并非一个自然而然的过程，而是多种因素共同作用的结果。其中，对经验的反思是其最为重要的一个方面。反思是有意识地去发现我们所做的事情与其结果之间的内在关联，以明确应该如何行事。进一步说，反思"是把我们经验中的智慧的要素明显地表现出来。它使我们有可能行动有目标。它是我们所以有各种目的的条件"①。这表明，反思不是简单的胡思乱想，而是有意识、有期许的逻辑思考，即一定理念支撑的思维活动。

教育理念作为对教育的理性认识和理想追求，很显然必将启发、引领和激励教育者对教育经验的反思，进而使自己的教育行为更加合理而有效。

(2)构筑教育者的教育理想

理想，是对未来事物的美好想象和希望，也是关于某事物最完善境界的观念。理想是人们在实践过程中形成的、有实现可能性的对未来社会和自身发展的向往与追求，是人们的世界观、人生观在奋斗目标上的集中体现。理想作为一种精神现象，是人们对未来的一种想象，是人生的奋斗目标。但理想既不同于幻想，也不同于空想和妄想，它具有客观性和社会性。理想的客观性，是指作为一种想象，理想能够正确反映客观实际，正确反映现实与未来的关系，合乎事物变化和发展的规律，且经过努力是可以实现的。理想的社会性是指理想虽然以个体想象的形式存在，却不是离开一定的社会关系和背景孤立存在的个人的随意想象；真正得以实现的理想，一定是能够体现时代精神和社会发展需要的理想。毫无疑问，理想对于人生以及人们的各种活动具有定向和内在驱动作用。

---

① [美]约翰·杜威：《民主主义与教育》，王承绪译，160页，北京，人民教育出版社，2001。

教育是人的事业，是以促进人的发展为直接目标的社会实践活动，理应体现更强的人文关怀和对人的未来的美好期待。尤其是在如今瞬息万变的时代，教育更加凸显出面向未来的性质，"现在，教育在历史上第一次为一个尚未存在的社会培养着新人"①。因此，教育活动一方面与其他社会活动一样，需要教育者充满理性，科学行事；另一方面，更需要教育者在从事教育活动时首先构筑起一个教育理想，即对教育活动所产生结果的设想和预定，从而使自己的教育行为目标明确，并不断地得到驱动和激励。

如前所述，理念是基于理性认识而形成的洞见、理想与信念，体现着对人类事物之本质的深刻洞察与对行动的明确指引。因此，教育理念不仅体现为人们对教育本质的深刻洞见，而且体现为对教育发展的美好想象和希望。教育者一旦具备了一定的教育理念，就可以设定自己的奋斗目标和努力方向，也就是树立起一种教育的理想，以鞭策自己的教育行为。所以说，教育理念对于教育者的教育理想具有构筑功能。

二、教育理念与教育哲学

教育哲学作为教育观的学问，与教育理念有着不可分割、相辅相成的关系。

（一）理念与哲学的内在渊源

哲学在某种程度上是关于理念的理论体系。人的认识不断深入，层层推进，就会形成关于人生、世界和自然的观念认知。这种观念认知不断提取、淬炼和完善，就会形成人的相关理念而固定下来，对人的行动予以指导。因此，哲学与理念有着渊源的内在关联。

1. "理念"是一个哲学术语

如前所述，我们把理念概括为：人们对大千世界、万事万物的认识所形成的思想、观念。事实上，从词源上来看，理念属于哲学术语。根据《辞海》，理念通常指思想，"柏拉图用以指永恒不变而为现实之根源的独立存在的非物质实体"，康德、黑格尔等人的哲学中的理念是"指理性领域内的概念"。②因此，所谓理念，事实上是把人从个别事物中抽象而来的普遍概念加以绝对化，并把它说成是事物的原型。这种永恒不变的理念的总和构成理念世界。在西方文化领域中，有一最古老的哲学体系称为"理念论"（idealism），其核心内涵就是强

---

① 联合国教科文组织国际教育发展委员会编著：《学会生存——教育世界的今天和明天》，华东师范大学比较教育研究所译，36页，北京，教育科学出版社，1996。
② 辞海编辑委员会：《辞海（第六版彩图本）》，763页，上海，上海辞书出版社，2009。

调观念(idea)是唯一的真实的存在，主要代表人物有著名的哲学家柏拉图、奥古斯丁、笛卡尔、贝克莱、康德、黑格尔等。不仅如此，绝大部分的理念论者都对教育表现出极大的关注，并且都致力于把理念论的原则应用于教育理论与实践中。①

上述表明，理念的内涵先天包含着哲学的意蕴。

2. 理念的形成过程也就是践行哲学的过程

哲学作为一种学术体系，是一种知识存在、理论存在。"哲学"最早被理解为具有自身价值的知识，之后演变为关于世界和美好生活的理论，再之后成为一种宗教教义，到如今我们称之为世界观的学问、方法的科学等。然而，哲学无论是作为静态的知识体系，还是作为动态的思维方式，必须内化为人的思想观念，才能真正体现其应有的价值。

理念是一种观念存在、思想存在。作为人们基于理性认识所形成的观念和理想，理念的形成需要一定的理论系统做支撑。而哲学，作为世界观的学问和方法论，是理念形成最直接、最重要的理论支撑。哲学以其追求真理、好奇、质疑、批判、反思等基本性质，启发和指引着人们去探索事物的本真，并以其思辨的方法特征，帮助人们提升理性，升华意识。从理念的概念及其形成过程的分析可知，理念的形成实际上就是人们的认识由感性上升为理性的过程，而哲学作为思维的科学，所要达到的就是帮助人们形成抽象思维，获得理性认识。因此可以断言，理念的形成过程就是践行哲学的过程。

3. 理念和哲学所揭示的都是事物的本质而非现象

理念和哲学的内涵及性质告诉我们，二者虽然有完全不同的存在状态，但它们所体现的都是理性化的认识、理性化的思维活动模式或者说理性化的看法或见解，这说明它们都是对客观事物本质的反映，是客观事物内在本质的主观表征。无论是作为思想存在的理念，还是作为理论存在的哲学，毫无疑问都是人类意识和知识的较高级形态，而"高"就高在它们不是对事物现象的描述，而是对事物本质的揭示。由此进一步证明理念与哲学的内在关联性。

(二)教育理念与教育哲学的多元共生关系

根据哲学与理念的相关溯源与追踪，可以看出教育哲学与教育理念具有多元的共生关系，具体表现在以下方面。

---

① [美]奥兹门、克莱威尔：《教育的哲学基础》，石中英、邓敏娜等译，13～45页，北京，中国轻工业出版社，2006。

1. 教育哲学与教育理念都是历史和时代的产物

教育哲学的产生与发展，是伴随着人类历史发展的进程而逐步呈现的。从最初源于人类教育实践活动的教育哲学观念的出现(教育应该传授什么知识，以什么方式进行传授？通过传授知识达到什么目的？)，到借助哲学的发展，逐渐形成教育目的的辨析、教育的人性假设、各种教育观念的厘定，以及各种教育方式的审视等教育哲学体系。毫无疑问，教育哲学的演变过程，无不深深打上历史的烙印，即每一种教育哲学思想流派，都是其所处社会政治、经济、文化等发展的产物，也都有着一定的历史继承性。不仅如此，教育哲学还是时代的最强音。教育哲学在一定意义上是一种实践哲学，实践哲学的主要价值就在于为当下人类的实践活动提供思想和思维的理论支撑。所以，真正有价值的教育哲学，一定是体现时代精神并反映时代要求的。

教育理念是人们关于教育的理性认识和理想追求，其形成过程同样也反映出强烈的历史性和时代性。一方面，任何教育理念都是在特定的历史条件下产生的，且需要时间和经验的积累；另一方面，教育理念必须反映时代脉搏，体现时代精神，才能发挥其导向和引领作用。

2. 教育哲学和教育理念都以教育实践为源泉和检验标准

教育哲学和教育理念，无论是作为理论体系还是作为思想观念，均以教育实践为原点和依归，并接受教育实践的检验。

教育哲学是对教育问题的思考和反省，而教育问题是源于人们的教育实践活动的。也就是说，只有在教育实践活动中，才会产生诸如教育的本质是什么，教育要培养什么样的人，什么知识最有价值，道德可教吗等问题，也才能引发人们对这些问题的省思和追问，进而形成教育哲学理论。如前所述，实践性是教育哲学的首要特征，教育哲学的实践性是指教育哲学在其性质上是一门"实践哲学"，即人们从事各种社会实践活动的哲学。"实践哲学"与"思辨哲学"相对应，后者是为知识而知识的形而上的学问，前者则是对现实问题的思考，为行为和社会的改变而探求知识。

教育活动作为人类社会实践活动之一，毫无疑问，需要理论的引领，更需要对理论的辨析、辩护和省思。"在教育思想史上，随处可见的是，不同的教育思想流派有着不同的哲学基础，不同的哲学派别也往往形成了不同的教育观和教育方法论。所以伟大的教育思想家对哲学问题都有着深入的研究，他们的教育智慧在很大程度上来自于他们深邃的哲学思考。一个时代哲学基础或立场的变化也必然会带来教育理论的革新，从而间接然而却是非常有力地影响到教育实践。"①如此说来，教育哲学是深深植根于教育实践的，并且对于教育实践的展开与变革起着引领和推动作用。不仅如此，作为教育的观念意识和思维方式的教育哲学是否合理以及能否发挥应有的作用，只能通过具体的教育实践活动加以检验和证明。

教育理念是基于教育的理性认识所形成的思想、观念。如前所述，教育理念的形成，一方面来自人们对教育本质的深刻理解，另一方面则是对教育经验的反思。前者即为教育的理性认识。马克思主义认识论告诉我们，理性认识来源于感性认识，感性认识则源于实践。教育经验是人们对教育的初级认识，这种认识是直接通过教育实践获得的。由此不难理解，教育理念并非人们的遐思空想，而是通过对教育实践活动的体验、感悟，并经过思辨进行抽象和升华所形成的思想观念。这种观念一旦形成，便成为人们从事教育活动的行动指南和推动力量，引领着教育实践的发展方向。

所以说，教育理念与教育哲学一样，都源于教育实践，为了教育实践。毫无疑问，教育理念的合理性也必须接受教育实践的检验，因为只有被实践者真正接受并内化的教育理念，才能引发他们的教育行为，进而也才能推动教育实践的变革。

3. 教育哲学与教育理念相辅相成

教育哲学与教育理念虽然是不同的两种构成系统和存在形态，但彼此却有着无法剥离的内在关联。

(1)内容上的相互构成

教育哲学是教育观的学问，这意味着教育哲学的核心内容其实就是教育理念的概括和总结。教育理念不同于一般的观念，它需要有系统的理论支撑。所谓理论支撑，就是依据一定的理论，使观念条理化、系统化、深刻化，而这恰恰是教育哲学的使命所在。因此，在一定意义上可以说，对教育理念的系统阐述和提升便形成了教育哲学。

教育理念是关于教育的理性认识和理想追求，这表明教育理念本身也就是对教育问题的哲学思考，即教育理念不是直接解决教育问题的，而是对解决问题的思想进行考察和深究。在这一意义上我们又可以说，教育理念的内涵包含着教育哲学的成分，故教育哲学与教育理念在内容上相互构成。

(2)形式上的相互依托

教育哲学作为世界观的学问、方法论的科学，很显然是人类较高级的理论

---

① 石中英:《教育哲学》，4页，北京，北京师范大学出版社，2007。

体系，或者可以说，是人类各种理论的高度概括和抽象。如上所述，教育理念
需要理论的支撑，而教育哲学便是其不可或缺的理论支撑，具体表现为教育哲
学是教育主体形成其教育理念的重要理论基础和思想来源。

教育理念作为有关教育的理想和信念，是教育主体进行教育实践活动的具
体行动指南，而教育理念又包含着教育哲学的成分，这就意味着教育主体一旦
拥有了一定的教育理念，也就预示着他必然将在教育实践中践行一定的教育哲
学理论，从这个意义上说，教育理念是教育哲学在教育实践中得以具体应用的
依托和保证。

（3）价值上的相互支撑

教育理念既然必须依赖理论的支撑才能达到完善并产生其应有的价值，教
育哲学便理所当然地成为教育理念自我评价的重要衡量标准之一，即教育理念
能否真正体现出对教育实践、教育制度、教育者个人等应有的价值，在一定程
度上取决于人们对教育的理解、认识及其思维方式是否合理、正确，也就是人
们的哲学基础是否深厚。反之，教育哲学要想真正发挥其对教育实践及其变革
的理论支撑作用，就必须内化为实践者的观念意识，即教育者的教育观念及信
念。所以，教育理念客观上促进了教育哲学与教育实践的有效融合，并进而达
成了教育哲学的价值实现。

（三）教育哲学对于教育理念的意义

通过对教育哲学、教育理念及其相互关系的分析，不仅可以清晰地看出教
育哲学与教育理念的密切相关，而且也能在一定程度上使我们认识到，教育哲学
的一个重要使命就是形成人们的教育理念。对此，可以从以下几个方面加以说明。

1. 教育哲学的研究主题指向教育理念的形成

"教育哲学"一词最早是由美国教育家布莱克特（A. C. Brackert）提出的，即
"Philosophy of Education"。由于英语中"education"是个多义词，既指具体的教
育活动，也指"教育学"的学术体系，因此，教育哲学就有了双重研究主题：教育
活动的哲学（philosophy of educating）和教育学的哲学（philosophy of educology）。
"'教育活动的哲学'是对'教育活动中的问题'或简称'教育问题'作出根本性的寻
根究底的反思，以便为'教育活动'提供一些根本性的实践原则或'教育观'……
'教育学的哲学'是对'教育学活动中的问题'或简称'教育学问题'进行根本性的
寻根究底的反思，以便为'教育学'研究提供一些根本性的指导原则或'教育学
观'。"[①]需要特别强调的是，这里所说的"根本性原则"并非指教育行为或教育

---

① 石中英：《教育哲学的责任与追求》，55页，合肥，安徽教育出版社，2007。

学研究的规范、准则和方法，而是规范、准则、方法的原理、基础或根据。

上述表明，教育哲学的研究主题最终指向人们的教育理念的形成，而教育理念既包括人们的教育观，也包括人们的教育学观。事实上，教育活动的哲学与教育学的哲学是无法分割的，因为任何一个人的教育观和教育学观都是分不开的，是具有内在关联的。对于任何一个教育者而言，学习和掌握教育哲学的最根本的意义就在于，帮助他们树立起正确的教育理念，从而使自己的教育行为合理、合法并有效。

2. 教育哲学实则是人们的哲学观在教育领域的体现

如前所述，教育哲学是一个仁者见仁智者见智的概念，而之所以如此，是因为影响教育哲学定义的关键因素是各位教育哲学家们的"哲学立场"或"哲学观"：持"哲学是科学的科学"立场或观念的学者，就会把教育哲学看作对教育一般原则和规律的研究，是教育科学的概括和总结；持"分析哲学"的立场或观念的，就会把教育哲学看作对教育的概念、命题、口号等的分析和澄清，是与教育理论直接相关的哲学研究；持"哲学是一门有关价值的学问"的立场或观念的，就会把教育哲学看作根据价值论探讨教育价值的学问；持"实践哲学"的立场或观念的，就会把教育哲学看作一种实践哲学，把"教育实践"而不是"教育概念"或"教育理论"作为教育哲学研究的出发点；等等。

上述表明，教育哲学都是建立在一定的哲学观基础之上的。这也意味着学习和掌握教育哲学，就是基于一定的哲学立场审视、分析和探究教育问题。从这个意义上说，教育哲学首先体现为不同哲学观在教育领域中的渗透和运用，而这一渗透和运用最直接的结果，就是人们教育理念的形成。

3. 教育哲学作为一种思想工具有助于教育理念的厘定

哲学不仅是世界观的学问，还是方法论的科学。哲学的功能之一就是对理智上的论争进行批判性检验，并提供新的思考方向。也就是说，哲学是我们理解事物、澄清认识、整理观念的重要思想工具。

教育理念作为观念形态引领和支配着教育实践。然而，"教育者要想在教育实践过程中明智地行动，就需要哲学的帮助——理解思想的过程和观念的性质，理解人们所使用的语言、批评文化和社会传统，明了上述因素是如何影响教育实践的。对教育者来说，哲学应该是一种专业的工具"①。凭借这一工具，教育者一方面可以练就广阔的视野和深刻的洞察力；另一方面可以养成合理的

---

① [美]奥兹门、克莱威尔：《教育的哲学基础》，石中英、邓敏娜等译，4页，北京，中国轻工业出版社，2006。

思维方式，即以全面、系统、辩证及批判的思维方式认识和理解教育的各种问题，进而形成一定的教育理念。

三、本书关于"教育理念"的界定及构成

依据上述分析，我们将"教育理念"的本质内涵界定为：关于教育诸要素本质及其规律的理性认识，其中包含着人们对教育的价值判断和理想追求。

鉴于本书的出发点是通过教育哲学的学习和研究，培养教师的正确教育理念，进而指导其教育行为，因此，本书所说的教育理念，主要是围绕学校教育的一些基本要素提出的，包括对教育、学生、教师、课程、教学及班级管理的理解和认识，并由此所形成的教育观、学生观、教师观、课程观、教学观和班级管理观。

需要说明的是，我们这里所说的"观"，指的就是"理念"。基于"教育哲学是教育观的学问"的前设，以及为了叙述的方便，我们把"教育"的理念以及教育的主要构成要素的理念，表述为教育观、学生观、教师观、课程观、教学观、班级管理观及教育价值观等。

第三节　作为教育思维方式的教育哲学

教育哲学是教育思维的科学。那么，思维方式及教育思维方式是怎么一回事？教育哲学对于教育思维方式的形成具有怎样的影响？这是本节需要探讨的主要问题。

一、思维及思维方式

思维，是人的一种高级心理活动。这种活动的本质内涵是什么？人类有哪些思维方式？对于这些问题的解答是我们探索教育思维方式的基础。

（一）思维

思维，是指人脑对客观事物本质特征和内在规律性联系的间接性和概括性的反映过程。思维和感知觉同属于人的心理活动的认识过程，所不同的是感知觉是对客观事物的直接反映，反映的是事物的外在特征或外在联系，具有直观性、形象性。而思维则是对客观事物的间接反映，反映的是事物的内在本质或内在联系，具有间接性、概括性。所谓间接性是指思维活动是借助一定的媒介或知识经验对客观事物进行推理、判断、提出假设等，进而获得对事物的内在本质或规律的认识。例如，医生给病人看病，一方面要通过对病人症状的观察

和询问病人的情况了解病情；另一方面则需要借助一定的器械和自身已有的知识经验，通过分析、判断确诊病症，而后对症下药。很显然，只有达到后一方面对病人病情的认识，才能准确把握病人的病症。思维的间接性可以使人超越时空的限制，去认识未曾直接感知过的事物，甚至根本无法去直接感知的事物，并无限接近事物的本质和规律。所谓概括性是指思维活动是在大量感性材料的基础上，通过分析、归纳等把一类事物的共同本质特征抽取出来加以概括，以获得对事物的本质认识。概括是思维的根本目的，也是思维的本质特征。

所以说，感知觉是人们对客观事物的初级认识、感性认识，而思维活动则是人们对客观事物的高级认识、理性认识。人类的思维活动使得人们对客观世界以及自我的认识更加丰富和深化，进而也才能使人更好地生存与发展。

(二)思维方式

思维方式指人们的思维形式、模式，包括方法。但思维方式不等同于思维方法，思维方式包含一定的观念意识、理论支撑，而思维方法着重强调具体的操作手段。

人类最初的思维方式是具体思维或形象思维，即人们通过在大脑中对不同事物形象的联结产生对事物的认识，如看到乌云预测天要下雨。很显然，形象思维对事物的认识还停留在表面，难以真正把握事物的本质。因此，人类思维的进一步进化就发展到了概念思维或抽象思维，即在理性认识过程中，借助概念、判断、推理等思维形式和逻辑形式，以抽象和概括的方法来反映事物本质的思维活动和思维方式。简言之，抽象思维就是应用概念、做出判断和进行推理的思维方式。毫无疑问，这种思维方式使人们对世界的认识更加深刻和精准，从而更好地把握世界，让世界为我所用。然而，这种思维也有其局限性。第一，抽象性：由于追求一类事物的共同本质而忽略个别、具体性。第二，割裂性：由于追求推理的逻辑性把一个浑然一体的事物的各个方面通过概念分成许多独立且彼此不相关的内容。第三，凝固性：由于追求内涵清晰、确定的概念使得认识相对固化。

毋庸置疑，抽象(概念)思维创造了无比灿烂的现代文明，人类社会迄今为止各个领域的理论成果几乎都是借助这种思维方式创造的。但是，伴随着人类文明的进步和人类发展的需要，这种思维方式在某种程度上已经构成了人的生存与发展的局限，需要突破。21世纪人类思维方式的突破呈现如下几个趋势。第一，从实体思维到关系思维，即从以实体为中心的思维方式，进入以关系为中心的思维方式。第二，从客体思维进入主体思维，即以人为主体的、以人为中心的思维方式。这意味着在思维过程中突出了人的主体地位，思考问题的重心从单纯地关注外部世界，转向了同时要关注和承认人自身，追求一种主体性的意识。第三，从单向思维进入多向思维。这里首先表现为从认知思维走向价值思维。认知思维的最高表现就是知识、科学、真理的思想体系。然而，人类并不是为真理而真理，为了知道"1＋1＝2"而知道"1＋1＝2"，而是为了用"1＋1＝2"来创造文明，来不断地认识世界、掌握世界，让世界为我所用。因此，追求真理成为创造价值和实现价值的基础，表现在思维活动中就是既要探索知识，又要探究知识的价值。第四，从静态的直观思维进入动态的实践思维。由于人类的生活实践本身是动态的、综合的，人们就不能以静态不变的方式进行思维。马克思的实践唯物主义哲学的核心，就是建立一种动态思维方式——像实践那样的思维。[①]

实践思维是关系型的思维方式，是历史的、动态的思维；是把"是什么"和"如何做"的思考合二为一的思维方式。也就是说，这种思维方式从单纯地建构理论，转向了以解决现实问题为中心，把理论建构和问题解决作为不可分割的整体去认识。实践是人类特有的对象性的感性活动，是一种主客体关系的运动，人类特有的生命存在方式是社会实践。因此，实践思维实际上是在进一步充分彰显人的本质、人的规定性和人的能力。

上述表明，不同的思维方式决定着人们认识世界不同的角度、广度和深度，同时也决定着人们不同的行为方式，最终导致人们不同的活动结果。

(三)思维与智慧

思维作为人类对客观世界和自我的理性认识，也是人类智慧的象征。智慧是指一个人迅速、灵活、正确地理解事物和解决问题的能力，包括理解能力、分析能力、判断能力、记忆能力、思维能力和创造能力等，其中思维能力是核心。

智慧是伴随着人们的思维活动产生的，是人的思维能力的高度体现。思维与智慧均以人的大脑为物质基础，即人脑为人的思维与智慧的发生提供了可能性。同时，思维和智慧的发展又都依赖于人的各种实践活动——人在活动中经验的积累和知识的获得。然而，二者的产生是有先后顺序的，先有思维，后有智慧。也就是说，智慧的产生必然要经过思维的加工和处理；智慧的发展，一方面取决于个体在实践活动中获取的知识经验，另一方面则取决于个体的思维方式。

思维与智慧相辅相成，二者在发生过程中相互渗透，相互促进。思维的过

---

① 李德顺：《21世纪人类思维方式的变革趋势》，载《社会科学辑刊》，2003(1)。

程，也就是人们运用大脑分析、判断、理解和认识客观事物的过程，而分析、判断的准确与否，则是智慧高低的体现。因此，也可以说，智慧是思维过程的高度概括和外化，思维是智慧内隐的运作过程。思维的发展，以及良好思维方式养成的终极目标就是智慧的达成。

二、教育思维方式

教育思维方式，顾名思义，就是围绕教育问题进行思考的方式。而只有对教育思维方式本质内涵及其形成的深刻理解和把握，才能帮助我们形成良好的教育思维方式，进而做好教育工作。

(一)教育思维方式的本质内涵

如果说思维方式是人们思考问题的形式、模式，那么教育思维方式就是人们思考教育问题的形式、模式。如前所述，思维方式不能等同于思维方法，思维方式内含着一定的观念意识和理论支撑。因此，在一定程度上，人们如何看待教育和具有怎样的教育理论知识，就会有什么样的教育思维方式。

在对教育问题进行思考时，存在两种教育思维方式：一是把教育视为客观存在，以教育诸要素和具体的教育活动为中心，进行分析、判断和推理等，以寻求教育的本质性、规律性理论知识，这是概念思维或抽象思维的方式；二是把教育看作人的生命存在形式和活动过程，以人为中心探索教育诸要素对人的发展的作用和意义，尤其关注人在教育活动中的存在状态和表现形式，努力寻求"什么是更好的教育"的答案，这就是实践思维的方式。

如前所述，概念思维可以让我们从科学的角度认识和把握教育，并从中获取有关教育的概念、法则、程序等理论知识，以指导我们的教育行为，提高教育的效率。然而，教育的对象是人不是物，教育的过程也不是按照一定的规程机械操作的过程。由于人是处在不断发展变化中的生命存在，人的发展需要具有个体差异性，主观能动性是人之为人的根本特性，这就决定了教育活动的成败并非只取决于对概念的掌握，更加取决于对现实中教育活动的洞察、分析和判断，取决于在教育实践中对问题的敏锐捕捉和寻求问题答案的积极思考，而这正是实践思维的特质。

从这个意义上说，教育思维方式的本质内涵应是实践思维。实践思维的核心就是把"是什么"与"如何做"的思考合二为一，尤其关注实践中怎么做。正如马克思所指出的："哲学家们只是用不同的方式解释世界，问题在于改变世界。"[①]

---

① 《马克思恩格斯选集》第1卷，57页，北京，人民出版社，1995。

实践是人的基本生存方式，也是人能动地改造客观世界和自我的活动。毋庸置疑，人对客观世界及自我的改造，首先应建立在对客观世界和自我认识的基础上。然而，认识是前提，改造才是目的。我们对教育问题的认识与理解，最终要达到的也是解决现实教育问题，使人类的教育活动臻于完善。因此，对教育问题理解和认识的思维方式，就应该是实践思维方式。

（二）教育思维方式的构成

既然教育思维方式的核心内涵是实践思维，我们这里所说的教育思维方式的构成就应包括以下三个方面的内容。

1. 马克思主义实践观是教育思维方式的理论基础

在马克思那里，实践是指"人的感性活动"，它不仅是客观的而且是主观的，因而是实在的和能动的。与旧唯物主义不同，马克思把实践看作一切事物和现实的根基，是人的"本源性"的生命存在和活动方式。同时，实践还是主观见之于客观的人的对象性活动，即作为人类特有的活动，一方面，实践是人的有目的的活动，含有人的主观因素，受人的理性、意志的支配，体现着人对理想世界的追求；另一方面，实践又是作为物质实体的人，通过各种物质手段同物质世界进行物质交换的客观过程。正是在这种对象性活动中，人不仅创造了属人的客观世界，也创造了人自身。这表明，无论是对外部客观世界的认识和改造，还是对自我主观世界的认识和改造，都必须通过实践来完成。

依据马克思主义的实践观，对教育问题的分析、判断、理解等思考，就必须立足于实践，即关注现实的教育生活，注重教育的行动及其效果，强调把实践作为检验教育真理的标准，坚持对教育现状的改变和超越。

2. 教育实践活动是教育思维方式的逻辑起点

教育思维作为对教育现象的概括性、间接性反映，不是人们的主观臆想，也不是单纯建立在理论知识上的逻辑推理，而是在教育实践活动中，通过对现实存在的教育问题进行梳理、分析、归纳和概括，达到的对教育本质和规律的揭示。也就是说，教育思维虽然是人的一种理性认识活动，但认识的起点却是教育实践活动。虽然人的一般认识规律是遵循着由感性认识上升到理性认识的路径发展的，但是代表着人类思维本质的理性认识并不是简单地由感性认识积累而来的，而是在感性认识积累的基础上，通过对自身活动的不断反思、分析、判断和推理逐步形成的，即理性认识是基于人的实践活动产生的。因此，教育思维作为教育的理性认识活动，也只能是基于教育实践活动而产生的。

把教育实践活动作为教育思维方式的逻辑起点意味着，我们所有对教育问题的认识和理解都不只是为知识而知识，也不仅限于解释教育现象，而是要思考教育的现实问题，为教育乃至社会的改变而探求知识。

3. 唯物辩证法是教育思维方式的方法论依据

众所周知，唯物辩证法是马克思主义哲学的核心，是我们认识世界、改造世界最普遍的方法论。唯物辩证法的根本要义就是：用动态的、发展的、联系的及辩证的思维方式认识和理解世界万事万物。教育是人类社会最为复杂的社会现象，其复杂性源于人的复杂性，即人不仅是一个不断生长、变化且充满了发展不确定性的自然生命体，还是一个处在千变万化的社会环境之中，并具有各自不同的发展需求、个体差异性的社会存在。因此，对于教育现象就不能以静止的、割裂的、非此即彼的方式进行认识和理解。否则，难以把握教育的本真，更无法解决教育问题。

把唯物辩证法作为教育思维方式的方法论，就是要求我们在运用任何具体的方法研究教育问题时，都必须秉持运动、发展、变化、联系等观念意识来进行，都必须遵循一分为二、对立统一、量变质变的思维路径审视、分析、评判任何一种教育现象。唯有如此，才能真正把握教育的本质与规律，进而也才能确保教育活动卓有成效。

（三）教育思维方式的形成

根据教育思维方式本质内涵即构成的界定，可以看出教育思维方式的养成需要从以下几个方面着手。

1. 教育实践经验的积累

思维的本质是理性认识，虽然理性认识不是感性认识单纯积累的产物，但必须以感性认识为基础。对于教育思维而言，感性认识就是教育实践经验。教育实践经验的积累，毫无疑问必须真正置身于教育实践之中，只是坐在书斋里是难以做到的。只有在各种教育实践活动中，人才能直观地感知到教育现象的真实存在状态，并产生对这种状态的质疑、追问等思维活动，进而形成一定的教育思维方式。所以说，丰富的教育实践经验是教育思维方式形成的基础。

经验的积累当然要依托足够的实践活动，这就要求教育者必须尽可能多地参与教育实践活动，尤其是要以自觉、积极的姿态从事各种教育实践活动。唯有如此，才能迅速积累自身的教育经验，为形成良好的教育思维方式奠定基础。

2. 教育实践活动的反思

教育实践活动是教育思维方式形成的根基和源泉，但并非有了教育实践活动就会自然形成教育思维方式。在实践中，教育思维方式形成的关键是人对所从事的教育实践活动进行不断的反思。所谓反思，就是教育者依据自身的价值观和立场，以及所拥有的经验和知识，审视自我或他人的教育行为模式，从中发现问题，并对问题进行刨根究底的询问、探寻，以唤醒人们对自身教育行为是否合理、正确进行不断审视的意识，进而提升教育者对教育生活的感受力、理解力和判断力。

由此可见，对教育实践活动的反思，是形成教育思维方式的关键环节。故教育者在教育实践活动中要注重培养自己的反思意识，养成反思的习惯，即对习以为常的教育现象，以及程序化的教育行为模式提出质疑，深入探究，在深层次上把握教育的真谛。

3. 教育理论知识的学习

如前所述，教育思维方式的形成，经验和反思固然很重要，尤其是反思，在一定意义上起着决定性作用。然而，反思的品质和成效在一定程度上则取决于反思者所拥有的理论知识水平。因为人们之所以能够在实践中发现问题并进行深入思考，是由于现实与他们头脑中的认知不符。这种认知一方面来自经验、感性认识，而另一方面，接近事物本质的认知则必然需要相关理论知识的依托。正如我们对教师的教学行为进行反思，首先要具备的是关于教学的本质内涵、教学过程的基本构成及其相互关系的理论知识。否则很难发现教师教学行为的问题，难以提出真问题、有价值的问题。所以说，教育理论知识的学习和掌握，是教育思维方式形成不可或缺的因素。

大量事实表明，对于教育理论知识的学习和掌握，一定要建立在学习者积极、主动、自觉的基础上才能真正得以奏效。这就要求教师要真正具有学习的意愿和需求，有不断进取的决心和毅力，有在教育领域获得自我发展、自我实现的追求。所有这一切，才是一个人学习的内在动力，也才能真正造就一个人的理论素养。

三、教育哲学对于教育思维方式的意义

哲学作为一种思维方式，是迄今为止人类认识和把握世界最深刻的思维方式。因此，教育哲学作为有关教育的思维方式，对于教育者良好思维方式的养成具有重要的理论滋养意义。

(一)使教育思维具有逻辑性

哲学用头脑联系世界，用概念反映和表达世界。作为一种思维方式，哲学不是天马行空式的猜想、随想，而是对事情前因后果、相互关系的分析、判断和推理，具有逻辑性。这意味着，具有哲学素养的人，其思维方式就应该是有逻辑的，也就是对事物的认识是遵循着一定的逻辑性进行的。事实上，哲学是

一种逻辑化的"直接推理的活动"，它不是像科学那样是通过观察、实验等进行的间接的推理活动。哲学正是通过对大量逻辑问题的合理解决，才不断达到对各门具体科学进而对事物发展规律的正确掌握的。合逻辑的思维，不仅体现了客体要求主体合规律地去认识，也体现了主体对客体规律的思想诉求，体现了认识活动的能动性本质。

因此，教育思维只有具备了逻辑性，才能真正认识和把握教育的本质与规律，也才能使教育者对教育的主观理想更加符合教育的本质和规律。教育哲学就是用哲学的思维方式思考、分析、探究教育问题，以获得对教育本质和规律的认识；教育哲学具有哲学思维的逻辑性。因此，教育哲学可以促使教育者的教育思维方式更具逻辑性。

（二）使教育思维具有超验性

哲学思维不是对经验世界中某种感性具体事物的一般思考，而是对超验世界中的各种知识和思想的成果再做理性"沉思"的过程。哲学思维不同于一般的思维。其一，它不同于表象思维，表象思维是一种物质的思维，只会沉浸在材料里，如物理学和生物学等具体学科都有其特定的"视域"，有其特定存在物的总体，它们无法超出这一特定的范围。哲学思维的对象不可能在经验材料中被给出，哲学在经验材料中总得不到自我满足，它只有在"现象的普遍本质的理念中"才能得到自我满足。其二，它不是形式推理，不是脱离或超越事物内容的纯粹形而上的思维形式。哲学思维是指向事物更深层的本质内容或"理念"的内涵的思维。其三，它与一般的理论思维有层次的差别。人们对世界可以从不同的角度和层面进行多方面的把握，因而也就形成了各种不同的基本把握方式和思维方式，如日常经验思维、宗教思维、艺术思维和科学思维等，形成了关于世界某一领域的理论思维形式和各种思想。哲学思维反映的是一个理性的、理念的整体的运行过程，这是一种"超验的沉思"，它只体现于哲学思维之中。因此，哲学思维是更高层次上的理论思维，它把各个领域的理论思维的成果——思想提升出来，作为反思的对象。

教育哲学作为具有"哲学性"的思维方式，同样体现出这一"超验"的性质，即对教育问题的认知，并非停留在表象思维、形式推理和某一角度或层面上的，而是对教育问题深层次的、实质性的以及整体的、全方位的省思和透析，是对人们关于教育问题认识的反思。所以，教育哲学能够提升教育者的思维品质，使其具有"超验性"。

（三）使教育思维具有思辨性

教育思维方式作为人们思考教育问题的形式、模式，其终极目标和最大价值就在于形成教育者的教育智慧。智慧是指一个人迅速、灵活、正确地理解事物和解决问题的能力，而教育智慧就是教育者迅速、灵活、正确地理解教育和解决问题的能力。教育智慧的形成与人的思维品质直接相关，而思维品质的优劣在一定程度上取决于其思辨性。

思辨是指没有实证环节的连续推测，超越经验、实证，进行概念之间的逻辑推导的过程，它在概念框架建构的空间中进行着逻辑的运行与"徜徉"。思辨思维即哲学思维，它可以超越实证知识。科学就是具有实证性的知识，它研究的对象是具体事物；对于科学，观察、试验不可或缺。科学假说需要获得经验的实证，以确认科学成果，这样，科学思维才能不断深入。哲学的思辨思维是人类理性思维的最高体现，它触及不到具体事物的属性，它的思辨性在于以"思维"为对象，而不是通过直观经验到的真实的实体实现的，它并不关心经验到的事物给人们的直接感受，而是关心直接经验到的事物背后的"本质"。

很显然，只有具备了较强思辨思维，人才能触及事物的本质；而只有当人的思维触及到了事物的本质，才能正确地把握和理解事物，进而才会形成智慧。教育哲学作为一种哲学思维方式，毫无疑问可以增强教育者思维的思辨性，使其形成教育智慧。

【本章思考与练习】

1. 为什么说教育哲学是关于教育观的学问？

2. 教育哲学的基本性质是什么？

3. 什么是教育理念？

4. 教育理念对教育实践有何意义？

5. 教育哲学与教育理念的关系如何？

6. 如何理解教育哲学的重要使命？

7. 作为一名教师，为什么要学习教育哲学？

【推荐阅读】

1.《教育哲学》编写组. 教育哲学[M]. 北京：高等教育出版社，2019.

2. 于伟，王澍. 教育哲学[M]. 北京：北京师范大学出版社，2023.

3. 王有升. 理念的力量：基于教育社会学的思考[M]. 北京：教育科学出版社，2007.

4. 陈桂生. "教育学视界"辨析[M]. 上海：华东师大出版社，1997.

5. 奥兹门，克莱威尔. 教育的哲学基础[M]. 石中英，邓敏娜，等，译.

北京：中国轻工业出版社，2006.

6. 沃尔夫冈·布列钦卡. 教育知识的哲学[M]. 杨明全，宋时春，译. 上海，华东师范大学出版社，2006.

7. 约翰·杜威. 我们怎样思维·经验与教育[M]. 姜文闵，译. 北京：人民教育出版社，2005.

8. 约翰·杜威. 民主主义与教育[M]. 王承绪，译. 北京：人民教育出版社，2001.

9. 石中英. 教育哲学的责任与追求[M]. 合肥：安徽教育出版社，2007.

10. 联合国教科文组织国际教育发展委员会. 学会生存：教育世界的今天和明天[M]. 华东师范大学比较教育研究所，译. 北京：教育科学出版社，1996.

观念支配行动。有什么样的教育观，就会有什么样的教育行为。因此，对于教育者而言，树立正确的教育观就显得至关重要。那么，什么是教育观？教育观是如何形成的？什么样的教育观可称为正确的教育观？这些就是本章所要着重探讨的问题。

第二章　教育观

教育观是人们对教育的认识所形成的观念；正确的教育观是建立在对教育本质内涵深刻理解的基础上所形成的对教育的认识。因此，要想拥有正确的教育观，就必须对教育的本质内涵进行深入、透彻的剖析，在最本真的意义上理解教育是什么，进而明确应该树立什么样的教育观。

第一节　教育的原典精神

教育的原典精神，是指自人类教育产生之日起就存在的、体现教育根本性质的教育的实质内容、思想构架和存在根基。由于事物的起源也就是它的性质的本原，所以教育的原典精神就蕴含于教育的起源之中。对于教育原典精神的探寻，可以使我们从本源上认识教育。通过对教育起源的揭示，以及教育发展历史的梳理，我们发现，教育的原典精神主要体现在以下几个方面。

一、教育是人的生存需要

众所周知，教育是伴随着人类的产生而产生的。也就是说，自从有了人类，就有了教育。那么，教育是怎样与人类同生共存的呢？换言之，教育是如何满足人的生存需要的？

（一）人首先作为一个自然生命体存在

人作为一个生命体，首先是一个自然存在物，"人直接地是自然存在物……而且作为有生命的自然存在物"[①]。虽然马克思一贯反对把人看作纯粹的"自然人"，不赞成单纯地用生物学的规律和自然法则解释人，但马克思也从来不否

---

① 《马克思恩格斯全集》第 42 卷，167 页，北京，人民出版社，1979。

认人的自然属性，并坚持认为"全部人类历史的第一个前提无疑是有生命的个人的存在。因此，第一个需要确认的事实就是这些个人的肉体组织以及由此产生的个人对其他自然的关系"①。这就是说，对人的认识，应首先回到人的自然性——这一生命的本原中去。

回到生命本原认识人，意味着我们必须意识到，人之为人首先是作为肉体组织的生命存在，而这种生命存在的前提是各种生理需要的满足，如渴了要喝水，饿了要吃饭，困了要睡觉等。如若忽略了这些生理需要，人就失去了存在的载体，更谈不上很好地生存。对于人之生命的高度重视和关爱，也是马克思主义唯物史观关于人的认识的基本出发点。

（二）物质资料的生产是人类赖以生存的基础

从生物学的意义上说，人和动物，甚至植物都是有生命的自然存在物。但是，人的生命的自然性已远远超出了一切有生命的自然范畴，具有人之为人的独特性。对动物而言，其生命的存在只能以外界所提供的现成形式的物质和能量为前提，它只能作为环境的组成部分而存在，无法将生命的生存主动权掌握在自己手中。而人则能够利用工具延长和增加自身肢体和大脑的功能，以更好地适应和改造环境，求得生存和发展。这说明人之生命存在需要的满足，是通过人自身的生产劳动实现的。

因此，生产劳动，首先是物质资料的生产便构成了人之生存的重要前提，甚至可以说生产劳动创造了人类社会的一切，包括人本身。正如恩格斯所言："劳动是整个人类生活的第一个基本条件，而且达到这样的程度，以致我们在某种意义上不得不说：劳动创造了人本身。"②这表明，正是生产劳动使人从动物界脱颖而出，成为一种突破生物本能的"超生命"存在，即人对赖以生存的物质资料的获取，不是通过动物式的本能活动，而是通过人类特有的生产劳动。因此，我们对人及人的所有活动的探寻，都应从生产劳动中追根求源。

（三）教育起源于人类在生产劳动过程中传递经验的需要

关于教育的起源，教育学界曾有"生物起源论""心理起源论""劳动起源论""交往起源论"等观点，而目前得到较多人认同的是"劳动起源论"。"劳动起源论"的基本观点是：教育起源于人类在生产劳动过程中传递经验的需要。这一观点的合理性源于马克思主义的唯物史观，其直接理论依据是恩格斯的《劳动在从猿到人转变过程中的作用》的论说。

---

① 《马克思恩格斯选集》第1卷，67页，北京，人民出版社，1995。
② 《马克思恩格斯文集》第9卷，550页，北京，人民出版社，2009。

在劳动中，人学会了直立行走，这增强了体质，促进了大脑发育，逐渐形成了人类特有的语言和思维；也是在劳动中产生了人类社会各种各样的需要，进而促发了人类的政治、经济、文化、军事等各种活动。其中，由于人们从事生产劳动时，需要传递信息、交流经验，尤其是为了更好更快地掌握生产劳动技能，增强自身的劳动能力，需要在有限的时间内掌握尽可能多的劳动知识与经验，便产生了以传递劳动知识经验为主要内容的教育活动。所以说，教育是伴随着人类的生产劳动而产生的；换言之，是人在生产劳动中传递知识经验的需要，促发了人类教育活动的产生。

由于人首先是作为一个自然生命体存在的，而自然生命体的存在需要衣、食、住、行等物质资料的满足，这就必须进行物质资料的生产，也正是在物质资料的生产过程中产生了人类的教育活动。因此，人类的教育从一开始就担负着满足人的生存需要的使命，就蕴含着使人更好地生存的寓意，即教育与生俱来的、最本真的含义就是满足人的生存需要，这就是教育的原典精神。

教育的这一原典精神意味着，伴随着人类社会的发展和文明的进化，人类的教育从内容到形式，乃至教育目的、价值体现都将发生巨大的变化。但万变不离其宗的是，教育最终要达到的仍然是对人的生存需要的满足。满足人的生存需要的教育，要求教育时刻关注人的生存状态，知晓人的生存背景，尤其要把握人在生存过程中遇到的根本问题，而非简单地进行知识灌输和技能训练。人首先应该懂得活着的意义，明确活着的目标，理解自身与他人、社会的关系，才能自觉地获取知识，掌握技能，进而更好地生存。因此，知识的获得、技能的掌握只是教育的形式，而满足生存需要才是教育的实质。

二、教育使人更好地发展

人首先是一个生物性的生命存在，但人与一般生物最根本的不同就在于：人不仅仅为了生存，还要获得发展，而教育归根结底的意义就是使人更好地发展。

(一)人是通过发展求生存的物种

人类学的研究表明，人作为高级的生命存在，与其他动物相比，从一出生就有着"未特化""未完成"的特质。所谓"未特化"，是指一般动物的器官都是为了适应某种特定的生活条件而生的，如食草动物、食肉动物、热带动物、寒带动物等。这种特定化(特化)使得这些动物在出生后的生存中没有太多的选择余地，甚至当所生存的环境发生变化时，就面临着灭亡的威胁。而人则不同，由于人的器官不是应特定的生活条件而生的，因此人的后天生存就有着更多的选择性，或者说，人生在什么样的环境中，就能在什么样的环境中生存。同时，与一般动物相比，"未特化"也显示出人在本能上不具备在特定条件下生存的特定能力。所谓"未完成"，是指一般动物脱离母体独立存在时，其各种器官基本发育成熟，很多动物一出生就能站立、行走，甚至觅食。而人却不然，当人脱离母体独立存在时，各个器官还都处于发育过程中，而且从发育到成熟需要一个相当长的时间段，这就意味着人在本能上"先天不足"，需要后天获得发展和完善。

人的"未特化""未完成"特质似乎是人的"先天缺陷"，而且在生命之初，这些特质的确为人的生存造成了很大的困难。然而，从哲学人类学的思想来看，人的这些"先天缺陷"并不是人之为人的弊端，恰恰相反，是其优越性所在。人的器官并非为了某种生命机能而形成，这就使人具有了适合多种多样用途的潜能；同样，人天生本能的匮乏，使人反而不受本能的控制，并能够在后天获得多种多样的能力来补偿本能的匮乏。"虽然非特定化（unspecialization）开始可能有消极影响，但在漫长的发展过程中，它却意味着是一个非常宝贵的优点。缺乏特定化被证明是十分积极的能力的消极关联物，因为人的器官并非专门为某几种生命机能而制成，它们有适合于多种多样用途的能力；由于人不为本能所控制，他本身就能思考和发明。所以，人具有别的能力来代替缺乏的能力……因此，尽管动物似乎有适合于生存竞争的较优良的装备，但人却远胜过动物。"[①]由此不难看出，人的先天的"未特化"是人的一种优势，而非劣势。同时也说明，人要想获得很好的生存，就必须在后天得到足够的发展。所以，人是通过发展求生存的物种。

（二）人的发展的本质内涵

1. 发展——人之进化本质

进化与发展，从其表现形式上看，都可以指生命体的变化过程，但从内容上却有着根本不同。

进化是人作为生命有机体与其他生物所共同经历的演进、变化过程；而人的发展则是特指融入了人的文化性、社会性而产生的个体生命的变化过程。达尔文的进化论告诉我们，变化、渐进、适者生存、物竞天择，构成了人类生命进化的过程和内容；同时，也蕴含了生命个体在生物进化意义上的发展寓意。但是，单纯囿于生物学角度是难以揭示人的生命进化本质和规律的。哲学人类学家指出，人不仅是自然进化的产物，更是文化的产物，是社会性动物。文化

---

① ［德］兰德曼：《哲学人类学》，阎嘉译，165 页，贵阳，贵州人民出版社，2006。

由三个亚系统组成，即技术系统、社会系统和观念系统。人类的进化恰恰是通过掌握运用技术，依靠社会群体的力量，创造了社会系统和观念系统，这使人的适应能力更加协调，也更加主动并趋于完善。从这个意义上说，人的生命进化还体现为积极主动地适应环境、完善自身的发展过程。不仅如此，人类的进化不只意味着人与其他动物具有本质上的差别，而且还意味着对人类自身而言，个体之间也是具有巨大差异性的。这种差异性不是生物进化的差异，而是社会文化的差异，即在体质形态上并无太大差别的现代人，由于他们的人生经历和主观努力不同，便造成了进化过程中的个体差异性，形成了现实生活中每个人的思想、情感、行为方式等的千差万别。由此表明，人的生命进化意味着人的发展是一种差异性发展。

综上所述，人的生命进化事实向我们揭示了，作为生命个体的人的发展，一方面是大自然运动的必然规律，是人之为人的不可抗拒的自然大法，即人唯有发展，才能存在；另一方面，人的发展从本质上不同于一般生物的进化，是主要依赖于后天因素影响的社会性、文化性发展，是积极主动适应和改变生存环境，完善自身的发展，是具有着个体性、差异性的发展。

2. 发展——人之永恒追求

在达尔文进化论问世以前，人们很少能从生物进化的意义上认识自身的发展问题。然而，由人之为人的本性——人是会思想的动物所决定，人在有了一定的自我意识，思维发展到一定阶段之时，就开始了以一种观念的、精神的方式对自身发展的追求，即思考和探究自己何去何从的问题。中国传统哲学对伦理道德、理想人格的追求，西方传统哲学对理性智慧、世界本原的探寻，马克思主义对于人的全面发展的论说，等等，均是对此问题的回应。在西方"知识就是力量"的召唤下，思辨的理性让位于知识的理性，人们越来越倾向于在科学的意义上探索人的发展问题。达尔文的进化理论开启了人们科学探索人的发展问题的思维路径和方法，即以一种实证的、经验的、观察和实验的方式获得对自我发展的认识，而不是停留在哲思的层面；还有生物学、心理学、人类学等的长足发展，也为这种探索奠定了基础和提供了可能。

所有这些表明，一方面，人是一个不断追求自我发展、自我完善的存在者；另一方面，人的发展是与时代、社会发展的状况密切相关的。人以发展为生命存在的内容和形式，更以发展为生命存在的价值。

3. 发展——人之生命价值的体现

人的发展首先是一种事实判断，即它所描述的是人从出生到死亡身心各方面的变化过程。然而，对这一过程的运动趋向和所要达到的目标，又是人之为人特有的永恒追求。因此，人的发展同时也是一种价值判断，是人对"我到哪里去"的询问和期待。也就是说，人发展与否以及如何发展，并不纯粹是一种客观的事实和自然而然的过程，也渗入了人对自身存在与发展意义的追求，而这种追求所彰显的就是人的生命价值。

所谓人的生命价值，简言之就是人之为人的意义，体现为个体自我活着的意义和个体对他人、社会的意义。人的生命价值作为人所特有的生命的意义，包括人的自然生命价值和精神生命价值。自然生命价值意味着人的生命存在与延续对自我和社会的意义。精神生命价值则意味着人的生命的创造和超越性对自我和社会的意义。二者相辅相成，自然生命价值是精神生命价值产生的根源，精神生命价值则是自然生命价值的提升和超越，从而也是人的生命本质所在。而人作为价值追求的生命存在，也就是不断追求自我完善和发展的生命存在。

总而言之，人，无论作为一种自然的生命存在，还是作为一种超自然的社会存在、文化存在，发展都既是其存在的必然，又是其自觉的追求。人的发展，无论是从生物进化的意义上来看，还是就人自身的需要而言，所体现的都是人所特有的生命价值。

(三)教育产生于人的发展需要

如前所述，教育是伴随着人类的产生而产生的，是人在物质资料生产过程中传递经验的需要促发了人类的教育活动。因此，教育从本源上说，是为了满足人的生存需要。但同时，由于人是在发展中求生存的物种，这就决定了教育从一开始更是为了满足人的发展需要而存在的。

哲学意义上的"发展"，泛指一切"事物由小到大、由简单到复杂、由低级到高级、由旧质到新质的运动变化过程"[1]。很显然，这种变化不是一个自然而然就能完成的过程，而是需要事物内、外各种因素共同作用才能够实现的过程。人的发展更是如此。作为高级动物，人的发展一方面指与其他生物所共同经历的生命的演进、变化过程；另一方面则特指融入了人的文化性、社会性而产生的个体生命的变化过程，而后者才是人的发展的本质内涵。

所谓人的文化性、社会性，是指任何人都生活在一定的社会文化背景之中，其发展的过程也就是习得一定的社会文化的过程。人首先是一个自然性存在，更是一个社会性存在，且社会性存在才是人之为人的本质所在。"人的本

---

① 《中国百科大辞典》编委会编：《中国百科大辞典》，55页，北京，华夏出版社，1990。

质不是单个人所固有的抽象物，在其现实性上，它是一切社会关系的总和。"①
这是马克思关于人的本质的经典论说。在马克思看来，"自由自觉的活动"作为
人的类本质，是从人与动物的本质区别来说的，它表明人之为人的"类"的根本
性规定，但却不足以说明现实生活中不同时期、不同地域、不同文化背景下人
与人的本质区别。因此，对人的认识，既要从人与动物相区别的一般本质来认
识，又要从人与人相区别的特殊本质来认识，否则就无法理解现实中人的本质
特性。

上述表明，人的发展实质是一种社会性进化，这种进化一方面意味着人的
发展就是习得一定社会文化的过程，另一方面意味着人的发展也是创造社会文
化的过程。在这一过程中，人类需要知识经验的传递与交流，更需要使人类积
累的知识经验以简约、便捷、有效的方式被一代一代人所掌握。因此，教育这
一人类特有的活动，便应运而生了。正是在此意义上，我们说，教育的原典精
神是为了促使人更好地发展。

三、教育是对人之生命最直接的关爱

满足人的生存需要，促进人的发展，从深层次上说，就是对人之生命的最
直接的关爱。教育因人的生命而存在，旨在提升生命的质量，这是教育最根本
的原典精神。

（一）人之生命的特质

人首先是作为一个自然生命存在，有着与世间一切生命存在同根的生物共
性；但作为生命的最高形式，人绝非单一的自然生命存在，而是复杂的生命存
在，有区别于其他一切生命存在的特殊性质。

1. 人是有意识的生命存在

众所周知，人和动物最根本的区别就是，人是具有意识的生命存在。意
识，是指人能够觉察到并能够用语言表达的心理内容、心理体验，或者说是受
人的主观意愿支配的行为表现。也就是说，动物的行为基本上都是本能行为，
而人的行为则可以是有意而为之的。正如马克思所言："动物和自己的生命活
动是直接同一的。动物不把自己同自己的生命活动区别开来。它就是自己的生
命活动。人则使自己的生命活动本身变成自己意志的和自己意识的对象。他具
有有意识的生命活动。"②这意味着，动物个体是属于他的生命的，它的存在完

---

① 《马克思恩格斯选集》第 1 卷，56 页，北京，人民出版社，1995。
② 《马克思恩格斯选集》第 1 卷，46 页，北京，人民出版社，1995。

全由他的生命本能所支配。而人由于把生命活动本身变成了自己意志和意识的对象，人的生命就不只是一种单纯的自然生命存在，同时还是一种"超生命"存在——超越本能生命之上的生命存在。

意识赋予了人自主的能量，丰富了生命的内涵，增强了人发展的动力。然而，意识的这些功能的发挥并非在人之生命诞生之时就显现出来了。正如人的生命有机体的各个器官均是在后天不断发育成熟一样，意识也需要一个由不成熟到成熟，由欠缺到完善的发育过程。因此，对于人的生存与发展而言，人的意识的成熟和完善就显得至关重要。

后天的环境和各种因素对于人的意识发展起着至关重要的作用。其中，教育作为满足人的生存需要、促进人的发展的活动，更是直接肩负着引导、培育人的意识发展的使命。

2. 人是能动性的生命存在

在马克思看来，人直接地是自然存在物。人源于自然，依赖自然界而生存，是自然界的一部分，这是永远无法更改的事实。然而，作为自然存在物，人与动物的根本不同是，动物是纯粹自然物，而人是人化自然物、属人的自然存在物。所谓纯粹自然物意味着动物只能依附于自然而生存，被动地接受自然的规定。而作为人化自然物，人不仅依赖自然，而且还可以通过自身的活动改变自然，创造出一个为我所用的自然，并在改造自然的同时改造着自身的生命自然。这表明，能动性是内含于人之生命的本性，是人之为人的根本特性。

能动性，是人面对自然与社会时的选择性、自觉性和创造性；表现为人在从事某项活动时是有意识、有目的的，且能够突破现有条件达到预期结果。这种能动性预示着人的一种积极的生存方式、人的潜能开发的需要，以及创造的力量。也就是说，人凭借能动性才能够超越自然生命本能，实现人的生命价值。能动性虽然是人之生命的本性，但是，它是作为一种潜质内含于人生命之中的，要想使其真正成为每一具体个人的生存方式，需要外界予以恰当的激发和培育。人类的教育活动从一开始就不是单纯地传递知识与技能，而是要最大程度地激发教育对象学习的目的性、意识性，因为只有当学习者有了强烈的学习的目的性、意识性，才能真正掌握所学知识与技能。

3. 人是意义性的生命存在

人是有意识的，人的活动是具有能动性的，所有这一切表明：人之生命是有意向的，即人活着是要寻求生命意义的。"意义"即人对既定生命目标的向往，对生命价值的追求，对生命为什么存在的探索。动物的生命存在只是一个事实性存在，而人的意识性、能动性使得人之生命在事实性存在的基础上，还是一个意义性存在。

"意义性"意味着人作为生命存在不只是为了获得吃饱、穿暖等生理上的满足，而是要不断追求自我价值的实现。人不仅仅是一种物质性存在，更是一种精神性存在。人的发展在其终极性上是人的精神需求，而非物质满足。就像我们不能说人活着就是为了吃饭，而应该说人吃饭是为了更好地活着一样，人的一切物质追求都是为了最终达到人的精神需求的满足。所以说，人的生命成长在归根结底的意义上是一种精神生命的发展。教育作为人类的一种特殊实践活动，不仅仅是为了满足人的生存与发展需要，其更深层次的功能和价值还在于提升人的生命质量，创新和丰富人的精神生活，使人生充满意义。

（二）教育与人之生命的关系

教育是人类社会特有的现象，这意味着教育与人的生命存在有着不可分割的内在关联，主要体现为以下几方面。

1. 人之生命的生长需要是教育存在的根基

人之生命的生长包括自然生命的生长发育、日趋成熟，以及精神生命的成长发展、不断提升。作为自然生命存在，人先天"未完成""未特化"的特性使得人之生命的生长需要借助一定的力量才能实现，而教育则是助长人之生命最直接、最有效的力量。正确的喂养、科学的训练、合理的引导等，这些都是教育内容的应有之义，也是人之自然生命生长的必然需要。作为精神生命存在，人之生命的意识性、主动性、意义性等特质，使人对生命的质量、活着的意义有了更高的追求，而这种追求的达成，必须建立在人拥有一定的知识、能力、思想观念等基础之上，教育的职能和使命恰恰就是传授知识、培养能力、构建思想观念等。正如哲学家、教育学家雅斯贝尔斯所言："教育，不过是人对人的主体间灵肉交流活动……包括知识内容的传授、生命内涵的领悟、意志行为的规范、并通过文化传递功能，将文化遗产交给年轻一代，使他们自由地生成，并启迪其自由天性。"[①]

所以说，人类的教育活动是基于人之生命的生长需要而存在的，教育归根结底是指向对人之生命的呵护和生长需要的满足。现实中任何无视人之生命的存在，甚至对人之生命造成伤害的活动，都不能称为教育活动，或者说都是教育的"异化"，是背离了教育初衷的行为。

2. 教育是直面生命、通过生命和为了生命的活动

毫无疑问，教育是属人的，而归根结底是隶属人之生命的，即从根源说，

---

① ［德］雅斯贝尔斯：《什么是教育》，邹进译，3页，北京，生活·读书·新知三联书店，1991。

教育是直面生命、通过生命和为了生命的活动。

所谓直面生命，是指教育的对象是人，不是物，而且是具有人之为人的生命特征的人，如自主性、能动性、创造性等。这意味着如果像加工物质性的原材料那样对待自己的活动对象，教育是无法达到预期的，甚至适得其反。任何教育都无法绕开"知识的传授"，但如果单纯把知识看作外在于人的客观存在，人也只是为了占有知识而获取知识，忽略了人往往是以自己特有的感知、思维及个性接受知识，那么将会造成知识与人的对立，知识的教学成为对人的控制和压抑，进而造成教育对人之生命自由成长主动权的剥夺。

所谓通过生命，是指教育对人所产生的一切影响，都必须建立在人之生命的存在需要和发展规律基础之上。人作为一个整体性生命存在，需要获得全面发展，而那种"唯材"的教育所造成的是对人之生命的肢解。正如西方学者达拉里（M. Dallaire）指出的，教育成为制造劳动者的一台机器，通过教育的塑造，人被变成追求物质利益的人，掌握生产技术成为受教育的全部目的，这样，人愈是受教育，他就愈被技术和专业所束缚，愈失去作为一个完整人的精神属性。[①] 再如，人的发展是具有顺序性、阶段性、个体差异性的，所以教育就必须要循序渐进、抓住"关键期"以及因材施教。

所谓为了生命，是指教育最根本的意义和价值在于：呵护人之生命的存在，促进人之生命的发展，提升人之生命的质量。教育的内涵非常丰富——知识传授、能力培养、情感陶冶、思想建构等，所有这一切最终可归结为"使人为人"。使人为人意味着，人之生命不仅仅在于活着，还在于生命的意义，在于生命的自主性，在于生命的独特个性。教育就是为人拥有这样的生命而存在的。那种把教育的目的异化为知识的传递、技能的训练的行为，是一种本末倒置的做法，背离了教育的本源性目的。"教育的目的在于用知识启迪智慧，将智慧融入生命，最终提升生命的意义。"[②]这才是教育的终极目的。

（三）教育是点化人之生命的实践活动[③]

点化之"点"，是指教育对人之生命的开启。一方面是教育开启生命体对自己所处的外部世界的认知、体验和感受；另一方面是教育开启生命体对自己内在需求的认知，自身主动性的调动，以及自我认识、自我选择和决策潜能的发

---

① M. Dallaire, *Contemplation in Liberation：A Method for Spiritual Education in the School*, New York, Edwin Mellen Press, 2001, p. 13.

② 冯建军：《生命与教育》，8 页，北京，教育科学出版社，2004。

③ 叶澜：《回归突破——"生命·实践"教育学论纲》，236～238 页，上海，华东师范大学出版社，2015。

挥。总之，教育对人之生命的"点"，就在于通过教育使生命个体不仅能够领悟到所处生存环境的状态和道理，进而让自己很好地生存与发展；而且还可以意识到自我存在的需要和追求，进而彰显人的主动性、自觉性；实现创造性发展。这是教育对个体生命存在与发展的能动性与可能性的内、外双向开启。

点化之"化"，是指把教育的期望、社会发展对个体的要求，以及人类社会的精神文化、一切有益于个体生命成长的资源，通过教育实践活动和个体积极主动的生命实践，转化为个体生命的真实成长与发展。简言之，"化"就是转化，是将生命个体一切发展的可能性，包括外部世界的各种资源和内部世界的诸种潜质，转化为个体生命发展的现实状态。

上述表明，教育对于人之生命的存在与发展有着不可或缺的功能和价值。从某种意义上说，教育就是人的生命存在形式；受教育是人之生命的发展需要，并非外在要求的强加。正如哲学家康德所说，人是唯一必须接受教育的造物。人只有受过教育，才能成为人。

总而言之，人类社会发展的历史表明，人类的教育是因人之生命的存在和发展需要而产生的。因此，促进生命的健康成长，提升生命的质量，是教育与生俱来的内涵与价值。不仅如此，通过对个体生命成长的助推，教育进而还是形成人类社会"历史生命链"的重要支撑。"人类社会的存在与发展，需要通过代际文化与经验的传递，建立社会和人类的持续发展的'历史生命链'，并通过新一代的成长，为社会和人类的进一步发展，提供富有活力和创造可能的、新的'社会生命资源'。"[1]这意味着人类的教育从一开始就有着促进个体发展和社会发展的双重功能，而促进社会发展的功能是通过促进个体发展功能实现的。

第二节 教育的质的规定性

对于教育原典精神的探究，让我们从教育的本源上对教育是什么有了一定的认识；而对教育的进一步理解，还需要对教育的质的规定性进行深入剖析，以获得对教育更加全面、深入的认识。

一、教育本质的含义

教育本质的含义是什么？寻求教育的本质又意味着什么？对于这些问题的

---

① 叶澜：《回归突破——"生命·实践"教育学论纲》，238～239页，上海，华东师范大学出版社，2015。

解答，有助于我们按照正确的方向、明晰的路径探索教育的奥秘，揭示教育的本真内涵。

（一）本质及其意义

1. 本质的内涵

《辞海》中对"本质"一词的解释是："与'现象'相对，构成辩证法的一对范畴。本质是事物的根本性质，是事物内部相对稳定的联系……现象是事物的外部联系和表现特征，是本质的外在表现。"[①]人们对事物的认识过程是从现象到本质，从不甚深刻的本质到更深刻的本质的深化的无限的过程。人们在实践的基础上，进行科学研究，其目的就在于透过现象揭示本质，把握事物发展的方向。也就是说，本质是深藏于事物内部的、无法感知到的，必须通过对现象的分析、归纳和推理才能捕捉到。

总之，"本"是事物的根基和主体，"质"是事物的直接规定性。事物的本质就是关于该事物的质的规定性，是决定此事物区别于其他事物的根本原因。"本质"具有以下特征：①事物的本质由事物的内部矛盾、内部联系所构成，而不是该事物与外部的联系；②本质所反映的内在矛盾是一贯的、稳定的、深刻的，而不是随外部条件而随时变化的；③事物本质的改变，就是质的规定性的改变，就是对事物的彻底否定。[②]例如，人不同于动物，其外在形象、行为的不同并非二者实质的不同；是人之为人特有的性质——意识性、主体性、自由自觉的活动等，使人与动物从根本上区别开来。人的这种特性，是由人特有的生命存在形式和运动变化规律造成的。虽然不同时代、不同地域的人，思想观念意识会有所不同，但"人是会思想的物种"这一质的规定性是不会改变的。

需要强调的一点：虽然本质是事物比较稳定、一贯的特质，但并不意味着事物的本质是绝对确定的、一成不变的。根据马克思主义的思想，任何事物都处在不断的运动变化之中，因此事物的本质也处在发展之中。由于本质深藏在事物内部，且不具有实体承载物，即本质是抽象的，所以人们在对事物本质进行认识的过程中，受认识水平和各种条件的限制，很难完全达到对事物本质的认识。在某种意义上说，人们对事物本质的认识，是一种无限接近本质的认识。

2. 探索本质的意义

科学研究的终极目标就是探索本质。科学是关于人与世界的各种系统知识，"任何一种学说，如果它可以成为一个系统，即成为一个按照原则而整理

---

① 辞海编辑委员会：《辞海（第六版彩图本）》，135 页，上海，上海辞书出版社，2009。
② 参见张淑清：《教育基本理论》，1 页，北京，中国社会出版社，2008。

好的知识整体的话，就叫作科学。"①而所谓"按照原则而整理好的知识系统"，一定是对事物的本质与规律的揭示，因为只有反映事物本质与规律的认识表达，才可被称为知识。也就是说，人类为了更好地生存与发展，需要进行科学研究，科学研究的直接目的是获取相关方面的系统知识，但这种知识的获得必然建立在对事物本质与规律探寻和认识的基础之上。所以，任何科学，最终要达到的是对事物本质的探索，进而使人们正确、有效地把握事物，为我所用。

认识事物的本质才能真正把握该事物。由于本质是事物质的规定性，决定着此事物与其他事物的根本不同，因此，如果我们想要认识和掌握某一事物，就必须抓住该事物的本质。换言之，我们若要真正认识某一事物，就不能只看表面现象，而是要透过现象捕捉到该事物的本质。正如我们对人的认识，必须是通过外在表现认识到人之为人的本质所在，才能够真正理解人是怎么一回事，进而才能明白如何做人，以及如何与人相处，这一点对于我们从事教育活动尤为重要。

（二）教育本质

1. 教育本质的内涵

本质是事物质的规定性，是一事物区别于其他事物的根本原因。因此，教育本质就是教育的质的规定性，是教育区别于政治、经济、文化等的根本原因。毫无疑问，我们只有抓住了这个"质"，才能真正懂得什么是教育，进而才能切实做好教育工作。

教育本质实际上就是回答"教育是什么"的问题。而对于"教育是什么"的回答，由于每个人所感受到的"教育"不同，就会有不同的答案。只有通过理性对现实存在的各种教育现象进行深入分析、推理和判断，才能逐步捕捉到代表着纷繁复杂教育现象的教育本质，也才能更加真实、合理地回答"教育是什么"。

据此，可以把教育本质界定为：与教育现象相对应的、体现教育之为教育根本性质的规定性，是教育区别于其他事物的根本特性，也是教育存在、变化和发展的根源。

2. 教育本质与教育信仰

对教育本质的探索，其最终目的就是建立教育信仰。"教育须有信仰，没有信仰就不成其为教育，而只是教学的技术而已。教育的目的在于让自己清楚当下的教育本质和自己的意志，除此之外，是找不到教育的宗旨的。"②

---

① [德]康德：《自然科学的形而上学基础》，邓晓芒译，2页，上海，上海人民出版社，2003。
② 王承绪、赵祥麟编译：《西方现代教育论著选》，350页，北京，人民教育出版社，2001。

信仰，是"指在无充分的理智认识足以保证一个命题为真实的情况下，就对它予以接受或同意的一种心理状态"①，也可以理解为"对某人或某种主张、主义、宗教极度相信和尊敬，拿来作为自己行动的榜样或指南"②。前者把信仰看作人的认知、情感、意志等心理现象，后者则更加强调信仰的实践性，把信仰作为行为的规范或规则。简言之，信仰是人们在观念中建构的一种理想客体，并被人们自觉、虔诚地看作一种行为规范或追求的目标。信仰属于价值层面的范畴，"信仰的问题是一个价值和价值观念的问题，但不是一般的价值观念的问题，而是统摄整个价值观念的问题，因而也是世界观和价值观、人生观的集中体现"③。也就是说，信仰所体现的是人们对人生和世界的终极关怀与追求。

依据信仰的含义，教育信仰就是指"人们对教育活动在个体和社会发展过程中的价值及其实现方式的极度信服和尊重，并以之作为教育行为的根本准则"④。教育信仰对于教育工作者而言，是精神支柱，是聚合各种教育知识、教育技能，形成教育信念的动力因素。教育信念则是一名教师做好教育工作最重要的素养。正如19世纪俄国教育思想家乌申斯基所说："无论有关教学和教育的指示如何详细，它们永远不能弥补教师信念的不足……对人进行教育最主要的途径，就是培养信念……任何教学大纲，任何教学方法，不管它是多么完善，但如果不能变成教育者的信念，那就只能成为一纸空文，而在实际上不能起到任何作用。"⑤因此，教育者要显示自己的教育工作卓有成效，首先必须树立起坚定的教育信念，即对某种教育意义的充分相信和不懈追求。而这种信念是否合理、持久，则取决于教育者是否具有教育信仰。

对教育本质的探索和对教育信仰的追寻，都是对教育之所是的询问。前者是在知识层面、认识论的意义上探寻教育是什么，以获得对教育之真的理性认识；后者则是在心理层面、价值论的意义上探寻教育是什么，以获得对教育之善、之美的向往与尊崇。因此，对教育本质的认识，就是让我们对现实存在的

---

① 中国大百科全书出版社《简明不列颠百科全书》编辑部译编：《简明不列颠百科全书》第8卷，659页，北京，中国大百科全书出版社，1985。

② 中国社会科学院语言研究所词典编辑室编：《现代汉语词典（第7版）》，1462页，北京，商务印书馆，2016。

③ 荆学民：《社会哲学视野——信仰的两大类型及其关系》，载《求是学刊》，2004(1)。

④ 盖伯琳、王晓路、李妙然：《信仰的智慧——信仰和科学信仰教育研究》，64页，北京，中国社会科学出版社，2006。

⑤ 郑文樾选编：《乌申斯基教育文选》，张佩珍、冯天向、郑文樾译，97～98页，北京，人民教育出版社，2007。

教育有科学、合理的理解，进而更好地掌握教育规律，做好教育工作。而教育信仰的建构，则可以使我们对理想、美好的教育产生憧憬和追逐的愿望，进而实现教育价值的最大化。

（三）教育本质的论争

关于教育本质究竟是什么，自古以来众说纷纭。我国 20 世纪 70 年代末至 90 年代在学术界集中展开的一场关于"教育本质"的大讨论说明：一方面教育本质是一个极其复杂的理论问题；另一方面随着人们认识水平的不断提高，对教育本质的理解越来越丰富、越来越深刻。在我国关于"教育本质"的大讨论中，有人总结，至少出现了 28 种"教育本质"的观点[①]，而具有代表性的有以下几种。

1. 上层建筑说

"上层建筑说"的基本观点是：教育的本质是上层建筑。其立论依据是唯物史观——社会存在决定社会意识，经济基础决定上层建筑。教育属于意识形态范畴，通过培养人为社会的政治经济服务，且受社会经济基础的制约，不同社会的经济基础决定了不同的教育性质。人类历史经历了五种不同的经济形态，因而出现了五种不同性质的教育。所以说，教育的本质就是上层建筑。

2. 生产力说

"生产力说"的基本观点是：教育是一种生产劳动，可以通过人的培养产生生产效率，因此教育的本质是生产力。这种观点的立论依据是：马克思的社会再生产理论和生产劳动理论——社会再生产中包含了劳动力再生产，劳动力再生产中又包含了教育和训练。生产力中起决定性作用的要素是人的劳动能力，而教育可以通过对劳动者的培养，实现人的劳动能力的再生产。不仅如此，现如今科学技术已经成为第一生产力，教育则可以通过知识传递、技能训练，使劳动者掌握当代生产的科学技术，进而提高生产效率。故教育的本质就是生产力。

3. 双重属性说

"双重属性说"的基本观点是：教育具有上层建筑和生产力双重性质。因为教育原本就有双重职能，一是传授一定社会生产关系所要求的思想意识，为上层建筑服务，二是传授与一定生产力发展水平相适应的知识经验，为生产力服务。因此，教育本质既不能简单地归为上层建筑，也不能完全归为生产力，而应该是具有双重属性的。

---

① 瞿葆奎主编：《教育基本理论之研究(1978—1995)》，68 页，福州，福建教育出版社，1998。

4. 多质说

"多质说"的基本观点是：教育是一种非常复杂的社会现象，具有多种属性、多种功能；因此，教育的本质应该是多层次、多因素的。教育作为培养人的活动和事业，一方面与个体人的存在与发展直接相关，另一方面与整个社会（包括上层建筑、生产力等）密切相连。所以，教育具有多种性质，教育本质是多种性质的统一。

5. 特殊范畴说

"特殊范畴说"的基本观点是：教育是一种独特的社会现象，属于特殊范畴。因为本质是事物特有的质的规定性，是一事物区别于其他事物的特殊性质，所以，教育的本质就应该是教育不同于其他社会现象的特殊性质，是规定教育之所以是教育的根本性质。教育本质是由教育内部的特殊矛盾所决定的，而不是由教育外在的隶属关系决定的。

上述关于"教育本质"的观点表明，人们对教育本质的认识从教育外在的属性、功能，逐步过渡到教育内部的特殊性质，而后者才是真正对教育本质的理论探索。

二、教育特殊性质的分析

既然教育本质是教育的特殊性质，那么，这一特殊性质究竟是什么？在此，我们从"教育"的词源，以及教育的隐喻、教育的各种命题进行分析、探索。

(一)"教育"的词源含义

文字是概念的载体，更是概念内涵的根源。因此，对"教育"进行词源分析，可以使我们从教育内涵的源头上理解教育的本质。

1. 汉语"教育"词义

汉语的"教""育"最早可追溯到甲骨文。"教"有成人手持鞭子或棍子，督促小孩学习之义；"育"谓妇女孕育孩子之义。"教"的用法有两类：一是"教(jiào)"，如教导、教练、教化等；二是"教(jiāo)"，即把知识或技能传授给他人，如教书。"育"的用法也很多，主要的含义包括生育、抚养、培养、生长等。在此，"育"既是一个抚养的过程，也是一个生长、成长的过程。

在汉语中对"教"和"育"具有权威性的解释出自《说文解字》："教，上所施，下所效也。"[①]"育，养子使作善也。"[②]在《孟子》中记载："君子有三乐，而王天

---

① (东汉)许慎：《说文解字(附检字)》，(宋)徐铉校定，69页，南京，江苏古籍出版社，2001。
② (东汉)许慎：《说文解字(附检字)》，(宋)徐铉校定，310页，南京，江苏古籍出版社，2001。

下不与存焉。父母俱存，兄弟无故，一乐也；仰不愧于天下，俯不怍于人，二乐也；得天下英才而教育之，三乐也。"[①]这是最早把"教""育"二字合在一起的运用，其义是指培养人的活动。

从中文的"教育"词源不难看出，"教"和"育"共有的语义是"培养"。而培养的过程是双向的：一是由外而内地传授、教化和训练；二是由内而外地生长、发育和养育。外在的知识、技能等的传授，能增长人的才干；内在的养育赋予人道德、情感等，涵养人之品性。

2. 西文中的"教育"词义

西文中的"教育"，无论是英文的 education，还是德文的 erziehung，均出自拉丁文 educere 一词。因此，educere 就可以被视为西文"教育"的词源。从构词来看，educere 这个词由前缀"e"和词根"ducere"两个部分构成，"e"在拉丁语中有"出"的意思，而"ducere"的意思为"引导"，二者合起来即"引出""使显现出""使发挥出"等。

因此，从词源上西文中的"教育"可以理解为：采用一定的手段，把某种本来就潜藏于人身上的东西引导出来，使其从一种潜质转变为现实。很显然，这是一种由内而外的过程，注重人的先天素质在人的成长中的重要作用。

3. 外铄论的教育观和内发论的教育观

从中、西文"教育"的词源分析可知，对于教育是什么的回答，有着两种全然不同的理解，可归纳为两种教育观。

(1)外铄论的教育观

外铄论的教育观强调对人施教是一种积极的陶冶和塑造，旨在从外部向人的内心输入个体本来没有而该有的各种品质，如知识、技能、道德、意识、情感等。

外铄论的教育观所理解的教育，是一种外显的培养人的活动，且对个体人的生存与发展，以及社会的发展产生着积极的推动作用。这在汉语词源中体现得尤为充分，所谓"教，上所施，下所效也"，"教也者，长善而救其失者也"。"以善先人者谓之教"，等等。然而，这种教育观在强调教育对于人和社会发展的积极功能的同时，忽略了对人的培养并非仅靠"外施于人"就能完成。人的任何素养的获得与提升，根本上取决于人自身的主观能动性，在一定程度上也依赖于人的潜质和秉性。

---

① 金良年：《孟子译注》，279 页，上海，上海古籍出版社，2004。

（2）内发论的教育观

内发论的教育观强调教育是一种顺其自然的消极活动，旨在把自然人所固有的或潜在的素质自内而外引发出来，成为现实的发展状态。所谓"消极活动"是指教育对人的影响是有条件的，而最直接的必要条件就是人自身的潜质。当然，人自身的潜质不单纯是人的遗传素质或天赋，还包括人的天性及身心特点。教育就是依据人的先天素质及身心发展特点，因势利导对人进行培养。

内发论的教育观所理解的教育，是一种基于人性、人的特质的培养人的活动。这种观点充分意识到了教育是人的教育，而非物的塑造。因此教育不是简单的传授，更不是随心所欲将人变成一个什么样的人，而是在真正把握人之为人特性的基础上，使每一个人成为最好的自己。可以肯定的是，"内发论"对于教育的理解，在一定程度上揭示出了教育的真谛，即教育是人的教育，必须"目中有人"。但是，不能否认，"目中有人"的教育需要良好的传授内容、传授方式、传授途径等，才能真正实现对人的培养。也就是说，"内发"与"外铄"相辅相成，才能形成真正的教育。

上述表明，外铄论的教育观和内发论的教育观对"教育是什么"的解读，均有着各自的合理之处，也有其局限性。这说明人们在揭示教育本质时，往往会基于某种立场、思维方式，从而得出相应的结论；同时也说明教育本质相比其他事物的本质更加复杂和深刻。

（二）"教育"的隐喻分析

对于教育之所是的解答，除了从词源上进行分析，我们还可以从一些典型的有关教育的隐喻中进一步感悟。隐喻是一种比喻，即用一种事物暗喻另一种事物，也就是在此类事物的暗示之下去感知、体验、想象、理解彼类事物。运用隐喻，可以让我们对抽象的事物有一个比较生动、形象的感知。对教育本质的揭示，在某种程度上就是对"教育"这一抽象概念的解读，而运用隐喻则能够让我们获得一种直观的感知。

1. 柏拉图的"洞穴"隐喻

柏拉图的洞穴隐喻也称"囚徒隐喻"，它具有丰富的教育意蕴。洞穴隐喻描述了这样一幅景象：被囚禁于洞穴中的一群囚徒，被锁链束缚着，他们只能面对洞穴内部的墙壁。洞外的光透射进来，囚徒们也只能看到墙壁上自己的影子。长此以往，在囚徒的认识中，整个世界就是他们面对的洞穴的墙壁以及墙壁上自己的影子。因此，这一隐喻与中国文化中对"井底之蛙"的描述具有一定的相通性。长期禁闭于洞穴中的囚徒会习惯洞穴中的生活和洞穴中的世界。假如有一天一个囚徒逃出了洞外，当他遇到刺目的阳光时会很不适应，他只有通过一段时间的调节才会重新适应洞穴外部的世界。然而，当他返回洞穴告诉洞穴中的囚徒洞穴外面的景象，并鼓励他们也逃出去的时候，其他囚徒就不会相信，甚至认为那个逃出去的囚徒是在胡言乱语。

　　柏拉图通过"洞穴"隐喻说明：受过教育的人就是那些逃出洞穴的人，而没有受过教育的人就是那些一直留在洞穴中的囚徒。柏拉图认为，教育活动是一种理性活动，是一种心灵的转向。教育能够帮助人们从现象世界转向理念世界，从意见世界转向知识世界，从黑暗转向光明。这一转变的过程就是从"洞穴中的人"转变为"洞穴外的人"的过程。柏拉图关于教育的理解，可概括为"教育乃心灵的转向"。这对于我们理解教育的本质和作用具有一定的借鉴意义。

　　2. 杜威的"生长"隐喻

　　"教育即生长"，这是杜威关于教育的著名论断，也可以说是教育的一种隐喻。对于一个人而言，"生长"就是"朝着后来结果的行动的累积运动"①，但这一"后来结果"并非预先设定的结果或者目的，而是自然生长的结果；确切说，是永无休止的发展过程，是一种发展的能力。生长的首要条件是未成熟状态，而"未成熟"并不是一种缺陷，相反，"是指一种积极的势力或能力——向前生长的力量"②。未成熟状态之所以是积极的、具有建设性意义的，是因为它有两个重要特征，即依赖性和可塑性。依赖不是完全无依无靠，而是一种在他人的扶持下不断生长的力量。"从社会的观点看，依赖性指一种力量而不是软弱；它包含相互依赖的意思。"相互依赖是人特有的一种社会能力，它可以使一个人积蓄更多的能量获得自身的生长。可塑性，"完全不同于油灰或蜡的可塑性。它并不是因受外来压力就改变形式的一种能力……可塑性乃是以从前经验的结果为基础，改变自己行为的力量，就是发展各种倾向的力量"，也是一个人生长的力量。③ 总之，"生长是生活的特征，所以教育就是不断生长；在它自身以外，没有别的目的。学校教育的价值，它的标准，就看它创造继续生长的愿望到什么程度，看它为实现这种愿望提供方法到什么程度"④。也就是说，教育从归根结底的意义上看，就是伴随着一个人生长的过程，其价值体现为能够为人的生长创造怎样的愿望、动力和条件。

　　通过"生长"隐喻，杜威在教育哲学的层面实现了教育目的与教育过程的

---

　　① ［美］约翰·杜威：《民主主义与教育》，王承绪译，49 页，北京，人民教育出版社，2001。
　　② ［美］约翰·杜威：《民主主义与教育》，王承绪译，50 页，北京，人民教育出版社，2001。
　　③ ［美］约翰·杜威：《民主主义与教育》，王承绪译，52 页，北京，人民教育出版社，2001。
　　④ ［美］约翰·杜威：《民主主义与教育》，王承绪译，61～62 页，北京，人民教育出版社，2001。

融合统一，且认为两者是不可分割的。同时杜威也认为，教育既然是生长过程，那么教育就不能因学校教育的结束而中断。学校教育应该为一个人不断生长提供可持续发展的动力。因此，教育的真正意义就在于促进人的生长，为人的生长创造条件，而不应以任何手段阻碍人的生长。

3. 叶圣陶的"农业"隐喻

叶圣陶是我国著名教育家、作家。他曾经把教育比喻为"农业"，即"教育是农业，不是工业"。对此，可以做如下理解。

首先，农业是栽培作物，农作物是有生命力的，且有自身的特点和生活习性，有属于自身的内在力量，这种力量不是外部环境所能彻底改变的，只能顺势而为促进它。而工业是制作器械，器械是无生命力的，且不具有自身特性，随外界力量而改变。其次，农业的生产是一个相对自然而缓慢的过程，需要一个发展过程，而且农作物的生长状态也千差万别；工业生产则追求标准化，需要短时间的生产效率和效益。最后，农作物的生长过程是生命力的展现过程，而工业品的制作是外部设计、规划的过程；因此，农业需要遵循农作物自身的生长规律，而工业只需通过技术改变对象。

无独有偶，我国学者陆有铨也曾把教育比喻为"农业式活动"[①]。在他看来，教育与农业活动有许多内在的一致性：第一，两者活动的对象（人和种子）都具有潜在的发展能力；第二，人和种子的发展需要条件；第三，教师和农民不能"创造"它们的发展，只能为它们提供发展的条件。

农业隐喻与杜威的生长隐喻具有相通之处，教育就是要"顺木之天，以致其性"[②]，不能"拔苗助长"。从另一方面看，农业的生长需要满足一定的条件，需要构建一定的生态环境。因此，教育的作用在于为学生的成长创造适宜的环境，从而让儿童有一个自由快乐成长的空间。近现代以来，随着工业的发展，工业化的生产模式对教育产生了深刻的影响，追求大规模的人才生产，追求教育的标准化、统一化成为教育挥之不去的特点。因此，农业隐喻能为当今教育的各种标准化建设、标准化评估和学习评价提供批判反思的视角。

上述教育的各种隐喻，让我们以生动、形象的方式感悟到了教育的内在特质，从而丰富了我们对教育本质的认识。此外，关于教育的隐喻还很多，由于篇幅所限，我们仅以上述三种为例，说明教育本质的丰富性。

---

① 陆有铨：《教育是合作的艺术》，3 页，北京，北京大学出版社，2012。
② （唐）柳宗元：《柳河东集》，306 页，上海，上海人民出版社，1974。

（三）"教育"的种种界说

在关于"教育是什么"的探究中，我国教育理论界涌现出了大量不同的学术观点，通过对这些观点的理解和分析，可以使我们对教育本质的认识更加丰富和深刻。

1. "培养说"

所谓"培养说"，是指教育的本质就是培养人的活动。因为"立足于培养人来解决人的发展和社会发展之间的矛盾，是教育的根本主题和永恒课题，也是教育的发生和发展的根本依据"①。

《中国大百科全书（教育卷）》对"教育"的界定是："从广义上说，凡是增进人们的知识和技能，影响人们的思想品德的活动，都是教育。狭义的教育，主要是指学校教育，其含义是教育者根据一定社会（或阶级）的要求，有目的、有计划、有组织地对受教育者的身心施加影响，把他们培养成为一定社会（或阶级）所需要的人的活动。"②

可以肯定的是，"培养说"是把教育看作一个特殊范畴，从教育自身而非外部属性对教育本质进行揭示，大前提是正确的。但是，"培养人"并不是教育独有的性质，人类其他社会实践活动也具有培养人的性质。而且，"培养人"只是一种现象，一种活动，并没有体现教育的内在价值和本质属性，即教育为什么要培养人，培养什么样的人。所以，"培养人"并没有把教育与其他社会实践活动真正区别开来，也就无法向我们展示出教育之为教育的本质内涵。

2. "个体社会化说"

"个体社会化说"是在"培养说"的基础上发展起来的，其主要观点是：教育是促进个体社会化的活动。个体社会化是指根据一定的社会要求，把个体培养成为符合社会发展需要的人。人虽然首先是具有自然属性的存在，但人的本质在其现实性上又是社会关系的总和，因此，人的发展就是不断社会化的过程。而教育对人的培养，其实质就是帮助一个人从"自然人"转化为"社会人"。

"个体社会化说"从个人与社会的关系层面道出了教育的内在价值，或者也可以说是教育的目的，使我们对教育的本质属性有了进一步具体、明晰的认识。然而，个体社会化并非教育的全部内涵。从人的角度来看，个体个性化、生命质量的提升等，都是教育的应有之义。"个体社会化说"同样未能把教育与

① 冯建军：《教育基本理论研究 20 年（1990—2010）》，161 页，福州，福建教育出版社，2012。

② 中国大百科全书总编辑委员会《教育》编辑委员会、中国大百科全书出版社编辑部编：《中国大百科全书（教育卷）》，1 页，北京，中国大百科全书出版社，1985。

其他社会实践活动区别开来，因此也不能算是对教育本质的真正揭示。

3. "自我建构说"

"自我建构说"认为，教育是人有目的地自我建构。这是一种相对于"培养说"的教育本质观。其理论的依据是：教育首先是一种实践活动，而实践活动包括改造客观世界的实践和改造主观世界的实践。教育作为促进人的发展的活动，属于改造主观世界的活动。改造主观世界的核心是：人是自我改造的主体，即人的发展是按照自己的目的、理想以及存在状态对自身的改变。虽然主观世界的改造需要建立在现实条件及人的身心发展规律这些客观基础之上，同时也需要借助外在力量的帮助与支持，但从根本上看，改造的过程是自我的建构，而非外在的塑造。所以说，教育归根结底是一种人的自我建构和创造的实践活动。

"自我建构说"充分认识到了人在教育中的核心地位，突出强调了人在教育过程中的主体性，在一定程度上捍卫了人之为人的尊严、权利，彰显了人的价值，使我们从人的本质层面对教育本质有了进一步感悟。然而，"自我建构说"似乎也并未概括出教育本质的全部。首先，当人的自觉意识还没有发展到一定程度的时候（如人类还处于原始状态，个体人还处在身心发育未成熟状态），人是不可能自行完成自我建构的。其次，虽然主体性是人之为人的重要特性，但人的社会性本质决定了人的主观世界的改造必须符合客观世界的需要，并非能完全按照自己的意愿进行。最后，也是最重要的，即人虽说是自我建构的主体，但不能因此推论出教育就是人的自我建构。很显然，教育对一个人的改变是需要由外向内"强加"给人某些东西的，只不过这种"强加"要建立在人性、人本、人的身心发展规律基础上才能有效。

4. "生命说"

"生命说"认为，教育即生命。这是由于：从教育的起点来说，教育是生命的需要，是儿童成长甚至生存的一种形式；从教育的过程来说，教育保护儿童天性，遵循生命发展的内在逻辑；从教育的结果来说，教育目的就在于生命的不断成长。[1] 所以，"教育是基于生命，直面生命，为了生命，通过生命所进行的人类生命事业"，是"直接点化人之生命的社会实践活动"。[2]

把生命看作教育的本质，是从教育的本体价值以及教育这一活动的特殊性质认识教育的。所谓教育的本体价值是指教育固有的、内在的、与教育共生的

[1] 冯建军：《教育基本理论研究20年(1990—2010)》，176页，福州，福建教育出版社，2012。
[2] 叶澜：《回归突破——"生命·实践"教育学论纲》，237页，上海，华东师范大学出版社，2015。

价值，即对个体生命成长的呵护与促进。而教育对社会方方面面的影响和促进作用，是教育本体价值的派生，也称工具性价值或外在价值。之所以强调生命是教育的本质，是因为人们往往比较容易看到教育的工具性价值，而忽略教育的本体性价值。事实上，教育的本体性价值才更能体现教育的本质所在。所谓教育活动的特殊性，其"特殊"就在于教育活动与人之生命是直接相关的，"即教育是直接以人的身心发展为对象的活动，教育是以影响人的身心发展为直接目的的活动，教育还是通过人与人的直接交往沟通来实现的"。同时，"直接性"中包含着"内在性"，"即教育活动是对人的生命的内在变化、成长的影响，任何教育如果不能达成这一点，那就属于无教育意义或无教育价值的活动"。[①]

"生命说"让人们关注到了个体生命与教育的内在关联。但很显然，生命并不能与教育完全画等号，"生命说"应该表达为：教育是促进个体生命成长的活动。

5."生活说"

教育即生活，这是著名教育家杜威首先提出来的。在他看来，人努力地使自己生存下来，这是生活的本性。由于生活的延续只能通过经久的更新才能达到，所以生活便是一个自我更新的过程。而"教育在它最广的意义上就是这种生活的社会延续"[②]。对此可以作如下理解。

首先，教育是生活的过程，是以生活为内容的。在人类产生之初，教育源于人的生活需要，且在人的生活过程中进行。生活是以人为中心的主体的现实世界，是与人有关的一切活动的总和。进一步说，生活就是人之生命以一种现实存在的方式活着，而这种方式伴随着教育所呈现出的生命的演进和更新，亦即人的生长与发展。这就意味着人的生长、发展过程就是教育的过程；人所需要的生活经验、知识、技能等就是教育的内容。

其次，教育的目的是使个体更好地生活。既然教育是人的生活需要，那么促使人更好地生活才是教育的根本目的。教育所呈现的是给人以知识、技能，影响人的情感、观念意识，训练人的思维等，但这些都只是手段，而非目的，教育通过这些手段达到使人更好地生活的目的。

最后，教育应关注人的现实生活，而不是抽象的理性世界。由于教育的目的是人更好地生活，所以教育就应该关注现实中人的生活需要，以及人的现实生活世界，而不是以概念、符号、公式等构成的理性世界。人的生活固然需要

---

① 叶澜：《回归突破——"生命·实践"教育学论纲》，236～237页，上海，华东师范大学出版社，2015。

② ［美］约翰·杜威：《民主主义与教育》，王承绪译，7页，北京，人民教育出版社，2001。

拥有理性，但理性的拥有是为了更好地生活，而不是为理性而理性。因此，教育应该关注的是理性世界背后人的现实生活，而不是理性世界本身。

总之，教育的本质就是生活。但是，教育是一种特殊的生活，其特殊性在于教育与生活虽然密切相关，但二者却不是完全等同的。其一，生活是人的意义生命的延续历程，而教育则是贯穿于这个历程的特殊引导活动，这是两个不同的范畴。生活的外延大，内涵小；教育的内涵多，外延相对小。其二，生活以其实然与应然两重性的互动为主要特征，教育则以其对生命的意义的引导为终极追求，二者的发展演变遵循着各自独特的内在逻辑。所以，教育与生活是辩证统一的关系，不能简单地把二者等同起来。

关于"教育"的界说，古今中外还有许许多多。以上五种教育观，分别从某一个角度、某一个层面揭示了教育的本质所在，使我们从不同的视角认识了教育是什么，而每一种教育观似乎又都未能揭示出教育内涵的全部，这足以说明教育内涵的丰富、复杂性。

（四）认识教育本质的实质

教育本质是教育质的规定性，所要回答的是"教育是什么"的问题。人们从事教育事业或活动，首先要解决的就是对"教育是什么"的认识问题。然而，通过以上我们对教育的原典精神、教育的词源含义、教育的隐喻以及教育的种种界说的分析可知，教育本质的内涵极其丰富，且异常复杂。之所以如此，是由于教育是人类最为复杂的一种社会现象，它既可以表征为一项国家的事业，也可以体现为一种具体的个体活动；既与社会的政治、经济、文化等方方面面密切相关，又与个体人的身心发展直接相联。因此，对于"教育是什么"的回答，很难用一句话、一种表述来完成。换言之，教育的质的规定性并非某一种言说和解释能够涵盖的。

虽然"教育是什么"的问题难能有一个标准答案，但是并不意味着不需要对教育本质进行探究。教育学理论存在的首要任务和价值就在于揭示教育的本质，探索教育规律。因为只有真正认识了教育本质，掌握了教育规律，才能确保有效地从事教育事业或活动。

因此，对于"教育是什么"的问题，我们不能用一个标准的定义给予回答；但我们完全可以通过对教育全面、深入的分析和研究，逐步加深对教育的理解，最终在头脑中形成我们每个人自己对教育的认识，即树立一种正确的教育观。这就是我们探究教育本质的实质所在，也是研究教育本质问题的真正意义所在。

三、探寻教育本质的思维路径

教育本质深藏在教育内部，且以抽象的形式存在着。因此，对于教育本质的认识，其实就是人们以怎样的思维方式分析教育现象，从中找到教育的质的规定性。不同的思维方式将得出不同的关于教育本质的结论，而无论以什么思维方式看待教育，都需要遵循以下两种思维路径。

（一）历史与逻辑统一的思维路径

历史与逻辑相统一，是马克思、恩格斯基于辩证唯物主义立场，批判地吸收了黑格尔的历史与逻辑相统一思想，创立的认识和探究世界万事万物的方法论。实践证明，这是一种科学的认识世界的方法理论。

1. "历史"与"逻辑"的含义

所谓历史，是指客观世界（包括自然界和人类社会）自身、人类的实践活动以及人类认识的发展过程，而归根结底是人及人类社会的发展过程。历史就其内容来说具有鲜活、丰富、复杂等特点，即历史所呈现的是实实在在的人、事及思想，其中既包含偶然性也包含必然性，既具有个别性又具有一般性，既表征为现象又内含着本质。历史就其过程来说是有时间顺序的，是一去不复返的，总的方向是前进发展的。只不过这一发展是渐变与飞跃、顺向与逆转、某一阶段的前进或倒退的统一。总之，历史是一种客观存在，蕴含着人及其社会诸方面的本质与规律，所以我们需要以史为鉴。

所谓逻辑，从词源上说，可以追溯到希腊语"逻各斯"（logos），意指"一般规律、原理和规则"，"命题、说明、解释、论证"等。在现代汉语中，"逻辑"一词主要指：①客观事物的规律，如"历史的逻辑决定了人类社会将一直向前发展"，"适者生存，优胜劣汰，这是自然界的逻辑"；②思维规律、规则，如"某篇文章逻辑性强"，"某个说法不合逻辑"；等等。总之，逻辑是关于推理和论证的科学，即按照一定的规律和规则分析、探究事物的实质所在。很显然，逻辑是一种主观存在，具有抽象性、概括性等特点，并以概念、命题、判断、推理和理论体系为其表征形式。逻辑是衡量我们的思维正确与否的重要标志。

2. 历史与逻辑的关系

马克思主义的唯物辩证法告诉我们，历史是不以人的意志为转移的客观存在，是第一性的；而逻辑是客观存在在人们思维中的反映，是第二性的。因此，历史是逻辑的客观基础，逻辑则是历史的抽象和概括，是历史的理论反映和观念呈现。逻辑撇开了历史中的现象、个别性和偶然性，反映人类及人类社会发展的本质和规律，揭示人类及人类社会发展的总趋势和基本线索，是对人类及人类社会发展的高度概括和总结，却又不是历史自然形态的重复。

所以，历史和逻辑在本质上是一致的，历史是逻辑的基础和内容，逻辑是历史的理论再现。正如恩格斯所言："历史从哪里开始，思想进程也应当从哪里开始，而思想进程的进一步发展不过是历史过程在抽象的、理论上前后一贯的形式上的反映；这种反映是经过修正的，然而是按照现实的历史过程本身的规律修正的。"①这说明历史与逻辑是辩证统一的，具体体现为以下几点。

第一，历史的起点和逻辑的起点是一致的。由于逻辑是历史是在思维中的再现，因此，历史从哪里开始，思维的逻辑起点也应该从哪里开始。例如，要在思维中再现资本主义发生、发展和灭亡的规律，应从商品开始，因为商品是资本主义历史的起点。

第二，历史与逻辑的统一，是以实践发展水平为基础，在实践中实现的。人类的思维进程是随着实践水平的发展逐渐接近客观事物的自然发展史，实践发展到哪里，思想才能跟随到哪里。

第三，历史和逻辑是有差别的统一。逻辑对历史的反映，不是机械地照相和简单地复制，而是经过修正的反映。在现实的历史发展过程中，包含着无数的细节和偶然的因素。理论思维的任务，就是依据历史事实，经过抽象概括，抛弃细节，舍末求本，从大量偶然性中捕捉必然性，形成理论体系，把握历史内在的本质规定。当然，逻辑是对历史的"修正"，不是对历史的歪曲，是按照现实的历史过程本身的规律进行修正的。也就是说，逻辑思维的进程必须在总体上符合历史的真实进程。

3. 历史与逻辑统一是认识教育问题的根本方法

历史与逻辑统一是理论研究和认识世界的基本方法和原则，而且是经过实践检验的科学的方法。因此，对于教育问题的认识与研究，尤其是对教育本质的深度挖掘，必须坚持历史与逻辑相统一的方法。

所谓历史的方法就是按照客观历史发展的自然进程，通过实事求是叙述和客观生动描写各种具体的历史现象、历史事件、历史人物，在揭示事物发展历史的基础上，再现客观事物发展的规律性和历史的具体完整性的方法。这是一种基于客观事实认识事物的认识方法，是以客观事物的联系性为依据的思维方法，是以生动、形象的形式考察客观事物的发展历程的叙述方法。历史的叙述方法不仅要遵循客观原则，还应当把握深度原则，即不仅要还原客观事物发展的历史，更要从历史中提炼出客观事物的本质与规律。

---

① 《马克思恩格斯选集》第2卷，43页，北京，人民出版社，1995。

运用历史的方法研究教育的本质，就意味着不仅需要从人类教育的起源进行考察，从中思考和分析教育的本真含义；还必须通过对人类社会教育发展历程的考察，从纷繁复杂的教育现象、教育形态、教育事件以及人物思想中梳理和归纳出教育的本质特性。如此才能在忠实于教育的客观事实的基础上，领悟教育之为教育的实质所在，而不是在意念中建构一个"教育"的概念。

所谓逻辑的方法就是以概念、判断、命题、推理等思维形式构成理论体系，从纯粹的、抽象的形态上去解读、分析客观事物，以揭示客观事物的本质和规律的方法。这是一种基于人的思维对事物进行分析的方法，是以抽象、概括的理论形式探寻事物本质的方法。逻辑的方法抛开了事物的具体形式以及各种偶然纷杂的现象和细节，进行抽象的推断，以系统的理论思维去呈现事物的完整性；是对客观事物内在特性、内在联系的反映，是思维主体认识研究的结果。

运用逻辑的方法研究教育的本质，就意味着需要借助逻辑学、语言学、哲学、社会学等理论，对"教育"的词义、教育的命题，以及教育的构成要素等，进行分析、推理和判断，以归纳、概括出教育的质的规定性。逻辑的方法可以帮助人们从教育的整体性、内在联系性上认识教育，而不是停留在局部、表面现象上对教育进行认识。

作为叙述的历史方法，难免会拘于细节，关注具体而忽略根本，以偏概全；作为分析的逻辑方法，又难免忽视现实，热衷抽象而流于空洞和主观臆断。因此，真正科学的研究方法是历史与逻辑的统一。作为一种科学研究方法，历史与逻辑统一的含义就在于，人们在进行科学研究时的思维路径必须是从历史出发，通过对丰富的、具有偶然性的客观实在的叙述，概括出其中的本质特性和必然规律，从而更有效地解决现实问题和指导历史的发展。

具体到教育本质的揭示，首先要充分占有并真正掌握教育史料，在此基础上运用思维的力量分析教育的内在逻辑关系，最终获得对教育整体的、根本的认识，以更加有效地解决现实教育问题和指导教育的发展。

(二)本质主义与反本质主义的思维路径

教育本质问题也就是如何认识教育的问题，而对于"本质"的不同理解，便形成了完全不同的认识教育的思维路径。

1. 本质主义的思维路径

本质主义是源于西方哲学的一种知识观、认识论，其核心思想就是认为任何事物都深藏着一个唯一不变的本质，而科学的任务就是揭示出这一本质；一旦我们揭示出了本质，就等于掌握了真理。而且，事物的唯一本质不能通过直观或自然观察来把握，只有通过概念的思辨或经验的证实才能把握；人们一旦揭示了事物的本质，就等于拥有了真理，就能够更好地认识和控制事物，使之为人类造福。"简言之，本质主义是一种信仰本质存在并致力于本质追求和表述的知识观和认识论路线。"①作为一种认识论，本质主义对世界万事万物认识的思维路径通常是：首先把事物划分为由现象构成的"表层结构"和由本质构成的"深层结构"，透过现象看本质；而科学研究就是要由表及里、由浅入深地去揭示事物的本质，进而准确地把握事物，为我所用。

依据本质主义的思维路径，教育本质就是深藏教育内部的、唯一不变的、决定教育之所以是教育的质的规定性。教育本质无法依赖直观而获得，只能通过对大量教育现象的分析、归纳和推理，并通过语言的表征去揭示。教育科学的首要任务就是揭示教育本质，以获得对教育的真理性认识，进而更有效地从事教育活动，实现教育目的。

2. 反本质主义的思维路径

反本质主义，顾名思义，就是对万事万物内部深藏一个唯一不变的本质持否定态度。在反本质主义看来，本质存在也只不过是人们的一种信念或假设，而且同样是一种得不到有效证明的信念或假设。"反本质主义认为，一种事物，确实有许多的特征，但是事物本身却不能区分并告诉人类哪些是本质的、哪些是非本质的。能够区分的只有人类，但是人类却找不到一种标准来判断自己的区分是不是符合原样的，更找不到一种标准来判断自己区分时所使用的标准是不是合理的。"②

作为一种认识论和知识观，反本质主义所强调的是动态生成、开放、民主、相对主义的思维路径，即人们对万事万物的认识不能获得确定答案、绝对真理，而是基于个人的立场、价值观、知识结构等对事物的理解；这种理解只能是解释性的、相对的，永远无法完全还原事物的"真相"。任何关于事物的知识，都是人的意识和思维的结果，而不是对所谓事物本质的揭示或证实。"由于根本没有本质这个'基础'，任何解释都不是终极的、绝对的，而是猜测性的和相对的，因而也是永远向理性批判开放的。"③

依据反本质主义的思维路径，教育根本不存在一个静止不变的、唯一的、终极的本质。人们对教育之真的追求，实际上是基于某种视角对教育各种关系

---

① 石中英：《本质主义、反本质主义与中国教育学研究》，载《教育研究》，2004(1)。
② 石中英：《本质主义、反本质主义与中国教育学研究》，载《教育研究》，2004(1)。
③ 石中英：《本质主义、反本质主义与中国教育学研究》，载《教育研究》，2004(1)。

的解释。这种解释不是对教育的质的规定性的证实和说明，而是对教育之所是的深度描述。并且，这种描述不是唯一的，是多元的；不是绝对的，是相对的；不是终极的，是暂时的。因此，对教育是什么的探寻，不是为了找到一个所谓的"本质"，而是通过对教育的丰富多样、永无止境的解释，达到对教育的理性认识。

3. 本质主义与反本质主义对于教育本质探寻的启示

本质主义对事物深藏一个决定该事物特殊性质的"本质"的坚信，以及执着追求，是我们进行科学研究的前提和努力方向，也是我们寻求教育之真的努力方向。"本质这个概念，是相对于现象、非本质的东西或本质的表现而言的，是这种事物之所以为这种事物，区别于其他事物的根本或最根本的属性。所以，它毕竟有一个相对稳定的形式，人生的可变性不能推翻教育的质的规定性。"[①]也就是说，虽然人的认识有一定的界限，人的认识水平也在不断提升，但作为科学研究，应该也必须给予"教育"一个明确的规定，以帮助人们站在理论的高度从事教育活动。

然而，事实上教育的本质究竟是什么，我们的确无法证实和确定，尤其是运用简单思维概括出来的教育本质，如教育的本质就是"上层建筑""经济基础"等，更是会误导人们对教育的认识。因此，探寻教育本质的最终目的不是得到一个有关教育是什么的标准答案，而是在教育本质的探寻过程中不断加深对教育的理解，获得对教育越来越全面、深刻的认识。

反本质主义对本质主义的批判，并不是完全反对事物的本质存在，而是强调对事物的认识要突出主体意识，注重事物的现实存在，以复杂的、多元的和实践的思维方式去把握事物。也就是说，对教育是什么的探寻，不是把教育看作一个静态的、固定的客观对象进行研究，而是看作人与社会发展的一种现象、一种实践活动进行分析和反思。毫无疑问，这一思维方式拓宽了人们认识教育的眼界，丰富了人们认识教育的思想，对人们固化的、封闭的思维模式，以及在寻求教育之真的过程中必须要获得一个确定的标准答案的观念意识，是一个猛烈的冲击。毕竟，我们对教育本质的把握，是一个认识不断深化的无限过程——从现象到本质，从不甚深刻的本质到深刻的本质，抑或从一级本质到二级本质、三级本质，等等。因此，试图获得一个确定的、一劳永逸的教育本质显然是徒劳的。

然而，科学研究的价值就在于为人们提供一个有关对象事物的清晰认知；

---

① 胡德海：《教育学原理》，213页，兰州，甘肃教育出版社，2006。

理论的意义同样在于使人们在明确对象事物客观存在的规定性的基础上，更好地把握事物，并指导自己的行为。研究者的主体意识固然重要，但若脱离了客观存在，只能是主观臆想。学术研究当然需要多种视角、多种声音，但最终应建构起一种相对明确的理论体系，以指导人们的行为。

第三节　教育观及其确立

反本质主义关于教育的认识论和知识观给予我们的最大启示是：对教育本质的探究，最终并不能得到一个唯一的标准答案。但是，这并不等于说探讨教育本质毫无意义。事实证明，正是对教育本质的不懈探寻，才丰富和加深了人们对教育的认识和理解，进而才有助于人们确立正确的教育观。正确的教育观所体现的是对教育本质的深刻洞悉和对教育真谛的真正领悟。因此，作为一名教育工作者应首先确立正确的教育观。

一、教育观及其意义

教育观的形成首先基于对教育是什么的理解，即对教育本质的把握，但也受到个人价值判断、取向的影响，因此教育观是主观的，也是多元的。全面把握教育观的内涵，识别不同教育观的主张，有助于教师在全面反思各类教育观的基础上，结合具体教学实际，形成个人教育观。

（一）什么是教育观

教育观，简而言之，就是关于教育的看法或认识。这种看法或认识既可以是感性的，也可以是理性的。感性的看法或认识是关于教育现象的观念，如教育就是传授知识，教育就是技能训练等；而理性的看法或认识则是关于教育本质的观念，即通过对质的规定性的分析所得出的对教育的认识。

真正有价值的教育观，首先应该是关于教育的理性认识，亦即教育本质的观念。本质是深藏于事物内部、隐含于现象之中的，需要人们不断地辨析、推理和提炼方可认识；而观念是个人的主观判断，受其所处的社会背景以及知识结构、思维方式、价值取向等制约。而且，教育本质原本是关于教育是什么的问题，但人们往往也会从教育为什么（教育目的）、教育做什么（功能和价值）等方面进行思考和判定。因此，体现教育本质的教育观并不是统一的，而是具有差异性的。这种差异性集中体现为人们在认识教育时，其价值取向不同，便会产生不同的教育观，如社会本位的教育观、个人本位的教育观、生命本位的教育观，等等。

所谓社会本位的教育观，主张教育的社会价值高于个人价值，认为社会是人赖以生存的基础，教育作为培养人的活动，首先应该满足社会发展的需要。教育在一定意义上就是促进人的社会化，即根据一定社会的要求，把个体培养成为符合社会发展需要的人。

人的本质在其现实性上是社会关系的总和，这说明个人的成长与发展的确无法脱离社会，也必须依赖社会。因此，教育对人的培养归根结底就是造就符合社会发展需要的人。就此而论，社会本位的教育观有它一定的合理性。但是，人不仅仅是社会性存在，还是个体性存在，即每一个人都是独一无二的个体，有着自身发展的规律，教育对人的培养还必须满足个体发展的需要。事实上，教育对社会发展需要的满足，是通过对个体发展需要的满足实现的。因为促进个体的发展是教育的本体功能，而促进社会的发展则是教育的派生功能。

所谓个人本位的教育观，主张教育的个人价值高于社会价值，把对人的个性发展需要的满足作为教育的终极价值所在，认为教育的问题从根本上来看是人的问题，即人是教育的出发点——"人是最直接、最基本的着眼点，培养人是教育的最高目标"①。教育应依据人的个性发展、自我完善的需要选择和确立教育内容、教育目的。

教育的对象是人，虽然人的本质特性是社会性，但不意味着教育直接面对的就是社会。因此，教育首先是面向人的，然后才能通过人面向社会。面向人的教育就应该突出人在教育中的主体地位，充分体现个人的价值，并促进个体个性化的发展。毫无疑问，强调个人在教育中的地位和价值，是教育的题中之义，这也是个人本位的教育观的合理之处。但同时也必须承认，个人与社会毕竟不是完全对立的，个人的发展与完善无法脱离社会的要求也是不争的事实。一味地追求个性张扬、自我完善，最终难以在社会中很好地生存与发展，这并非教育的初衷和追求。

因此，我们需要秉承一种在历史与现实背景下社会和个人辩证统一的教育观。也就是说，要用发展的、联系的、辩证的眼光看待教育中社会与个人的关系，不能将二者割裂开来，更不能将其对立起来。要充分认识到，教育对人的培养首先是实现每一个体充分地、自由地、全面地发展；而这一发展又必须是基于一定社会条件、满足社会发展需要的。

所谓生命本位的教育观，从某种意义上说，它与个人本位的教育观有相通

---

① 扈中平：《人是教育的出发点》，载《教育研究》，1989(8)。

之处。而生命本位的教育观在强调人在教育中的地位和价值的同时，又特别突出强调教育对人之生命的呵护与生命质量的提升，因而成为一种"优化生命存在，提高生命质量，提升生命境界"的教育观。前面我们在教育本质的探讨中提到的"生命说"就持这一观点，即教育是促进个体生命成长的活动。之所以强调教育的生命内涵与意义，是因为在现实的教育中，人们往往忽略人是鲜活的生命存在，以及这种存在的特性和价值，以一种对待非生命的方式从事教育活动，如机械灌输、压抑个性、违背人的身心自然发展规律等，最终导致人的片面发展，甚至畸形发展。因此，生命本位的教育观，是从更深层次更具现实意义地体现以人为本的教育观。

（二）教育观对于教育价值的意义

教育观不仅涉及教育是什么的问题，也涉及教育应如何的问题。教育是什么的问题关乎教育的本质，教育应如何的问题关乎教育的价值。教育价值是指作为客体的教育的属性对作为主体的个人与社会需要的满足，意味着教育的特性对个人和社会的发展具有独特的意义。教育观其实也就是人们对于教育是否具有价值、具有什么样的价值的认识和评价。因此，教育观的确立在一定程度上就是明确教育价值的过程，具体体现为以下几点。

1. 平衡教育的本体价值与工具价值

由于教育作用的对象是双重性（个人与社会），因此教育价值又区分为本体（内在）价值和工具（外在）价值。本体价值主要是指"不依赖于别的事物、仅仅依赖于客体自身的内在属性而实现的价值"[①]。也就是说，本体价值即事物本身所固有的内在本质特性对主体需要的满足。工具价值主要是指"发挥手段和工具作用的价值。工具价值的客体，不具有直接满足主体需要的属性，它的价值体现为促使其他价值的实现与完善，因而具有手段或工具性"[②]。

由于教育质的规定性是培养人，是以促进人的发展为直接目标的活动，所以教育对个体发展需要的满足就是教育的本体价值，或说内在价值。而教育对社会发展需要的满足是通过培养人实现的，因此，教育的社会价值就体现为运用人的培养这一手段，更好地促进社会方方面面的发展，故其又被称为教育的工具价值，或说外在价值。本体价值和工具价值并非截然割裂，而是相辅相成，有着内在统一性的。这种统一性内含着人与社会的辩证关系，表现为教育本体价值的实现离不开一定的社会条件，即教育工具价值的支撑，反之，教育

---

① 教育大辞典编纂委员会编：《教育大辞典》第6卷，113页，上海，上海教育出版社，1992。
② 教育大辞典编纂委员会编：《教育大辞典》第6卷，113页，上海，上海教育出版社，1992。

工具价值的体现又需要依托教育本体价值的充分实现。

前文所述的"个体本位的教育观"和"社会本位的教育观"，分别立足于教育的本体价值和教育的工具价值。很显然，这两种教育观，要么是强调了个人而忽略了社会，要么是强调了社会而忽略了个人。而正确的教育观就应该是在平衡教育的本体价值和工具价值的基础上对教育的认识。

2. 理清和规范教育的价值秩序

教育价值作为客体的教育的属性对作为主体的个人与社会需要的满足，具有多样性和多层次性。因此，在教育实践中人们往往面临着各种教育价值选择的问题。选择教育价值的基本方法就是要建立教育价值的秩序，即在特定的教育情景中，确定哪些教育价值处于优先的地位，哪些价值是首要的、哪些是次要的。我国学者赵汀阳指出，价值上优先的东西不是逻辑上更大更高的东西，而是存在和发展上更重要的东西，"概念的逻辑次序可以说是按照世界或者语言去构造的，而概念的价值次序是从人的需要出发的，于是，逻辑次序感觉起来就是一级一级爬上去的，而价值次序却永远表示着某种东西与人的需要之间的远近距离"[①]。因此，教育价值的次序就应该是依据人与社会的发展需要在现实背景下的重要性而确立的。

具体来讲，当人们面临教育价值选择时，就是根据具体的教育任务对不同的教育价值进行排序，然后根据价值的轻重缓急程度进行理性取舍：首先分析特定的教育情境；其次分析在这一特定的教育情境中存在哪些冲突的教育价值；最后分析这些教育价值的先后顺序，并根据优先顺序做出价值选择。虽然价值问题是一个抽象的问题，有时是很难排序的。但必须承认，在特定的情景中，人总是有一些特定的需要，而且会存在重要程度上的差异。所以，教育价值排序是与具体教育情境相联系的，是具体的和相对的。

总之，理清和规范教育价值秩序就要对各种教育价值进行梳理和排序，以引导人们形成正确合理的教育价值观，进而充分发挥教育价值观的导向和引领作用。由于教育观的确立在一定程度上就是教育选择的过程，因此确立教育观实际上也就是对教育价值秩序的理清与规范。

3. 帮助人们形成合理正确的教育价值观

无论是平衡教育的本体价值与工具价值，还是理清和规范教育的价值秩序，最终都是指向人们需要形成一定的教育价值观。

价值观是一个复杂的概念，一般而言，它是指主体运用善恶、美丑、是非

---

① 《赵汀阳自选集》，105～106 页，桂林，广西师范大学出版社，2000。

等标准认识和评价客观事物或现象存在的价值后形成的基本观点，是主体意志、情感、需要等方面的反映。由此而论，教育价值观就是教育主体运用一定的标准认识和评价教育存在的价值后形成的基本观点；是人们关于教育实践和教育价值关系的根本看法；是指导、支配和评价教育行为和功效的核心观念。教育价值观对于整个教育活动起着深刻的导向作用，直接影响着教育的目的、内容、形式和方法，同时也影响着教育的规划、结构、布局和体制。

价值观有正误之分。正确的价值观是真实反映客观事物与现象，符合社会发展规律和人们根本利益的价值观念；错误的价值观是对客观事实的歪曲，有悖于人类历史发展规律和人们根本利益的价值观念。同理，正确的教育价值观是反映教育的客观事实及其本质的观念，是符合教育发展规律以及美好教育理想的观念。正确合理的教育价值观的导向和引领作用表现为：首先，对流俗的教育价值观进行检测、质疑与批判，反对和淘汰落后的和错误的教育价值观；其次，对社会发展和教育发展的趋势从价值观方面进行分析和把握，构建适应和符合社会发展和教育发展规律的新的教育价值观念；最后，可以综合考量国家、社会和个人等多种因素，建立合理有序的教育价值观念体系。[①]

由于正确的教育观是对教育本质和规律的深刻理解所形成的对教育的认识，所以，正确教育观的确立无疑对于人们合理正确教育价值观的形成具有一定的奠基和指导意义。

二、教育理想与理想的教育

教育观不仅仅取决于人们对教育本质的认识，还取决于人们是否有美好的教育理想。教育本质是教育之为教育的根本规定性；教育理想则是人们所追求的最完满的教育状态。洞悉教育本质，追寻教育理想，是正确教育观确立的基础，也是每一个教育工作者做好教育工作的可靠保障。

（一）教育理想

1. 教育理想的含义

理想是一种主观状态，与现实相对应，是人们对未来有可能实现的奋斗目标的向往和追求。理想是与人的愿望相关联的，是对未来的一种设想，它往往不与当下的现实直接联系。但理想与现实生活又不是完全脱节的，理想是对现实生活的重新加工，加工时加入了个人的愿望和向往。从形成过程来看，理想属于想象，但它不是一般的想象，是人们根据自己的需要、一定的认知所建构

---

① 《教育哲学》编写组：《教育哲学》，141 页，北京，高等教育出版社，2019。

的某种形象及为之奋斗的目标。理想也不同于幻想、空想，它是有客观依据的，是遵循客观事物发展规律的，因此是可以实现的。

理想分为个人理想和社会理想。个人理想是每一具体个人对未来发展的设想和期望，包括职业理想、自我发展理想、家庭生活理想等。社会理想是个人对社会发展的憧憬和向往。个人理想与社会理想是相辅相成的，而社会理想是较高层次的，对个人理想有制约作用；个人理想则是社会理想的具体体现。

教育理想是相对教育现实而言的，指人们在依据教育的客观现实、遵循教育规律的基础上，对所向往的美好教育状态的设想。教育理想也是教育观的体现方式，是人们对未来教育图景和目标的期望。教育理想虽然不能等同于教育现实，但也不是空想，而是基于一定事实发展的趋势、思想倾向或理论推论得出的关于教育的合理性预见。教育理想也可能是现实中不存在，但未来可以实现的教育形态，它是一种观念化的建构，用来引导现实的教育不断向理想化的方向运行。

教育理想是个人理想与社会理想的综合，即人们对美好教育状态的追求与向往，往往既体现为教育对个体发展的最佳状态，也体现为教育对社会发展的最佳状态。个人与社会的辩证统一关系使得教育理想无法将个人理想与社会理想割裂开来。

把握教育的本质，追求教育的理想，是教育工作者做好教育工作的思想前提和价值导向。有了教育理想就可以在具体教育实践中方向明确、动力充足，并能够排除一切艰难险阻，使教育实践不断向理想靠近。

2. 人的全面发展——教育的终极理想

我们应该树立什么样的教育理想？对此，不同的思想家、教育家有不同的见解。但无论人们怎样描述教育理想，其中有一点是共同的，即教育理想集中体现为"培养什么样的人"。关于这一点，虽然古今中外教育家有过不同的阐述，但概括起来，培养和谐、全面、自由发展的个人始终是人们最执着的教育理想。

教育是以促进人的发展为直接目标的活动。而什么样的发展才是最理想的人的发展状态？答案就是人的全面发展。所谓人的全面发展，不同时代、不同人有不同的说法，如孔子所说的有多方面才艺的"成人"，蔡元培所说的具有"健全人格"的人，亚里士多德所认为的"身心既善且美"的人，爱因斯坦所认为的"一个能够独立思考、自由发展的个体"，等等。而对人的全面发展分析最为精辟、阐述最为全面的当数马克思主义的人的全面发展学说。

马克思主义意义上人的全面发展的原初含义，主要是指人的生产能力（体力和智力)尽可能全面、充分、自由地发展。虽然马克思主义关于人的全面发展是指人的本质的全面发展，但是由于马克思把人类的物质资料生产看作"人类生存的第一个前提"，且人的各种社会关系也都是在这个前提和基础上形成的，所以，人的全面发展的具体内涵就是以人的生产能力发展为主的全面、充分和自由的发展。其中，全面、充分和自由的发展是马克思主义人的全面发展内涵的精神实质。

马克思主义意义上的人的全面发展是一种历史过程，而非一种单纯的理想人格境界。与历史上一切有关人的全面发展思想根本不同的是，马克思并非从"人性""人道""人的本质"这些抽象的规定出发研究人的发展问题，而是从人在社会劳动分工中实际的社会关系现状出发探究人的发展问题。基于这种立场，人的全面发展是一个历史范畴，即这是一个由量变到质变、由低级到高级、由单一到丰富的不断变化过程。换言之，社会发展的每一个不同阶段，人类历史进程中的每一个时期，都将实际上为人的全面发展范畴增添新的成分和内涵。这就决定了马克思主义的人的全面发展不是一个单纯的人格理想，更不是所谓浪漫主义空想，而是体现着人之现实本质与生存状态的人之为人的深刻揭示。

作为一种历史范畴，马克思主义关于人的全面发展思想的深刻寓意在于：人的全面发展是一个实际运动的过程，是个人所处的社会历史发展阶段的产物，同时也是每个人在不断地变革其现实生存状况中，获得自身发展的过程和对理想人格的追求过程。不仅如此，人的全面发展在不同的历史时期、不同的社会条件下有着不同的具体内容和要求，这是一个不断由低级向高级演进，并伴随着阶段性的质变和飞跃的过程，也是一个永远无法穷尽的过程。因此，我们不能把教育过程中对人的全面发展的追求看作一定规格的人的实现和完成，而是看作伴随着人类社会发展的进程对理想人格的不断靠近，是对每个人自我发展和自我实现需要的不断满足，是个体生命价值不断获得实现的渐进过程。

(二)理想的教育

1. 什么是理想的教育

教育理想关照的是教育的未来，是对未来教育的追求；理想的教育则主要关注的是教育的现实，是对教育现实的要求。理想的教育也可称为好的教育，是能够实现教育理想的好的教育。换言之，教育理想的实现必须要有理想的教育。对于什么是好的教育的思考和探讨，不仅有助于人们加深对教育本质的理解，而且可以帮助教育者更加明确、合理、有效地从事教育实践活动。

理想的教育究竟是什么？由于人们对教育本质的认识不同，加之个人的立场、价值观等各异，难能有统一的答案。我国学者陆有铨教授认为：好的教育就是适合的教育。"适合"一词具有丰富的含义：对于学生而言，适合的教育就是能够顺应人的身心发展规律、因材施教的教育；对于国家而言，适合的教育是能够适应社会发展潮流、为社会提供合适人才的教育。能够满足人和社会的需要，这是"好"的基本要素。"'好'就是'适合'，而且不同时期和不同国家，有不同的'适合'。那么，我们应该追求什么样的'适合'呢？我觉得要考虑两个方面：国家的需求和人的发展。"①从这个角度看，适合是教育的唯一标准，因为教育不存在抽象的好，也不存在抽象的坏，适合是教育唯一的"好"。

也有学者认为，好的教育是以是否能够促进个体生命的成长为标准的，如刘铁芳教授在《什么是好的教育——学校教育的哲学阐释》一书中认为，好的教育就是坚持人本立场，突出儿童本位，注重生命关怀与文化引领，是"引导个体生命的自我成长"，"提高个体生命的高度和欲求真、善、美的程度"的教育。②可见，好的教育一定是以人为本的，这体现出教育是培养人的活动这一本质规定性，突出教育的育人价值这一根本价值，把人看作教育的目的，而不是让教育沦为"制器"的工具。

2. 理想的教育的标准

西方教育学者彼得斯通过对好教育标准的分析、归纳和概括，指出理想的教育应当同时符合三个标准。

第一，基于价值论的立场，理想的教育必须具有合价值性。教育不是客观的，而是承载着各种价值期盼的。教育不仅要传递有价值的知识，引领教育对象朝着健康的方向发展；还应当考虑通过对教育对象的知识传授和能力培养，使其成为一个什么样的人，追问教育为谁服务等问题。

第二，从认识论出发，理想的教育必须具有合认知性。好的教育必须是符合人的认识规律和教育的内在规律的，即必须在遵循人的认识发生、发展规律以及教育规律的基础上，帮助教育对象达到对事物、自然界、人类社会的正确理解和认知。

第三，就教育历程和发展心理学的角度而言，理想的教育必须具有合自愿性。好的教育不能是强迫的教育，只能是通过对学生内在动机的激发，以及通过民主氛围的营造从而引发学生求知欲的教育。

当然，彼得斯在此只是为我们提供了一个关于理想教育标准的理论视角。

---

① 陆有铨：《教育是合作的艺术》，5 页，北京，北京大学出版社，2012。
② 刘铁芳：《什么是好的教育——学校教育的哲学阐释》，4～7 页，北京，高等教育出版社，2014。

由于理想教育的标准不仅与人们的价值选择有关，而且与现实的教育存在密切相关，因此，理想教育标准的确立不只是一个理论问题，更是一个现实问题。

总之，理想的教育的标准，不是通过概念分析和理论推理产生的，而是依据教育发生的社会背景和基础，以及人的发展需要和规律来制定的，尤其要突出人的发展需要与规律。因此，理想的教育的标准的基本要求就是在立足社会发展需要及条件的基础上，着重体现人在教育中的地位和价值，并真正能够促进人的全面发展。

三、旨在提升人生境界的教育观

无论我们如何认识和理解教育，有一点是可以确认的，即教育是关乎人的，是以人为本的事业和活动。以人为本不仅仅意味着给人以生存、生活的知识与技能，更加意味着给人以有意义、有价值的人生。人与动物最根本的区别就在于人不只是一个自然性、生物性存在，还是一个社会性、精神性存在。这就决定了人并不满足于物质充沛地活着，而是不断追求精神的充实与满足。人的这种精神追求可归结为对人生境界的追求，教育在归根结底的意义上就是帮助人们不断提升人生境界。因此，旨在提升人生境界，理应成为每一个教育工作者的最高层次的教育观。

（一）人生境界的含义及界说

1. 人生境界的含义

"境界"在汉语中原指"疆界""疆域"，表征为一种地理特征；后来引申为"境地""景象""造诣"①，指一种生活状态、自然风景和专业熟练程度。据此，"人生境界"主要是指人的一种生活状态，包含两个层次的含义："一层是指'人的内在精神修养达到的水平或境界'，或人性所能达到的高度；另一层是指人生活于其中的'心境'或'意义领域'。"②也就是说，人生境界不只是指人力求达到的"高度"，同时也指人乐于生活其中的一种"状态"。所谓"高度"就是人对自己的存在以及所作所为所产生的意义、价值的要求；所谓"状态"就是人认同并选择的某种生活方式。总之，人生境界无论从哪个层面说，都是关涉人的精神世界的，是人的精神追求或状态，与人的物质处境、功名地位无关。位高权重、富甲天下的人未必活得有境界；人微言轻、物质匮乏的人未必没有较高的人生境界。

对人生境界的追求，是人区别于动物的根本标志。追求什么样的人生境

① 辞海编辑委员会：《辞海：1989版》，625页，上海，上海辞书出版社，1989。
② 石中英：《教育哲学》，92页，北京，北京师范大学出版社，2007。

界？什么才是高尚的人生境界？对于这一问题的思考和判定，是提升人生境界的前提和基础。古今中外，围绕人生境界的划分标准，形成了各种各样关于人生境界的理论学说。

2. 人生境界学说

(1)中国的人生境界说

儒家以"道德"为标准，将人的生存状态划分为"小人"和"君子"两种境界，"君子喻于义，小人喻于利"①；同时又将君子划分为"仁人""贤人"和"圣人"三个层次。"圣人""以天下为一家，以中国为一人"②，是人生的最高境界。

道家以自然性为标准来说明人生所达到的境界。道家的人生境界说不是教人成贤成圣，而是教人"越名教而任自然"，成为"真人"。"真人"是道家的最高理想人格境界，即"天地与我并生，而万物与我为一"③的人生境界。"如果说，儒家的人生境界理论是教人做'加法'('益')或有所担当的话，那么道家的人生境界理论是教人做'减法'('损')或不断割舍。"④

现代思想家冯友兰则将人生境界划分为"自然境界""功利境界""道德境界"和"天地境界"。其中，自然境界是指人行事只基于自己的本能和社会风俗习惯；功利境界是指人们做事出于自己功利的目的；道德境界指人们做事是为了社会服务，具有道德意义；天地境界是指人们做事符合宇宙的法则和全人类的利益。自然境界和功利境界的人，是现在就是的人；道德境界和天地境界的人，则是人们应该成为的人。

(2)西方历史上关于人生境界的学说

古希腊哲学家亚里士多德以理性为标准，将人的灵魂分为"植物灵魂""动物灵魂"和"人的灵魂"。其中，植物灵魂的功能是营养和生殖；动物灵魂的功能除了植物灵魂的功能之外还有感觉、知觉和欲望；人的灵魂具有植物灵魂和动物灵魂所不具备的理性功能。因而人生的最高境界就是在理性的生活形式中获得愉快、幸福和美感。换言之，最有理性并严格按照理性生活的人，就是具有最高境界的人。

19世纪上半叶丹麦著名的思想家克尔凯郭尔把人生境界分为"审美阶段""伦理阶段"和"信仰阶段"。审美阶段的特点是生活完全为感觉、冲动、欲望和

① 杨伯峻：《论语译注》，39页，北京，中华书局，1980。
② (汉)郑玄、(唐)孔颖达：《礼记正义》，688页，北京，北京大学出版社，1999。
③ 陈鼓应：《庄子今注今译》，88页，北京，商务印书馆，2007。
④ 石中英：《教育哲学》，94页，北京，北京师范大学出版社，2007。

情绪支配；伦理阶段的特点是个体的生活为理性所支配，愿意和能够遵循社会的伦理道德规范；信仰阶段的特点是人的生活为信仰所支配。人生的这三个阶段是一个从低级到高级的上升过程，而信仰阶段的宗教境界是最高境界，人只有在宗教境界中才能展现和体验真正的存在，才能充分地实现自我。

尼采是19世纪下半叶欧洲乃至人类最伟大的哲学家和思想家之一。尼采认为人类的精神要经过三次蜕变：从"骆驼"到"狮子"再到"婴儿"。骆驼是指人在主观意识领域放弃自卑，敢于抛弃陈见，能够经受压力，承担"重负"；狮子的形象是指人能够攫取自由，成为自己的主人；婴儿则是指一种可以创造新生命和新价值同时又代表着新生命和新价值的状态，也就是"超人"的状态。"超人"是一种理想的人格形象和最高的人生境界，是人经历了三次精神蜕变后诞生的新人，是在精神层面或价值层面超越了原有人类的新人类。

古今中外关于人生境界的说法还很多，从上述可以看出，由于每个人的思想、立场、生活背景、知识结构等不同，对人生境界的理解和追求也就截然不同。但这些人生境界说对于我们思考人生应何去何从，无疑有着不同程度的启迪。

(二)人生境界的提升

虽然历史上人们划分人生境界层次的标准不同，以及对最高人生境界的认识不一，但有一点是共同的，即都强调人生境界的提升，都认为人可以不断提升自己的人生境界。人生境界无论是作为人生存的追求，还是作为人存在的状态，都标志着一个人生存的质量、意义和价值，都是作为精神存在的人的必然生活方式。一个没有精神追求的人，无异于行尸走肉。当然，人生境界不是一个固定的模式，而是一个由低到高的人生阶梯。无论人处在哪一个台阶上，唯有再上一个台阶，才能拥有更加充实、幸福的人生。因此，人生境界需要不断地提升。

虽然人生境界没有统一的划分标准，但理想的人生境界应包括"内在的精神修养"和"外在的生存状态"两个方面。人的内在的精神修养的追求，是人的精神或灵魂从"低处"走向"高处"，从"黑暗"走向"光明"，从"丑恶"走向"美好"，从"虚假"走向"真实"，从"意见"走向"理念"，从"功利"走向"意义"的过程。人的外在的生存状态是指"人生活于其中的心境或意义领域"，也就是指一个人安于、乐于过一种什么样的生活，并赋予这种生活以积极、向上、乐观的意义。理想的人生境界就是人的内在的精神修养的"高度"和外在的生活于其中的"状态"的统一。

人生境界的提升，一方面要靠人的主观意识和自觉努力，也就是人有追求精神充实、人生价值的意愿；另一方面也需要依赖外部力量的推动与引领，教育则是帮助人提升人生境界最直接的外部力量。

（三）教育与人生境界的提升

1. 提升人生境界是教育的终极目的

教育是关乎人的事业和活动，体现为以促进人的发展为直接目标，以提升人生境界为终极目的。我国教育哲学家李石岑先生甚至认为，教育的目的就在于提升人生的境界，使人的生存状态从本能到功利，再到道德之境和天人合一的状态。教育者只有明确了这一点，才算是真正理解了人生与教育的关系。人生境界问题归根结底是人的存在问题，而教育对人的关涉最终就是为了人更好地生存。真正好的生存状态，一定是物质与精神同时满足。这就意味着人若想更好地生存，就必须不断提升其人生境界。"因此，教育应该将人生境界的问题纳入到自己的视野之中，致力于强化人们不断地提高自己人生境界的愿望，帮助他们树立起提升人生境界的信心，并激励和引导他们不断地走向更高的人生境界。"①

在现实的教育实践中，教育和人生境界的关系在一定程度上往往被人们所忽视。这主要是由于现代社会以及现代教育的功利化，使得教育沦为满足不断增长的物质与利益的工具，导致教育的核心任务不是造就幸福美好的人生、提升人生境界，而是追求升学率、培养劳动力等效率指标，这就背离了教育的根本宗旨。所以，现代教育急需回归"初心"，坚持以人为本，追求人之为人的存在价值与意义。每一位教育者都应充分认识到，教育不只是满足个体和社会需要的工具，更应该是引导个体提升生命境界，进而引导社会发展的重要手段。

2. 人生境界的提升需要教育

教育作为有目的有意识地培养人的活动，在提升人的境界方面具有独特优势。人生境界的提升有以下特征。第一，人生境界的提升是一个漫长的过程，不是一蹴而就的，需要人们坚持不懈、孜孜不倦地探索和追求。第二，人生境界的提升是一个比较复杂和艰难的过程。由于人的一生会受到方方面面因素的影响，人生境界的提升就需要坚定的信念、正确的方向和理智的认知与判断。第三，人生境界的提升是一个内在的过程，是一个人不断觉悟而非外在灌输的过程。也就是说，只有当一个人真正理解和认同某种人生境界，才能自觉自愿地去追求并为之努力奋斗，即努力提升自己的人生境界。第四，人生境界的提升不仅仅是一个认识过程，还是一个不断实践的过程。一个人人生境界的提升

---

① 石中英：《教育哲学》，100 页，北京，北京师范大学出版社，2007。

取决于他做了什么，而不是说了什么。思想上的认同固然重要，但付诸行动才能有真正的提升。

上述特征表明，人生境界的提升离不开教育。教育可以帮助人们树立提升人生境界的信念，明确人生发展的方向，理性思考和判定不同人生境界的学说。同时也能够引导人们通过感悟、反思和理解人生的意义，激发和加强提升人生境界的内在动力，使人生境界的提升成为人的自觉自愿行为。不仅如此，教育还可以通过知识的传授、能力的培养等，使人掌握人生境界理念的践行方法，进而达到人生境界的现实提升。总之，教育对于人生境界的提升是不可或缺的。

3. 教育对于人生境界提升的作用

教育应该而且能够对人生境界的提升起到不可替代的作用。这一作用是如何发挥的？

首先，传递和传播关于人生境界的知识与理论。由于人生境界关乎人的生存状态问题，因此对于人生境界的思考和探索，一直是人们津津乐道的话题，尤其是一些先哲更是对此进行了丰富而深入的论说，从而形成了有关人生境界较为系统的理论知识。人生境界的提升需要人们对人生境界的相关问题有理性认识，即真正懂得什么是人生境界，为什么要提升人生境界，什么样的人生境界是值得追求的境界，等等。而要形成这一理性认识，首先必须拥有一定的有关人生境界理论知识。教育作为传递和传播人类文化知识的主要渠道，作为以满足人的生存需要、促进人的发展为直接目标的活动，能够有目的、有计划、有组织地传递和传播有关人生境界的理论知识，帮助人们形成对人生境界问题的合理认识，进而建立起自身关于人生境界的观念、理想和信念，以使自己的人生境界不断提升。

其次，唤醒和启发人们提升人生境界的意识。既然人生境界在一定意义上就是人的生存问题，那么它就是与每个人息息相关且必然要直接面对的问题。然而，由于人的"觉解"程度不同，对于人生境界的意识程度也就不同。意识在心理学中的定义为：人所特有的一种对客观现实的高级心理反映形式。意，是自我的意思；识，就是认识、认知。意识代表人可以感觉自己的存在，可以知道发生的事情。意识的本质是个体人的自觉性和独立性。很显然，意识比较明确且强烈的人，才能够有自觉提升人生境界的动力和行动。所以，人生境界的提升必须建立在人所具有的相应的意识基础之上。教育通过知识的传授、思想的启迪，以及人与人之间情感的交流互动，可以唤醒和启发人对自我存在状态的思考，对理想人生的向往与追求，即塑造和培养人生境界提升的意识。

再次，引导人们对人生境界及其意义的反思与探究。对于每一个具体个人而言，提升人生境界的最大动力源于对"人为什么要有境界地活着"的认识，即人生境界的意义。人生境界的意义不仅是"利他的"，而且是"利己的"。也就是说，具有较高人生境界的人，不仅对社会、对他人具有更大的价值，而且对自身的存在与发展也具有积极的意义，自己的人生也能更加丰富多彩。这就需要教育引导人们深入思考和探讨人生境界的意义。

理解和内化人生境界意义的最佳方法就是反思。反思是对已有的行为、经验、知识等进行有意识的思考和反省，以发现事物的内在关联，进而明确应该如何行事。反思不是随意的胡思乱想，而是有意识、有期许地进行逻辑思考，是建立在一定的知识基础上，并具有一定的理念支撑的思维活动。只有通过个体的自觉反思，而不是简单地说教，才能使人们真正意识和感悟到人生境界问题是每个人自身的、内在的且与当下生活密切相关的问题，关系到每一具体个人的生存状态、生命质量，乃至人生价值。因此，教育对人生境界的提升，就是引导和启发人们反思历史上关于人生境界的学说，以及人们所遇到的各种人生境界问题，从中获取人生境界及其意义的深切领悟和理解，以促进个体不断提升自身人生境界的愿望和动力的形成。

最后，培植人生境界提升的信念。古往今来，追求人生更高境界的人都有一个共同特点，那就是对人生理想境界的实现有着坚定的信念。无数事实表明，对更高人生境界的认同与追求，是很多人都可以做到的，但能否最终达成，则取决于人是否具有实现人生至高境界的信念。因此，教育不仅要给人以人生境界的知识，使人充分认识到提升人生境界的意义，启迪对人生境界的自觉反思，而且还要努力培植人对实现人生更高境界的信念。唯有如此，才能真正达到人生境界的提升。

【本章思考与练习】

1. 教育的原典精神是什么？你是如何理解的？

2. "教育"概念的内涵是什么？

3. 如何理解教育隐喻中教育的本质内涵？

4. 根据所学知识谈谈你对教育本质的理解。

5. 认识教育本质的思维路径有哪些？

6. 什么是教育观？教师确立教育观的意义是什么？

7. 如何理解理想的教育和教育的理想之间的关系？

8.什么是人生境界？教育对于人生境界的提升具有怎样的意义？

9.你认为教师应该树立什么样的教育观？

【推荐阅读】

1.本书编写组.习近平总书记教育重要论述讲义[M].北京：高等教育出版社，2020.

2.《教育哲学》编写组.教育哲学[M].北京：高等教育出版社，2019.

3.石中英.教育哲学[M].北京：北京师范大学出版社，2007.

4.刘志军.教育学[M].北京：高等教育出版社，2011.

5.于伟，王澎.教育哲学[M].北京：北京师范大学出版社，2023.

6.陆有铨.教育是合作的艺术[M].北京：北京大学出版社，2012.

7.叶澜.回归突破："生命·实践"教育学论纲[M].上海：华东师范大学出版社，2015.

8.刘铁芳.什么是好的教育：学校教育的哲学阐释[M].北京：高等教育出版社，2014.

9.冯建军.教育基本理论研究20年：1990—2010[M].福州：福建教育出版社，2012.

10.约翰·杜威.民主主义与教育[M].王承绪，译.北京：人民教育出版社，2001.

学生观是对学生的认识所形成的观念；而对学生的不同理解和认识，便会形成不同的学生观。正确学生观的确立，必须建立在对学生角色定位、身份地位、根本性质等的深入剖析和正确领会基础之上。因此，学生究竟是怎样一种人？不同人性假设的学生观有什么不同？教师应该具有什么样的学生观？这些就是本章所要着重探讨的问题。

第三章　学生观

学生，也可称为教育对象、受教育者，是教育活动最主要的构成部分。毫不夸张地说，学生既是一切教育活动的出发点，也是一切教育活动的归宿，即任何教育活动的实施，首先要面对和考虑的问题是学生，最终衡量教育成败的标准还是学生。因此，正确学生观的确立就显得至关重要。

第一节　学生的本质属性与学生观

学生，作为教育活动的主要构成要素，其本质属性究竟如何？对这一问题的不同理解，将形成人们不同的学生观，进而导致教育过程及结果的截然不同。因此，教师要想树立正确的学生观，首先需要对学生的本质属性有一深刻的理解和把握。

一、学生的本质属性

所谓本质属性，即决定事物之所是的根本性质；学生的本质属性也就是学生之为学生的根本规定性。对学生本质属性的认识，在一定程度上就是对学生的身份、角色、特性及在教育过程中所处地位等的理解。

（一）学生的身份厘定

学生究竟为何人？其身份是什么？在现实生活中，人们往往把"学生"称为"儿童""孩子"。而事实上，"儿童是中性词，指处于特定年龄阶段的人，与青年、中年、老年相并列；孩子与成人相对，既表示需要成人的关心和爱护，也表示相对于成人的弱势地位；学生则与教师平等相对，与教师一样，是一种社会身份，承担着特定的社会责任和义务"①。这意味着，"学生"与"儿童""孩子"的含义虽然有重叠、交叉之处，但"学生"并不等同于"儿童""孩子"，进入学校并进行某种学业的人，不管处在人生的哪个年龄阶段，都具有"学生"的社会身份并承担相应的责任义务。因此，学生最基本的身份就是"以学习为第一要务的人"，这一身份决定了学生必须承担以下责任和义务。

首先，学生有学习的责任和义务。与儿童熟悉的游戏相比，学生所从事的学习活动有预先规定的任务，有外在于学生的认识内容，有各种严格的活动规范……所有这些，都不是凭借学生自发的兴趣和已有的经验能轻松胜任的，这就需要学生以高度的责任心和义务感去努力实现既定的学习目标。

其次，学生有建设和维护集体的责任与义务。学生进入学校，是生活于有着明确目的和共同追求的集体（小组、班级、学校）之中的。因此，遵守集体纪律和规范、约束自己并以积极的行为给集体带来积极的影响，就成为学生的义务和责任，也是学生成长必不可少的重要内容。也就是说，学生不能以个人的兴趣、意愿和行为损害他人或集体的利益。

最后，学生必须接受教师的引导和帮助。学生的成长不是一个自然而然的过程，而是在教师的引导和帮助下逐步获取人类知识，养成良好行为习惯，培植积极而健康的兴趣，明了承担社会责任和义务的意义，懂得人生价值等的过程。在这一过程中，教师的作用充分体现为"主导"，即按照一定的培养目标，遵循人的身心发展规律，促进学生的全面发展。因此，学生有义务有责任接受教师的教诲和指导。当然，"接受"并不意味着被动、盲目服从，而是要求学生在充分发挥个体主观能动性的前提下领会、吸纳和内化教师的教导。

总之，学生的身份是一个在教师的主导下，以学习为天职的人。进一步讲，不是只有儿童、孩子可称为学生，也不是所有进入学校的儿童都是学生。"如果他不承担学习的义务和责任，如果他不去建设而是去损害集体，如果他没有得到教师有效的引导和帮助，那么，他就只能是儿童而不是自觉成长的学生。"②

（二）学生的角色定位

角色，原为戏剧、电影、文学等艺术领域的名词，指文学作品中的扮演者、人物；后泛指在特定的情境中的特定人物，即"一个人在一定系统内的身

---

① 郭华：《儿童·孩子·学生》，载《人民教育》，2006(11)。
② 郭华：《儿童·孩子·学生》，载《人民教育》，2006(11)。

份、地位、职务及其相应的行为模式"①。身份与角色都是对一个人是谁的确定，身份更加侧重作为一种符号对人的表征，角色则侧重从行为模式方面界定一个人。二者的关系表现为："身份赋予了角色特定的行为方式，角色从属于身份，是从行为上对身份的一种诠释和展开。"②如此说来，学生角色就是相应于学生的社会地位、身份的被期望的行为。如尊师守纪、努力学习、关心集体。它是作为学生的人在教育场景中应该具有的所作所为。"学生在学校剧场中的所有活动，都是围绕着'学生'角色展开的。他的任务就是通过上课、听讲、考试、听从教师的各种安排、获取教师的积极评价等方式来扮演'学生'的角色。"③"身份"是对"学生是谁"的一种实然判断，"角色"则是对"学生是谁"的一种应然判断，即回答学生应该是怎样的人，也是人们对学生成为一种什么样的人的期待。

教育的复杂性决定了学生角色的多元性。其中，最基本的角色定位体现在以下几个方面。

1. 能动的受教育者

毫无疑问，学生是教育的对象，是受教育者，这是学生最直接、最显在也是最首要的角色定位。人的先天不足，使得人在后天的生长过程中需要通过接受一定的教育，尤其是系统、全面的教育获取成长必备的素质。而进入系统化教育过程中的人，就被称为学生。因此，受教育者就是作为学生首先扮演的角色。这意味着，学生必须按照教育的培养目标、教育制度的规定、课程内容，以及学校、教师的计划、安排等，从事各项教育教学活动，以增长和提高自身发展所需的知识、能力、情感、意识等。作为学生，应该充分意识到接受教育既是自身发展的需要，也是学生这一角色的必然要求。

然而，接受教育并不意味着学生完全处于被动的状态。由于学生首先是人，而人之为人最重要的一个特征就在于人具有能动性。所谓能动性是指人做任何事情并非完全受外在因素的制约，而是有着自身的自觉性、选择性和创造性。表现在学生接受教育时，不是一味地听取、吸纳和无条件接受，而是在主观意愿的支配下，有选择地甚至是创造性地接受教育者的传授与教诲。因此，对于教育者而言，重要的不是如何传授与教诲，而是怎样才能调动和发挥学生的主观能动性，进而真正达到让学生接受教育的目的。

---

① 叶澜、白益民、王枬等：《教师角色与教师发展新探》，32页，北京，教育科学出版社，2001。

② 张军凤：《学生的身份认同》，载《中国教育学刊》，2012(8)。

③ 李政涛：《表演——解读教育活动的新视角》，135页，北京，教育科学出版社，2006。

2. 自主的学习者

学生接受教育主要是通过学习进行的。学习是人与动物共有的基本生存方式和能力，但对人而言又有着特殊的含义与意义。正是凭借学习，人得以不断地改变和提升自己，进而在改造客观世界的同时也改造着自身。当然，很多学习并非发生在学校教育系统中，但不可否认的是学校教育应该而且能够促进学习，使学习更加高效、更富有成果。学生在学校的学习主要是系统获取人类科学知识的精华和生产生活的基本技能，同时形成自己的人生观、世界观、价值观及个性品质等，从而更好地生存与发展。

学生的学习内容主要是前人积累的系统经验总结，是书本知识，对于学生而言是他人的经验、间接经验，因此是抽象的。这就要求教师通过有效的教学把抽象的知识具体化，使学生更好地理解与掌握。所以，学生的学习必然要依赖于教师的教。换言之，学生的学习是在教师的引导、启发、帮助，甚至是规划、指令下进行的，故不能否认，教师在学生的学习过程中占据主导地位。

但是，教师主导并不等于说学生就必定是一个被动的学习者。由于人之为人的一个重要特性就是自主性，即人并不是一个完全依附于他人、依赖于环境而生存的物种，而是有意识、有主见、能够根据环境变化和自我需要主动调节自身行为的人。学生首先是人，所以也就必然具有这种自主的特性，表现为每一个学生都有自己的主观意愿，能够自主掌控自己的行为。正如著名教育哲学家杜威所言："学习和智力活动最基本的动力来自内部。"①这就决定了学生能否在教师的主导下完成学业，达到预期的学习目的，最终取决于学生自主性的发挥。因此，作为学习者，学生不是知识的容器、各种信息被动的接受者，而是自己学习的真正主人，是具有自主性的学习者。真正有效的教学应该是最大限度体现和发挥学生自主性的教学。

3. 教育教学活动的合作者

教育教学活动的一个重要特质就在于：这是一个人与人之间交往、互动的过程，不是单个人的行为过程。杜威有句名言："教之于学就如卖之于买。"②这表明教与学各自以对方为自己存在的前提，二者相辅相成、缺一不可。虽然在这一过程中教为主导，但教永远不能代替学。只有教的行为和学的行为同时发生，才能构成真正意义上的教学活动。如此说来，学生在教育教学活动中所

① ［美］杜威：《我们怎样思维·经验与教育》，姜文闵译，214页，北京，人民教育出版社，2005。
② 中央教育科学研究所比较教育研究室编译：《简明国际教育百科全书：教学（下）》，235页，北京，教育科学出版社，1990。

扮演的角色必然是一个合作者，而非被塑造的客体或等待加工、改造的原材料。

作为教育教学活动的合作者，一方面表现为学生应以主体的姿态积极参与活动的全过程，包括对教育教学内容的理解与处理、方法的采取、组织形式的设计以及评价的实施等。在这一过程中，学生只有化消极为积极，变被动为主动，从客体地位转为主体地位，才能真正达到教育的预期。另一方面体现为学生形式上虽然是教育的对象、受教育者，而实则是自我教育的建构者。有学者基于建构主义学习理论提出学生角色的转变：由知识的接受者转变为知识意义的主动建构者；由认知工具的受用者转变为各种认知工具的选择者和操作者；由抽象情境的理解者转变为真实情境的实践者；由封闭的学习者转变为开放的合作者。[①] 这在一定程度上表明，任何教育活动如若缺失了学生的主动参与，就难以被称为真正的教育，更无法收到预期的教育效果。

(三)学生的本质特征

对于学生身份、角色的分析，可以使我们从学生的外部特征、行为表现认识学生为何人；而对学生的根本认知和深层次理解，则需要进一步剖析学生的本质特征是什么。

1. 学生是有独立人格的人

人格是"人的性格、气质、能力等特征的总和……在人格主义哲学中，指具有自我意识与自我控制能力，即具有感觉、情感、意志等机能的主体"[②]。"人格"一词源于希腊语"persona"，指演员在舞台上戴的面具。后来心理学借用该词，用以说明个人在人生舞台上各自扮演的角色及不同于他人的精神面貌。因此，在心理学上，独立人格就是指人在认知、情感、行为等方面上的独特性、自主性和能动性，以及在能力和性格上的非依赖性。从教育学的角度上来说，独立人格是指学生作为一个人，有自己的思想、情感、意愿和个性，是一个具有自主独立性的人。

学生是有独立人格的人，意味着虽然学生是教育的对象、受教育者，甚至其心智机能、思想情感、观念意识都有待成熟和完善。但是，他们却是与教育者享有完全平等人权的、独立存在的个体，有着做人的尊严，有独自的个性特征，有思想的自由以及人之为人的价值。因此，教育对学生而言，首先是给予学生充分的尊重，真正把学生作为具有独立人格的人看待，而不是将其作为教

① 蔡建东：《试论建构主义学习环境下的学生角色的转变》，载《开放教育研究》，2003(3)。
② 辞海编辑委员会：《辞海(第六版彩图本)》，1879页，上海，上海辞书出版社，2009。

育者的从属和依附者；在教育过程中保持一种平等对话、交流的格局与范式，而不是强行灌输、压制，使学生丧失自我。其次应运用各种手段和方法，培养学生的健全人格。教育的最终目的就是促进人的全面、健康发展，而这一发展的核心即为健全人格的形成。学生只有具备了健全人格，才能成为一个人格高尚的人，才会具有人格魅力，才能成为更好的自己。

2. 学生是具有发展潜能的人

人类学研究表明，与一般动物相比，人在出生时存在着先天的"未成熟""未特化"。然而，这种"未成熟""未特化"恰恰是人之为人的生命根基，蕴含着生命之花绽放的能量，它孕育了人的潜在发展可能性，即潜能。事实上，"正是由于要通过较高的能力弥补现存的缺陷这种必要性，人成了'不断求新的生物'，成了虽不完美，但因此而不断使自己完美起来的生物"①。马克思认为，"人作为自然存在物，而且作为有生命的自然存在物，一方面具有自然力、生命力，是能动的自然存在物；这些力量作为天赋和才能、作为欲望存在于人身上"②。这就是说，人作为一种生命存在，不仅永远向外界开放，而且永远向未来发展，而发展的生命基础就是人的生命中所蕴藏的潜能。

潜能不同于本能，本能是与生俱来，不学而会、不教就能的。人作为自然存在物和其他一切动物一样具有这种先天的本能，如觅食、神经系统的反射活动等。但人除了本能之外，还有着其他动物所不具有的潜能。潜能与本能的不同之处有以下几个。①本能是由特定化的器官所决定的；潜能则是由非特定化器官所决定的。②本能是一定要实现的，一定会展示出来的；潜能则不一定能够实现，它可能被展示，也可能被埋没。潜能只是一种可能性。③本能的实现是自然的；潜能则不能自如地实现，必须依靠人为的挖掘、主观的努力和奋斗。④本能的实现是个体性的；潜能则只能在社会环境中实现，即个人只有在社会中并借助社会的力量才能实现自己的潜能。③

毫无疑问，学生是一个有着无限发展可能性的群体，这种可能性就是学生的发展潜能。杜威提出，"教育即生长"，而"生长的首要条件是未成熟状态……我们说未成熟状态就是有生长的可能性……即发展的能力"④。这表明，教育者不能用静止、固定的眼光看待学生，而是要充分认识到学生发展的可能性。

---

① ［德］博尔诺夫：《教育人类学》，李其龙等译，37 页，上海，华东师范大学出版社，1999。
② 《马克思恩格斯全集》第 42 卷，167 页，北京，人民出版社，1979。
③ 参见武天林：《实践生成论人学》，168 页，北京，中国社会科学出版社，2005。
④ ［美］杜威：《民主主义与教育》，王承绪译，49 页，北京，人民教育出版社，2001。

同时，教育的宗旨就是促进学生的发展，而这一宗旨是否得以实现，在一定程度上就体现为对学生潜能最大限度的开发。

3. 学生是具有主体性的人

在哲学中，主体是相对于客体而言的，一般指从事认识和实践活动的人。主体性则是指人作为主体的属性，是在与客体相互作用中表现出来的自觉性、自主性、自为性和创造性。自觉性是人在从事某项活动时表现出的有目的、有意识以及积极主动的特性。自主性是作为主体的人进行活动时的自我选择性和决定性，即人在活动时从自我需要出发，不受外界因素所制约，自己决定自己的行为。自为性是指主体对客体的认识和改造，归根到底是主体的一种自我创造、自我实现。也就是说，人作为主体对外部世界的认识和改造，最终要达到的是提升自我、实现自我。创造性是主体性的最高层次体现，是人之主体性的灵魂。创造是人类的本质，人类在永不停息的创造活动中改造自然，改造自身，扬弃旧质，实现自己的目的。总之，主体性是人之为人的一个根本特性，也是人在从事各种认识与实践活动中作为主体存在的先决条件。

学生在接受教育、学习的过程中，毫无疑问需要教师的指导，并且必须遵循教育的培养目标、课程的设计以及教学的要求。但同时我们还必须认识到，学生是具有主体性的人，有自觉、自主学习的本性，也有通过学习改变自我、提升自我的意愿和追求。因此，学生不应该成为被动的知识接受者、被加工塑造的客体，而是教育教学活动的主动参与者、自我发展的积极建构者。当然，主体性虽然是人之为人的重要特性，但它只是作为一种可能性存在的，即并非任何人在任何情况下都能体现主体性，如一个心智机能尚未发育成熟的婴儿、一个被高压所控制并完全屈服于外界因素的人，是无法展现其主体性的。所以，在教育教学活动中，还需要悉心呵护、认真培育学生的主体性，使之成为现实。

二、学生观及其发展

简言之，学生观是对学生的不同理解和认识。学生观直接影响教育者的教育行为，并决定教育活动的成效。对于学生观及其形成的深入探讨，有助于合理、正确学生观的确立。

(一)学生观的内涵

众所周知，教师与学生是构成教育活动的主要因素；而教师对学生不同的认知和评价，将直接引发其不同的教育行为，最终导致不同的教育效果。从某种意义上说，对学生有什么样的认识，就会有什么样的教育，也就会培养出什么样的学生。

概括来讲,学生观是指关于学生的本质属性和特征的基本观念体系。[①] 具体体现为教育者对学生的某种理解、认识和评价,是教育者一定的认识立场、观察角度、评价标准的体现。学生观直接影响着教师对学生的认识及其态度和行为,进而影响学生的发展。学生观的内容主要包括教师对学生的本质、特征、角色定位、权利与义务,以及在教育过程中的地位和作用等的基本看法。在现实的教育教学实践活动中,教育者的学生观表现为如何定义学生,如何看待学生,如何对待学生,以及采取什么方式培养学生等。对于学生观的本质内涵,可从以下几个方面加深理解。

首先,作为对学生的认识,学生观不是对学生的直观感受和外部形态的看法,而是对学生这一角色本质特征的理解。学生是一个学习者,是一个被教育的对象、受教育者,这些都是学生的外部存在形态。学生首先是一个人;具有学生身份的人是怎样的人,应如何看待这样的人,这才是学生观的本质所在。

其次,既然学生首先是一个人,那么学生观就不能仅限于对教育教学活动中学生的身份、地位、作用等的认识,而应是一种全方位对作为学生的人的理解,包括人的本质、人性特点、人的存在与发展、学生的角色定位、学生的权利与义务等。只有把学生作为一个人而不只是一个角色扮演者,才是对学生的真正理解和认识。

最后,学生观是教育者关于学生的观念体系,而非单纯对学生的某种看法。也就是说,对学生的认识由人们的世界观、价值观、人生观、教育观等构成。在一定意义上,学生观也是教师教育思想的直接体现,其形成主要来自两个方面。一是教师在一定社会的政治经济制度、文化传统、教育传统制约之下,以及教师对学生身心发展规律的认识水平的影响下,所形成的对学生的认识,具有客观性。二是教师对"学生"这一角色的设想、期待和理想,具有主观性。所以,学生观虽然属于主观形态,但是其形成是客观存在与主观意识的统一。

(二)学生观的发展走向

学生观是对学生本质的认识,随着人们认识水平的提高,以及相关研究的深入,对学生本质的认识也发生了根本转变,进而形成了学生观的发展走向。[②]

---

① 顾明远:《教育大辞典(增订合编本)》,40页,上海,上海教育出版社,1998。
② 饶跃进:《近年来我国学生观研究的述评》,载《江西教育学院学报》,2010(5)。

1. 从"机器"走向生命

传统学生观往往把学生看作接受知识的容器、被加工塑造的对象。在这种观念支配之下，学生在教育过程中被物化为"机器""产品"，而丧失了人之为人的生命活力和灵动。新的学生观首先强调的、关注最多的就是必须把学生视为活生生的人、有血有肉的生命。只有从生命的高度来认识和看待学生，才能切实把握学生的本质所在，进而也才能真正确立学生在教育过程中的主体地位，充分彰显学生的主体性。

如前所述，主体性是人生命的基本特性，体现为人在活动时的自觉性、自主性、自为性和创造性。只有学生的主体性得以充分发挥，教育的有效性才能确保。当然，学生的主体地位和主体性的强弱不是天然的，它需要不断通过自觉能动活动来获得和强化。这就要求教育者必须尊重学生的主体地位和主体人格，着力唤起学生的主体意识，提高学生作为主体的认知水平，激发和培养学生的独立自主性、主动自觉性和创造性，最终达到对学生生命质量的提升。

2. 从"抽象人"走向"具体人"

学生首先是一个人，而且是一个现实存在的具体个人。也就是说，仅仅把学生理解为人是远远不够的，还必须把传统的抽象的人转化为具体的、生活中的、社会性的人，才能达到对学生本质的认识。"作为教育主体的人，在很大程度上，是一个普遍的人——在任何时候，任何地方都是一样的。然而，作为一个特殊教育过程的对象的某一特殊个人则显然是一个具体的人。"[1]这里的"特殊教育过程的对象"就是指教师所面对的学生。而所谓"某一特殊个人"意味着"每一个学习者的确是一个非常具体的人。他有他自己的历史，这个历史是不能和任何别人的历史混淆的。他有他自己的个性，这种个性随着年龄的增长而越来越被一个由许多因素组成的复合体所决定。这个复合体是由生物的、生理的、地理的、社会的、经济的、文化的和职业的因素所组成的，而这些方面对于每一个人来说，都是各不相同的"[2]。因此，学生作为人，不仅仅是具有普遍人性和人的本质特征的"抽象人"，而且更是一个现实生活世界的"具体人"。正如终身教育理念的倡导者、法国著名教育家朗格朗所说："教育的真正对象是全面的人，是处在各种环境中的人，是担负着各种责任的人，简言之，

---

① 联合国教科文组织国际教育发展委员会编著：《学会生存——教育世界的今天和明天》，华东师范大学比较教育研究所译，195页，北京，教育科学出版社，1996。

② 联合国教科文组织国际教育发展委员会编著：《学会生存——教育世界的今天和明天》，华东师范大学比较教育研究所译，195～196页，北京，教育科学出版社，1996。

是具体的人。"①

学生是"具体人"而非"抽象人",这意味着学生是差异性存在、独特性存在,即每一个学生都是独一无二的生命个体,有着自己不同于他人的兴趣、擅长、性格和需求。差异不仅是教育的基础,也是学生发展的前提,更是教育所追求的目标——教育培养的人应该是独具个性的,而非千人一面的。对于学生是"具体人"的强调,要求教育者在教育教学过程中,真正关注到每一位学生,并切实接受和尊重学生的差异性,通过有效的手段和方法,使每一位学生在原有的基础上,按照教育的培养目标获得不同的发展。

3. 从"预成"的人走向"生成"的人

所谓"预成",就是预先设定一种模板,通过一定的手段把人、事、物打造成模板的样子。而"生成"则是指人、事、物伴随着环境的改变,在不断的变化过程中,成为一种理想的状态。在传统的观念意识中,学生是被塑造的对象,教育就是按照既定的模板把学生塑造成某种人。这种观念完全忽视了学生的主体需要,把学生当作了任人摆布的、被动的客体,没有从根本上看到学生的主体性,以及学生所处环境的复杂性、变化性、不确定性等特征,因此也就看不到学生发展的生成性。学生发展的生成性意味着,一方面学生是处在不断发展变化之中的,且具有各自不同的发展潜能,难能有一个统一的发展标准;另一方面学生的发展变化受到来自诸如遗传、环境、教育、个体主观能动性等多种因素的影响,从而充满了复杂性、不确定性,不可能按照既定的模式进行发展。

所以,科学的学生观应该包含学生发展的动态生成性,把学生看成是具有巨大发展潜力的人,而教师的作用就是要找准学生的最近发展区,并提供"脚手架",为每一个具有潜在发展可能的学生提供表演的舞台,创设良好的条件,不以短期的或者单次的成绩对学生的成长下定论;要充分调动学生学习的主观能动性,拓宽他们的发展空间,促使学生不断变化,最终成为最好的自己。同时,还应基于每个学生不同的天赋和个性,找到适合他们各自发展的程度和方向,要充分考虑到学生发展的多样性、多向性和层次性,熟悉不同年龄阶段学生身心发展的特点,并依据学生身心发展的规律和特点开展教育活动,进而真实有效地促进学生身心健康发展。

---

① [法]保尔·朗格朗:《终身教育引论》,周南照、陈树清译,87 页,北京,中国对外翻译出版公司,1985。

4. 从片面的人走向整体的人

学生作为一个学习者，不只是单纯的知识获取者，而是要通过学习获得全面发展的整体人。"整体人"意味着，学生在知识、能力、情感、意识、个性品质等各方面都得到发展，才是教育应有的价值取向和奋斗目标。那种只偏重于学生认知性的知识与技能发展的教育，必将导致教育的功利化倾向。正如日本著名学者池田大作所说："现代教育陷入了功利主义，这是可悲的事情。这种风气带来了两个弊端，一个是学问成了政治和经济的工具，失掉了本来应有的主动性，因而也失掉了尊严性。另一个是认为唯有实利的知识和技术才有价值，所以做这种学问的人都成了知识和技术的奴隶。因此产生的结果是人类尊严的丧失。"①这种功利化的教育必然培养的是片面甚至畸形发展的学生。

事实上，学生是一个整体性存在，需要获得全方位发展。作为整体人，学生接受教育，不仅要学会认知，更重要的是要学会做事，学会共同生活，乃至学会生存。"学会认知，即获取理解的手段；学会做事，以便能够对自己所处的环境产生影响；学会共同生活，以便与他人一道参加人的所有活动并在这些活动中进行合作；最后是学会生存，这是前三种学习成果的主要表现形式。"②如此说来，教育对学生的培养，是要使其最终更好地生存和发展，而非仅仅是知识的传授和技能的训练。

上述表明，理论界关于学生的认识，越来越强调从人性、人本出发来看待学生，理解学生，充分尊重学生作为生命存在的意义和价值，注重学生人之为人的主体性、具体性、不确定性和整体性。

(三)学生观确立的两个重要视角

通过上述关于学生及学生观本质内涵的分析可知，学生观的确立需要着重立足两个视角：一是人学的视角；二是教育学的视角。

一方面，由于学生首先是人，因此对学生的认识往往取决于人们对人性、人的本质的认识。也就是说，在一定意义上我们有什么样的人性观、人的本质观，就会有什么样的学生观。对于教师而言，与其说是要理解和认识学生，毋宁说是要对人性、人的本质有深刻的领会；真正懂得人之为人的本质是什么，理解人之生命的本真内涵，把握人之生长、发展的内在规律。唯有如此，才会

---

① ［英］汤因比、［日］池田大作：《展望二十一世纪——汤因比与池田大作对话录》，荀春生、朱继征、陈国樑译，59页，北京，国际文化出版公司，1985。

② 《教育——财富蕴藏其中》，联合国教科文组织总部中文科译，75页，北京，教育科学出版社，1996。

确立较为合理、正确的学生观。人学，顾名思义，是以人本身为研究对象的学说。毫无疑问，我们对人性、人本及其发展规律的真正领会，必须有人学理论的支撑。

另一方面，学生是构成教育活动的主要因素，是身处教育过程中的人。所以，学生观的确立还需要依赖人们对教育本真的理解，包括教育的目的、教育的功能与价值、教育与人的发展的关系，等等。换言之，人们的学生观在一定程度上是建立在教育观基础之上的，有什么样对教育本真、目的、价值等的理解，就会有什么样的对学生的认识。教师的学生观具体体现为对待学生的态度、看法及评价等方面，通过教师的教育教学行为展现出来；教师的学生观不仅制约着教师教育方法的选择，更决定着学生在教育过程中所处的地位，甚至直接影响着教育教学的成败。因此，教师若要形成合理、正确的学生观，就必须具备一定的教育理论素养。

第二节　学生观的人性假设

学生观是对学生的认识，而对学生的认识最终聚集于对学生是怎样的人的理解；对学生是怎样的人的理解又直接与人们的人性假设密切相关，如人是性善还是性恶，是感性人还是理性人，是自然人还是社会人。从一定意义上说，学生观就是建立在不同的人性假设之上的，换言之，不同的人性假设必将形成不同的学生观。因此，人性假设是构建学生观的理论依据和思想根源。

一、自然人性假设的学生观

人作为一个生命体，首先是一个自然存在物，"人直接地是自然存在物，而且作为有生命的自然存在物"[①]。虽然马克思一贯反对把人看作纯粹的"自然人"，不赞成单纯地用生物学的规律和自然法则解释人，但马克思也从来不否认人的自然属性，并坚持认为"全部人类历史的第一个前提无疑是有生命的个人的存在。因此，第一个需要确认的事实就是这些个人的肉体组织以及由此产生的个人对其他自然的关系"[②]。因此，自然性是人之生命的本源，对人的认识应首先从人的自然性开始。

---

① 《马克思恩格斯全集》第42卷，167页，北京，人民出版社，1979。
② 《马克思恩格斯选集》第1卷，67页，北京，人民出版社，1995。

（一）人的自然性本质

从生物学的意义上说，人和动物，甚至植物都是有生命的自然存在物。但是，人的生命的自然性已远远超出了一切有生命的自然范畴，具有人之为人的独特内涵。对人的生命的自然性的认识，就是对人之生命本原的认识，而只有对人之生命本原有所认识，才能真正理解和认识学生是怎样的人。

1. 独特性

自从 1859 年达尔文的《物种起源》及 1871 年《人类的由来及性选择》两部巨著问世以后，人们似乎突然醒悟：人类和世界上所有的物种一样，都是动物界长期进化的产物。在人与动物之间只有差别，没有鸿沟。这就是说，人与动物同作为自然存在物，有着相同的生命性征，如饮食男女，新陈代谢等。然而，人的生命自然与动物的生命自然却有着根本的区别。"生命的产生，是自然进化的一次重大飞跃，而人的生命的产生，则是生命自身进化过程中一次具有更为关键意义的飞跃。"[①]这表明，同作为自然的生命存在，人与动物相比，是有着自身的独特性的。

现代科学研究认为，人与动物的这种根本差别不是在生命的形式上，而是在生命的存在方式上。对动物而言，其生命的存在只能以外界所提供的现成形式的物质和能量为前提，它只能作为环境的组成部分而存在，无法将生命的生存主动权掌握在自己手中。而人的生命则不仅是"自在"的存在，而且还是"自为"的存在，即人不只是依赖外界环境而生存，也不只是作为外界环境的一个组成部分而存在，而是通过自身的创造性活动，使外界环境成了自我生命的组成部分，从而使环境为我而存在。正如马克思所言："动物和自己的生命活动是直接同一的。动物不把自己同自己的生命活动区别开来。它就是自己的生命活动。人则使自己的生命活动本身变成自己意志的和自己意识的对象。他具有有意识的生命活动。"[②]这意味着，人的生命不只是一种单纯的自然生命存在，同时还是一种"超生命"存在——超越本能生命之上的生命存在。这种超越在生物学的意义上表现为，人能够利用工具延长和增加自身肢体和大脑的功能，以更好地适应和改造环境，求得生存和发展。这种"超生命"存在，仍然是作为自然的生命存在，即它仍然是原始的、本能的，不是人为加工过的生命存在，只不过是人所独有的。

---

① 高清海、胡海波、贺来：《人的"类生命"与"类哲学"：走向未来的当代哲学精神》，33 页，长春，吉林人民出版社，1998。

② 《马克思恩格斯选集》第 1 卷，46 页，北京，人民出版社，1995。

2. 复杂性

正是由于人的生命自然性中融入了自为性，因而人的生命不是一种单一的线性的简单结构，而是有着多样性和由多重矛盾关系构成的复杂结构，即人的生命存在是一种复杂性的生命存在。

首先，人的生命构成是自然性与超自然性的统一。人的"超自然性"，并不代表对自然性的取消或消灭，而是通过自身的活动不断改变、发展和完善自然性，从而形成属人的自然性。因此，这种"超自然性"既体现为人的生命的自然性，又表征为人的生命的自然力，"这些力量作为天赋和才能、作为欲望存在于人身上"[1]，这就是人的生命存在——包含着自然性与自然力的存在，因而也是具有受动性与能动性的存在。

其次，人既是感性的生命存在，又是理性的生命存在。人作为理性的生命存在，直接就表现为人是一种有意识的存在，亦即人的意识性是人之为人的一个重要的特征。正如马克思所说："有意识的生命活动把人同动物的生命活动直接区别开来。正是由于这一点，人才是类存在物。"[2]诚然，人的感官在许多方面是不如动物的，但是"人之所以能灵于物者，谓目能收万物之色，耳能听万物之声，鼻能收万物之气，口能收万物之味"[3]，就在于人不仅有感觉，还有思维，即有意识。感性标志着人生活于自然因果链之中，被自然规律所决定，具有他律性；而理性则意味着人同时生活于属人的本体世界中，不为经验因素所困扰，具有自由性。所以，人既是被决定的，又是自由的。

再次，人的生命既具有遗传性，又具有创造性。生命由自然进化而来，这就意味着一切生命都具有遗传特质，人作为生命存在当然也不例外。人的生命不仅是遗传的结果，还是创造的结果，从本质上说是创造的结果。因为人不仅具有自然性，更具有超自然性；不仅受制于自然规律，更具有自由意志；不仅能够适应自然，更能够改造自然。不仅改造自然，而且在改造自然的过程中改变和创造着人自身。这一切表明，人的生命存在是一种能动的创造性存在。"创造性"标志着人的生命存在不是一个静止的、既成性的存在，而是一个流变的、生成性的存在。

最后，人的生命存在是一种关系性存在。如前所述，人与动物在生命的自然性上最根本的区别就在于，人不仅依赖外部环境而生存，而且能够把外部环

---

① 《马克思恩格斯全集》第 42 卷，167 页，北京，人民出版社，1979。
② 《马克思恩格斯选集》第 1 卷，46 页，北京，人民出版社，1995。
③ 袁贵仁：《对人的哲学理解》，50 页，郑州，河南人民出版社，1994。

境作为改造的对象为我所用。正是这一生命存在方式的根本改变，使得人的生命不仅是一个自在的、自主的、自组织的系统，而且是一个开放的、由各种关系交织而成的复杂系统。由于人先天"不足"，需要依靠自身的活动与外界交换各种资源求得生存，从而也就形成了人作为关系性的生命存在。这意味着人的生命是在与外部世界双向互动、相互作用之中生成着、存在着的。同时也告知我们，对人的理解与认识，不能从某种单一因素或以简单的加法思维加以判断，而是要用这种复杂思维进行思考。

人之生命自然的复杂性告诫我们，学生作为一个生命存在，从本源上就是一个复杂的生命体，不能只是从单一方面看待学生，而是要充分认识到学生的复杂性。事实上，教育的复杂性在一定程度上正是源于学生作为人之生命存在的复杂性。

3. 优越性

人的生命自然的优越性首先体现为人在生命之初的"未成熟""未特化"，即当人脱离母体之时，各种器官发育不成熟，不能适应某种特定的环境而独立生存。人的这种"未成熟""未特化"，在表面看来，似乎是人的一种"先天缺陷"，而且在生命最初，这种未特化的确也为人的生存造成了很大的困难。然而，从人类学的思想来看，人的这些"先天缺陷"并不是人之为人的弊端，恰恰相反，是其优越性所在。人的器官并非为某种生命机能所制成，这使人具有了适合多种多样用途的潜能；同样，人天生本能的匮乏，使人反而不受本能所控制，并能够获得多种多样的能力来补偿本能的匮乏。在哲学人类学那里，人的这种由于生理上的未特化反而能超越其他动物的特征被称为"卸载原则"，预示着人的生命的先天缺乏能使人获得更多。事实上，"正是由于要通过较高的能力弥补现存的缺陷这种必要性，人成了'不断求新的生物'，成了虽不完美，但因此而不断使自己完美起来的生物"[1]。

人的生命自然的优越性还体现为人的潜在发展的可能性。人的先天未特化之所以不是"缺陷"而是"优势"，就在于它孕育了人的潜在发展的可能性，即潜能。也就是说，人虽然力不如牛，疾不如马，且以一种生理上的"未成熟""未完成"态来到世间，但这不仅没有使人作为"弱肉"被"强食"，而且还使人成为"万物之灵"，根本的原因就在于人具有这种潜在的发展可能性。人作为一种生命存在，不仅永远向着外界开放，而且永远向着未来发展，而发展的生命基础就是人的生命中所蕴藏的潜能。潜能，作为人生存与发展的一种生命本原力

---

① ［德］博尔诺夫：《教育人类学》，李其龙等译，37 页，上海，华东师范大学出版社，1999。

量，实际上预示着一个人发展的能量和程度。

(二)马克思关于人的自然性本质的观点

在关于人的自然属性的认识上，马克思不仅承认人类历史第一个需要确认的是"个人的肉体组织以及由此产生的个人对其他自然的关系"[①]，而且还深刻地指出了使个人肉体组织得以生存，沟通个人与自然关系的是人自身的实践活动，这是人与动物的本质区别。在马克思看来，人的生命自然就是人的生命活动，也就是说马克思不是在单纯"感性对象"的意义上理解人的，而是把人看作"感性活动"。

由"感性对象"过渡到"感性活动"，意味着在人的认识上的一次重大思维转变，即人类历史上要么是从观念的、抽象的层面理解人，要么是从直观的、实体的层面理解人，而这两种对人截然不同的理解却有着极为一致的思维方式，那就是把人看作静态的、物性的、或可思或可感的对象。马克思则在人的感性活动中，亦即人的生命活动中找到了理解人的生命本性的锁钥。在马克思看来，人是自己的"造物主"，整个世界历史不外是人通过人的劳动而诞生的过程，是自然界对人来说的生成过程。人类产生和发展的历史表明，正是在人自身的活动中，造就了人之为人的本质特性。

在马克思看来，人直接的是自然存在物。人源于自然，依赖自然界而生存，是自然界的一部分，这是永远无法更改的事实。人的这种不可摆脱的自然属性，决定了人"和动植物一样，是受动的、受制约的和受限制的存在物"[②]。然而，作为自然存在物，人与动物根本不同的是，动物是纯粹自然物，而人是人化自然物、属人的自然存在物。动物只能依附于自然而生存，被动地接受自然的规定。而人不仅依赖自然，而且还可以通过自身的活动改变自然，创造出一个为我所用的自然，并在改造自然的同时改造着自身的生命自然。

这就是马克思对人的自然性本质的揭示，从中我们可以感悟到，马克思不是把人作为一种自然实体——感性对象来认识，而是从人的生命活动方式——感性活动来理解人，从而告诉我们：对人之生命自然的认识，应特别关注人自身的生命活动。

(三)自然人与学生观

立足人的自然属性看待学生，就产生了自然人性假设的学生观。这种学生观认为，由于人的本质特性是自然属性，所以对学生的认识就应立足其自然

---

① 《马克思恩格斯选集》第1卷，67页，北京，人民出版社，1995。
② 《马克思恩格斯全集》第42卷，167页，北京，人民出版社，1979。

性，即学生是一个独特的、复杂的、具有巨大发展潜质的生命存在，且学生的发展必须要遵循作为一个生命体的自然发展规律。

毫无疑问，自然人性假设的学生观所推崇的是人性自然。然而，关于人性自然的思想却有着并非完全一致的内涵，如在中西方对人性自然就有着不同的含义。

在中国，早在先秦时期就出现了推崇"自然"教育法的流派，对后世的教育思想产生了深远的影响。老子作为道家的创始人，也是中国古代最早提出自然人性论的人之一。老子明确地指出："人法地，地法天，天法道，道法自然。"①世间万物皆有规律可依，人们要顺其自然，回归到原始、自然的状态。从教育的角度上看，他认为人的本性是无知无欲无求的，人要学习就必须要遵循自然法则，教育也要顺应自然及其规律，不可以任凭教育者的主观意愿强作妄为，否则教育就会走向失败。继老子之后，庄子在对人的生命本质不断审视的过程中，也逐步形成了超乎善恶的自然人性论。庄子认为："性者，生之质也。性之动，谓之为；为之伪，谓之失。"②也就是说，"性"是人先天就有的素质，后天任何人为的干预都将使人丧失真性。

如此看来，中国传统的自然人性论所强调的是人先天的自然本性。因此，教育的使命就是要充分尊重和保护学生的自然天性，并顺应这种天性促使其自由发展。

在西方，自然人性论思想出现较早。柏拉图的《理想国》中就出现了自然主义教育思想的萌芽，随后亚里士多德首次提出教育应当"效法自然"的主张，为后世教育家对自然主义教育思想的发展奠定了基础。17世纪时，夸美纽斯提出"教育要适应自然原则"，他认为自然界存在一种起支配作用的法则即"秩序"。人在任何时候，遵循了"秩序"，就能使自然为我所用，很好地生存与发展；否则，就会受到惩罚。所以，对人的教育必须遵从人的年龄、天性等内在特征（秩序）；唯有如此，才能真正达到教育应有的效果。与夸美纽斯的"自然适应性原则"相比，卢梭更强调教育要尊重儿童的自然天性，释放儿童的本性。卢梭认为教育者要尊重学生的身心发展规律。"大自然希望儿童在成人之前就要象儿童的样子。如果我们打乱了这个次序，我们就会造成一些早熟的果实，它们长得既不丰满也不甜美，而且很快就会腐烂：我们将造成一些年纪轻轻的

---

① 陈鼓应：《老子今注今译》，169页，北京，商务印书馆，2003。
② 陈鼓应：《庄子今注今译》，713页，北京，商务印书馆，2007。

博士和老态龙钟的儿童。"①因此，教育理应按照儿童的本来面目顺其自然，因势利导，而不是依据成人世界的标准改造儿童。

很显然，西方自然人性论更加关注人的发展，认为人的教育要遵循自然法则和人自身的发展规律。而且，人的自然本性被看作人本身所固有的内在联系和发展趋向。因此，教育就是在遵循这种内在联系的基础上，帮助人发展自身固有的内在倾向。

总而言之，自然人性假设的学生观就是一种顺应人的自然本性，强调自我展开和自我实现而进行教育的思想。这种学生观要求教育充分尊重学生的自然天性，反对压制学生的个性，主张让学生的天性得到发展，强调因材施教，这与当代学生观中"以人为本"思想是一致的。但是，自然人性假设的学生观也有不足之处，比如过分强调人的先天素质及自然规律对学生的影响，从而忽略了影响学生发展的其他因素，尤其是会弱化教育在人的发展中的作用和价值。

二、社会人性假设的学生观

人是自然存在，更是社会存在，且在本质上是社会存在。人的本质不是单个人所具有的抽象物，在其现实性上，它是一切社会关系的总和。也就是说，只有从人的现实存在而非抽象意义上认识人，才是对人之本性的真正揭示。社会人性论与教育领域相结合，就形成了社会人性假设的学生观。

（一）历史上关于人的社会性的认识

社会性，不仅仅使人的生命性征与动物区别开来，更重要的是它在现实性上决定了人之为人的本质特征，使人成为"最名副其实的政治动物，不仅是一种合群的动物，而且是只有在社会中才能独立的动物"②。人类历史上关于人的社会性的思想由来已久。

在中国思想史上，墨子最早提出了社会人性论。他认为人性不分善与恶，人性的发展取决于后天环境，并以染丝为例，比喻人性是在教育和环境的影响下形成的。"染于苍则苍，染于黄则黄，所入者变，其色亦变，五入必，而已则为五色矣。"③意思是指人的本性如同素丝一样，染了青颜料就变成青色，染了黄颜料就变成黄色，染料颜色不同，丝的颜色也会跟着变化。明末清初的王夫之与墨子持有一致看法，他提出"性者生理也，日生则日成"④。人的一生是

---

① ［法］卢梭：《爱弥儿：论教育》上卷，李平沤译，91页，北京，商务印书馆，1978。

② 《马克思恩格斯选集》第2卷，2页，北京，人民出版社，1995。

③ 《墨子》，方勇译注，13页，北京，中华书局，2015。

④ （清）王夫之：《尚书引义》，王孝鱼点校，54页，北京，中华书局，1962。

生理和心理自然性能不断发展的过程，他从元气本体论的宇宙观出发，认为人与万物的不同在于人有"有道之性"，"有道之性"不是与生俱来的，而是在后天社会环境中学习培养起来的。所以，人性绝非在初生之时就定型，而是随着个人成长环境和后天接受的教育而改变，"性屡移而异"①，"日生日成"，人性在后天可以培养和不断完善。

在西方思想史上，英国教育家洛克率先提出了"白板说"。他把人的心灵比喻为一张没有任何标记和先在观念的白纸，认为外部世界是客观存在的，人的意识中并不存在天生的思想和观念，人的心灵最初就像一块白板，一切思想、观念都是后天从经验中获得的。我只把儿童"看成是一张白纸或一块蜡，是可以随心所欲地做成是什么式样的"②。洛克强调儿童具有巨大的发展潜能，可以通过后天的教导，成为一个善良、聪明的人。

此外，古希腊哲学家亚里士多德认为"人是天生的政治动物"。18世纪法国启蒙运动的旗手伏尔泰提出，人的社会性也就是人的群居的本能。德国启蒙思想家赫尔德指出："人本质上是群体的、社会的生物"③，"没有任何一个人是为自身而存在的，他是整个人类的一分子"④。18世纪的另一位启蒙思想家爱尔维修从肉体感受性出发，以法律为纽带引出人的社会性。在他看来，人的社会性即以法律为纽带的人们之间的联系，其结合是肉体的感受性的直接结果。黑格尔则从绝对观念的运动发展引出人的社会性，认为人的社会性是绝对观念发展到一定阶段而产生的人与人之间的联系。德国哲学家卡西尔在其《人论》中提出，"人是符号的动物"，即人与其他动物相比，除了具有一切物种所具备的感受器系统和效应器系统以外，还包括一种符号系统，正是这一符号系统改变了整个人类生活，使人从单纯的物理世界进入一个更为宽广的新世界，即文化世界。

近代美国著名教育哲学家杜威认为，人是社会、自然中的一部分，"儿童在智力上、社会性上、道德上和身体上是一个有机的整体。我们必须从最广义上把儿童看作社会的一个成员，要求学校做的任何事情都必须使儿童能够理智地认识他的一切社会关系并参与维护这些关系"⑤。在杜威看来，儿童不是孤立的存在，而是社会的重要组成部分，社会性是儿童作为人的重要特性；学校

① （清）王夫之：《尚书引义》，王孝鱼点校，54页，北京，中华书局，1962。
② ［英］洛克：《教育漫话》，傅任敢译，185页，北京，教育科学出版社，1999。
③ ［德］J. G. 赫尔德：《论语言的起源》，姚小平译，85页，北京，商务印书馆，1998。
④ ［德］J. G. 赫尔德：《论语言的起源》，姚小平译，87页，北京，商务印书馆，1998。
⑤ ［美］杜威：《学校与社会·明日之学校》，赵祥麟、任钟印、吴志宏译，138页，北京，人民教育出版社，2005。

教育的重要使命就是培养儿童的社会性。

纵观人类历史上关于人的社会性的阐述可知，认识人的社会性要远比认识人的自然性复杂得多。虽然人们从方方面面对人的社会性问题进行了深入探究，且各种阐述也有一定的合理性，但似乎均未能从根本上揭示出人的社会性究竟如何。而马克思关于人的社会性的思想，在一定程度上让我们领略到了人的社会性的实质所在。

(二)马克思关于人的社会性的思想

马克思对人的社会性考察，不是从抽象的人、感性的实体、孤独的个人等出发，而是从"现实的人及其活动"出发的。"德国哲学从天国降到人间；和它完全相反，这里我们是从人间升到天国。这就是说，我们不是从人们所说的、所设想的、所想象的东西出发，也不是从口头说的、思考出来的、设想出来的、想象出来的人出发，去理解有血有肉的人。我们的出发点是从事实际活动的人，而且从他们的现实生活过程中还可以描绘出这一生活过程在意识形态上的反射和反响的发展。"①正是这样一种思维方式，使马克思对人的社会性的揭示，既超越了历史上所有关于人的社会性的认识，又对当代有关人的问题的思考具有重要的启发意义。

如前所述，对于人的社会性的揭示，并非马克思所首创。然而，正是基于从"现实的人及其活动"出发考察人的认识理路和思维方式，马克思对人的社会性的揭示更具真理性，其核心思想是："人的本质不是单个人所固有的抽象物，在其现实性上，它是一切社会关系的总和。"②对此，应从以下几个方面加以理解。

首先，人是生活在一定的社会关系之中的。由于人类历史的第一个前提是满足生活的物质资料的生产活动，而这一活动又必须是在人的交往活动中进行的，因此人从一开始就是一定社会关系中的人，是一定社会关系的承担者。"社会关系的含义在这里是指许多个人的共同活动"③，人们在社会关系中所处的不同地位，使他们产生了不同的利益、思想和情感，形成了他们独有的社会特质。

其次，人虽然生活在一定的社会关系中，但社会关系是人创造的。"正象

---

① 《马克思恩格斯选集》第1卷，73页，北京，人民出版社，1995。
② 《马克思恩格斯选集》第1卷，56页，北京，人民出版社，1995。
③ 《马克思恩格斯选集》第1卷，80页，北京，人民出版社，1995。

社会本身生产作为人的人一样，人也生产社会。"①因此，社会关系不是固定的、抽象的，而是随着人的活动逐渐发展起来的。因而人的本质也是变化的、具体的。同时，社会关系作为人的本质，还意味着人的本质不是先天固有的，而是后天获得的。

再次，人虽无法脱离社会而存在，但人并不是社会的消极产物，作为社会关系的承担者和创造者，人不会完全被关系所束缚，而是具有超越现实社会关系的能动性，即人通过"自由自觉的活动"创造出属人的世界和属人的关系。

最后，人的社会性与个性是有机统一的。在马克思看来，对人的社会性的强调并不意味着对人的个性的抹杀。恰恰相反，人的社会性与个性是互释的，即个性是社会地生成的，也是社会地存在的，没有人的社会性，便不会有人的个性；同时，社会性是无数个性殊异的人的一种存在，正是个性才使社会性具有现实性，因而社会性总是寓于人的个性之中的。社会性是人之本质所在，个性则是社会性的个别形态或具体表现形式。社会性并不否定个性的存在，个性也无法脱离社会性而存在，二者在个人身上是有机统一的。

总而言之，在马克思那里，人的社会性是有着丰富内涵和多重性质的，这一社会性在人之为人的本性方面体现为人的自然性的社会化；在人与社会的关系方面体现为社会对人的制约作用和人对社会的能动性创造；在人的价值方面体现为人是社会发展的主体；在个人与社会的关系方面体现为对个性化社会和社会化个性的双重强调。在马克思的理论视野中，"人是人的最高本质"，而这一本质集中体现为：人是生活于具体社会阶段并进行着现实活动的社会的人。换言之，社会造就了人，人也造就了社会；且人在造就社会的同时也造就了人自身、造就了人的本质。

如此看来，马克思关于人的社会性的思想，正是他所创立的唯物史观和唯物辩证法的具体运用，即马克思不仅把对人的本质的思考由"天国"拉回到了人的现实生活世界，而且将人的社会性与人的自然性、个性的关系，以及人与社会的关系有机地统一起来了。正是在此意义上我们说，马克思关于人的社会性的基本思想，既超越了历史上一切有关人的社会性的认识，又优越于当代诸多有关人的社会性的理解。

(三)社会人与学生观

立足人的社会属性看待学生，就产生了社会人性假设的学生观。由于社会人性论立足于人的社会属性，认为人性并非先天固有的，而是在后天环境中逐

---

① 《马克思恩格斯全集》第42卷，121页，北京，人民出版社，1979。

步形成的，尤其是马克思主义关于人的社会性本质的思想，进一步揭示了人是能动的社会产物。因此，社会人性假设的学生观认为，既然人性是社会建构的，那么环境对于人的生成与发展便具有至关重要的意义。这就意味着学生是不断发展变化的人，是通过自身的活动不断造就和完善自我的人。而在这一过程中，良好的环境和教育对学生的发展起着潜移默化的作用。所以，社会人性假设的学生观特别强调教育者要为学生创造适宜的教育环境，注重社会环境因素对学生发展的影响。

毋庸置疑，社会人性假设的学生观对于现代学生观的发展具有重要意义。对学生社会性的强调，在一定程度上道出了教育的真义和价值，即教育应促进人的社会化；教育作为一种特殊的环境因素对人的发展具有不可或缺的作用。但是，社会人性论过于关注外部环境对学生的影响，忽略了学生作为一个自然生命的天性差异以及内在的身心发展规律，尤其是夸大了社会环境在学生发展中的作用，而弱化了学生的主观能动性，这是需要当代教育者注意的。

三、理性人假设的学生观

理性主义是现代西方颇具影响力的哲学思潮之一。在理性主义者看来，人是理性的存在，即人区别于动物的根本特性是理性。理性主义的人性观体现在对学生的认识上，就形成了理性人假设的学生观。

（一）历史上关于人的理性的认识

古希腊著名哲学家柏拉图把知识和理智合称"理性"，认为理性是人灵魂状态的最高部分；理性的直接体现是逻辑性，而逻辑性是灵魂的最高属性。他认为每个人都具备快乐和欲望，但是人们必须通过法律和理性进行控制。同时他提出，人的认识是人的肉体存活于现世时，灵魂对理念世界的回忆。现实生活中的感性经验虽然能够引起这些回忆，但是不能完全唤醒人们对真理的认识。亚里士多德进一步发展了柏拉图的"理念"思想，将人的灵魂划分为理性和非理性两大部分。非理性部分又包括植物的灵魂和动物的灵魂两种成分。其中植物的灵魂是最低级的，它主要表现在身体部分，指的是身体的营养、生长和发育；动物的灵魂表现在人的本能、情感和欲望等方面。理性的灵魂是高级部分，它主要表现在思维、理解和判断等方面。在此基础上，他提出了"人是理性的动物"的命题，把人们对人之神性、自然性的认知，转到了理性的探索。

17世纪以后，伴随着近代科学和哲学的迅猛发展，"理性人"的形象愈发被人们所推崇。笛卡尔宣称："严格来说我只是一个在思维的东西，也就是说，一个精神，一个理智，或者一个理性。"①斯宾诺莎则认为，狗是会叫的动物，人是理性的动物。到了 18 世纪，对于人是理性的动物的观念更是备受人们关注和认可。正如卡西勒所言："18 世纪浸染着一种关于理性的统一性和不变性的信仰。理性在一切思维主体、一切民族、一切时代和一切文化中都是同样的。宗教信条、道德格言和道德信念，理论见解和判断，是可变的，但从这种可变性中却能够抽取出一种坚实的、持久的因素，这种因素本身是永恒的，它的这种同一性和永恒性表现出理性的真正本质。"②费尔巴哈认为，理性、爱和意志是人之所以为人的"绝对本质"。德国著名哲学家康德明确提出：人是理性的存在者。但在康德看来，人其实是一种特殊的理性存在者，具有感性和理性双重属性。因为人生活在双重世界——自然界（现象世界）和精神世界（本体世界）之中，所以人一方面必然被自然规律所决定，另一方面作为有意识、自主性的生命存在，人能够自我决定。因此，理性是人之为人的根本特性。

在中国思想史上，"理"的观念出现得较晚，直到在宋明理学中，"理"才成为一个极为重要的哲学范畴，在宇宙论、认识论、人性论及道德论等方面加以探讨和运用。与西方不同的是，在中国哲学中，"理"往往被落实到道德人性论的层面上，如程颐、程颢在《二程遗书》中所说："在天为命，在义为理，在人为性，主于身为心，其实一也。"③"理"为人之本性，而"理"的内容主要是封建伦理道德观念。

总之，历史上无数贤人智者都把理性看作人之为人的本质特性，充分意识到了理性对于人的意义和价值。

(二)"理性"的本质内涵及特征

1. "理性"的本质内涵

在古希腊哲学中，"理性"一词源于"logos"（逻各斯）和"nous"（努斯），其意为：既是客观的宇宙法则，又是一种高级的认识能力。柏拉图对理念世界和感性世界的划分，使"理性"这一高级的认识能力被明确规定为对事物本质和规律的认识能力。

在人类思想发展的过程中，"理性"这一概念的内涵在不断演变。不同思想家对它的理解和运用不尽相同，既有本体论、认识论、价值论意义上的诠释，

① [法]笛卡尔：《第一哲学沉思集：反驳和答辩》，庞景仁译，26 页，北京，商务印书馆，1986。
② [德]E.卡西勒：《启蒙哲学》，顾伟铭、杨光仲、郑楚宣译，4 页，济南，山东人民出版社，1988。
③ (宋)程颢、程颐：《二程遗书》，254 页，上海，上海古籍出版社，2000。

113

又有人性论意义上的理解。"在人学上，'理性'是人的一种特性，它是指动物所没有而只有人才具有的能力，这种能力使人不仅能够在意识中能动地反映客观世界，而且能够创造一个新的世界；这种能力不仅体现于旨在把握和认识事物本质和必然的过程之中，而且体现于运用这种人生的成果来指导和规范自己行为的过程之中。"[①]人之理性，使其活动产生了质的飞跃——从动物的自发本能转变为人类的自觉实践。

理性存在于人们求真、求善、审美过程之中。因此，理性的表现方式便分为认知理性、价值理性和审美理性。认知理性是作为主体的人对于外部世界普遍必然性的认识与把握；价值理性是基于主体的内在需求，通过对人类社会历史发展的普遍必然性认识所确定的人生目标、道德境界和社会理想；审美理性则是人们对于艺术创作和鉴赏的普遍必然性的探索与遵循。认知理性、价值理性和审美理性三者相互渗透、互相促进。正如马克思在论述人类的生产不同于动物的本能活动时指出，人在生产产品时，既按客观对象的规律（所谓外在尺度），又按主体自身的规律（所谓内在的尺度），还按美的规律。事实上，人的活动，特别是创造性活动，是认知、价值、审美三种理性在实践基础上辩证统一的过程。

2."理性"的特征

第一，理性是人的内在的本质特性，是人之为人的"类特性"。理性既是区分人与其他动物的重要标志，也是区分"文明人"与"野蛮人"的重要标志。

第二，理性的本质是自我意识。自我意识是反思的意识，即人通过自我反思，不但能够认识外部世界，而且还能把握自身的内在世界。进一步说，自我意识不仅使单个的"理性人"获得共同的人类知识，而且使"理性人"能够按照普遍的规律和法则建立合理的社会。因此，要想认识人，首先必须认识自我意识。

第三，理性是一种高级的认识能力，不同于感性。感性所认识的是现象，会形成表面的、局部的和经验的知识；理性把握本质，形成系统的、完整的和深刻的理论知识。借助理论知识，人就能不断深化认识，把握和重建自身与世界的关系，从而获得自由。

第四，具有理性的人是独立的、自由的个人。"理性人"是自身存在和活动主体，能够自觉维护个人的主体性，自主地实现自我的价值和目的。

第五，人的理性是先天赋予的，但是需要后天训练和培养。理性作为人之

① 陈志尚：《人学原理》，267页，北京，北京出版社，2005。

为人的本质特性，先天地存在于人性之中。然而，这只是作为一种潜质的存在，是一种可能性存在，要想把这种可能性变为现实性，就必须要有后天的训练和培养，否则，理性就会弱化甚至消失。

(三)理性人与学生观

立足人的理性看待学生，就产生了理性假设的学生观。如前所述，理性主义是西方的重要哲学思潮之一，理性主义认为人是理性的存在，理性是区分人与动物、文明人与野蛮人的重要标志，因此也是人之为人的本质属性。这种思想反映到学生观上，则特别强调学生理性发展的重要性，以及教育对人的理性发展作用和价值。理性假设学生观思想的主要代表人物有柏拉图、亚里士多德、康德等。

柏拉图认为，既然理性是人类灵魂的最高状态，那么教育就应该着重培养人的理性。教育是改变人性，陶冶情操，实现国家富强的重要手段。他提出教育是为国家培养人才的，最高的培养目标就是哲学家。不同的学生存在明显的天赋差异，教育者应根据学生天赋条件差异来挑选教育，只有理性得到最充分、最完善发展的人才能成为哲学王，从而更好地为国家服务。

亚里士多德和柏拉图一样注重教育对国家和个人发展的重要性，认为天性、习惯和理性是影响人发展的三个因素，强调环境对人的行为习惯有着重要影响，教育能发展人的理性，使天性和习惯受理性的领导，成为有良好德行的人。所以，亚里士多德关注学生自然生长的规律，但更多地关注学生理性的形成和精神的享受，对学生的训练也强调遵循灵魂三种成分产生的规律，并依次对其进行教育，最终促进人的理性灵魂的发展。

康德提出理性包括思辨理性和实践理性两大类型，主张理性平等的人性论。康德把理性当成人的根本存在，认为个人尊严体现在对个人人性的尊重上，人的理性不取决于地位、财富和知识，平等的人性主要建立在平等的"理性"基础上。他还提出人的本性无所谓善和恶，理性是人的最根本的特性。康德希望通过道德教育建立一种主体性的道德原则，主张人们只有通过教育服从绝对命令，才能不断发展，成为具备理性的人。康德非常重视训练学生的心理功能，注重培养儿童品格，即通过管束、训导和陶冶，使儿童逐步地从"无律""他律"过渡到"自律"的道德水平。

总之，在理性主义看来，理性是人之为人的根本特性；理性人是具有自我意识和高级认识能力的人，且是独立的、自由的人；人的理性是先天赋予的，但是需要后天训练和培养的。由此来看，学生首先是理性人，但这种理性是作为潜质存在的，教育是培养和训练人的理性的重要手段。很显然，理性人假设的学生观虽然充分关注到了理性作为人之为人的重要特征，却在一定程度上忽略了人性的丰富性，尤其是弱化了感性作为人性的重要构成，从而导致对学生理解的片面和狭隘。

四、游戏人假设的学生观

游戏一直以来就是哲学和教育学领域中的一个重要话题。"游戏"被视为人类必需的生存状态之一，是人类实现自身完整性的重要因素。游戏人性论者把"游戏"视为人之本性，进而扩展到对学生的认识。

(一)历史上关于游戏人性的认识

柏拉图是历史上第一个对游戏进行思考的人，认为孩子在 3～7 岁时的本性是游戏。儿童之所以活泼好动，皆因游戏使然。所以说，游戏是儿童的天性，对于儿童的成长具有重要的意义。早在 18 世纪"理性人"成为欧洲文化中占主导地位的人的形象时，席勒就提出了游戏是人的本性的论断："只有当人是完全意义上的人，他才游戏；只有当人游戏时，他才完全是人。"①在席勒看来，"游戏"已经不只是一种儿童的"娱乐"或"玩耍"，而是人类的自由本性和完整人格充分展现的途径与证明。在一定意义上，"游戏"就意味着"人的诞生"和"人性的复归"。

虽然在 18—19 世纪，"游戏"一直是欧洲思想家们所关注的文化主题，而且许多思想家、教育学家也都予以高度重视和深刻评述，但这期间并没有明确提出"游戏人"的概念。直到 20 世纪初，荷兰文化史学家赫伊津哈正式提出"游戏人"的概念："一个比我们更为愉悦的时代一度不揣冒昧地命名我们这个人种为：*Homo Sapiens*[理性的人]。在时间的进程中，尤其是十八世纪带着它对理性的尊崇及其天真的乐观主义来思考我们之后，我们逐渐意识到我们并不是那么有理性的；因此现代时尚倾向于把我们这个人种称为 *Homo Faber*，即制造的人。尽管 *faber*[制造]并不像 *sapiens*[理性]那么可疑，但作为人类的另一个特别命名，总不是那么确切，看起来许多动物也是制造者。无论如何，另有第三个功能对人类及动物生活都很切合，并与理性、制造同样重要——即游戏[Playing]。依我看来，紧接着 *Homo Faber*，以及大致处于同一水平的 *Homo Sapiens* 之后，*Homo Ludens*，即游戏的人，在我们的用语里会据有一席之地。"②赫伊津哈认

---

① [德]弗里德里希·席勒：《审美教育书简》，冯至、范大灿译，124 页，上海，上海人民出版社，2003。

② [荷兰]约翰·赫伊津哈：《游戏的人：关于文化的游戏成分的研究》，多人译，前言 1 页，杭州，中国美术学院出版社，1996。

为，游戏是非理性的，超越善恶的；而且，游戏能够激发儿童的创造力和创新思维，加固人类的逻辑本性。

（二）游戏人的主要特征

赫伊津哈提出的"游戏人"是与"理性人""制造人"相对应的，是一种新的人性假设，其主要特征如下。

第一，游戏是人类的一种原始冲动，人的其他一些冲动，如认识的冲动、宗教的冲动、功利的冲动等，都只不过是游戏冲动的外在表现。游戏的冲动不仅表现于人类的儿童时期，而且贯穿于人的一生，故游戏是人的天性。

第二，游戏是人的一种生活状态。人的生活由一系列不同类型的游戏构成，活着就意味着不断参与游戏或创造新游戏。前文所说的"自然人""社会人""理性人"，其实就是不同时期的人类为自己所设计的不同的游戏角色而已。

第三，人人都是游戏者。对人的认识和理解，就是认识和理解人所参与的游戏；反之，理解了人所参与的游戏，也就理解了游戏中的人。只有理解了儿童在游戏中的言行举止，才能真正领悟和把握儿童的成长过程。

第四，人只有在游戏中才能"成为"和"看到"自己。由于游戏是人的天性，是人类的原始冲动，因此，在游戏中人所展示的是最本真的自我。

总之，游戏人性假设认为，游戏不仅是日常生活中的一类普通娱乐活动，而且是人类共有的本性，是人作为人类存在的基本方式，是人类各种文化的"母体"。

（三）游戏人与学生观

上述表明，游戏人性论者十分重视游戏在一个人的成长过程中的作用，认为游戏对人而言具有不可忽略的教育价值，以此为依据构建的学生观就是游戏人性假设的学生观。游戏人性假设的学生观着重强调以下三个方面。

第一，游戏是人的天性，是人必需的一种生存状态，贯穿于人的一生。因此，对于学生而言，首先需要确认的就是这种游戏的天性，从其最需要的生存状态出发施之以教育。

第二，游戏具有一定的教育价值。好的游戏就像一件优秀的艺术品，能够吸引学生的注意力，引起学生的兴趣，让学生参与其中，并锻炼其反应能力，启迪其智慧。

第三，学生的游戏需要得到教师的欣赏。当学生在游戏时，如果教师能以欣赏的态度予以关注与支持，他们会在游戏中得到思想、情感、知识、能力等身心各方面的滋养和促进，还能够最大程度地激发他们的主观能动性和创造本能。

117

　　游戏人性假设的学生观启示我们，教育者应该从内心深处真正认识到游戏的神圣性和重要性，尤其对于年龄较小的学生来说，要让他们选择他们喜欢的游戏，并让其在游戏中感受安宁与和谐。同时，教育还应支持学生全身心地玩游戏，让学生深刻地体会到游戏的意义和乐趣，通过游戏强化学生的发展，促进其全面健康成长。当然，游戏并非促进学生发展的唯一途径，更不是人性的全部。因此，游戏人性假设的学生观显然也是存在缺陷的。

　　此外，哲学上还有许多关于人性的假设，如性善、性恶、感性、主体性等。我们仅以上述四种人性论为例，说明对人性的不同认知，直接影响着人们对学生本质属性的理解。所以，要想真正认识学生，首先需要对人性有一定的探究。需要说明的是，从教育学的视角对人性的探究不是要寻求一个关于"人性是什么"的答案，而是要引发教育工作者对人性的思考，激发教育工作者对人性探究的好奇心和热情。从这个意义上说，教育学也就是人学，是研究人的学问。因此，教育工作者无论是从事教育理论研究，还是进行教育实践活动，都必须首先持有一种对人性探究的好奇心，对此进行全面、深入的学习与思考，才能真正理解学生，进而也才能树立合理正确的学生观。

第三节　"生命个体"的学生观

　　古今中外关于学生究竟是怎样的人的理解，可谓众说纷纭。思想家们基于不同的立场、视角、理论基础等对学生本质的揭示，在不同程度上丰富和加深了我们对学生的认识，却无法明确什么样的学生观才是合理、正确的。事实上，学生观作为观念形态的主观意识，的确很难形成一个普适的、放之四海而皆准的统一认识。然而，合理、正确学生观的具体内容虽无法统一，但其本质内涵及基本原则是可以确定的，即生命为本。也就是说，无论怎样理解学生，都必须首先把学生看作一个具有鲜活生命的个体。

一、"生命个体"学生观的哲学基础

　　人首先是作为生命体存在的；换言之，生命是人之存在的本源。因此，对人的认识必须回到生命这一本源。哲学是属人的，即以人为对象进行研究所形成的学问。而对人之生命的推崇和探究，更是哲学家们普遍的旨趣所在。

　　(一)生命哲学对人之生命的崇尚

　　以生命命名哲学，足以说明这一理论学派对人之生命的高度关注和追究之义。生命哲学始于19世纪的德国，20世纪广泛传播于西方各国，有唯心主义与唯物主义生命哲学之分。唯心主义生命哲学主张从"生命"出发去解读宇宙人生，用意志、情感和"实践"充实理性，无限夸大生命现象的意义，把生命解释为某种神秘的心理体验。唯物主义生命哲学则以19世纪达尔文《物种起源》所提出的"进化论"为依据，对生命发生和发展的一系列自然规律进行提炼与升华，其核心思想是"竞争"，即生命以其竞争优势得以存在，生命的发生和发展是一个竞争过程。

生命哲学的创始人狄尔泰指出，哲学研究的对象不应是单纯的物质，也不应是单纯的精神，而应该是把这两者紧密联系起来的东西——生命。生命是世界的本原。生命不是简单的身体活动，不是实体，而是一种不能用理性概念描述的活力，是一种不可遏止的永恒的冲动，是一股转瞬即逝的流动，是一种能动的创造力量。生命是每一个人都能通过自我的内省而体验得到的，它表现出来就是知觉、思想、情感，进而表现为语言、道德、哲学、法律、艺术、宗教、国家、社会制度以及历史，等等。总之，一切社会生活现象都是生命的客观化，整个人类社会正是靠着生命之流连成一个有机整体。

狄尔泰坚决反对当时西方盛行的实证主义所主张的要求一切人文科学自然科学化，他认为人文科学与自然科学是两种完全不同的学科。首先是研究对象不同。自然科学以外在的事物为对象；人文科学则以历史的、社会的现实，即人的活动为对象。其次是目的不同。自然科学是通过对物体的外在因果关系的认识，以把握固定不变的自然规律；人文科学则通过人的内心的体验或理解以领悟丰富多彩的人生的意义和价值。最后是方法不同。自然科学的方法是接触或干预外部世界的观察和实验的方法；人文科学的方法则是体验内心生命或精神的"解释学"的方法。因此，把人文科学自然科学化，是对活生生的生命的抹杀，是对人生的意义和价值的否定。

齐美尔继承了狄尔泰的生命哲学的思想。他与狄尔泰一样，断言世界的本原是"生命"，生命不是实体而是"活力"，是一种不可遏止的永恒的冲动。他使用两个特别的命题来说明生命："生命比生命更多"和"生命超越生命"。所谓"生命比生命更多"，指生命是一个生生不息的创造过程；生命是一种运动，这种运动是持续不断的。所谓"生命超越生命"，指生命有超越生命自身的能力，不断创造出他物。同时，他还提出了两个新概念——"增加的生命"和"提高的生命"。前者指生命在一定阶段的表现形式，包括无机物和有机物、家庭、社会等；后者指生命在精神阶段上所达到的"高级"实现，包括宗教、艺术、科学和政治制度、社会历史等文化现象。

柏格森继承并发展了狄尔泰的生命哲学思想，并把它进一步生物学化。他认为生命冲动或生命之流是世界的本质、万物的根源。生命不是物质，而是一种盲目的、非理性的、永动不息而又不知疲惫的生命冲动。这种冲动变化是在时间上永不间歇地自发地流转，故称为"绵延"或"生命之流"。它像一条永流不息的意识长河，故又称为"意识流"。

总而言之，生命哲学把生命置于至高无上的地位，生命是世界万物的本原，理智是不能认识世界本质的。首先，理智具有表面性。理智的认识总是站在事物之外对事物进行描述，它所得到的不是事物的内在本质，而是事物的外部肖像。其次，理智的认识是一种分析的认识。分析就是把整体分解为各个部分，这对于处于空间中的、外在的、可分的、物质的自然界来说是可以做到的，而对于空间之外的、不可分的、内在的生命是不能做到的。再次，理智的认识是一种静止的认识。理智必须借以进行判断推理的是概念，而概念是僵死的符号，具有固定性、静止性，因而理智就是从不动的东西（概念）出发去理解运动的东西（生命之流）。这就好比用概念编织罗网，试图从那川流不息的实在的河流中捞到点什么，其结果是把实在的真正本质——"绵延"都漏掉了，只能是一场空。最后，理智的认识受功利的支配。追求实用的知识，不可能获得关于实在的绝对的知识。科学理智的认识不是为认识而认识，而是为了谋取实际利益而认识。它对于呈现在我们意识中的各种印象不是一视同仁，而是依据我们的物质利益来舍取的。因此，理智的认识所获得的不是真正的实在知识，而只是一个实用的人工构造物。

（二）存在主义哲学对于人之生命的感悟

存在主义（existentialism）是 20 世纪西方人本主义哲学思想中最大的一个流派，德国的海德格尔、雅斯贝尔斯和法国的萨特是其中的杰出代表。存在主义以个人存在作为哲学研究对象和出发点，关注人的存在、人的价值、人的尊严，其理论旨趣在于对人的生命本真存在的关怀。

存在主义揭示了先进的科学技术所带来的重视物质而忽略了人的存在问题，指出应强调人的主观性，重视人的主体作用，提倡人的个性自由解放。存在主义与其说是一种体系化的哲学理论，不如理解为一种生命视野更加恰切。因为它始终直面人之各种存在性生命现象，如自由、责任、勇气、信仰乃至死亡、焦虑等，并以这些现象的探究作为其理论依据和追求，而不是以理论自身的所谓优越性阐述生命，凌驾于生命之上。

相对于传统哲学思想试图构建体系和理性系统而言，存在主义哲学是一种强调人的独特性和自由的哲学思想，它拒斥系统化哲学，强调人类的自由，认为人类并不是带着一种"本质"被抛入这个世界的，而是通过计划、反思、选择和行动塑造着自身。人的本质是"存在"本身，"自由创造"其他的一切，理性、知识、道德、价值等都是由此派生的，因此主张存在先于本质。正如萨特所言："人，不仅是他所设想的人，而且这是投入以后自己所愿意变成的人。人，不外是由他自己造成的。"①理性主义者强调的是"我思故我在"，而存在主义者更为强调的是"我在故我思"。

存在主义源于对人之生命境遇的好奇与寻觅，始终贴近生命价值的追问，始终以一种对话的视角保持着自身的开放性。它摒弃传统理性主义哲学对生命的喧宾夺主和对逻辑体系的编织与构建。存在主义具有对生命敬畏的品格，这种敬畏表现在不会依凭自身理论而对生命肆意肢解。存在主义哲学强调个人的价值与自我实现，认为世界不仅不是绝对的，甚至不是相对的，不存在普遍的人类本质，也没有共同认可的认识世界的参照系，所以每个人必须构建自己独特的现实。人具有选择的意愿和意志，具有选择的自由，并应该自我抉择存在的目的。

总之，存在主义的思想特质在于对生命的亲近而非疏远，走进生命的路向并非"按图索骥"，而是随时坠入"存在的原野"，带着一份陌生和惶恐开始一段探索的历程。存在主义可以说是一种对传统生命态度的颠覆，具有直面生命的勇气和胆识，它所追求的是对生命的真切体验和感悟，是对生命的寻觅与呵护。

存在主义是一种典型的西方人本主义。它关注人的自由、选择、负责的精神状态，极力弘扬人的主体性和创新性，主张"复归自己"，认为人的存在就是一个不断超越和不断完善的过程。存在主义极力反对西方理性主义的独断统治，认为理性主义造成人的生命本质被遮蔽，人被湮没在理性化的客观外物之中。存在主义针对教育中人的异化和失落，强调从人的本性出发，教育的目的就是使受教育者成为一个真正符合生命本性的人。教育的过程就是个体自我实现的过程，是个体获得自由的过程。作为文化传递活动，教育不是机械的授予，而是"人与人精神相契合，文化得以传递的活动"②，是使受教育者顿悟的艺术，是促进受教育者自觉"生成"的一种方式。最终使每个受教育者都能够主动地、最大限度地发展自己的天赋和能力，使其"内部灵性与可能性"得到充分

---

① ［法］让-保罗·萨特：《存在主义是一种人道主义》，周煦良、汤永宽译，12页，上海，上海译文出版社，2005。

② ［德］雅斯贝尔斯：《什么是教育》，邹进译，2页，北京，生活·读书·新知三联书店，1991。

的发展。

存在主义关爱生命的思想启示我们：教育要关注学生作为生命存在的完整性，凸显生命的灵动，张扬生命的个性。人是自然生命和价值生命的双重存在，教育是人生命的存在形式；教育的首要目标是与生命状态相结合，让生命之花自由开放。

(三)马克思主义哲学对人之生命的揭示

很显然，对于人之生命的关切和探寻，马克思并非第一人。然而，毋庸置疑，对人之生命本真的揭示，非马克思主义哲学莫属。基于历史唯物主义的立场和观点，马克思首先肯定的就是人作为生命存在的意义。"人直接地是自然存在物……而且作为有生命的自然存在物。"①马克思把"有生命的个人存在"看作人类历史第一个需要承认的前提，这表明马克思对人作为生命存在的高度重视。不仅如此，他对生命的理解也是独特和深刻的，对于我们理解人之生命的本真有着重要的启迪作用。

1. 人的生命本质在于"创造性"

人的生命不仅是"自在"的存在，而且还是"自为"的存在，即人不只是依赖外界环境而生存，也不只是作为外界环境的一个组成部分而存在，而是通过自身的创造性活动，使外界环境成了自我生命的组成部分，从而使环境为我而存在。正如马克思所言："动物和自己的生命活动是直接同一的。动物不把自己同自己的生命活动区别开来。它就是自己的生命活动。人则使自己的生命活动本身变成自己意志的和自己意识的对象。他具有有意识的生命活动。"②这意味着，动物个体是属于它的生命的，它的存在完全由它的生命本能所支配。而人由于把"生命活动本身变成了自己意识和意志的对象"，因此人的生命就不只是一种单纯的自然生命存在，同时还是一种"超生命"存在——超越本能生命之上的生命存在。这种超越在生物学的意义上表现为，人能够利用工具延长和增加自身肢体和大脑的功能，以更好地适应和改造环境，求得生存和发展。而这种"超生命"存在，仍然是作为自然的生命存在，即它仍然是原始的、本原的，不是人为加工过的生命存在，只不过是人所独有的。

据此，在哲学界有学者把动物的生命称为自然的"种生命"，而把人的生命称为自为的"类生命"。"种生命"是人与动物共有的，是自然给予的、具有自在性质的、服从自然法则的、与肉身结为一体的生命，它同等地存在于一切个体

---

① 《马克思恩格斯全集》第42卷，167页，北京，人民出版社，1979。
② 《马克思恩格斯选集》第1卷，46页，北京，人民出版社，1995。

身上。"类生命"则是人所特有的,它是由人所创生的、自为的、超越"种生命"的生命。二者之间的根本区别就在于:"类生命"不是个体的抽象的统一体,而是以个体的个性差异为内涵,属于多样性和否定性的统一体。也就是说,"类生命"是具有"自我"性质的生命,是突破生物本能的"超生命",是人的生命的最高本质。

对于人这一生命存在来说,遗传性不仅奠定了其存在发展的基础,而且预示着每一生命个体在生命本原上的个体差异性,即作为"类生命"存在的人,在生命本体上就是具有差异性的。但是,差异性只表明每一生命个体是独特的,不意味着"龙生龙,凤生凤,老鼠天生只能打洞"。进一步说,是创造性而不是遗传性决定着人之为人的生命特质,从而决定了无论是人的遗传素质,还是个体生命所具有的先天差异性,都是能够改变的。因为"创造性"标志着人的生命存在不是一个静止的、既成性的存在,而是一个流变的、生成性的存在。

2."自由自觉的活动"是人之生命的类特性

创造性决定着人之为人的生命特质,而赋予人这一创造性生命特质的根源是人具有"自由自觉的活动"。

生命通过生产而存在,即生产出一定的生活资料维持和满足生命的存在。然而,动物的生产只是在直接肉体需要支配下的生产,且只能生产它自己或它的幼仔所直接需要的东西,其产品直接属于它的肉体;而人则在不受肉体需要的影响下也能进行生产,人的生产不限于自我的肉身,而是再生产整个自然界,并且人可以与自己的产品相分离,更重要的是,人还需要精神层面的生产。因此,人的生产在本质上是不同于动物的生产的。人与动物这种根本不同的"生产"方式,也就造就了二者本质不同的生命存在方式:动物依赖自然而生存,人则依赖自身的活动而生存;动物属于它的环境,人则将环境变成被改造的对象,使其成为人的生命的组成部分(人的无机身体)。由是,生命的本性就发生了根本的变化,即"人把生命变成了'自我规定'的自由存在,使生命摆脱了自然的绝对控制和主宰"[1]。人之所以能够如此,就在于从生命本性上说,人不仅具有受动性,而且具有能动性,也就是马克思所概括的:"一个种的全部特性、种的类特性就在于生命活动的性质,而人的类特性恰恰就是自由的有意识的活动。"[2]

① 高清海、胡海波、贺来:《人的"类生命"与"类哲学":走向未来的当代哲学精神》,35页,长春,吉林人民出版社,1998。
② 《马克思恩格斯选集》第1卷,46页,北京,人民出版社,1995。

以上就是马克思主义哲学对人之生命本质的揭示，从中我们可以感悟到，马克思主义哲学既不是从人的生物性、文化性、感性、理性等人的某一特性认识人，也不是把人作为一种生命实体——感性对象来认识，而是从人的生命活动方式——感性活动来理解人，从而告诉我们，对人之生命本质的认识应特别关注人自身的生命活动。

二、"生命个体"学生观的教育学意蕴

生命作为教育学认识人的原点，也就是要从人之为人的本原和本质上理解、把握人。在教育中，我们有太多的所谓"性善"人和"性恶"人，"感性"人和"理性"人、"工具"人，"知识容器"人、"技能受训"人，等等，却恰恰遗忘了"生命存在"这一人之根本。马克思的"全部人类历史的第一个前提无疑是有生命的个人存在"[①]启示着我们，从教育学的视角认识人，理应回到"生命存在"这一人的原点上去。因为教育是直面人的生命并伴随人的生命流变而不断演化的过程，是以人的生命成长为价值取向的活动。所以，教育学理应从生命的视角认识和解读学生。

古往今来，对于生命的理解，有自然科学的解剖式分析，如生物学认为，人的生命是有着自组织且具有自我保存、自我调节和新陈代谢等功能的系统；也有哲学意义上的思辨式感悟，如人的生命在于人的文化生命、精神生命、价值生命、智慧生命和超越生命等。马克思主义哲学认为，生命是内蕴着"实践"特性的生命，即具有"自由自觉活动"类特性的生命存在。这意味着人作为一种生命存在，其本质不是静态存在的肉体组织，而是动态生成的生命活动。当然，这种生命活动要以肉体组织为承载形式，但把人的生命与动物的生命区分开来的不是形式而是本质。不可否认，动物也有自己的生命活动，但动物的生命活动是在直接的肉体需要支配下进行的，而人的生命活动则并非完全从属于肉体需要。所以，对人之生命的认识，就应超越"感性对象"，进入"感性活动"，从生命活动的内容、形式和特征等方面理解和把握人的存在。这对于以提升人的生命质量，促进人的生命成长为己任的教育，尤为如此。因此，教育学立足"生命"原点对学生的认识应特别关注以下几方面。

(一)人之生命的动态生成性

人在生物学意义上的"先天不足"，使其必然依赖"后天进化"不断获得新生。因此，人的生命存在的本质就在于人的生命成长过程。生命成长，对人而

---

① 《马克思恩格斯选集》第1卷，67页，北京，人民出版社，1995。

言不仅表现为肉体组织的发育成熟，更重要的是人之"类"特性的生成，"而人的类特性恰恰就是自由的有意识的活动"①。这就是说，人之为人，是通过这样的活动生成的，也是以这样的活动为其存在形式的。故我们就只能是将人看作动态生成的过程，而不是既成的、静态的对象物。也就是马克思所说的，不是把人看作"感性对象"，而是看作"感性活动"。

从生命成长的意义理解学生，对教育而言就意味着，一方面我们应充分意识到学生始终处在不断的生长之中，这是人的生命趋向自我完善的表征，也是人之生命存在的内在诉求。故作为直面人的生命、通过人的生命并旨在提高人的生命质量的教育，就不是为人的生长确立一个标杆，而是要作为一种生长因子构成人的生长方式。正如杜威所言："既然实际上除了更多的生长，没有别的东西是和生长有关的，所以除了更多的教育，没有别的东西是教育所从属的。"②另一方面，人的不成熟、生长的规律及个体差异性，又构成了教育的可能性、必要性和重要契机，教育应持"和儿童一起成长"的姿态而非"补缺""塑造"的动机，关注和引导人的生命成长。

（二）人之生命所内含的主动发展特性

生长，作为生命的动态形式，对人而言，具有"主动发展"的特性。这种特性不仅表现在生物学意义上的生命个体的自我更新、主动生长，还表现为社会学意义上的交往需求、发展意愿。"生物和无生物之间最明显的区别，在于前者以更新维持自己。""生活就是通过对环境的行动的自我更新过程。"③之所以如此，就在于"主动性是人的生命的本质构成。作为有机体的人与环境的物质交换是主动的，其体内各种器官功能的协同也是机体自主进行的，这种生物意义上的主动性，它已内化到机体的基质、组织和结构功能上。机体若无这种主动的新陈代谢机能，生命一天也不能存活。作为具有精神生命特质的人与周围世界的日常信息交流，也是主动的人通过感觉器官接触外界信息，并按自身的需要作出整合和反应（或积极、或消极）的过程"④。这表明，主动发展是人之生命的根本特性，是其生命存在的本原意义。

当然，人的发展，尤其是精神发展需要教育的激发和协助，但这并不意味着教育可以代替人的发展。面对具有主动生长和发展本性的生命个体，教育所

---

① 《马克思恩格斯选集》第1卷，46页，北京，人民出版社，1995。
② [美]杜威：《民主主义与教育》，王承绪译，59页，北京，人民教育出版社，2001。
③ [美]杜威：《民主主义与教育》，王承绪译，6页，北京，人民教育出版社，2001。
④ 叶澜：《"新基础教育"论——关于当代中国学校变革的探究与认识》，221页，北京，教育科学出版社，2006。

要做和所能做的就是：把生命发展的主动权还给学生，最大限度地满足他们的发展需要；让教育过程的每一个环节和每一项活动，都成为参与者的一次生命历程，而不是将任务或目标强加给他们。这才是教育对人的生命的真正尊重，才是教育对人之本性的真正遵从，也才能真正达到教育促进人的生命成长的最终目的。

（三）人的生命是独具个性的

生命对每一生命个体来说都是唯一的、独特的、不能取代的。这对于人来说尤为如此。因为人的生命不像动物那样是单一的种生命，而是种生命与类生命复合的双重生命体。前面谈到，类生命是人所特有的，且是以个体的个性差异为内涵的。也就是说，由于类生命是人在自我的生命活动中创生的，而每个人生命活动的性质、内容、方式是不可能完全相同的，所以每一生命个体也就必然是独具个性的。不仅如此，类生命还是一种自为的生命，它意味着人是一种有意识的生命存在，每一生命个体都是自己生命的主宰和控制者。没有人能代替他人去活，任何人也无权操纵别人的命运。

因此，教育对生命的尊重与呵护，首先应体现为对每一生命个体的关注，对每一具体个人独特性的理解，承认差异的合理性，把差异性作为教育的宝贵资源。同时，从人的生命自主、自为的性质看，教育对人的影响只能通过人自身的活动得以实现。所以，教育是为人的生命活动和生命成长创造条件，而不是直接控制和干预个人的发展。后现代主义的学生观认为，现代教育对学生的要求基本上是一致的、标准化的。而每一个学生都是独一无二、与众不同的，每一个学生的成长都可以拥有独特性、创造性。因此，后现代主义强调教育要充分认识到学生的独特性、差异性和潜能，应让每一个学生的潜能都获得发展。这一学生观对于我们合理、正确理解学生具有一定的借鉴意义。

三、"生命个体"学生观的核心是以学生为主体

"生命个体"学生观就是依据有关生命的哲学思想，尤其是马克思主义关于人之生命的哲学思想，对学生进行认识所形成的观念。"生命个体"学生观的核心集中体现为把学生作为主体人，对此应作如下理解。

（一）学生作为主体的可能性

主体，在哲学上是相对客体而言的，属于认识论的基本范畴。从认识论的意义上来说，主体主要是指有目的的认识活动和实践活动的承担者。作为主体，有两项基本规定：一是主体必须是有自觉意识的人，正如马克思所指出的，认识世界和改造世界的主体是现实的人和现实的人类；二是主体必须进行

有目的的认识和实践活动。

主体是人，但人并非都是主体；人只有具备了主体性，才是真正的主体。主体性是指"人在对象性活动中从自己的主体地位出发以不同方式掌握客体所表现出来的功能特性"①。在这种主体性功能状态中，人对一定的客体采取主动态势，持积极态度，发挥能动作用，并处于支配地位。主体性的主要标志和特点体现为自主性、能动性和创造性。自主性是指作为主体的人从自身需要出发，按照自己的方式从事各项活动，以达到自身的目的。能动性是指作为主体的人，在对象性关系中所表现出来的自觉、积极、主动的态势。创造性是以探索和求新为特征的，是对现实的超越，包括对外在事物的超越和对自我的超越。创造性是个人主体性的最高表现和最高层次，是人之主体性的灵魂。实践是自主性、能动性、创造性统一的现实基础，即主体性是在人的实践活动中得以实现、表现和确证的。

主体性作为主体人的功能属性，是建立在人之为人的一般特性基础之上的，如自然性、社会性、意识性等，主体性是综合了人的各种属性在特定对象和环境中得以表现和实现的综合功能。这表明，一方面主体性必须具有一定的人之特性做支撑；另一方面主体性是在人的对象性活动中不断生成、发展和展现出来的，是主体对受制于客观环境的扬弃与超越。所以，只有人才可能具有主体性，而且主体性只有在人的实践活动中才能得以实现。

学生首先是人，具备人之为人的一切特性。同时，学生的本质特征决定了其必须以学习作为对象性活动。学习，无论是作为人的生物特性，还是作为人类所特有的机能以及生存方式，都体现为人的对象性实践活动，即它是一种主体作用于客体并使主体获得需要的满足的实践活动。如此说来，学生具有作为主体的可能性。

（二）学生作为主体的表征

由于主体性体现为自主性、能动性、创造性等特质，因此，学生作为主体有以下表征。

学生是自由的主体，能够在本真选择中承担生命之责。所谓自由，就是选择，就是行动，就是对个人的行动负责。人必须为自己的存在和自己的一切行为承担责任。学生作为自由的主体，通过自由的选择去创造自身价值，以此赋予内在生命以秩序和意义。正如海德格尔所认为的，个人作为一种存在，通过作出通向真实性的选择来创造生活的意义，而意义和价值就在于对责任的

---

① 陈志尚：《人学原理》，143 页，北京，北京出版社，2005。

担当。

学生是参与的主体，能够在"我—你"对话中建设性成长。"我—你"关系是一种亲密无间、彼此信赖、开放自在的微妙关系。这种关系意味着一个人与他人相遇时，不把他人当作实现目的的手段和工具，是一种参与性平等。学生作为参与的主体也只有在"我—你"对话中才能真正走近彼此，从而深度觉知自身。"生命在对话中敞亮，存在在对话中展开，主体建构在自我与他人的对话中实现。"①

学生是自主学习的主体，表现为：首先，学生在从事学习活动时，有自己的独立的主观意识，即为什么而学习，为谁学习；其次，学生对所学习的内容具有选择性，即根据自己的兴趣或需要选择学习内容；最后，学生有自己独特的学习方式，先天与后天因素的影响，使个人的身心发展具有一定的差异性，故每个学生接受知识的方式也就必然有所不同。

学生是自我发展的主体。教育是以促进人的发展为直接目标的活动，而这一"促进"只是个人发展的外在条件、发展的可能性，要想使这种可能性转变为现实性，个人就必须把促进自我发展的外在因素内化为自身的素养。因此，学生的发展归根结底是自我发展；发展的程度在一定意义上取决于学生的自觉意识和主观能动性的强弱。教育最根本的使命就是对学生的自觉意识、主观能动性的唤醒与调动。

概括地讲，"生命个体"的学生观认为：学生是具有主体性的存在，是在自我选择中不断生成自己本质的存在，是具有独立个性且拥有自主选择、自由行为和自我发展权利的存在。

四、"生命个体"学生观的教育践行

"生命个体"学生观的核心就是教育必须把增强人的主体意识、提升人的主体地位放在首位，并将其作为一切教育活动的原则。那么，"生命个体"学生观如何才能在教育实践中得以体现呢？

（一）在教育活动中坚持主体性原则

"主体性原则正是承认、尊重人的主体性，并为了更好地发挥人的主体功能，保障人的主体地位而提出的一个活动原则。"②主体性原则以马克思主义的主客体理论，尤其是人的主体性理论为基石，以人在世界历史运动中的主体地

---

① 参见宋学丰：《存在主义视野下学生观的观照与反思》，载《辽宁教育行政学院学报》，2013(2)。
② 欧阳康：《主体性研究与哲学本性的探讨》，载《学术月刊》，1992(6)。

位和主体作用为依据，要求尊重、确立和爱护人的主体地位，保障、发掘和发挥人的主体功能，并将这种要求作为从事一切活动的基本指导思想和行为准则。马克思主义主体性原则包含以下要点。

第一，人的主体性的实质内涵表明，人首先必须依赖具有优先地位和客观存在的外部世界才能得以生存和发展，但外部世界不会自动满足人的生存与发展需要，因此人需要积极主动地改造和创造，使外部世界为我所用。这种改造和创造不仅仅体现为对象性活动，更是人能动地表现自己的主体性活动。这意味着，人的主体性是受动性与能动性的统一，即承认客体对象制约性的人的自主性、能动性、创造性等。不仅如此，人的主体地位的确立和实现内在地受制于人自身的需要和能力，并以作为主体的人对这种需要和能力的自我意识为依据。同时，人的主体功能的发挥还依赖于外在的社会文化背景和实际活动条件等。

在教育活动中坚持主体性原则，就体现为对学生主体性的理解，不是简单地把学生视为具有主观意识、独立个性的人，而是要充分认识到学生存在与发展的外在制约性，以及学生作为人的内在主体性潜质，在现实性意义上充分肯定学生的主体地位，最大程度唤醒和激发学生的主体意识，从根本上而非形式上维护学生的主体性。

第二，主体性是人所具有的独特功能，是人区别于动物的根本特性，是人的生存、活动的最本质特征。需要特别指出的是，我们所说的主体性，不是本体论意义上的人作为一般存在物和具体存在物所具有的特性，而是人在对象性活动中作为主体所表现出来的特性。因为只有在人的对象性活动中才有主体、客体之分，只有人的对象性活动才能展现人的主体特性。当然，现实中的人在对象性活动中的主体性是同其作为人的一般特性和个性密切相关的，并以人的一般特性和个性为前提。也就是说，只有当人具备人之为人的一般特性时，才可能作为现实的人从事属于人的对象性活动并成为活动的主体，进而表现出主体性；也只有当人作为具体的个人而具有个性，才能在对象性活动中成为具体主体并表现出具体的主体性。总之，人的主体性是在人的对象性活动中，以人性为基础所表现出来的自主性、选择性、能动性、创造性等特性。

在教育活动中坚持主体性原则，就是要在学生的学习等具体实践活动中高度关注学生主体性的调动与发挥，而不是在抽象的概念层面谈论学生的主体性。同时，还必须充分意识到，只有当学生具备改造、征服客观对象的主观意愿时，才可能真正作为主体存在并发挥主体性功能。

第三，从发生学的意义上说，整个世界的历史，可以看作是自然界通过

"物竞天择"向人的世界的生成运动。因此，迄今为止的世界历史，从根本上说，是人的主体性不断确立、强化并得以不断巩固和发展的历史。从现实的意义上说，人的主体性是自然、社会包括人自身协调统一的轴心。换言之，世界既是人们生存的基础和依赖的对象，又为人的主体性的发挥提供了必要的前提和条件。未来，人作为主体的全面发展应当成为社会进步、文明昌盛的最高目标和根本动力。如此说来，人的主体性的弘扬与发展，是人类社会的永恒话题，也是文明社会最重要的标志。

在教育活动中坚持主体性原则，就是要把培养和增强学生的主体性放在一切教育工作的核心地位。虽然主体性是人之为人的根本特征，但在人与自然、人与社会的关系中，人并不从来就是独立的和体现出主体性的。主体性作为人的功能属性，是在不断改造外部世界以及客体自我的实践中得以巩固和彰显的。因此，通过教育合理引导和培植学生的自主意识，促进学生自觉行为的养成，助力学生主体性功能的释放，使每一个学生真正认识到自身存在的价值，这不仅仅是教育的根本使命，更是人类社会与个体发展的根本要求。

（二）高度关爱和尊重学生的生命本性

学生首先是作为人存在的，人之为人有其独特的生命本性，这种生命本性是学生主体地位确立的基石和原点。以学生为本首先就是要关爱和尊重学生的生命本性，这种关爱和尊重可从以下几个方面体现出来。

首先，要充分认识到学生生命的动态生成性。人在生物学意义上的"先天不足"，使其必然依赖"后天进化"不断获得新生。因此，人的生命存在的本质就在于人的生命成长过程。从生命成长的意义理解学生，对教育而言就意味着，一方面我们应充分意识到学生是始终处在不断的生长、发展之中的。发展既是学生作为生命个体趋向自我完善的表征，也是其生命存在的内在诉求，故教育者应以发展的眼光看待每一个学生，而不是用某些固定的指标衡量、判定学生。另一方面，应充分意识到人的不成熟、生长的规律及个体差异性，恰恰就是教育的可能性、必要性和重要契机，教育实际上是和学生一起成长，而不是对学生的"补缺"和"塑造"，教育者的根本使命就是关注和引导学生的生命成长。

其次，要明确学生生命所内含的发展特性。生长，作为生命的动态形式，对人而言，具有着"主动发展"的特性。这种特性不仅表现在生物学意义上的生命个体的自我更新、主动生长；还表现为社会学意义上的交往需求、发展意愿。之所以如此，就在于主动性是人的生命的本质构成。因此，在教育的过程中，学生的主体地位和主体性并不是谁能够赋予或授权的，而是生命个体与生俱来的。教育不只是要倡导、维护人的主动性，更要利用和发挥人的主动性以达到预期的教育效果，尤其是不能无视甚至践踏和剥夺人主动发展的权利。

最后，要特别关注学生在教育过程中的特殊需要。需要是一切生物有机体所共有的，但人作为生物有机体的最高形态，其需要在本质上有别于其他生物有机体。人的需要体现着人的本性，"他们的需要即他们的本性，以及他们求得满足的方式，把他们联系起来"①，而人之所以不同于动物，其中一个根本的原因就在于人的需要是一种超本能需要，即人永远都不会停留在既有的生存状况，永远都不会满足已获得的需要。人的需要在人的活动中不断获得新生、增加和拓展，从而也永远不停地推进人的活动，从本质上丰富和提升着人。这说明，人是以自身的需要以及对需要满足的方式存在和发展着的。人的需要丰富和发展到什么程度，他的本性或本质力量也就丰富和达到什么程度。

上述表明，在教育过程中对学生生命本性的关爱和尊重，在一定程度上就是对学生需要的关注和满足。人的需要是丰富多样且复杂多变的，而教育对学生的需要的关注和满足则侧重精神需要，因为教育的使命和终极价值就在于提升人的生命质量，创新和丰富人的精神生活。学生的精神需要具体是通过求知需要实现的。这里的"知"并非单指学科知识、书本知识，而是指与人生有关的一切知识，正如联合国教科文组织所提出的，要学会认知、学会做事、学会共同生活，学会生存。教育最重要的职能就是传授知识，而知识的有效传授不只是与知识的性质、人的接受能力，以及传授的方法、技能有关，更重要的是与学生的求知欲望、内在需要有关。所以，对学生需要的高度关注，才是真正对学生生命本性的关爱和尊重。当然，这种关注包括对学生合理需要的引导，因为只有合理的需要才能促进和完善人的发展，不合理的需要会使人误入歧途。

（三）充分尊重和发展学生的个性

由于人之生命是人在自我的生命活动中创生的，而每个人生命活动的性质、内容、方式是不可能完全相同的，所以每一生命个体也就必然是独具个性的。不仅如此，又由于每个人的先天遗传条件和后天社会环境的不同，人与人的发展存在着种种差异，这种差异正是人的个性所在。

个性是什么？哲学从最广泛的意义上把"个性"解释为与共性相对应的"单一事物的个体性、独特性，此事物和他事物的差异性"②。心理学则把"个性"

---

① 《马克思恩格斯全集》第3卷，514页，北京，人民出版社，1960。
② 中国大百科全书总编辑委员会《哲学》编辑委员会、中国大百科全书出版社编辑部编：《中国大百科全书（哲学卷Ⅱ）》，1070页，北京，中国大百科全书出版社，1987。

定义为：个人各种重要的比较稳固的心理特征的总和，主要表现为一个人的气质、性格、能力、兴趣爱好等方面，包括个性心理特征和个性倾向性。而教育学意义上的"个性"指："个体在生理素质和心理特征的基础上，通过社会和教育的影响及主体的社会实践活动，在身心、才智、德行、技能等方面所形成的比较稳固而持久的独特特征的总和。"[①]在此意义上的"个性"具有独特性、稳定性、社会性等特征。也就是说，从教育学的角度理解的个性，是个体反映在身心、才智、德行、技能等种种方面具有相对稳定性特征的总和，这些特征又是在一定社会条件下、通过个体的社会性交往活动形成的。

人之个性表明，人是具体的、活生生的、现实的个体。把学生作为主体就是要求在教育过程中，必须着力呵护和发展学生的个性。具体体现为要对每一生命个体给予高度关注，对每一具体个人的独特性予以充分理解，承认学生之间存在差异的合理性，并把这种差异作为教育的宝贵资源。同时，从人的生命自主、自为的性质看，教育对人的影响只能通过人自身的活动得以实现。所以，还应深刻认识到，教育是为人的生命活动和生命成长创造条件，而不是直接控制和干预个人的发展。

总之，"生命个体"的学生观要求教育充分认识学生在教育过程中的主体地位，深刻理解学生的主体性、生命本性和个性等特性，合理引导学生的发展需要。换言之，"生命个体"学生观的教育应以学生的生命成长、自我发展为价值取向，以激发、完善和发展学生的主体性、提升学生的生命质量为终极目标。

【本章思考与练习】

1. 学生的身份及角色定位是什么？

2. 学生具有哪些本质特征？

3. 什么是学生观？学生观的发展走向有哪些？

4. 不同人性假设的学生观各自具有什么特点？

5. 为什么说教育者要始终保持对人性探究的好奇心和热情？

6. "生命个体"学生观的本质内涵是什么？

7. "生命个体"学生观具体体现在哪些方面？

8. 教育过程中如何践行"生命个体"的学生观？

9. 你认为教师应该具有什么样的学生观？

---

① 杨兆山：《教育学的"个性"概念》，载《中国教育学刊》，1996(4)。

【推荐阅读】

1. 冯建军. 生命与教育[M]. 北京：教育科学出版社，2004.

2. 高清海，胡海波，贺来. 人的"类生命"与"类哲学"：走向未来的当代哲学精神[M]. 长春：吉林人民出版社，1998.

3. 岳伟. 批判与重构：人的形象重塑及其教育意义探索[M]. 武汉：华中师范大学出版社，2009.

4. 叶澜. "新基础教育"论：关于当代中国学校变革的探究与认识[M]. 北京：教育科学出版社，2006.

5. 王道俊，郭文安. 主体教育论[M]. 北京：人民教育出版社，2005.

6. 夏甄陶. 人是什么[M]. 北京：商务印书馆，2000.

7. 陈志尚. 人学原理[M]. 北京：北京出版社，2005.

8. 博尔诺夫. 教育人类学[M]. 李其龙，等，译. 上海：华东师范大学出版社，1999.

9. 联合国教科文组织国际教育发展委员会. 学会生存：教育世界的今天和明天[M]. 华东师范大学比较教育研究所，译. 北京：教育科学出版社，1996.

10. 教育：财富蕴藏其中[M]. 联合国教科文组织总部中文科，译. 北京：教育科学出版社. 1996.

毋庸置疑，教师是教育成败的关键所在。然而，什么样的教师才能不辱使命，实现教育的成功与有效呢？这不仅仅取决于教师的态度和能力，还取决于教师具有怎样的教师观。合理正确的教师观可以引导和规范教师的行为，使其获得良好的教育效果。而合理正确的教师观，必须建立在对教师职业性质以及教师这一角色的高度认知与深刻领悟的基础之上。因此，对于教师职业及教师的深入探讨，将有助于合理正确教师观的建立。

第四章　教师观

《国家中长期教育改革和发展规划纲要（2010—2020 年）》提出：百年大计，教育为本；教育大计，教师为本。[①] 这充分表明，教师对于教育事业乃至整个社会的发展有着举足轻重的作用。那么，教师职业是怎样一种职业？"教师"意味着什么？应如何理解和认识教师？对于这些问题的思考，可以帮助我们树立起正确的教师观，进而充分发挥教师应有的功能。

第一节　教师的职业特性

教师职业古已有之，而教师职业的性质并非一成未变。伴随着时代发展、社会变迁，教师职业从一般性职业过渡到专业性职业，这不仅意味着教师职业的地位和价值越来越高，同时也意味着这一职业对于从业者——教师的要求越来越高。那么，教师职业究竟是怎样一种职业？这是作为一名教师首先应明确的问题。

一、教师职业的嬗变

教师职业是人类社会中古老而常新的职业之一。它伴随着人类社会的产生而产生，又随着教育的普及，以及教育理论与教育实践的不断丰富与发展，而逐渐成为一种专业性职业。从历史的角度来看，教师职业经历了从兼职到专职、从专门到专业，从注重数量到关注质量的发展历程。

---

① 《国家中长期教育改革和发展规划纲要（2010—2020 年）》，北京，人民出版社，2010。

（一）教师职业产生——从兼职到专职

由于教育是伴随着人类社会的产生而产生的，因此教师作为教育活动的实施者自人类诞生之日起就存在了，故教师职业是人类历史上最古老的职业之一。然而，在制度化教育正式形成之前，由于教育是与人们的生产、生活融为一体的，此时的教师就是年长者，所谓长者为师、能者为师。教授的内容为日常生活经验、生产知识、风俗习惯等，如燧人氏教民熟食，伏羲氏教民狩猎，神农氏教民农作等；教授的方法以示范和模仿为主。随着学校这种教育实体的出现，对教师从业也有了一定的资格要求，如至少应掌握并会使用文字。但此时的教师仍然不是一种专门的职业，具有兼职的特点，如中国古代的学在官府，官员同时也是教师。

尽管如此，学校的产生促使了教师专职化的萌发，如中国私学的出现，打破了学校教育为官府垄断的局面，扩大了受教育对象，使教育内容与教育方式得到了新的发展，而且私学以具有知识技能的贤士为师，教师可以自由授徒讲学，学生可以自由选择教师，逐步使教师职业成为一种相对独立的社会职业。

在古希腊也出现了以教学为职业的哲学家，即"智者派"。他们是活跃在古希腊各邦的一批学者、演说家、作家等，是以教授修辞学、论辩术和政治知识为主的职业教师。他们周游各城邦，传授修辞学、政治学、哲学，为青年人参加公共生活作准备。到中世纪，僧侣学校、教会学校主要以僧侣、神父为师。随着教育的发展，尤其是教师行会的出现，对于评价一个人是否有能力做老师，逐步形成了一套学术评价机制。

随着世界各国初等学校的兴办及其对教师数量需求日益增加，对教师的挑选和任命也变得严格，在为他们提供必要生活保障的同时，也要求他们不能再从事有碍教学工作的其他职业，使教师职业开始专职化。

从这一时期的教师职业来看，所谓教师，就是凭借所掌握的学术、文化、政治、军事、外交等专长，主要从事做官、教学等活动，进而逐步成为职业教师。从总体上说，古代官学和私学等教育实体形成以后，有了教师从业资格问题，但与我们今日所指的教师还不在同一个层面上，还不具备专业水平和专业技能，这时的教师职业还不是一种专门的职业。而且当时的教育尚处于一种非常散漫的状态，学校与教师的教学工作还没有统一的标准和要求，教师教什么、怎么教、何时教都由教师自己决定。同时，受教育者对教育的需求也不强烈，也没有对从事该行业的人进行专门培养的意识与需求。

（二）教师专业地位确立——从专门到专业

由于人类社会经济、文化，尤其是科学技术的迅猛发展，教育在人类社会发展中的地位与作用越来越突出，进而对教师的从业要求越来越高。18世纪60年代第一次工业革命发生后，人类社会进入工业化时代，普及义务教育成为必然趋势，人们也日益认识到如果一个教师缺乏职业训练，就会直接影响教育质量和教育效果，因此教师职业专门化被提上了议事日程。一些国家开始设置师范教育机构，以专门培养教师。教师职业发展进入了一个新的阶段，开始了专业化进程。

从世界范围内来看，师范教育最早出现在法国。1681年，"基督教兄弟会"神甫拉萨尔在法国利摩日创立世界上第一所师资培训学校，标志着西方国家教师教育职业向着专业化方向发展。此后，奥德利、德国等也开始出现了短期的、以学徒制为主的师资培训机构，进行教师职业培训。1794年，巴黎师范学校的建立，开创了人类正规师范教育的先河。到18世纪中下叶，随着资本主义国家对初等义务教育普及的需求日益迫切，以及教育科学化运动的推进，欧洲各国出现了师范学校的相应法规，对中等师范学校的设置、教师的遴选、教师资格证书规定、教师地位待遇等进行了规范，使师范教育开始出现制度化、系统化等特征。专门的师范教育机构注重对教师进行专门的教育培训，并将其作为提升教育质量的重要手段。

在中国，1897年成立的南洋公学师范院，是我国教育史上第一所中等师范学校。它的建立标志着我国师范教育的从无到有，也意味着我国的教师职业开始走向专业化。1902年，京师大学堂师范馆的建立，标志着中国高等师范教育的开始，进一步提升了我国师范教育的专业化程度。同时，与师范教育密切相关的教育制度也相伴而生，如《奏定学堂章程》的颁布，标志着我国师范教育制度的正式建立。

20世纪以后，世界发达国家和地区的教师教育，先后经历了从中等教育水平的师范学校教育到高等教育程度的师范教育，从师范学院的独立培养到综合大学的本科教育加上大学后专门的课程训练的转变，并逐步形成了教育学士、教育硕士、教育博士的教师教育体制。这一转变的实质，既是教师教育的质量升级，也是教师职业专业水平的规格提升。

师范教育作为一种师资培养的专业教育，是现代社会发展的产物，也是教育发展的必然要求。师范教育的兴起与发展，标志着教师职业从经验化、随意化逐步走向专业化，也为教师从职业转变为专业奠定了基础。1966年联合国教科文组织与国际劳工组织在《关于教师地位的建议》中提出，应当把教师职业作为专门职业看待。这是历史上首次把教师职业作为专业的政策提议。

　　(三)教师专业发展运动的兴盛——从数量到质量

　　20世纪60年代中期以后，由于经济等原因，世界各国教师培养机构成为政府削减开支的对象。同时，公众对教育质量的不满引发对教师教育的批评，使得提高教师"质"的要求取代了对"量"的急需。从20世纪80年代开始，教师专业发展逐步成为当代教育改革的主题和焦点之一。1980年，美国《时代》周刊发表《危机！教师不会教》，引发公众对教师质量的担忧，开启了培养高素质教师的帷幕。之后，以美国优质教育委员会1983年发布的《国家处在危机之中——教育改革势在必行》，以及以霍姆斯小组为代表的机构对教师教育发表的系列报告为动力，逐步形成了一场声势浩大的教师专业发展运动，强调师资人才高学历化、师资培育体制一体化、师资任用证书化等。随着教育发展对教师质量的要求不断提高，在世界范围内各国都将促进教师专业化作为本国教育改革的中心议题。

　　在中国，1986年颁布的《中华人民共和国义务教育法》规定，国家要建立教师资格考核制度，对合格教师颁发资格证书。师范院校毕业生必须按照规定从事教育工作。国家鼓励教师长期从事教育事业。1993年颁布《中华人民共和国教师法》，明确指出教师是履行教育教学职责的专业人员，承担教书育人、培养社会主义事业建设者和接班人以及提高民族素质的使命。1995年颁布《教师资格条例》，进一步明确教师应该具备的专业素质：热爱教育事业、良好的思想品德、相应的学历或者经国家教师资格考试合格、拥有教育教学能力。为了建立国家教师资格考试制度，严格教师职业的准入，确保教师队伍质量，2013年教育部印发了《中小学教师资格考试暂行办法》《中小学教师资格定期注册暂行办法》，要求各地结合本地实际情况认真执行，标志着我国教师职业正式进入了提升质量的新阶段和新征程。2015年全面推行教师资格全国统一考试制度，考试坚持育人导向、能力导向、实践导向和专业化导向，坚持科学、公平、安全、规范的原则。2020年8月，国务院常务会议决定推进师范毕业生免试认定教师资格考试改革，由院校考核教学能力；允许教育类硕士及以上学历毕业生、公费师范生免试认定教师资格。

　　在这一时期，世界各国为了提高教师质量、提升教师的地位，都加强了教师教育的投入与实施，以及教师队伍建设相关政策、制度的建设。从关注教师"数量"转向关注"质量"，而且为了更高效地提升教师质量，注重对教师专业发展过程中的规律的探索和研究。

　　教师职业的历史演变表明，一方面，教师职业是与人类共始终的一项职业，且在人类社会发展中具有不可替代的地位和作用。另一方面，教师职业从一开始并非一种专门化的职业，即从业者并不是必须具有专业知识与技能，但也不是任何人都能充当教师，它要求从业者具备一定的素养，如经验、知识、文化、思想等。这表明教师职业是一种非常特殊的职业，介于普通职业与专业化职业之间。然而，伴随着人类教育活动的日趋丰富和复杂，对于教师职业专业化的要求也就越来越高。

二、教师职业的基本属性

教师职业作为一种社会职业具有与其他社会职业相同的一般性质，如社会性、经济性、技术性、伦理性等。社会性指职业所代表的社会分工，是从业者社会角色获得的体现。经济性意味着职业所创造的经济价值，以及从业者在所承担的职业岗位上完成工作任务后，能够获得的报酬和收入。技术性是一个职业岗位具有的技术要求和技术标准。伦理性指从事职业过程中，在处理人与人、人与社会相互关系时应该遵循的道理与道德准则。除此之外，教师职业作为一种特殊职业，还有自身的一些基本属性。

（一）教师职业的价值性

价值，从最一般的意义也是哲学的意义上来说，是指客体的属性对主体需要的意义。也就是说，价值是由"客体属性"和"主体需要"的相关性构成的，如水具有解渴的属性，而只有当人口渴需要水的时候，水才有价值。因此，价值是一种关系范畴，是客体向主体呈现的"意义"。然而，这一"意义"并非客体固有的和自动呈现的，而是在主体的实践活动中，根据主体的情感、意志、需要等生成的。美国教育哲学家杜威从实用主义哲学立场出发，强调价值与行动及其情境的内在关联："价值不是一种抽象的实体、先验的原则或内在的好，也并非一种纯粹主观的偏好，而是一种在行动情境中产生并经由评价或鉴定等可观察、可调控的理智行为所构成的一种值得珍视、拥有和追求的事物的新的和理想的样态。"[1]在此意义上的"价值"，实际上也就是一种"价值判断"，即事物之所以具有价值，是人们在特定的行动情境中对它们进行价值评价或鉴定的结果。因此，价值在人们的现实生活与活动中又体现为价值观。价值观是人们运用一定的标准，对所从事的实践活动以及客观对象进行价值评价所持有的基本观念。"人的活动及其成果，说到底，不过是人的价值观的外在表现。"[2]

因此，教师职业的价值性是指人们在从事教育活动时，往往根据自己的价

---

① 石中英：《杜威的价值理论及其当代教育意义》，载《教育研究》，2019(12)。

② 袁贵仁：《价值观的理论与实践——价值观若干问题的思考》，3页，北京，北京师范大学出版社，2006。

值判断和评价确定什么才是"好的"教育或"有意义"的教育。虽然人类社会的很多职业都需要人做出一定的价值判断，但活动的意义、活动结果的优劣并不取决于活动者的价值判断，如农民种田、工人做工、医生治病、科学家探索未知等。教师所从事的是教育活动，教育活动是以培养人、促进人的发展为天职的。然而，把人培养成什么样的人，人应该获得怎样的发展，什么样的教育内容、方法才是"好的"，等等，这一系列涉及教育是否"有意义"和"有效"的根本问题，在某种程度上与教师的价值观直接相关。

教师职业的价值性要求教师作为教育教学活动的设计者、实施者、创造者，必须对"何谓好的教育""何谓好的教学"等进行深入思考，以形成合理、正确的教育价值观。

（二）教师职业的复杂性

教师职业的复杂性归根结底源于人的复杂性。众所周知，人是天地万物间最为复杂的物种——不仅有着极其复杂的生理结构、心理机能，而且具有复杂多变的精神领域、社会关系；不仅是感性的存在，还是理性的存在；不仅具有能动性，还具有受动性；不仅具有共性，还独具个性。教师所从事的教育活动是以人为对象的，是要让人更好地发展的，而人的发展有方方面面因素的制约与影响，并非完全由教育所决定。所有这一切就决定了教师职业是一项极为复杂的职业。

具体而言，教师职业的复杂性首先体现为教师劳动对象的复杂性。教师的劳动对象是需要获得发展却又有着独立个性的人。人接受教育是为了更好地获得发展，而人的发展是一个极为复杂的过程。一方面，人的发展方向和程度受个体自身内在素质的制约，如基因、遗传素质、个人意志等；另一方面，人在发展过程中还会受到来自外界的各种因素的干扰和影响，如所处的时代、社会地位，家庭、邻里、结交的朋友，以及所接受的教育等。不仅如此，由于每个人都是独一无二的生命个体，有着自己的意识、自主意志、个性特征等，虽然人作为教育对象而存在，但人在接受教育过程中并不是被动等待加工的"原材料"，而是具有主观能动性的自我建构者。所以，教师的劳动绝非一件简单容易的事情，而是极具复杂性的。

教师职业的复杂性除了体现在教师的劳动对象方面，还体现在教师的劳动过程、劳动内容、劳动任务等方面。教师的劳动过程是一种体脑结合的复杂劳动过程，它以知识、信息的传递、运用、创生为主要形式，是一个既需要将知识、信息外化，又需要将其内化的过程。这一过程不同于物品的传递和生产工具的简单操作，它要求教师必须综合运用自己的知识、智力、能力、品质等来完成。教师劳动的内容，不只是单纯地向学生传授知识，还包括发展学生的智力，培养学生的能力；不仅要让学生"学会"还要让学生"会学"；不仅要关注学生的现在，还要着眼学生的未来；等等。教师劳动的任务是多方面的，其根本任务是教书育人。所谓教书育人，就是教师通过承担各门课程的教学，向学生传授系统的科学文化知识，引导学生树立科学的世界观、人生观，指导学生主动地、有效地进行学习，进而促进学生健康、快速地成长。"教书"要让学生在掌握知识的同时还要掌握学习知识的方法；"育人"是对学生做人、做事与价值观念的引导和培养。很显然，这无疑就构成了教师劳动任务的复杂性。对教师而言，教书与育人是相辅相成的，教书是育人的基本方法，育人是教书的最终目的，二者有机结合才能达到教书育人之目的。这是对每一位教师的基本要求，也是其义不容辞的责任。

教师职业的复杂性要求教师要想做好教育工作，首先必须认识人、理解人，对人性探究持有足够的好奇心，且把人的研究放在一切工作的首位，真正做到以人为本。同时还要切实懂得教书育人的根本使命，明确教师工作的主要内容，并掌握教育的规律。唯有如此，才能胜任教师职业。

(三)教师职业的教育性

教师的日常工作是教学，而教学的主要内容是向学生传授科学文化知识。按照对职业的一般理解，教师职业最终所追求的应该是学生掌握知识的效果。然而，教师职业不同于一般职业，其职业价值并非体现在从业者的直接劳动成果上。教师所从事的是以教学为主要形式的教育活动，教育的终极目标是使人更好地生存与发展，这就意味着传授知识并不是教师职业的全部内容，更不是其唯一的目的。教师职业是具有教育性的职业，表现为以下两方面。

第一，教师职业是以"育人"为宗旨的。早在 19 世纪科学教育学的创始人赫尔巴特就提出了"教学具有教育性"的命题，这意味着教师所从事的工作，从一开始就不是单纯的"传道、授业、解惑"，而是对人进行道德、思想、情感、个性品质等全方位的影响。正如联合国教科文组织在 20 世纪末所指出的："教育应围绕四种基本学习加以安排；可以说，这四种学习将是每个人一生中的知识支柱：学会认知，即获取理解的手段；学会做事，以便能够对自己所处的环境产生影响；学会共同生活，以便与他人一道参加人的所有活动并在这些活动中进行合作；最后是学会生存，这是前三种学习成果的主要表现形式。"[1]总之，"教育的意义不仅在于对学生知识建构的促成，还有对生命个体全面成长

---

① 《教育——财富蕴藏其中》，联合国教科文组织总部中文科译，75 页，北京，教育科学出版社，1996。

的积极关注，教育就是要引领学生亲近真理、启迪智慧、润泽生命"①。所有这些表明，教师的职业活动不是单纯的知识传授和技能训练，而是教师按照一定的社会要求对学生身心全面发展的促进，是对人的培养，不是把人作为物件进行加工和锻造。从这个意义上可以说，教育性是教师职业的本质属性。

第二，教师职业的主要手段是教师自身。教育是一棵树撼动另一棵树，一朵云推动另一朵云，这意味着教师的劳动并非完全依赖作为中介的知识内容、技术手段，而是在很大程度上依赖自身的素养。为人师表是教师职业的重要特征，体现为：一方面，教师在劳动过程中的一言一行都会无形地影响学生，所谓"学高为师，身正为范"，说明教师的活动方式及其整体素质就是一种教育影响；另一方面，教师的劳动对象，尤其是身心发展尚未完全成熟的青少年学生，具有较强的向师性和模仿性。模仿是学生学习的重要方式，教师的观念、思想、行为、品质等都是学生模仿的对象。"身教重于言教"所表达的就是教师职业的教育性特质。

（四）教师职业的创造性

教师职业的复杂性决定了其必然是一种创造性职业。创造性区别于简单重复性，是不断进取、勇于突破、不因循守旧的精神象征和行为表现。"舍恩（1930—1997）认为，教师在教育教学过程中通常会存在两类问题情境。一类是'平坦地'。在'平坦地'中，问题比较明确，问题情境也清晰可见，教师可以通过运用已有的经验和理论有效地解决问题。另一类是'沼泽地'。'沼泽地'中的情境是复杂的，问题是不明确的，没有办法直接通过普适的经验和理论来解决问题。在教学中绝大多数的情境属于'沼泽地'。"②这意味着，教师必须创造性地进行教育教学活动，才能胜任教师职业。

教师职业的创造性突出地表现为以下两方面。一方面，教师的劳动对象是性格迥异、独具个性，且知识、能力具有差异性的具体个人，这就决定了教师的劳动不可能对所有的对象产生相同的教育效果。因此教师必须针对学生的个体差异性，采取不同的措施因材施教。可以说，因材施教是教师职业创造性的典型表现。另一方面，教师的劳动对象不仅具有个体差异性，而且还是有着自主意识、自我发展需要和丰富情感的生命个体，这就使得教育过程充满了不确定性以及偶发事件。因此教师不能完全按照已有的经验和既定的法则从事教育活动，而是要具备随时应对突发事件的教育机智。教育机智是教师对突发

---

① 肖川：《润泽生命的教育》，1页，北京，北京师范大学出版社，2012。
② 《教育学原理》编写组：《教育学原理》，295页，北京，高等教育出版社，2019。

性教育情境作出合理、正确、恰当处理的能力。从本质上讲，教育机智就是一种创造力。苏联著名教育家乌申斯基曾提到，不管教育者怎样研究教育理论，如果他没有教育机智，他就不可能成为一个优秀的教育实践者。

创造性，不仅是教师职业的一个重要特性，还是教师职业内在尊严与欢乐的源泉。马克思曾经指出："能给人以尊严的只有这样的职业，在从事这种职业时，我们不是作为奴隶般的工具，而是在自己的领域内独立地进行创造。"①"独立地创造"之所以能够给人带来尊严，是人之生命本性所致。创造性是人区别于动物的根本特性，因此人只有在创造性的活动中才能体现自身的价值，才能收获人之为人的尊严与欢乐。所以，在教师职业生涯中，"'只有用创造的态度对待工作的人，才能在完整意义上懂得工作的意义和享受工作的欢乐'，才能使教师职业真正成为令人羡慕和富有内在尊严的职业，成为充满人类智慧和人性光辉的职业"②。

三、教师的专业化

从教师职业的发展历史可知，迄今为止，教师职业已经成为一种专业化的职业。专业化对教师职业意味着什么？对于教师个人来说又意味着什么？对于这些问题的思考，有助于我们进一步加深对教师职业的理解。

（一）教师职业专业化

专业化是职业社会地位提升的象征，也是职业发展的动力之源和质量保障。因此，教师职业专业化就是教师职业发展及教育质量提高的关键，同时对于教师社会地位的提升起着至关重要的作用。

专业化，简单地讲就是职业的专门化。职业的专门化是指一种职业经过一段时间后成功地满足某一专业性职业标准的过程，它涉及两个同时进行并可独立变化的过程，就是作为职业地位改善的专业化和作为职业发展、专业知识提高以及专业实践中及时改进的专业化。③作为专业化职业，首先应该是一种正式的职业；其次对从业者有特殊的要求，即需要接受专门的知识和技能训练；最后要体现专业的价值取向，即以服务社会、服务公众作为评价专业人员是否成功的指标而不是经济回报。换言之，一种职业作为专业须具备三个方面的基本特征：不可或缺的社会功能，完善的专业理论和成熟的专业技能，高度的专

---

① 《马克思恩格斯全集》第40卷，6页，北京，人民出版社，1982。

② 叶澜、白益民、王枬等：《教师角色与教师发展新探》，17页，北京，教育科学出版社，2001。

③ 邓金主编：《培格曼最新国际教师百科全书》，教育与科普研究所编译，542页，北京，学苑出版社，1989。

业自主权和权威的专业组织。

专业与职业的区别如表 4-1 所示。

表 4-1　专业与职业的区别

专业	职业
以专门知识和技术为基础	以经验和技巧为基础
需要心智和判断力	以重复操作为特征
需要自主权	需要服从指挥
需要学习高深学问和专门知识	通过学徒培训即可
需要不断更新知识和方法	工作中日益熟练和灵巧
从业资格不易获得	没有严格的从业标准
服务社会	谋生手段

一般而言，专业化实际包括作为职业的群体专业化和作为从业者的个体专业化。然而，事实上专业化的概念经历了由群体专业化向个体专业化的衍变、分化，乃至重心倾斜的过程。

教师专业化首先是指教师职业专业化，即强调教师群体的、外在的专业性提升。社会学研究者认为，社会由于分工形成了各种职业，因而也就有了各种职业群体。在这些职业群体中，那些具备独特性质并能在整个社会职业结构中占据上层位置的职业群体被称为"专业"群体。因此，职业专业化可以从两个方面理解：一是指一个普通的职业群体在一定时期内，逐渐符合专业标准，成为专门职业并获得相应的专业地位的过程；二是指一个职业群体的专业性质和发展状态处于一定的程度或结果。前者是从动态的角度对职业专业化的解读，后者则是从静态的角度对职业专业化的解读，但二者均指向一个职业的专业标准的达成和社会地位的提升。据此，教师职业专业化可以被理解为：教师职业达到一定专业标准，社会地位得以提升的过程或结果。

教师职业专业化的目的是教育工作的专业化水平提高，以及教师职业的社会地位提升。在教师职业专业化发展的历史过程中，曾存在两种不同的取向：一种是"工会主义"取向，即侧重通过工会组织活动谋求社会对教育工作专业地位的认可，来获取教师职业的专业性；另一种是"专业主义"取向，即侧重通过制定严格的专业规范制度，提升教师职业的专业性。从实际的效果看，"工会主义"难以真正促进教师群体的专业性提升和获得社会的认可，而"专业主义"主要是通过制度建设达成对教师职业专业化的促进，但制度只能是把不符合要求的教师"过滤"掉，其本身并无法保证每一位教师专业性的提高。因此，在世界范围内，教师职业专业化策略逐渐转向了教师个体专业化策略，教师个体专业化成为教师专业化发展的大趋势。

毫无疑问，教师职业专业化在一定程度上促进了教师职业社会地位的提升，并在制度层面为教育质量的提高奠定了基础。然而，由于只是从外在对教师的从业资格、就业标准提出要求，故教师职业专业化很难落实到每一教师个体的专业性提高上，这就要求教师专业化必须关注教师个体专业化。

（二）教师个体专业化

教师个体专业化强调教师个人内在的专业性提升。要想达到提高教育水平的目的，必须确保每一位教师自身的专业素养真正得以提升。然而，在工业管理模式背景下的教师个体专业化，只关注教师抽象化的专业知识和程式化的技能与技巧，"在这种情形下，教师所谓的'专业化'程度取决于其专业领域的知识与技术的成熟度，教师的专业力量受学科内容的专业知识、教育学、心理学的科学原理与技术的制约……而且在这种范式下，一般认为这些知识、原理和技术是可以通过'教'的方式'传递'给教师的，教师处于被动的'专业化'状态，这一过程还称不上教师自主的专业发展过程"[①]。也就是说，教师个体专业化实际上包含了教师个体被动专业化和教师个体主动专业化两种范式。毫无疑问，真正能够提升教师专业素养，促进教育教学水平提高，并确保教师尊严、价值及其社会地位提升的一定是教师个体主动专业化，也称教师专业发展。

教师专业发展，是指教师个体专业化素养和能力提高的过程，具体表现为专业结构的不断更新、演进和丰富，以致成为成熟专业人员的过程。教师的专业结构包括：专业知识与技能技巧、专业信念与理想、专业情感与态度，以及教学风格和品质。[②] 饶见维认为，教师专业发展的内涵包括三个观点：首先，教师是专业人员；其次，教师是发展中的个体；最后，教师是学习者和研究者。教育部师范教育司组织编写的《教师专业化的理论与实践》指出："教师专业发展是教师个体专业不断发展的历程，是教师不断接受新知识，增长专业能力的过程。教师要成为一个成熟的专业人员，需要通过不断的学习与探究历程来拓展其专业内涵，提高专业水平，从而达到专业成熟的境界。"[③] 总之，教师

---

① 叶澜、白益民、王枬等：《教师角色与教师发展新探》，215页，北京，教育科学出版社，2001。

② 王鉴、徐立波：《教师专业发展的内涵与途径——以实践性知识为核心》，载《华中师范大学学报（人文社会科学版）》，2008(3)。

③ 教育部师范教育司：《教师专业化的理论与实践》，50页，北京，人民教育出版社，2003。

专业发展所强调的是教师个体通过接受专业训练，尤其是自主学习和探索，不断提升自己的专业素养，逐步成为一名成熟专业人员的过程。

在教师专业发展过程中，教师的实践性知识具有不可估量的作用。20 世纪 70 年代，美国麻省理工学院的舍恩在《反思性实践——专家是如何思考的》一书中指出："教师的专业是具有不稳定性、不确定性，同时又是充满许多潜在的价值冲突的专业。在这类专业中，执业者的知识隐藏于艺术的、直觉的过程中，是一种行动中的默会知识。"①他认为教师在实践中并不是机械套用所习得的教育教学理论知识，而是将这种理论和教学实践相结合形成自己的"使用理论"。这种"使用理论"能使教师对教育教学情景中出现的问题进行"重新框定"，从而找到解决问题的策略。因此，教师的专业发展要注重理论知识的获得，更要注重实践知识和能力的获得。理论知识的获得只不过是教师取得职业资格的外在象征和前提，是胜任教师工作的必要条件而非充分条件。教师只有将理论知识内化和深化为"个人知识"，才能真正获得专业发展。"教师专业发展的机制简单来说就是将'显性'的理论知识在其已有的经验、信念和价值观等基础上内化、整合而形成自己所'使用的理论'或'个人理论'（教师实践知识），同时又将自己的实践知识在批判与反思基础上通过不断总结与概括而使其'显性化'，形成抽象的理论知识。这一过程在本质上就是教师专业发展的过程，也是一个教师由新手向教育家型教师迈进的有效途径。因此，教师实践知识的获得与积累、深化与外化是教师专业发展的有效而具体的途径。"②

（三）教师专业发展的价值取向

教师职业作为一种专业，已经普遍得到了人们的共识。然而，教师专业发展最终要达到的目的是什么？什么样的专业发展才是教师应该追求的发展？理想的教师专业发展是怎样的？这些问题所涉及的就是教师专业发展的价值取向问题。关于教师专业发展的价值取向，中外学者进行了大量研究，基于不同的视角也提出了许多不同的观点。其中，比较有代表性的为美国学者哈格里夫斯和加拿大学者富兰的观点，他们认为教师发展可以从三个方面来理解：知识与技能、自我理解、生态变革。在这一分析框架的基础上，国内有学者将教师专业发展取向划分为三种：理智取向、实践—反思取向、生态取向。③

---

① D. A. Schon, *The Reflective Practitioners: How Professionals Think in Action*, New York, Basic Books, 1983, p.49.

② 王鉴、徐立波：《教师专业发展的内涵与途径——以实践性知识为核心》，载《华中师范大学学报（人文社会科学版）》，2008(3)。

③ 靳玉乐、王磊：《理智取向教师专业发展的理念与策略》，载《教师教育学报》，2014(6)。

1. 教师专业发展的理智取向

教师专业发展的理智取向以"知识基础"的可确定性为假设，关心的问题是"什么样的知识对于教学是必要的"，认为优秀的教师要具备"学科知识"与"教育知识"两种知识。学科知识包括科学文化知识、一般的技能技巧以及基本的世界观、价值观等；教育知识即帮助学生获得知识的知识与技能。其思想内涵主要体现为以下几个方面。

首先，强调"专业知识与技能"是教师专业发展的重点，而忽略教师的个人观念、生活与经验等在教育教学中的作用，认为教师的专业发展便是对专业知识与技能的习得。理智取向的教师专业发展主张教师个体既应该是拥有丰富学科知识的专家，又应该是具备娴熟教学技能的技术人员。只有具备坚实的知识基础，教师才有权利和能力向学生传授科学知识，而同时只有熟悉教学的一般过程，掌握教学的一般技能，知识传授过程才能得以实现。

其次，教师教学的理智基础是专业知识，它是有效教学的重要因素。"什么知识对教师是必要的"，这是教师专业发展的核心问题，是教师专业发展的内容体现。不同价值取向的教师专业发展观，对教师专业知识的理解及认可是不尽相同的。美国学者舒尔曼(L. S. Shulman)认为教师的知识结构主要包括七类[①]：①学科内容知识；②一般教育知识；③课程知识；④学科教学知识；⑤学生及其特点的知识；⑥教育情境的知识；⑦有关教育宗旨、目的、价值和它们的哲学与历史背景的知识。持理智取向的学者一般都倾向于探究教师知识的整体结构和具体维度，旨在通过对教师知识的细化和分类，为教师教学提供一份"专业知识清单"。这些教师知识基本围绕学科知识和教学知识展开，因经过了抽象化和逻辑分析而具有客观性、普适性以及确定性的特征，并呈外显状态，易于表述和把握，能够为不同的研究者与教师共享和交流。总之，在理智取向视角下，"课程"的内涵主要是"学科"。学科知识和教学类知识构成了教师专业知识的核心。

再次，理智取向关于教学的一个潜在假设是：教学是一个抽象的、一般的过程，这一过程有着普遍性、本质性的规律，教学研究的目的便是将其揭示出来，用于指导具体的教学实践。对教师来说，只要能够理解学者们通过研究所揭示的教学一般规律，掌握教学策略，遵循特定的教学模式，付诸相应的教学行动，有计划地向学生传授各种知识，其教学便被认为是有效的。在教学过程

---

① L. S. Shulman, "Knowledge and teaching: Foundations of the New Reform", *Harvard Education Review*, 1987, 57(1), pp. 1-22.

中，教师就如同在从事一项技术性活动，只要运用特定的方法与技巧，确保活动过程的顺利进行，便能得到有效的产出。在技术理性支配下，教师专业发展立足于知识的占用与应用，追求技术的精确性和教学的控制性，着眼于规则化的教学行为，注重教学的操作性，而忽视个体差异性。在这种情况下，高效的教学便意味着教师必须要培养娴熟的教学技能，更好地管理和控制课堂，并针对学生的行为、反应作出调整，使课堂教学按计划有秩序地进行，乃至达到自动化的程度，以便能在同等的时间内完成更多的工作量。

最后，理智取向教师专业发展的策略是：在目标导向上，以专业标准为本，规定教师发展的内容和方向；在组织模式上，由教师教育机构主导，突出教师教育者的影响；在质量保证上，注重教育专家的学术引领，借鉴学术研究成果；在实施重点上，关注教学行为和教学认知，强调个体的着意训练。[①]

理智取向注重技术理性，追求高度的程序化和精确化，导致了"操作主义"的倾向。在技术理性视域中，熟练的、自动化的教学技能，完美准确地达成预设目标成为教师专业发展的诉求。虽然教学技能的娴熟提升了教学效率，但其固有的模式化和机械化遮蔽了教学过程中的创造性、学生的主体性以及教师的教学自主权。况且，成为优秀教师不在于一味模仿，而要在充满不确定性和复杂性的教学情境中，关注教学技能背后蕴含的价值、教师的教学信念以及对教学过程的反思。当然，理智取向的教师专业发展在受到批评的同时，也有值得肯定之处：该取向容易践行；关注教师专业发展的实质性内容；以熟练教学技术追求高效率教学等。

2. 教师专业发展的实践—反思取向

教师专业发展的实践—反思取向出现于 20 世纪 80 年代，是在对客观实在论的知识观进行批判的基础上产生的，代表了教师专业发展向建构主义思维方式的转向。实践—反思取向追求的是教师发展理论之维与实践之维的交融和提升，其思想内涵主要体现为以下几个方面。

首先，实践—反思取向倡导教师应在实践—反思中形成以身载道的个人哲学。"具体而言，指教师应追求一种'为道'与'为学'相结合的生活，其中包含两个层面的意义：一是教师作为普通人的身心修炼，也就是教师在个人哲学的引导下，过一种以身载道的生活，成为'人'；二是教师作为教育工作者，过一种以研究和解决教育问题为主的教学生活，成为'师'。"[②]实践—反思取向关心

①　靳玉乐、王磊：《理智取向教师专业发展的理念与策略》，载《教师教育学报》，2014(6)。
②　靳玉乐、陶丽：《反思取向教师专业发展的理念与策略》，载《教师教育学报》，2015(1)。

的问题是"教师实际知道些什么",以及"如何让教师知道他们知道些什么",认为教师专业发展的目的不在于外在的、技术性知识的获得,而是通过内在的反思,促进教师深入理解相关的专业活动。该取向对"教师"这个"人"的关注,远远超出对"教学"这项"活动"的关注,尤其注重教师"个人理论"的重要性。

其次,实践—反思取向认为,教师的本质不是先定的,而是在具体的教学实践中由各种因素不断互动生成的。教师之所以是教师,并非只是概念上的界定。概念界定只是赋予了个体抽象的教师名义,而个体如何获得本质意义,成为"实在"的教师,则取决于个体在教学实践中的生动表现,取决于个体在经验与理论、自我与他人的互动中如何解释和建构自己的教学生活。实践—反思取向主张教师通过教育叙事、行动研究等方式在实践中反思,通过反思提升实践。只有在实践—反思中,教师才能成为人格完整发展的个体和对自身发展负责的开放性个体。因此,教师的本质不是"被造"的,而是通过实践—反思"自造"的;教师专业发展主要依靠实践与反思,而不是知识技能的学习。

再次,实践—反思取向认为"教师即课程"。教师既解读着课程文本,又将自己的理解用语言和行为灌注在课程实施中。教师自身成为意义的表征,即自身就是一个活动的、被解读的"文本"。也就是说,教师以实践—反思的形式在对课程的诠释中生成着,教师成为教师的过程就是教师诠释课程的过程。[①] 这意味着对教师而言,课程不应该是被"实施的",而是"建构出来的"。教师应该根据主题、问题来组织课程内容,将理论学习、实践体验、讨论反思等整合起来,使课程学习的过程成为一个持续探究的过程。因此,课程实施方式要以探究、发现模式来实施,引导学生自主发现、自主探究,在探究中形成个体的实践性知识。

最后,在教师培养上,实践—反思取向注重培育教师智慧,主张教师本人在实践中的体验与建构。这种理念认为,单纯以习得知识、获得学历为目的的教师培养模式,是一种仅着眼于眼前发展的模式。教师教育应该既满足一线教师对实用性知识和技能的需求,又超越这些需求,在理论思维的启发和培养、实用技能的训练和给予之间保持一种张力,进而促进教师智慧的形成,使教师获得可持续发展。

总之,实践—反思取向是探究性的,它使得教师研究从关注"教师应如何"的规范性问题转向了"教师是谁"的存在论问题,从对教师身份的规定取向转向了对教师个体生存意义的关注和探讨。与理智取向不同,实践—反思取向特别

---

① 靳玉乐、陶丽:《反思取向教师专业发展的理念与策略》,载《教师教育学报》,2015(1)。

重视教师个体经验，相信教师个体的专业成长是在反思和改进个体经验的过程中获得的，并且认为理智发展的意义并不在于理论玄思和技能习得，而在于被迅速地转化为行动的力量，并以最快的速度得到运用，产生实践效益。当然，强调教师个人的实践、反思，并非否认教师发展需要一定的专业理论知识和技能，而是要求教师通过反思将理论知识内化为个人知识，形成自身独特的教育智慧。

3. 教师专业发展的生态取向

教师专业发展的生态取向是指将教师的成长植根于教师专业发展的"生态环境"中，通过个体的学习、实践与反思，强化教师专业意识，奠定专业基础，提升教师专业技能，增强教师职业认同感，形成良好的个体专业发展的"生态环境"。同时，通过教师群体间的信息传递、合作交流与竞争、专业技能承接等方式，形成教师自然合作的文化氛围，建构教师群体良好的"生态环境"和"生态圈"，以促进教师的专业发展。① 其思想内涵主要体现为以下几个方面。

首先，生态取向认为，教师专业发展不能只强调知识技能的掌握或教师的反思，而需要将其置于人、事、物构成的群体中，形成一个动态的、发展的生长环境，建构一种"教师文化"或"教学文化"。它们能为教师的工作提供意义、支持和身份认同。因此，建构良好的文化环境是促进教师专业发展的理想途径。

其次，生态取向认为，知识的获得是多元化的，通过书本学习、专家传授、实践反思等都可以获得知识。教师在其所生存的教师群体中，通过沟通交流和文化熏染也可以获得成长与提高，他们以此获取的知识就来自群体文化。因此，该取向更多关注"文化""合作""背景""社团"，认为教师专业发展的理想方式是一种合作的发展方式，即由小组的教师相互合作确定自己的发展方式。

最后，与理智取向、实践—反思取向相比，生态取向超越了主要关注教师本身的局限，而以更为宏观的视野，开始尝试在制度（或机构）的层面上探讨教师专业发展问题，由关注教师个体转而关注教师专业发展中各因素的关系。合作发展是该取向教师专业发展的理想方式。

综上所述，三种不同的教师专业发展的价值取向反映了对教师专业发展内涵的不同理解及对其研究的逐步深化，为我们理解教师专业发展提供了认识路径与视角（详见表 4-2）。

---

① 靳玉乐、殷世东：《生态取向教师专业发展的理念与策略》，载《教师教育学报》，2014(1)。

表 4-2　三种取向的教师专业发展

取向类型	关键内容	途径/手段	核心词
理智取向	教师个体知识技能的获得	培养与培训	知识技能
实践—反思取向	教师个体实践行为的改进与反思	个人或合作的探究与反思	实践反思
生态取向	教师群体的相互学习与共同发展	建构合作的"教师文化"或"教学文化"	合作、文化、社团等

第二节　教师角色、素养及境界

教师担负着教书育人、传承人类文明的重要使命，是教育成败的关键所在。那么，教师应该是怎样一种人，具有怎样的素养与境界，才能不负使命，确保教育的成功？这是本节所要着重探讨的问题。

一、教师角色

《中华人民共和国教师法》规定："教师是履行教育教学职责的专业人员，承担教书育人，培养社会主义事业建设者和接班人、提高民族素质的使命。"[①]这是对教师社会角色的规定。教师角色是其自然属性和社会属性展开的过程，也是其自然需求和社会需求得到满足的过程。教师角色的厘定，不仅可以使教师更好地胜任教师职业，而且还能够使教师充分体现自身主观能动性并实现自我价值，进而使教师个体走向生命自觉。

角色，是一个人在一定系统内的身份、地位、职务及其相应的行为模式。因此，教师角色即为教师在教育系统内的身份、地位、职责及相应的行为模式。它规定了教师在教育教学情境中应有的心理和行为方式，是教师在一定的社会背景下从事教育教学活动时所表现出来的一整套行为规范，以及社会对教师行为的期望表达；也是教师多种社会属性和社会关系在教育活动中的反映。教师角色伴随着教育与社会的发展变化而不断丰富与发展。

（一）教师角色厘定的认识思路

对教师角色的厘定，实际上是回答"教师是谁"的问题，即教师是怎样一种

---

① 《中华人民共和国教师法》，http://www. moe. gov. cn/jyb_sjzl/sjzl_zcfg/zcfg-jyfl/tnull_1314. html，浏览日期：2023-06-30。

人。对于这一问题，目前在理论界存在四种基本认识思路。①

一是直观描述的认识思路。它是以教育目的为依据，以教师的教育任务为标尺，解释教师角色的内容与要求。这一认识思路较为直观、明了，通常是将"教书育人"作为教师角色特征的基本规定，提出教师是知识传播者、学生品德引领人等角色要求。按照这种思路理解的教师角色为：教师是社会教育目的的代言人，扮演着传递社会要求的角色。尤其是在社会对教育控制比较严格的时期，教师角色的这一特征体现得尤为明显。

二是分析性的认识思路。如果说直观描述主要是一种静态式的对教师角色的认知，那么分析性的认识思路则侧重于从动态视角考察教师角色，其主要思路是将教育看作一种过程或行动，即教育是有意识的、有预先目的和规定的教育过程。这一过程特别关注教育者和受教育者双方行动的一致与协调。也就是说，只有教师发出的信息被受教育者明确接受并认可时，教育活动的发生才是真实有效的。照此认识思路，"教的要求"就成为确定教师角色的重要依据，教师被看作"知识的化身""能者为师"等。

三是分离式认识思路。这一认识思路将教师与学生看作独立的教育主体进行研究。教师工作目标是促进学生的发展，但是学生是独立的个体，有着身心发展的个体差异性，且有着不同的需要和个性特征。好的教育应该是让每一个学生在自己原有的基础上获得最大程度的发展。因此，学生个体的发展，是研究与分析教育过程、阐述教师角色最重要的视角。在这一视角之下，教师被认为是"良好教育环境的创造者""学生兴趣的激发者和引导者""学生个性的维护者和培育者"等。

四是本质性的认识思路。这种认识思路是上述思路的综合与交叉。尽管社会发生着变化，教师角色的具体要求随着时间的变化而发生变化，但是，在各个时期对教师角色的要求中有一些内容延续了下来，这使教师角色体现着超历史的特征。对教师角色的本质性的认识思路，重点突出论述教师角色的依据，强调教师角色内容的超历史、超时间、超空间的特性，期盼得到一些带有普遍性特征的教师角色规定。美国学者艾伦·布鲁姆就认定，教师要努力使人类完善，"他们谋划着对完善的人性的理解，还在寻求使自己本性能够趋于完善的途径。对年轻人的关注——了解他们渴仰什么，能够汲取什么——正是教师这个职业的精华之所在"②。关于这一点，无论在什么时代、什么样的社会背景

---

① 舒志定：《教师角色辩护的基础与课题》，载《天津市教科院学报》，2006(1)。
② ［美］艾伦·布鲁姆：《走向封闭的美国精神》，缪青等译，11页，北京，中国社会科学出版社，1994。

下，都是不可改变的。例如，教师作为"传道、授业、解惑"者的角色，就应该是跨越时空的、恒定的教师本质属性的体现。

上述关于教师角色的认识思路，从不同侧面为我们揭示出了教师的职责、身份及行为模式等，丰富了我们对教师角色的认识。不仅如此，教育活动的复杂性，决定了教师角色的复杂性。因此，教师角色的认识思路，远非上述这些。

有学者提出应从三个层面厘定教师角色。①

第一个层面是恒久的社会归属性。角色的本质是社会身份的持有者。角色中蕴含着社会、他人对个人行为的理解、期望、要求，包含着个人在社会群体中的地位、身份、作用。它不可避免地被烙上社会、经济、文化的印记，述说着社会大众对某种具体职业的内在谋划和外在规定。

第二个层面是具体与抽象的整合。当教师角色作为教育者在校内外各种情境中表现出行为时，它是具体的、可观察到的；而作为一种社会期望或者社会地位、身份，它更多地表现出一种抽象性。如此说来，教师角色就成为教师地位、社会期望、教师行为的叠加体，在三者之间寻求自我生命的萌发。一方面，教师在社会中的地位和社会对教师职业的内在期望影响着人们对教师角色的界定，成为人们判断教师角色合格与否的内在标准；另一方面，通过教师行为表现出来的教师角色必定隐含了社会期望，昭示教师在社会中的地位和身份。

第三个层面是客观与主观的融通。教师角色作为教师多种社会属性和社会关系在教育活动中的反映，必须兼顾社会政治、经济、文化的客观要求。因此，教师角色不可避免地表现为一种客观规范性。但是，角色又不仅仅是他人愿望和需求的反映，也包含着教师自己的选择和认定，即教师根据自己的爱好、态度、价值观不断充实、丰满角色定义。所以说，角色是客观的，而角色表现却是多样化的，每位教师都在适应社会要求与展现自我人格特征之间努力寻求一个平衡点。

从古至今，教师都被赋予了多重角色的期待和称谓，教师成为集多个角色于一身的智者的化身。这些角色既蕴含着社会的理想与期待，也意味着一种标准与警醒。教师角色作为一个历久弥新的话题，在不同历史时期有着不同的角色变化，对传统教师角色规定的寓意解释与对各种教师"隐喻"的分析能够帮我们理清教师角色的历史实践样态，从而在其历史演变中为新的教师角色建构提供有益启示。

---

① 杨洲：《教师角色的厘定、期待与重构》，载《继续教育研究》，2011(10)。

（二）传统教师角色规定的寓意

教育教学活动，不但是师生之间的知识授受活动，而且是其相互交往、情感交流、共享共创的活动，因此，教师的角色是多元的、变化的。分析传统教师角色规定的寓意，目的在于更好地认识与理解当代教师的角色要求。

1. 传道者角色

"师者，所以传道、受业、解惑也。"①这是对教师传道者角色的经典表达。"道"即天地人生之理。"传道"，即向众人讲授解释天地人生囊括的知识之理，在古时指传授圣贤之道。古代要求教师要教三德、三行。《周礼》曰："以三德教国子：一曰至德，以为道本；二曰敏德，以为行本；三曰孝德，以知逆恶。教三行：一曰孝行，以亲父母；二曰友行，以尊贤良；三曰顺行，以事师长。"②这就是要求教师通过传道、授德，提高受教育者的德行。在《论语》中也有"君子谋道不谋食……忧道不忧贫"③之说。意思是君子谋于道而不谋于食，忧虑道之不明而不忧虑衣食之贫。段玉裁在《说文解字注》中提出"师，教人以道者之称也"④，即"老师"是对"教给人们懂得道理的人"的称呼。由此可见，教师要致力于践行正道，以弘道为使命。

"传道"是教师职业"为其所应为"的内在要求。这一角色将教师与天道联系起来，增加了教师职业的神圣性和权威性，提高了教师的职业地位。但是，古代所传之道多为儒家之道，包括儒家教义、经典知识，以及内圣外王的理想人格。而今，教师应该通过传道者角色的引领，使人从现在走向未来，"让受教育者的性格和精神福祉（人格）产生持久的好转变化"⑤。

2. 示范者角色

"学高为师，身正为范""桃李不言，下自成蹊"等，都强调教师的道德和言行是学生学习和模仿的榜样。学生具有较强的向师性，教师的道行、言谈举止、为人处世方式等都会对学生产生潜移默化的作用。"师者，人之模范也。"⑥教师的示范者角色既强调德性优先又注重言传身教。

从古至今，知礼修德都是教师素质的基本要求，德乃教育之源、教师之

---

① （唐）韩愈：《韩愈集》，严昌校点，157页，长沙，岳麓书社，2000。

② 《周礼·仪礼·礼记》，陈戍国点校，31页，长沙，岳麓书社，2006。

③ 杨伯峻：《论语译注》，168页，北京，中华书局，1980。

④ （汉）许慎撰、（清）段玉裁注：《说文解字注》，273页，上海，上海古籍出版社，1988。

⑤ ［美］菲利普·W. 杰克森：《什么是教育》，吴春雷、马林梅译，155页，北京，北京时代华文书局，2015。

⑥ （汉）扬雄：《法言义疏》，汪荣宝注疏，18页，北京，中华书局，1987。

本。德性优先的示范性角色，要求教师要不断提升道德示范力，加强德性修养，增强自身道德能力，以高尚师德和人格魅力影响学生。在我国，优秀的师德传统源远流长。《礼记》有言，"师也者，教之以事而喻诸德者也"①；张载认为，"德薄者终学不成也"②；梁启超认为，"夫师也者，学子之根核也。师道不立，而欲学术之能善，是犹种稂莠而求稻苗，未有能获者也"③。当前，《中小学教师职业道德规范》从六大方面，即爱国守法、爱岗敬业、关爱学生、教书育人、为人师表、终身学习，对教师的职业素养进行了明确规定。

德性行动是高尚师德的外化。教师身教重于言教，"其身正，不令而行；其身不正，虽令不从"④。众所周知，教育者影响受教育者的不仅仅是其所教授的某些知识，更重要的还有其行为、生活方式以及对日常现象的态度等。因此，教师的言传身教是最直接、最有效的示范和引导，是其以身作则、为人师表的重要手段。只有如此才能保证教书育人的实效性，进而促使学生由"亲其师，信其道"到"乐其道"，乃至"新其道"。正如法国社会学家涂尔干在论及道德时所言："从根本上讲，真正的德性在于以一种适当的方式行事，能够将自己身上的某种内在的方面加以外化，而根本上不在于对高尚的图景和动人的品格闷头进行精神建构和个人沉思。"⑤古今中外，很多教育家成功的秘诀就在于其以身作则、行为世范，如孔子被认为"天不生仲尼，万古如长夜"，裴斯泰洛奇被奉为"爱的教育之父"，陶行知被称为"伟大的人民教育家"，等等。当今更加强调高尚师德是对学生最生动、最具体、最深远的教育，要求教师要以德立身、以德施教，用社会主义核心价值观滋养和教化学生灵魂，用自己的模范行为帮助学生扣好人生的第一粒扣子，真正成为学生学习与生活中的良师益友、人格上的楷模。

3. 权威者角色

教师权威是"教师在角色要求下控制或约束学生的权力"⑥。涂尔干在《教育与社会学》中提出，教育在本质上是一种权威性的活动。教师作为社会的代言人，是其所处的时代与国家的重要道德观念的解释者；同时，也必须是具有

① （汉）郑玄注、（唐）孔颖达疏：《礼记正义》，635页，北京，北京大学出版社，1999。
② （宋）张载：《张载集》，章锡琛点校，273页，北京，中华书局，1978。
③ 梁启超：《饮冰室合集》，35页，北京，中华书局，1989。
④ 杨伯峻：《论语译注》，136页，北京，中华书局，1980。
⑤ ［法］涂尔干：《教育思想的演进》，李康译，290页，上海，上海人民出版社，2003。
⑥ 教育大辞典编纂委员会编：《教育大辞典》第6卷，451页，上海，上海教育出版社，1992。

坚强意志和权威感的道德权威。[①] 由此可见，教育称得上是一种权威性的活动，离不开社会赋权和教师自身的坚强意志、道德、人格力量。

韦伯从合法统治的角度提出了权威三类型说。[②] 一是传统的权威。这是在长期的传统因素影响下形成的，它源自人们对权威者合法性的确信。例如，传统的"师道尊严"使教师具有的权威身份和地位被学生和社会所尊崇。二是感召的权威。这种权威来自个体的人格魅力，它源于人们对英雄、典范和具有卓越品质的人的敬爱。例如，《学记》中的"亲其师……信其道"[③]，是说一个人由衷地敬佩自己的师长，就会深信老师传授的知识道理。正是教师良好的人格魅力和深刻的文化底蕴，使其具有了吸引人的力量，这是教师通过长期的教育实践而形成的独特的感染力和号召力的体现。三是合法的权威。它来自人们对规则的合法性的认可以及对按规行事的权力的信任。例如，2019 年 6 月，中共中央、国务院发布《关于深化教育教学改革全面提高义务教育质量的意见》，明确提出教师惩戒权这一问题，并要求制定实施细则。在《中小学校学生违规行为惩戒实施暂行办法》中指出，对携带危险品入校、扰乱正常课堂秩序、侮辱师生言行等行为，教师可施以批评教育、背诵规定、劳动等有利于学生成长的科学惩戒方式。对教师来说，教育惩戒权就是一种合法的权威。

在中华传统文化中，教师是"权威者"。"天地为大，亲师为尊""一日为师，终身为父"等古训，都体现了对教师职业地位的肯定与推崇，教师是知识的化身、社会的代言人。家长和社会期待教师将各种规范和要求施加给学生，使教师具有管控和支配权，让学生成为被管控的对象。这些是社会赋予教师的外在权威。但是，只有"学而不厌，诲人不倦"[④]的内在品质，才能使教师自身获得内在权威。因此，当代教师应从根深蒂固的传统角色中走出来，迈向符合新时代发展所需的教师角色。

（三）各种教师"隐喻"分析

在理解和表达教师角色的过程中，很多时候人们会使用隐喻的方式。隐喻作为一种修辞手段，就是用一种物体或概念喻指代替另一种物体或概念，从而暗示两者之间的相似性或关联性。教师隐喻凸显了教师职业的特殊性及价值性，一方面使教师角色更加形象化、更富生机和活力，另一方面体现着不同的

① 张人杰：《国外教育社会学基本文选》，21～23 页，上海，华东师范大学出版社，1989。
② 顾明远主编：《中国教育大百科全书》第 2 卷，850 页，上海，上海教育出版社，2012。
③ （汉）郑玄注、（唐）孔颖达疏：《礼记正义》，1058 页，北京，北京大学出版社，1999。
④ 杨伯峻：《论语译注》，66 页，北京，中华书局，1980。

教育理念和教学方式。不同的教师隐喻不仅反映了时代对教师的角色期待，也反映了不同的教育观和价值观。正是对教师角色的不同理解与诠释，形成了诸多具有隐喻性质的教师角色表述，如"蜡烛""春蚕""园丁""灵魂工程师"等。"隐喻不单单是作为一种语言修辞的手段而出现，而且也是作为一种基本的教育思维方式而存在，是研究者把握研究对象、表达自己观点的一种基本方式。"①对不同的教师隐喻的分析，能够更好地透视出整个社会对教师的认知方式与思维方式，也更有助于我们理解与分析不同时代背景下教师角色的基本特征。

1. "春蚕"与"蜡烛"隐喻

"春蚕到死丝方尽，蜡炬成灰泪始干"是唐代诗人李商隐对春蚕和蜡烛的赞美，后来这句话常常被用来歌颂教师。因为教师与诗中的"春蚕""蜡烛"一样，都具有默默无闻、无私奉献、执着坚贞的精神。以春蚕作喻——吐尽洁白丝缕，形容老师呕心沥血地教导学生的辛苦。以蜡烛作喻——点燃求知火焰，形容老师燃烧自己、照亮别人的无私。

借助"蜡烛"与"春蚕"的隐喻，可以看出教师职业的独特价值。教师作为"蜡烛"，所散发出的光芒必定以照亮学生的前程为目标；同时，教师作为"春蚕"，所吐出的蚕丝也为了给学生织锦为缎。这充分肯定了教师在学校教育中对学生的重要引领导向作用和奉献精神。因此，蜡烛精神对我国教师队伍建设和教育发展具有一定的积极意义。但是，这一隐喻在高度赞扬教师的崇高精神的同时，并不能完全涵盖教师职业形象，"蜡烛"和"春蚕"自身的有限性决定了其功能的局限性。在教育过程中，教师具有教育者、学习者、研究者多重身份，不但要"照亮"学生，促进学生的成长，也要"照亮"自己，促进自身的专业发展，从而实现师生之间的教学相长。教师不但要"吐丝"——传授知识技能，也要教会学生"抽丝"——学会学习，从而促进学生成为学习的主体。

在教育教学实践中，对于"春蚕"与"蜡烛"的隐喻，也需要进行批判性思考。它们赋予教师的是崇高道德形象，注重教师的无私奉献精神，有助于弘扬尊师重道的传统风气。然而，这种观点也有将教师无限拔高、抽象为圣人的倾向，忽视了教师自身生活、社会地位和专业发展。教师在付出博爱的同时也要不断地自我发展和成长，既要关注学生当下，也要面向未来，进而成为师生共同发展中的"灯塔"。

2. "园丁"隐喻

"教师是辛勤的园丁"是一种最常见的教师隐喻。"园丁"观点是一种农业思

---

① 石中英：《教育学研究中的概念分析》，载《北京师范大学学报(社会科学版)》，2009(3)。

维模式的反映。教师像培育花木的园丁一样，对学生如苗圃一般进行浇灌、施肥等劳作，以促进其成长。这种表述自然而亲切，体现出教师辛勤劳作、甘为人梯的形象。

把教师比喻为"园丁"，折射出教师对学生孜孜不倦地精心培育。但是，教师与普通的园丁最根本的不同就在于对待生命个体的目标和态度。因此，"园丁"这一表述也隐含着一定的问题。

第一，忽视了学生的个体差异性。教师要因材施教，面对各异的生命个体，教师不可能像园丁修剪花木一样，将各种花木扭曲成盆景，裁剪出统一高度和尺寸的景观，而是需要尊重学生生命成长规律，根据学生的个体差异性因材施教，既要培养学生的集体精神，又要张扬学生的个性特长。

第二，忽视了教学过程的双边性。这种观点只看到教师作为外在因素的作用，而忽视了学生个体内在的主动性。园丁在培育花木过程中，根据其生长习性可以最大限度地发挥自身的作用。而教学过程是教师与学生相互作用、共同参与的双边活动，学生不是被动地接受"修剪"，而是与教师进行多维度、多层次的互动交流，教师要充分调动和激发学生的积极主动性，促进学生进行自主学习、合作学习、探究学习等。显然，这些不是普通的园丁能够做到的。

因此，"园丁"隐喻下的教师仍属于传统的权威形象。而在现代教育意义上，教师恰恰需要超越传统角色内涵，在师生的教学相长中建构起新时代的教师身份，在教与学的双边活动中促进学生知识及人生观、世界观和价值观的建构。

3. "灵魂工程师"隐喻

"人类灵魂的工程师"是苏联著名教育家加里宁对教师的赞誉。它作为教师的特定称谓，意指对学生思想道德和健全人格的培养，形象地表达了教师职业的光荣与神圣使命。教师在年轻一代的品格塑造中起到了不可替代的关键作用，并影响着他们良好道德品质和行为习惯的养成。

在一定意义上讲，"人类灵魂的工程师"可以看作一种工业思维模式的折射，其内涵表征也引发我们深思。

第一，学生的"灵魂"能否被设计？学生的"灵魂"主要指其精神世界，包括思想、情感、人格、价值观等。而它们的形成与发展只有在一定的经济发展、文化环境、政治氛围、家庭状况等诸多因素相互作用中才能进行。所以，学生的"灵魂"是在相关环境中逐渐形成的，是难以像工程师设计图纸一样来预先设计的。同时，教学过程是教与学形成的双边活动，其中蕴含情感的唤醒、智慧的激发、能力的提升等，而不是像工程师一样按照预定的尺寸规格批量生产的过程。

第二，教师能否按照设计方案塑造学生？众所周知，工程师要按照严格的工序要求和操作步骤进行工作，预定的方案不可以随意更改；而教学过程虽然也有预设，但它面对复杂多变的教学因素时更多是生成性的。只有"匠师"才按照预定的教学方案亦步亦趋地进行，而一位优秀的教师需要在具体的、生动的教学情境中发挥教学机智，将观察、互动、聆听和反思等有效融入教学。因此，教师也难以像工程师一样根据既定方案来塑造学生。

总之，"人类灵魂的工程师"的观点体现了教师工作对学生心灵培育和人格发展的促进作用，肯定了教师职业的高尚。但是，它有将教师神圣化的嫌疑，夸大了教师在教育活动中的作用。教师似乎可以像上帝一样，按照预定的方案塑造学生的灵魂。而在"塑造"学生的灵魂时，教师仅仅是既定方案的执行者，难以发挥自身的主动性和创造性，这在一定程度上似乎又贬低了教师应有的价值。

4. "一桶水"隐喻

"教师要给学生一碗水，自己要有一桶水"的观念，在一段时间以来深深地影响着教师的观念和行为。这种说法意味着教师扮演了一种知识灌输者的角色。这一隐喻强调教师的知识与能力的储备量，及其对学生的影响。

"一桶水"观点对教师"传道"任务的肯定有一定的合理性。相对而言，教师闻道在先，知之较多，在知与不知、知多与知少的矛盾中，需要教师以传授的方式增加学生的知识、能力。但是，在此观点影响下，过多地强调教师知识的"量"的储备，会忽视"质"的标准与提升，也会忽视教师"给水"的方法，将学生当作"装水"的容器，不断地"灌水"。尤其是在经济突飞猛进，互联网、大数据、人工智能等快速发展的社会，学生信息来源日益多元化、快捷化、智能化、即时化，教师有"一桶水"也已经远远满足不了学生的需求，而需要具有"源头活水"，"为学生的学习尽可能多地提供资源，创造一个积极学习的环境，让学生自己健康、和谐地发展"①。

该隐喻形象地表达了对教师专业知识和能力的"量"的要求，折射出应试教育理念下的教师角色。在当前21世纪的学校，不能再将教师与学生看成主动"倒水者"和被动"接水者"，要从培养"记忆者"转向培养"探究者""思考者"。在终身学习理念以及人工智能与教育深度融合的时代背景下，静态的"一桶水"的教师角色是不恰当的，也不符合社会发展的需求。随着人工智能技术、互联网技术与教育的深入融合，人类学习日益变得网络化、数字化和个性化，人工智

①　陈向明：《教师的作用是什么——对教师隐喻的分析》，载《教育研究与实验》，2001(1)。

能、虚拟现实和 3D 模拟的新技术等，要求教师的知识应该是时时更新的"活水"，教师必须时刻"重置"，更新自己的知识结构和角色。尤其是在当前，新时代教师更要"充电蓄能"，学习补充智能教育知识。人工智能技术引发的新时代教育教学与学习文化的变革，使掌握了人工智能的教师如虎添翼，而不懂人工智能知识的教师将会无所适从。

此外，还有人提出教师是"打火机"和"火柴"的隐喻。"火柴"隐喻与"蜡烛"隐喻相似，在燃烧殆尽后也变成灰烬，作出了牺牲。教师是"打火机"，可以通过不断地充气来维持光亮，是指教师不但要点燃学生学习的热情和智慧的火把，而且自己也要不断地充气，以源源不断的新知识的补充来应对现代教育的新挑战和新课题。教育不是注满一桶水，而是点燃一把火；"打火机"隐喻反映了教师对学生的点燃、唤醒、激发作用。

综上所述，各种隐喻都在某种程度上传递着教师形象，反映了一定的社会期待和诉求。不同维度的隐喻不但增加了教师职业表达的具体性和形象性，还有利于人们从多角度审视和理解这些日常用语中所蕴含的教育思想、教育主张等。当然，随着社会的发展和教育改革的推进，教师隐喻会有新的发展与解读，也会出现对教师角色的新的定位与思考。

（四）教师角色的基本特征

从上述关于教师角色的各种分析中可知，教育活动的复杂性导致教师角色具有着极其复杂的特性，具体表现为以下几个特性。

1. 系统性

教师的天职是教书育人，而教书育人是一个系统工程，涉及家庭、社会、学校等方方面面。在这一系统工程中，教师既是社会意志、社会发展的代言人，也是一代新人成长的庇护者、培育者，还是人的身心发展的促进者、引导者。换言之，教师的职责不仅指向自己的劳动对象，还指向社会，甚至家庭；不仅指向劳动对象的某个方面，还指向其整体的存在与发展。因此，无论是从教师角色生成的要素来看，还是从教育的特殊性质来看，教师角色都是由一系列相互影响、彼此关联的角色特质构成的。

2. 多元性

教师角色的系统性决定了其多元性，即教师角色绝非单一角色所能涵盖的。我国传统文化中的"传道者""示范者""权威者"等角色，上文所述的教师隐喻中的"蜡烛""春蚕""园丁""灵魂工程师"等角色，西方的教师隐喻中的"教练""乐队指挥""向导"等角色，虽然分别从某一方面揭示了教师的特殊性质，却不可能概括教师的全部使命、职责、社会期待以及行为模式。所以，无论哪种单一的角色，都无法真正体现教师角色的全部内涵和实质。教师角色是一个立体的、多元化的"角色群"。

3. 关系性

教师角色从根本上说，是在与社会、教育各要素的关系中生成的。换言之，教师的角色可以放在不同的关系中来定位，如在教师与学生的关系中，教师角色可定位于"家长""朋友""示范者""引路人"等；在教师与课程的关系中，教师角色可定位于"传道、授业、解惑者""人类文明传承者""知识建构者"等；在教师与教学的关系中，教师角色可定位于"园丁""工程师""设计者""管理者"等。当然，具体的关系虽然赋予了教师角色以具体的内涵，但教师职业作为一种社会职业，其整体角色认定是在教师与社会的关系中完成的，即教师从事这一职业应该承担什么样的社会职责和满足怎样的社会期待。具体来讲，就是社会对教师有哪些要求，教师应该成为什么样的人，教师应该如何从事教育活动。

4. 不确定性

教师的工作是培养人，而把人培养成什么样的人，如何培养人，在不同时代、不同社会及文化背景下是有所不同的。昔日的"知识的化身"演变为"学习者、研究者"；教育活动的"管理者"演变为"参与者"；"完人""圣人"形象演变为"和学生一起成长的人"。这些都表明教师的角色是处在不断地发展变化之中的。不仅如此，人本身的复杂性以及教育活动的不确定性，决定了教师角色的复杂性和不确定性。所以，与很多职业角色相对稳定不同，教师角色则具有明显的不确定性。

教师角色是要回答"教师是谁"的问题。虽然上述分析未能对此问题给出一个标准答案，但这些分析无疑会丰富和加深我们对"教师是谁"的理解和认知，并从思想上启迪人们如何做一名合格的教师。

二、教师素养

如果说教师角色是从教师具有什么样的职责、地位及行为模式的角度认识"教师是谁"；那么，教师素养则是从作为一名教师应该具有怎样的素养才能胜任教师角色的角度，进一步理解教师是怎样的人。

(一)教师素养界定

1. 教师素养的内涵

素，指事物的基本成分；素养，即"经常修习涵养"。《汉书·李寻传》："马不伏历(枥)，不可以趋道；士不素养，不可以重国。"[1]"素养是建筑在先天

---

[1] (汉)班固：《汉书》，(唐)颜师古注，3190 页，北京，中华书局，1962。

遗传基础上，由后天的养育、个体所受的各级各类教育、人生经历、个人已有生命实践积淀而成。"[1]因此，教师素养就可以理解为教师个体在教育、教学活动中表现出来的，决定其教育、教学效果，对学生身心发展有直接而显著影响的心理品质的总和。[2]

上述表明，教师素养是教师之为教师的本色，是决定教师质量乃至教育质量的关键。教师素养意味着一名教师是否能胜任教育工作，同时也标志着其教育教学水平的高低。因此，教师素养对于教育事业，包括教师个人均有着重要的意义。

2. 教师素养与教师专业素养

在现实中，人们往往把教师素养等同于教师专业素养，实际上二者并非同一概念。教师专业素养的内涵是建立在把教师职业作为一种"专业"的基础上，每个行业对其从业者都有各自的专业素养要求。作为一种专业，教师同医生、律师一样具有不可替代的专业特质。所以，教师专业素养是指教师从事教育、教学工作的素质和修养，是指经过系统的师范教育，并在长期的教育实践中逐渐发展而成的具有专门性、指向性和不可替代性的素养。

很显然，教师专业素养强调的是教师职业的特殊性，是教师作为专业人员的标志性素养。而教师素养则是对教师个体及其所扮演的角色的强调，是教师个人发展的素养要求。教师素养与教师专业素养既表现为一种镶嵌式关系，即教师素养包含着教师专业素养；又表现为一种螺旋式上升的关系，即教师素养必须以教师专业素养为基础，且总是牵系着教师专业素养的发展，而教师专业素养的形成在一定程度上推动着教师素养的提升。因此，教师素养与教师专业素养不仅不能完全等同，更非一种简单、线性的包含关系，它们都是教师应具备的品质。

3. 教师素养的标准

对于教师应该具有什么样的素养，理论界可谓众说纷纭。作为较早制定学生核心素养框架的国际组织，欧盟 2005 年至 2013 年先后公布了三份关于"教师素养标准"的报告，三份报告都清晰地表明：欧盟教育政策中对教师核心素养的强调根植于知识社会和终身学习、全方位（生活中的）学习，经济结构的调整对技术需求的影响，文化的多元主义和生活方式的多样性；强调教师应学会

---

① 叶澜：《"新基础教育"论——关于当代中国学校变革的探究与认识》，360 页，北京，教育科学出版社，2006。

② 林崇德、申继亮、辛涛：《教师素质的构成及其培养途径》，载《中小学教师培训》，1998(1)。

学习、适应变化；具有批判意识、自主性和自我反思这些信息时代所需要的高级技能和态度，具有交际与团队合作技能以及灵活性、开放性和问题解决与责任担当等核心素养。[①]

2010年9月，美国的教师教育学院协会与21世纪技能合作伙伴合作，研制了《职前教师的21世纪知识与技能》，明确了技能取向的教师素养框架。这里的技能与那种简单应用的技术知识是不同的，具有很强的情境敏感性，是指在具体的教学情境中的推理、洞察和顿悟，是一种具体情境中的实践理性。教师的技能还是一种美德，还与教师是一个什么样的人不可分割地联系在一起。所以，这种技能本质上是一种实践智慧。

新加坡的教师素养框架包含价值、技能与知识三个维度，但是强调以价值为核心，统整技能与知识，将教师应具备的价值置于教师素养框架的核心。[②]

荷兰教师专业质量协会将"优质教师"的标准与教师的角色（Professional Roles）和学生、同事、学校、工作环境、自身的关系（专业关系）进行了联系，归纳得出教师的七大素养标准（详见表4-3）。

表 4-3 "优质教师"的七大素养[③]

角色关系	与学生	与同事	与学校和 工作环境	与自身
人际角色	人际素养			
教育角色	育人素养	与同事合作 的素养	与工作环境 合作的素养	反思与自我 发展的素养
学科与教法 专家角色	学科知识和 教法素养			
组织角色	组织素养			

我国学者林崇德等人提出，定义教师素养须满足以下要求：首先，要切实体现教师这一职业的特殊性，反映出教师的独特的本质；其次，对于教师素养的理解，要有深刻的理论背景，不能由研究者凭空设计；第三，教学活动是教师工作的中心任务，教师素养的定义必须着眼于教学活动本身；第四，反对那种元素主义的教师素养观，应将教师素养看成是一个系统的结构，其内部包含着复

① 张光陆：《教师核心素养内涵与框架的比较研究》，载《宁波大学学报（教育科学版）》，2018(5)。
② 张光陆：《教师核心素养内涵与框架的比较研究》，载《宁波大学学报（教育科学版）》，2018(5)。
③ 刘梅、Theo Wubbels：《教师素养标准的"理想"与"现实"——以荷兰"七大素养标准"的研制与实施为例》，载《外国教育研究》，2022(1)。

杂的成分；第五，教师的素养是结构和过程的统一，动态性是其精髓；第六，教师素养的定义应能为教育实践和教师培训工作提供理论指导，具有可操作性。[1]

也有学者认为，教师素养是一个多视角、多维度的结构系统，包含知识素养、能力素养、情感素养和信念素养等。[2]

上述表明，对于教师素养究竟是什么的问题，人们根据不同的时代、文化背景，以及个人的理论、实践基础，会给出不同的认识和解读。对教师素养标准的认定，体现了社会对人的发展要求，也反映着教育发展的诉求和价值取向。

(二)教师素养的构成

叶澜教授和她的团队的"新基础教育"关于新型教师的研究，把教师素养的构成分为两大类：一是基础性素养；二是专业性素养。[3]

1. 教师基础性素养

教师基础性素养是指教师在成为专业人员之前就应具备的个人素养，由以下内容构成。

(1)个人价值取向和发展的内动力

个人价值取向和发展的内动力集中表现在教师的事业心、责任心、爱心和自我发展的内在追求等方面。事业心是在对教师工作意义与价值的认识基础上所形成的职业热情和抱负。责任心是在教师对自己必须履行的职责的具体、深刻的认识基础上所形成的职业态度。爱心是教师对工作及所处环境，尤其是对学生的热爱与友好，是教师的职业情感。自我发展的内在追求是教师个人生存与发展的重要内在动力，具体表现为教师对自己潜能的自觉开发和对能力发展的追求。

(2)宽厚、扎实的文化底蕴

宽厚、扎实的文化底蕴是人的精神生活的丰富，是教师学习、创造和发展，以及拥有高质量人生所必需的，也是教师成为发展型教师所必需的。文化底蕴的养成，一方面取决于广泛的阅读和学习，另一方面则依赖于人生经历的体悟和反思。文化底蕴表现在对事物和他人的丰富感受和理解上，表现在清晰而恰当、入情而合理的出色对话和表达上，是教师的精神涵养。

---

① 林崇德、申继亮、辛涛：《教师素质的构成及其培养途径》，载《中小学教师培训》，1998(1)。

② 朱立明、马振、冯用军：《我国教师专业素养测评指标体系的构建》，载《教育科学研究》，2019(12)。

③ 叶澜：《"新基础教育"论——关于当代中国学校变革的探究与认识》，360～365页，北京，教育科学出版社，2006。

（3）实践创生的思维能力

实践创生的思维能力，是指教师在实践中进行探究与策划、反思与开拓的思维能力，也就是教师在发现、处理和解决现实问题过程中所表现出来的创造能力，具体体现为教师在教育实践中敏于探究，善于策划，强于反思重建和敢于开拓的能力。

总之，教师素养是由价值—动力系统、文化素养系统和实践创生的思维能力系统所构成的三维结构。这一教师素养三维结构的提出，是要从根本上改变以往对教师仅是现有知识与文化的传递者的形象，建构当代教师富有内在发展需求与创造活力的新形象。

2. 教师专业素养

教师专业素养就是教师作为专业人员所应具备的基本素养，主要由以下几个方面构成。

（1）教育理念

教育理念是指教师在对教育本质及规律理解的基础上所形成的教育观念。理念不仅仅体现为理性认识，还包含理想与信念——对真理的不懈追求。因此，作为对教育的理性认识，教育理念不只体现为教师对教育本质和规律的把握，还体现为其对这种认识的坚信不疑和执着追求。有没有对自己所从事职业的理念，是区分专业人员与非专业人员的重要标志。

（2）专业知识素养

教师的专业知识包括学科专业知识和教育专业知识两大类。学科专业知识即教师所教学科的有关知识，如学科知识体系与结构、学科发展的历史与趋势、学科的知识性质与范围、学科知识在实践中的表现形态等。教育专业知识即教师进行教育教学活动时所应具备的知识，主要由帮助教师认识教育对象、掌握教育教学活动规律和开展教育研究的专门知识构成，如教育学、心理学、方法论等。教师的专业知识一方面体现为多层次的复合知识结构，另一方面体现为各种知识在教师身上的"内化"——教师专业知识不是作为一种知识状态而存在，而是转化为教师的认识、思想及行为模式。

（3）专业能力素养

教师的专业能力即教师从事教育教学活动所应具备的基本能力，如教学能力、教育科研能力、人际交往能力、组织管理能力等。教师的专业能力素养是教师素养的外化形式，也可称为教师的行为素养。教师的教育教学效果如何，在一定程度上取决于其行为合理与否。虽然教师的观念、知识、态度等对其教育教学活动均有着不可或缺的作用，但这些因素必须通过教师的行为体现出来。所以，教师的专业能力素养直接关系着教育教学的成效，是衡量教师质量最直观的标准。

（4）教育情意

教育情意是指教师所应具备的情感、态度、意识和意志，是作为一名教师对教育事业或活动在情感、意识上的认同和接纳。很难想象一个不热爱教育、不认同教育的人能够成为一名优秀的教师。有学者提出，"好教师的核心要义就是秉承了'人性向善'的'人性'意识，怀着'仁而爱人'的'人道'情怀，拥有维护'受教育权'的'人权'理念"①。事实上，"人性""人道""人权"意识是教师的必备素养要求。"人性"意识是对人的基本属性的判断，具有基础性地位；缺少"人性向善"的"人性"意识，就无法拥有"仁而爱人"的"人道"情怀和维护"受教育权"的"人权"理念；而"人道"情怀是与人交往的伦理法则，是"人性"意识在道德生活中的实践，也是"人权"理念在情感态度上的反映；"人权"理念是"人性"意识和"人道"情怀在社会生活中的自然延伸，拥有"人性向善"的"人性"意识和"仁而爱人"的"人道"情怀的教师，在教育教学过程中也就必然会拥有维护"受教育权"的"人权"理念。

总之，教育工作的复杂性决定了对教师素养的要求体现在方方面面，因此，教师素养的构成是极其丰富和复杂的，且随着时代和社会的发展而不断发展变化着。上述教师素养的构成是最基本的。

三、教师境界

教师角色是对教师身份、职责、地位，包括行为模式的确认；教师素养是对教师如何胜任角色担当的确定；教师境界则是对教师的存在状态及其发展程度的知晓和追求。

（一）教师境界的内涵

1. 境界

在汉语语境中，"境界"原指"疆界"或"疆域"，是一个空间上的概念。此概念进一步延伸，即泛指人或事物发展所达到的程度或表现的状态。在日常生活中，"境界"一词要么指向人，如"某某境界很高"，意为一个人的思想觉悟、道德水平比较高；要么指向一个作品，如"这首诗很有境界"，是指这首诗有一种超越世俗、利益关系的创意或意境。

---

① 程斯辉、刘宇佳：《试论教师必备的"人性""人道""人权"意识》，载《学校党建与思想教育》，2019（4）。

据此，我们将"境界"理解为"个体精神所达到的水平高度和视界境域，是个体心境和意义领域的体现，反映了人性所能达到的层次和高度"①。

2. 人生境界

"境界"的内涵发展到今天，更多的是用来描述思想、精神上的追求；而思想、精神追求是人所特有的，故"境界"又可称为"人生境界"。那么，什么是"人生境界"？我国著名哲学家冯友兰先生是这样界定的："人与其他动物的不同，在于人做事时，他了解他在做什么，并且自觉地在做。正是这种觉解，使他正在做的对于他有了意义。他做各种事，有各种意义，各种意义合成一个整体，就构成他的人生境界。"②也就是说，人通过"做事"达成"做人"，做事的态度和自觉程度，决定了一个人人生境界的高低。

根据"境界"的含义，以及冯友兰先生关于"人生境界"的寓意，我们可将"人生境界"概括为：个体人生发展历程中的思想道德意识、心智水平、行为方式、人生活动的能力及结果等所达到的程度与范围，是人在寻求安身立命之所的过程中的精神状态，是人对生命意义理解上的自觉水平和状态。③

3. 教师境界

由"境界"和"人生境界"内涵的界定可知，教师境界是指教师从事教育活动所达到的境地和程度，是教师内在精神修养和外在行为的集中展现。教师境界存在于教师所开展的教育活动之中，并通过教育活动得以确证。教师境界反映在其所持有的人生观、价值观、职业观、教育观等各个方面④，是教师的人生境界在教师这一特殊职业中的具体体现。

从教师自身的发展来看，有些教师之所以能够脱颖而出，成为教学名师、特级教师，除了与教师的个人天赋、知识基础有关外，更主要的是与教师的专业自觉意识、专业发展境界有密切关系。正如特级教师窦桂梅在反思自己成长经历时所说："教师成长固然有赖于好的环境，但更重要的是取决于自己的心态和作为。我以为社会是课堂，实践是砺石，他人是吾师，自身是关键。只要务实肯干、积极进取、开拓创新，就会在现实生存的土壤中找到自己的生长点，并以自己的成长影响周围。"⑤这表明，教师境界的达成，主要取决于教师

---

① 王坤庆、方红：《多重身份下的教师知识立场及其境界追求》，载《教育研究》，2012(8)。
② 冯友兰：《中国哲学简史》，涂又光译，291页，北京，北京大学出版社，1996。
③ 陶志琼：《教师的境界与教育》，3页，北京，北京师范大学出版社，2006。
④ 郭文良：《论教师境界的养成策略》，载《中小学教师培训》，2021(9)。
⑤ 窦桂梅：《激情与思想：我永远的追求——特级教师专业成长研究》，载《课程·教材·教法》，2004(5)。

个人积极进取、执着追求、不断创造的生命自觉意识。

（二）不同层次的教师境界

教师境界是教师从事教育活动所达到的境地和程度，而由于每位教师对教育活动的认知、情感、态度以及专业要求不同，便形成了不同层次的教师境界。依据马克思、恩格斯对不同社会状态下人的自由程度的划分，可将教师境界划分为"生存型""享受型"和"发展型"三个层次。[①]

1. "生存型"教师境界

所谓"生存型"，是指教师以生存为目的，把从事教师职业作为谋生或获取一定地位的手段。对于处在这种境界中的教师而言，教师职业不是他们的首选和所爱，而是不得已而为之，具体表现为以下几方面。

把教学视为知识的搬运，认为教师就是知识的搬运工。教师的职业活动成为一种单调乏味的简单重复，在这种机械的重复性劳动中，教师的热情和活力逐步消磨殆尽。对身处这种状态的教师来说，教师职业是一种"异己的存在"，即自己的付出并不能得到所期待的满足。面对繁重的教学任务和诸多教育教学挑战，他们感受到的是压力和绝望。这样的教师充其量只能算是缺乏思想、缺乏创造性的"教书匠"。

把教师工作视为一种无奈的选择。由于是为了谋生而非兴趣选择了教师职业，因此这类教师虽然也在忙碌工作，但仅仅是在履行职责，全无乐趣和幸福可言。面对日益严峻的社会压力和对高素质教师的要求，他们只能是忙于应付，每天的工作成为一种痛苦和煎熬，教师职业生涯对于他们来说是无奈的苦捱。

把教师职业作为跳板。对于"生存型"教师来说，教书只不过是获得更好的职业之前用以谋生的权宜之计，教师职业也只是他们暂时委曲求全的栖息之所。他们所关注的不是教育活动的成效、学生的成长、学校的发展等，而是以一个"旁观者"的身份出现，更多关注自己的待遇以及自认为更好的发展机遇。

2. 享受型

所谓"享受型"，是指教师出于兴趣和爱好选择了教师职业。对于处在这种境界中的教师而言，教师职业不只是谋生的手段，更是满足自己精神需要、展示个人才华和实现人生价值的舞台，具体表现为以下几方面。

热爱教师职业。做一个教师，如果你热爱你的事业的话，那么，吃苦也是

---

① 叶澜、白益民、王枬等：《教师角色与教师发展新探》，82～94 页，北京，教育科学出版社，2001。

享受。对于热爱教师职业的教师来说，那些天真灿烂的笑脸和充满青春活力的身影，是他们眼中最美的风景。即便是在条件极其艰苦、生活非常清贫的情况下，他们也会怀着极大的热忱、浓厚的兴趣认真做着每一件事。这类教师把自己的兴趣与事业融为了一体，他们是为了爱——爱学生、爱学校、爱教育事业而选择做一名教师。

把学生的成长视为快乐的源泉。教师最大的快乐就是创造出值得自己崇拜的学生，教师的成功就在于让更多的学生超过自己。对于持这种观点的教师而言，学生的成长进步就是教师存在的意义所在。他们为学生的成就而感到欣慰，透过学生的成长感受到自身的价值，在教师对学生的未来具有重要影响的意识中不断坚定着教育的信念。

在付出中获得满足。对于"享受型"教师来说，选择教师职业就是选择了付出和给予，在付出和给予中获得满足感和成功感。他们可能会因为说服改变一位犯错的学生而感到满足，可能会因为使一位好学的学生迈向更高的台阶而欣悦，也可能在与学生的多次沟通交往中体验到教师职业的芳馨。所以，他们具有工作的积极性和成就感，虽然可能会一辈子默默无闻，但依然将教师职业看成生命的全部，认为"给"永远比"拿"更快乐，全心全意地付出，并将生命的意义融于"教师"这一职业中。

3. 发展型

所谓"发展型"，是指教师把从事教师职业作为自我实现的途径。他们不是将教师职业仅仅当作生存的手段，甚至也非看作付出后的心灵满足，而是以促进学生发展与自我完善为最高目标，具体表现为以下方面。

"发展型"教师是怀着崇高的服务社会的理想走进教师职业的，他们以培养社会所需的人才为己任，以学生积极主动地发展为最高目标，并因此不断地学习、研究与反思。因此，终身学习和自我教育是其发展的推动力，在教学过程中表现出更强的自觉性、主动性和旺盛的生命力。在他们看来，教师职业是其毕生的事业，是体现人生价值的途径，也是获得幸福感和持续发展的源泉。

"发展型"教师认为教师应该是教育活动的组织者、研究者和反思者。一位具有创新发展追求的教师，不会满足于知识传递者或扬声器的角色，而是一个有自己的思想见解，有独立判断力、创新力和决策力的人，他们面对扑面而来的各种信息能够有效地分析、把握和运用，能够时刻关注学科发展的动态和前沿，更会在教育教学实践中不断地研究和反思，并且将研究与反思作为专业发展的生活方式和内在需要。这些教师也在持续的研究与反思中获得发展与新生。

"发展型"教师以终身教育和自我教育作为教师生涯的推动力。教育者必先受教育，进行终身自我教育，这对教师来说是一种义不容辞的神圣职责。教师要不断地学习和提高，并能够随时将自己所学的知识在不同的时空中运用，根据不同的社会需求和社会关系不断补充、完善和更新自己的知识结构。尤其是在当今信息化、人工智能背景下，只有这些进行终身学习和自我教育的高素质教师才能保证高质量的教育，并在自己的教师职业生涯中焕发出生命的活力。

在"发展型"教师看来，教师职业是付出与收获兼具的有意义的活动。处于"发展型"境界的教师，都是满怀理想投入教师职业，并将其视为毕生追求的事业。他们认为自己付出的同时也在收获，在促进学生成长的同时自己也在发展，在影响周围人的同时也在从中受益。因此，他们体验着学生发展和自我发展的双向收获与幸福。这类教师将个人理想与社会进步密切相连，把教师职业作为他们参与社会创造、实现自我理想的有意义的活动，并以此作为个人发展和幸福生活的动力源泉。

上述三种境界的教师职业存在状态，是从业者不同职业立场和观点的反映。从"生存型""享受型"到"发展型"三种状态来看，"生存型"教师出于生计考虑，立足功利，以被动和消极的态度看待教师职业；"享受型"教师主要从兴趣出发，立足非功利视角，以对教育事业和学生的热爱来对待自己的职业；"发展型"教师主要出于社会和自身发展需要，立足超功利视角，以自我完善和服务社会来审视教师职业。因此，教师境界表现为"功利""非功利""超功利"三种不同层次，这也体现了教师职业状态的升华。当然，这三种境界并非隔绝的、互斥的，而是相互关联、彼此渗透的。"享受型"和"发展型"教师同样有"生存"需求，"发展型"教师也有"享受"之需。

不能否认，对于教师个人而言，无论处于哪种境界，都有其存在的合理性。但是，很显然，教师只有不断地提升自己的境界，才能感受到职业带给自己的满足和幸福，进而也才能享受到人生的快乐和幸福。

第三节 "为人师表"的教师观

教师观是对教师本质内涵的理解和认识所形成的观念。根据之前我们对教师职业以及教师角色、素养、境界等的分析，可将教师的本质内涵概括为"为人师表"。"学高为师，身正为范"是为人师表教师观的真实写照。

一、"为人师表"的依据及内涵

什么是"为人师表"？对于教师而言，"为人师表"意味着什么？为什么说教师的本质内涵可以概括为"为人师表"? 要想明了这些问题，就必须对"为人师表"的内涵和寓意进行深入的剖析。

(一)"为人师表"提出的依据

教师"为人师表"，并非人为强加给教师的说法，而是由教育的本质特性、教育过程的特殊性，以及人性特点和人的心理发展规律所决定的。

1. 教育的本质特性决定教师必须为人师表

教育是培养人的活动，而对人的培养归根结底是为了促进人的发展。人之所以通过教育能够获得发展，是因为在接受教育的过程中，人的知识结构、思想意识、情感态度，包括人生观、价值观、世界观等发生了改变，故教育的终极目标就是要改变人，且是向善的方面和好的方面改变。教育对人的改变，不是依赖说教、灌输，也不是强制性的"塑造"，而是有的放矢的引导、润物细无声的感化，以及教育者自身强大的感染力、影响力。教育是"一朵云推动另一朵云""一棵树撼动另一棵树"，就是从这个层面道出了教育的真谛。

教育的这一特性无疑要求教育者必须为人师表，即教师改变学生的前提是自身必须具有相应的素质：授人以知识，就必须具有丰富的知识素养；传人以技能，就必须具备娴熟的能力素养；教人以道德，就必须拥有高尚的道德素养；等等。唯有如此，才可能真正达到通过教育使人获得发展的目的。

2. 教育过程的特殊性决定教师必须为人师表

教育过程是人与人之间特殊的交往过程。交往，是人与人之间相互往来、相互影响、相互作用的基本活动方式。教育，无论是作为培养人的实践活动，还是人之自我建构的实践活动，其最终目的都是个体人的完满的整体建构。事实证明，这种建构并非"教"或"学"的单向行为可以实现，而是必须置于一定的"关系"和"互动"之中才能进行和完成。例如，学生对于知识及其意义的理解与把握，既不是单纯地依靠教师的传授，也不是学生自发习得，而是通过师生的交流、互动完成的。因为任何知识都不是从外部灌输给学生的，也不是学生内部自发生成的，而是在学生与其他主体，尤其是与教师的互动过程中逐步同化或涵化形成的。

教育过程作为一种交往过程，并非一般意义上的人与人之间的相互往来、相互影响，而是以教师为主导的师生、生生间的互动。教育的特殊使命，以及教师、学生不同的角色定位，使二者在交往中的目的、表现、作用各不相同。教师在教育交往过程中，主要是通过传授、启发、指导、帮助和管理等方式，对学生的发展产生一定的影响。在这一过程中，教师的影响是有着明确的意识和指向性的，而学生则相对处于缺乏意识、指向性不甚明确的状态。因此，教师是教育过程的主导者，而这一主导作用的发挥则主要依赖于教师自身的学识、品行、思想观念等，这就决定了教师在教育过程中必须为人师表。

3. 教师角色决定了教师必须为人师表

教师角色作为教师在教育过程中的身份、地位、职责及相应的行为模式，是教师的社会期望、个体行为的复合体。一方面，教师在社会中的地位和社会对教师职业的期望影响着人们对教师角色的界定，成为人们判断教师角色合格与否的标准；另一方面，通过教师行为表现出来的教师角色必定隐含了社会期望，昭示教师在社会中的地位身份。而无论是从社会期望的角度，还是个体行为的角度，均要求教师"学高为师，身正为范"。

同时，教师角色还是主、客观的统一。当教师角色体现为社会期望时，不可避免地表现为一种客观规范性。也就是说，如果教师不按照社会规定的特定方式行事，就无法实现其角色功能，找不到自身存在的归属。然而，角色又不仅仅是他人愿望和需求的反映，也包含着教师自己的选择和认定，即教师往往会根据自己的爱好、态度、价值观不断充实、丰满角色定义。角色是客观的，角色表现却是多样化的，每位教师都在适应社会地位与展现自我人格特征之间努力寻求一个平衡点。这就要求教师在遵循社会规范的基础上，在德性、学识等方面能够成为他人的楷模和表率，以真正胜任教师这一角色。

(二)"为人师表"的内涵

1. "为人师表"的传统意蕴

师，是指具有一定学问的人；表，意为表率、榜样。为人师表，就是在人品、学问方面做别人学习的榜样。"师表"一词出自《史记·太史公自序》，意思与"师范"相同，是指学习的榜样，是对贤良官吏和优秀教师的称誉。"为人师表"一词最早见于《北齐书》中"杨愔重其德业，以为人之师表"一句，指在人品学问方面做他人学习的榜样。由此可知，为人师表的说法在我国由来已久。而汉代扬雄在《法言·学行》中提出的"师者，人之模范也"，在我国早已成为传世名言；唐代韩愈《师说》中的"道之所存，师之所存"亦被称为"绝世经典"。所有这些表明，"为人师表"已经成为我国对教师本质内涵解读的经典之言。

很显然，传统意义上的为人师表的内涵，以品、学为核心，即教师要既为"人师"，又为"经师"。也就是说，作为教师，既要成为美德的楷模，又要成为知识的化身；既要教育学生处事做人，又要增进学生的知识技能。"人师"体现的是教师"善表"①的属性；"经师"体现的则是教师"先知"②的属性。

2．"为人师表"的现代阐释

毋庸置疑，传统意义上的"为人师表"道出了教师之为教师的本质特性，即为人师者，必须在品行上成为楷模，在学识上先知先觉。然而，随着时代和社会的发展，教师的地位、身份、角色、形象，乃至职责和使命都发生了很大变化，故教师的本质特性也随之发生改变，"师表"的寓意亦得以丰富和发展。

教师应成为智慧型教师。在科学技术迅猛发展的今天，教师不只是作为"经师""人师"就可以了，而是要拥有教育智慧。教育智慧是教育科学和教育艺术的统一，是作为一名优秀教师在教育行动中反映出的教育品质特征，具体体现为"对人类的热爱和博大的胸怀，对学生成长的关怀和敬业奉献的崇高精神，良好的文化素养，复合的知识结构，在富有时代精神和科学性的教育理念指导下的教育能力和研究能力"③。所有这些在教育实践中凝聚在教师个体身上，便形成了教师的教育智慧。

教师应成为专家型教师。伴随着教师职业专业化进程，教师成为专家型教师的呼声越来越高。教师职业专业化要求教师必须获得专业发展，教师专业发展是教师的内在专业结构不断丰富与完善，教师逐渐成为一个教育专业人员的动态变化过程。专家型教师应具有丰富和组织化的专业知识，较高的解决问题的水平和自我监控的能力，以及创造性解决教育问题的能力等。

教师应成为终身学习的典范。由于人类知识的剧增及更新率的加快，以及社会的瞬息万变，每个人都必须终其一生不断学习，才能更好地生存和发展。因此，每个人都应该成为"终身学习者"。作为担负着培养人使命的教师，毫无疑问更应该成为"终身学习者"。也就是说，培养"终身学习者"的教师首先必须成为"终身学习者"，成为终身学习的典范。联合国教科文组织强调，教师工作是一种"专业"——"学习的专业""终身学习的专业"。这意味着一名合格的教师首先应成为学生终身学习的榜样。我国的《小学教师专业标准（试行）》《中学教师专业标准（试行）》将终身学习作为教师专业发展的基本理念，倡导教师应具有终身学习与持续发展的意识和能力，做终身学习的典范。

这表明，"为人师表"在当今社会被赋予了丰富的内涵，同时也说明"为人

---

① 宋代陈文蔚在《送周希颜序》中说："德无常师，主善为师。善之所在，师之所在也。"

② 韩愈《师说》曰："生乎吾前，其闻道也固先乎吾，吾从而师之；生乎吾后，其闻道也亦先乎吾，吾从而师之。"

③ 叶澜、白益民、王枬等：《教师角色与教师发展新探》，26～27页，北京，教育科学出版社，2001。

师表"的内涵不是确定不变的，而是随着时代、社会的发展不断更新的。因此，"为人师表"与其说是教师的行为规范，毋宁说是一种教师理念，即指导人们如何做一名合格教师的基本观念和信仰。

3. "为人师表"的实质内涵

作为一种教师理念，"为人师表"意味着教师并非在某些方面必须做学生的表率、楷模，而是教师职业性质及教育的本真内涵决定了教师的工作只能是凭借自身的素养，即以自身的知识、能力、思想、情感、人格等去影响学生，进而达到改变学生，促进学生健康发展的目的。简言之，教师想要培养什么样的学生，自己就应该首先做一个什么样的人。

所以，"为人师表"不是要无限夸大教师的身份、地位，甚至将教师神圣化，而是强调教师要以"自身"作为教育教学工作的前提和条件，以最好的自己教出最好的学生，这才是"为人师表"的实质所在。

二、教师"为人师表"的逻辑关系及功能

教师应"为人师表"，那么，教师"为人师表"所体现的是什么？教师为什么必须"为人师表"？对于这些问题的思考和探究，有助于加深我们对教师本质特性的理解和认识。

（一）"为人师表"的逻辑关系

"为人师表"作为对教师之为教师本质特性的揭示，从其构成状态看，体现为以下层层递进的逻辑关系。

1. 教师与学生的关系

"为人师表"首先呈现的是教师与学生的关系，师生关系是"为人师表"最直接的表征。"为人"是"师表"的重要前提，而这里的"为人"主要就是"为学生"。教师应该以什么形象面对学生，才能最终实现教育的目的，这是"为人师表"内涵的原初之义。

"为人师表"寓意中的师生关系，从最初强调教师的绝对权威、至高无上，以及学生的无条件服从、尊崇，到如今所倡导的民主、平等、相互促进，体现了时代、社会对人的发展的要求，以及人们认识水平的提高和教育理论与实践的与时俱进。民主、平等师生关系中的"为人师表"，彰显的是教师作为学生成长的引路人的角色；教师与学生是同生共存的"共同体"，是在促进学生发展的同时获得自身发展的表率。

2. 教师与教育的关系

"为人师表"进一步呈现的是教师与教育的关系。教育的本质内涵是培养

人，教育归根结底是以促进人的身心健康发展为直接目标的活动。然而，对人的培养或者说对人的发展的促进，并非通过教育者对受教育者单方面的加工、塑造就能实现的，需要教育者以自身的知识、能力、思想、情感等素养，对受教育者进行传递、渗透、引领和催化，同时伴随着受教育者的消化与内化及其自我建构。

"为人师表"表面看来涉及的是教师与学生的关系，但更深层次上是教师与教育的关系，即作为教师应如何从事教育活动才是最有效的。根据教育是一种"双向建构"活动的特殊性质，教师的教育教学必须为人示范，做人表率，必然是以自身的素养作为培养他人的前提和手段。所以，"为人师表"所体现的是教育的特殊性质对教师的必然要求，也是教师从事教育活动的基本准则。

3. 教师本我与他我的关系

教师本我与他我，实际上是两种根本不同性质的教师角色——教师的自然角色和社会角色。教师的自然角色是教师作为自然人存在的角色，是教师在教育教学等职业活动之外的角色，其基本特征是个人的独立性。教师在职业活动之外，更倾向于表露和展现真实的自我，使其更具有"人之常情"，其价值观的确立、对问题的看法和处理方式大多遵循内心的实际感受。教师的社会角色是从事教师职业必须扮演的角色，其基本特征是社会规范性。教师肩负着培养人的神圣职责，而对人的培养必须按照特定社会文化规范，这就要求教师自身首先应成为演绎和诠释这些特定社会文化规范的范型。这表明，一方面，教师作为自然人是一种本我存在，有着自己的喜怒哀乐，是一个独具个性的个体存在；另一方面，教师作为社会人又是一种他我存在，肩负着社会的期望与职责，是一个被制约的社会存在。作为一名教师，只有将这两种角色有机地统一于自身，才能真正胜任教师这一职业。

"为人师表"表面看来是教师要成为学生的表率、榜样，实则是要求教师首先将"本我"与"他我"融为一体，即将社会对教师的规范、要求，内化为个人信仰、个性品质和行为模式，进而以自身修为达成教育学生的目的。所以，"为人师表"更深层次体现的是教师本我与他我的关系，是教师对其自然与社会双重角色的协调，是教师的个人独立性与社会规范性的高度统一。

(二)"为人师表"的特殊功能

功能，是指由事物的结构所决定的该事物的特性和能力，亦指某一活动或系统所发挥的作用。以最好的自己教出最好的学生，"为人师表"的这一本质内涵决定了其对于学生和教师所具有的特殊意义和作用。

1. "为人师表"的学生功能

对学生而言，"为人师表"表现为教师以身作则，对学生高度负责的态度和行为模式，这是"为人师表"的外在价值体现。教师的天职是教书育人，育人所体现的是教师职业的终极价值，也是为人师表的核心内容。换言之，教师的为人师表说到底就是要以自己的学识、德性、观念、行为等影响和教化学生，使其很好地发展。在此意义上，教师就是学生"直观的教科书"和"具有巨大教育力量的榜样"。正如卢梭所言："你要记住，在敢于担当培养一个人的任务以前，自己就必须要造就成一个人，自己就必须是一个值得推崇的模范。"①苏联教育家加里宁也曾指出："教师的世界观、他的品行、他的生活、他对每一现象的态度都这样或那样地影响着全体学生。"②德国著名教育家第斯多惠同样认为，教师本人是学校里最重要的师表，是最有效益的直观模范，是学生活生生的榜样。所有这些表明，教师对学生的培育，主要是通过自身完成的。

"为人师表"之所以对学生的发展具有特殊的意义和作用，一方面源于学生的"向师性"特征，即学生对教师的尊重、信任、效仿等特性，以及学生的认知、情感、意识等发生的心理过程特性；另一方面则源于教育方式的特殊性，即教师在向学生传授知识，进行思想品德教育等过程，实际上是将自己的学识、观点、思维方式，乃至世界观、人生观、价值观展现给学生，从而潜移默化影响学生的过程。"无论教师自身是否意识到，教师在教学过程中的基本理念与思维方式，都会成为学生学习的主要模仿对象；教师自身的言行举止以及为人处世的态度、过程与方式也都会被学生所效仿。"③而对学生的这种潜移默化的教育过程，正是教师彰显"师表"的重要过程。

如此说来，"为人师表"的学生功能就是教师以符合学生身心发展规律的方式，对学生进行培育，进而使学生成为一个身心健康发展并能促进社会发展的有用之才。

2. "为人师表"的教师功能

"为人师表"对教师而言，表现为教师严于律己，追求专业发展、自我完善的态度与境界，是"为人师表"的内在价值体现。"为人师表"的本质内涵在于：以自身教育他人。因此，与其说"为人师表"强调的是教师应如何教育学生，毋

① ［法］卢梭：《爱弥儿》，李平沤译，96 页，北京，人民教育出版社，2001。

② ［苏］米·伊·加里宁：《论共产主义教育和教学（1924—1945 年论文和讲演集）》，陈昌浩、沈颖译，177 页，北京，人民教育出版社，1957。

③ 于伟主编：《教育哲学》，271 页，北京，北京师范大学出版社，2015。

宁说教师应如何自我教育。做到"为人师表"的教师，一定是品德、知识、能力达到了较高层次，能够用自己的智慧启迪学生的智慧，用自己的情感激发学生的情感，用自己的心灵呼唤学生的心灵，用自己的意志调节学生的意志，用自己的人格影响学生的人格。

"为人师表"之所以对教师自身的发展具有重要的价值，是因为它使教师的发展成为一种自觉的、主动的发展。"教师的成长和发展从本质上来说应该是自我导向、自我驱动的结果。"[①]也就是说，教师的发展说到底是教师个人的发展，是必须由教师本人亲力亲为的一项个人实践，因此，教师自身发展的根本动力只能源于教师本人，即源于教师本人对于其自我发展的内在需要与渴望。只有当教师本人产生了这种内在需要与渴望，才会有寻求自身发展的自觉意识、认真的态度和不懈努力，追求自我发展的行动才会坚定而持久。"为人师表"意味着教师自我角色意识的觉醒，以及对自我发展的内在追求，这些使教师的自我发展获得真正强大的内在动力。

三、"为人师表"教师观的践行

"为人师表"的基本内涵是教师以自身的素养教育、影响他人，这就意味着"为人师表"的践行，实际上也就是教师不断谋求自身发展的过程，而要得到较高层次的发展，教师必须做到坚定生命自觉的发展理念，明确自我更新的发展取向和形成自省反思的教师素养。

(一)坚定生命自觉的发展理念

发展理念是教师发展的行动指南，是教师对自身发展本质内涵的认知与信念，发展理念在一定程度上标志着教师发展的层次与高度。由于"生命自觉"是人的精神世界所能达到的一种高级水平，因此理应成为教师发展的根本理念。

1. 生命自觉的含义及表征

"自觉"的英文表达是 self-consciouness，有人翻译为"自意识"，即对自我的意识。但"自觉"并非单纯的意识，还包括行为。《马克思主义哲学大辞典》把"自觉"定义为："与'自发'相对……指人们的活动都是有目的、有意识的……指正确认识客观规律，并按照客观规律办事的活动。"[②]这里对自觉的定义以实践活动为载体，个体的意识可以被不同程度地理解为"行为的进行"。在《现代汉语词典》的解释中，"自觉"一词兼有自我觉悟、自我觉察，有所认识觉悟并

---

① 周文叶：《让教师成为自身专业发展的主人——评〈在经验和反思中成长——教师的案例开发与专业发展〉》，载《当代教育科学》，2008(16)。

② 金炳华主编：《马克思主义哲学大辞典》，334页，上海，上海辞书出版社，2002。

主动去做的含义。① 有学者指出："自觉"即内在的自我发现和外在创新的自我
解放意识，表现为对于人之自我存在的必然维持、发展。人类自觉本质的维护
与发展是自由的真实实现。自觉性是指个体自觉自愿地追求整体长远目标任务
的程度，其外在表现是热情、兴趣等，内在表现是责任心、职责意识等。② 总
之，"自觉"是人之自我意识的最大程度的觉醒，是人之能动性的最充分的
发挥。

　　自觉，是人类特有的品质，是人之为人的生命本性。正如马克思所言：
"一个种的全部特性、种的类特性就在于生命活动的性质，而人的类特性恰恰
就是自由的自觉的活动。"③这表明。"生命自觉"是每一生命个体所具有的潜
质，是个人对自己的生命存在、自己所处的世界及其意义的觉解、觉悟和主动
追求。生命自觉主要表现在个体对自身生命的自我领悟与自觉实践，这是当代
社会最具有根本性与总体性的本质特征。

　　有生命自觉之人，至少具有三大特征。一是拥有对自我生命的自觉，即
"明自我"，能够自觉确立人生信念，自觉化解人生的困惑和困境；既能够自觉
体认到自我生命的独特和与众不同，也能够清楚知晓自我生命的局限和限度。
二是拥有对他人生命的自觉，即"明他人"，具有对他人生命的敏感、尊重和敬
畏，敢于主动承担对他人生命的责任；不仅有明确的责任意识，而且还有相应
的承担责任的能力，更有把责任意识和责任能力转化成人生习惯的自觉性。三
是拥有对外在环境的自觉，即"明环境"，能自觉捕捉所处的生存环境中有利于
自己生命成长的优势资源，为己所用，并敏锐地反思和发现所处环境对自身发
展的各种不利因素，进行规避和消解；同时，能够主动参与环境的改造，担负
起自己的责任。④

　　总之，"生命自觉"是人的精神世界所能达到的一种高级水平，它标志着个
体正在朝着自我完善的方向发展。具有"生命自觉"的个体无论是在对外部世界
的作用中，还是在自我发展的构建中，都是一个主动的人，即主动承担其应尽
的社会责任和人生义务，拥有自我发展持续内在动力的人。在教育学的视域
中，每一生命个体都具有"生命自觉"的潜质，只是各自发展的状态和水平各
异。教育的终极价值就是要帮助个体将"生命自觉"由潜质变为现实，进而使受

---

① 中国社会科学院语言研究所词典编辑室编：《现代汉语词典(第 7 版)》，1737 页，北京，商务
印书馆，2016。
② 陈玉琨：《教育：从自发走向自觉》，14 页，上海，华东师范大学出版社，2012。
③ 《马克思恩格斯全集》第 42 卷，96 页，北京，人民出版社，1979。
④ 李政涛：《生命自觉与教育学自觉》，载《教育研究》，2010(4)。

教育者成为自身发展的主人。

2. 生命自觉对于教师的寓意

教育是具有生命的事业，教师是具有鲜活生命和点化学生生命的人。生命进化的最高境界是生命自觉，而生命自觉又是一个人获得更好发展的强大内生力量。"个体生命自觉的形成，是个体生命质量与意义在人生全过程中得到提升和实现的内在保证。"①进一步说，一个人只有真正具备了生命自觉这种内在的精神力量，才能在纷繁复杂的现实世界中实现自身存在与自我超越的价值。

生命自觉作为个体对自己的生命存在、所处世界及其意义的觉解和主动追求，能够让教师从对职业的追求回归到对生命的追求，进而能够从生命的视角关注自我和他人的生命存在，并立足生命的立场审视教育问题。教师如果缺乏生命自觉，往往就会形成职业懈怠，并使教育实践缺乏温情，最终既难以使自我在教师职业生涯中获得生命存在的满足，也难以担负起促进学生生命发展的职业使命。叶澜教授提出，教师的人生幸福源自教师"人生价值取向和道德意义上的自我清晰、自我选择、自我负责和自我完善，还包括着人对自己的特长与不足、目前的发展状态、可能的发展目标与前景、人生未来理想的构想与策略选择，以及有方向地、坚持不懈地践行与实现等方面"②。作为教师，要成为教"天地人事"、育"生命自觉"的教育者，需要对教育有一种自觉，对人生有一种自觉，对教育是创造的事业有一种自觉。在教育创造中丰富、完善自我，实现自己的生命价值的自觉提升，这是教育事业对于教师个人的最高价值。

因此，"生命自觉"对于教师而言，是教师个人一生幸福与社会贡献高度统一的表达，是对教育作为直接作用于个体生命发展的内在规定性的回归，是使教育成为个体把握自身命运强大内生力量的表征，也是突破教师发展的困境，实现教师价值最大化的有效路径。

3. 教师生命自觉的表征

教师担负着培养学生的使命，而对学生的培养归根结底就是要培育学生的生命自觉。依据"为人师表"的内涵，教师若要培育学生的生命自觉，必须首先自身拥有生命自觉。因此，生命自觉无论是对教师自身的发展，还是对学生的生命成长均具有重要的意义。

从教育学的立场看，教师的"生命自觉"主要包含成就自己和成就他人的生命实践活动。成就自己意味着教师在形成自我意识、寻找生命意义、助长生命

---

① 叶澜：《回归突破——"生命·实践"教育学论纲》，311页，上海，华东师范大学出版社，2015。
② 叶澜：《回归突破——"生命·实践"教育学论纲》，312页，上海，华东师范大学出版社，2015。

智慧方面的实践自觉性；成就他人意味着教师在培育学生的过程中，对人之生命的完整性、主体性、创造性等的强烈意识和自觉践行。"教师职业对于教师具有极大的人格和智慧的挑战，因而不仅具有促进学生个体发展而言的生命价值，而且具有促进教师自我超越，对教师个体而言的内在生命价值。"①毋庸置疑，教师本质上是有目的、有意识、专门"培养人"的群体，教师职业存在的根本意义在于其社会功能的发挥，即教师在多大程度上发挥了对学生成长的作用，在多大程度上为学生的生命成长打下一生的发展基础，在多大程度上为社会所需的各类人才培养打下基础。但是，教师职业的特殊性质又决定了教师在促进学生发展的同时，自身也会得到想要的发展。换言之，学生的成长既指向教师的职业使命，也指向教师的事业追求，同时还指向教师自我的生命发展期待。

结合个体的生命特性以及教师的职业属性来分析，第一，具有生命自觉的教师首先能充分认识到自身的生命存在及其社会角色，能意识到自己的生命处在不断发展中，处在和学生、家长、社会团体等的复杂关系之中。第二，能意识到自己的生命对于个人以及社会具有重要的价值和意义，从而能发挥个体生命的自主性，主动设计职业以及人生的发展目标和发展阶段。第三，能为实现人生和事业的发展目标制订一定的计划，并且能以内在的持续的动力执行计划，不断根据实际的教育情境修改原有的计划和生成新的计划。第四，教师善于对过去的教育教学状态进行反思，并根据其存在的问题进行有针对性的修改，重建新的教育教学活动。第五，教师能够始终保持对教育事业、对学生充满爱心，能以自己的生命温暖学生的生命，在成就自己的同时成就学生，推动教育事业的发展与变革。②

（二）明确自我更新的发展取向

发展取向即教师发展的价值选择，也就是对什么才是最佳的教师发展的评价和判断。教师的发展涉及自我发展意识的增强、知识的获得、能力的提高，以及职业信念的树立，动机、态度的端正等，而所有这一切并不是以一个固定的标准衡量的，而是需要不断更新和完善的。因此，教师发展应该追求自我更新的发展取向。

---

① 叶澜：《"新基础教育"论——关于当代中国学校变革的探究与认识》，359 页，北京，教育科学出版社，2006。

② 叶澜：《深化基础教育改革三题》，载《人民日报》，2016-05-03。

1. 自我更新的发展取向的含义

所谓自我更新的发展取向，是指教师具有较强的自我发展意识和动力，自觉承担自我发展的责任，而不是依赖外界的压力和推动，通过自我反思、对自身发展状态的剖析、自我发展的设计与实施等，进行知识、能力、思想、情感等方面的不断提升和丰富。

据此，我们可以从三种意义上理解和使用自我更新的发展取向。首先，"自我更新"是以教师自我发展意识为标准考察教师发展过程的一种分析、研究框架。它以教师自我意识的发展为基本线索，把教师内在的专业结构更新与改进作为考察的核心。其次，自我更新的发展取向下的教师发展，可以看作教师发展意识的现实化过程。秉承该发展取向的教师，会随时保持对自身发展的关注，将教师发展理论与自身发展现状相结合，自觉利用、发现、创造机会和条件，争取获得自身最大程度的发展。最后，自我更新的发展取向更加强调教师真正成为自我发展的主人。具有该取向的教师，能够主动挖掘职业生涯和生活中的各种有利于自身发展的因素，使自己的专业结构和整体素养得以不断更新。[①]

2. 自我更新的发展取向下教师发展的基本特征

首先，教师将自身的发展过程作为反思的对象。"自我更新"是以教师的自我意识发展为前提与核心的，而反思则是自我意识的一个重要特质。反思就是对事情的现状进行反省性思考，以获取对事情真实性质的把握。反思的目的是更好地引导未来。自我更新的发展取向下的教师发展，就表现为教师对其发展过程的批判性反思，目的是从中及时发现问题，解决问题，自我调控，以获得自身更好、更快发展。

其次，教师不仅是专业发展的对象，更是自我发展的主人。自主是专业的基本特征之一，也是自我更新的发展取向下教师专业发展的重要特征，表现为教师能够独立制订适合自己的专业发展目标、计划，选择自己需要的学习内容，而且有意愿和能力将所制订的目标和计划付诸实施。不仅如此，一个拥有个人专业发展自主性的教师，还能够实施自我发展的管理，表现出自我教育的意愿和能力，同时还能够将专业发展与日常生活紧密结合起来，随时随地汲取、捕捉自身发展的养分和机会。

最后，目标直接指向教师个体内在的发展。从教师对发展目标追求的指向和发展的动力来源看，自我更新的发展取向下的教师发展是内在取向的，直接

---

① 叶澜、白益民、王枬等：《教师角色与教师发展新探》，267 页，北京，教育科学出版社，2001。

指向教师个人内在专业结构的丰富与演进，而非以教师职业阶梯的升迁为直接目标。以"阶梯"为指向的教师发展，是把教师专业发展看作职业阶梯攀升的需要；而以"内在专业结构"为指向的教师发展则是将教师个人内在专业结构的不断改进和教师自我的发展意愿视为发展的需要。毫无疑问，只有当教师能够自觉自愿规划自己的发展，并以自身内在专业素养提升为追求，才可确保教师发展的可持续性。

3. 自我更新的发展取向下教师发展立足点的转变

自我更新的发展取向下的教师发展相对于其他取向的教师发展，其立足点发生了转变。

首先，强调教师发展理论对教师个人的内化过程。理论是行动的先导、实践的指南，正确的理论是决策科学、行动有力的基础。教师发展理论作为教师发展本质和规律的概括、抽象，是教师自身发展的依据和基础。只有真正拥有了教师发展相关的理论知识，教师个人才能达到自省、反思，并明确自身发展的需要，增强发展的自觉性与主动性，使自身的发展更加合理、有效。要做到这一点，就必须使教师发展理论真正内化于教师个人的思想、意识，而不仅仅作为外在于教师的说辞、条款存在。"自我更新"取向的教师发展高度重视教师发展理论，并特别关注理论内化于教师个人的过程，进而自觉运用教师发展理论引导自己的发展。

其次，由断续的教师教育转向持续的教师发展。以往的教师教育在推动教师发展方面常常是间断性的，缺乏内在的关联；同时由于教师个体发展的需要遇到的问题，以及个人的潜能存在差异性，教师个人的可持续发展显得尤为重要。自我更新的发展取向下的教师发展不仅仅把教师从一个被动的发展者转变为主动的发展者，而且也从局限于特定时空的、断断续续的、不连贯的、缺乏内在逻辑与发展关联的教师教育，转向不受时空限制的、持续的教师发展。

最后，把教师看作成人学习者。教师要想获得真正的可持续发展，就必须符合教师作为成人学习者的需要和特点。诺尔斯（M. Knowles）认为，以下几个原则奠定了成人学习的基础。第一，当成人感到需要和产生兴趣时，才有学习的动机。第二，成人的学习定向以生活为中心。第三，经验是成人学习的重要资源。第四，成人有强烈的自我引导学习的需要。所以，教师教育应该是让教师参与到研究过程中来，而不是向他们传递知识而后再评价他们运用的程度。第五，成人之间的个体差异性随年龄的增长而加大。所以，应当根据学习者的学习风格、时间、地点、速度等的差异提供最适宜的教育。①"自我更新"取向的教师发展就是要求教师成为这样的学习者。

(三)形成自省反思的教师素养

教师能否达到"生命自觉",并形成"自我更新",在一定程度上取决于教师能否形成"自省反思"的基本素养。

1. 自省反思的内涵

(1)作为行为的反思

《论语》有言:"吾日三省吾身。"②意即我每天都要多次反省自身。杜威指出:"对于任何信念或假设性的知识,按其所依据的基础和进一步导出的结论,去进行主动的、持续的和周密的思考,就形成了反省思维。"③在此,杜威所强调的反思实质上是一种思维训练,旨在以反省思维取代以往那种随意的、盲目的、依靠习俗或权威的思维习惯,希望培养一种有依据的、连续的、主动的"科学思维"方式,使其成为教师与学生思考、解决问题的普遍原则。

在此意义上的教师反思是教师对于教育事件进行理性选择的一种思维方式和态度,是教师为了改进专业实践而进行的自我检查、自我评价的过程,也是行为主体立足于自我以外批判地考察自己的行为及其情境的能力,是形成思想、观念、信条的手段和方法。

20世纪80年代,美国学者舍恩倡导以"反思性实践者"来代替"技术熟练者"的教师形象,将反思与实践直接联系在一起,提出教师能够"在行动中反思"这一富有变革性的思想。舍恩认为,真实的教育情境充满着"复杂性、模糊性、不稳定性、独特性和价值冲突",是实践的"不确定地带",对于处于这一地带中的问题,教师不能仅仅是被动地运用教育理论,也不能机械地重复事先已有的教育计划,而是需要"在行动中的反思"。④ 加拿大学者范梅南提出,在教育领域中,"反思含有对行动方案进行深思熟虑、选择和作出抉择的意味"⑤。

上述表明,无论是将反思作为一种科学思维的训练,还是认为反思就是深

---

① 参见 M. Knowles, *The Adult Learner: A Neglected Species*, Houston, Gulf, 1978。

② 杨伯峻:《论语译注》,3页,北京,中华书局,1980。

③ [美]约翰·杜威:《我们怎样思维·经验与教育》,16页,姜文闵译,北京,人民教育出版社,2005。

④ D. A. Schon, *The Reflective Practitioner: How Professionals Think in Action*, New York, Basic Books, 1983, p. 39.

⑤ [加]马克斯·范梅南:《教学机智——教育智慧的意蕴》,李树英译,131页,北京,教育科学出版社,2001。

思熟虑和做出选择，都是将反思视为一种对行动的理性思考，这实质上就是一种在行为层面上对反思的理解，主要关注的是反思的外在行为表现。

（2）作为意识的反思

反思不只是一种行为表现，更是一种意识存在。现象学作为一种寻求直观明见性的哲学反思，关注的是世界向人的意识显现的过程。因此，现象学视域中的反思正是对这一意识显现过程的觉察。

第一，反思是对自身意识的觉察，即人总是能够对自己的行为和意识有所觉察。但是，自身意识并非在行动之后将自身的行为作为一种对象来观察，而是在每一个行为进行时对其自身行为的意识，是以一种非对象性、非客体的方式觉晓到自身。反思作为对自身意识的觉察，一方面意味着反思并不仅仅是对已经发生的现存事实进行思考，更为重要的是，反思能够对在先具有的并能够始终支配、伴随行动始终的自身意识进行觉察；另一方面意味着反思是一种自觉、觉醒的意识状态。

第二，反思是一种"有预期的"意识。反思不仅意味着对自身意识的觉察，而且反思本身是一种意识体验，具有一般意识的特点。反思作为一种意识，具有"意向性"，即能够有预期地建构意向对象。这表明，反思是一种事先就有的期待和意向指向，而不是事后才被动发生的认识。

很显然，作为一种意识，教师反思能够伴随着教师的教育实践，并且总是支配、指引着教师的教育教学活动，贯穿于教师的日常具体工作中。正是由于教师具有这样的反思意识，教师在与学生的交往中，面对丰富、具体的教育情境，才能抓住教育的机会，才能表现出一种对教育意义的敏感和自觉。因此，意识层面上的反思才真正揭示了反思的根本内涵。[①]

2. 自省反思对于教师发展的意义

自省反思作为一种意识，意味着反思不再是发生在教育实践之外的一种教师行为，而是始终伴随着教师的教育实践的全过程。也就是说，作为意识的自省反思，使得教师在日常的教育教学活动中能够随时察觉自己行为的问题所在，能够保持教育的"意向性"，即对教育活动的目的有着自己的预期和指向。因此，自省反思能够使教师敏锐地捕捉到富有教育意义的时机，从而使教师更具有教育的敏感性。所谓教师的教育敏感性，实际上就是教师时刻保持一种教育意识，随时都能把握教育的时机，随时都能产生教学的机智，随时都能将与学生的交往变成教育的机会。事实证明，教师的反思意识越强烈，其教育意识

---

① 胡萨：《反思：作为一种意识——关于教师反思的现象学理解》，载《教育研究》，2010(1)。

就越清醒，进而教师的教育实践就越具有自觉性、主动性。教师的反思意识使得教师总是处于一种积极、主动的意识状态，总是具有一种教育的意向和期待。具有反思意识的教师随时都有捕捉到教育机会的可能，随时都有构建教育情境与教育意识之间意义联系的可能。

同时必须指出的是，作为意识的反思和作为行为的反思并不是截然对立或并列平行的两种反思。二者有着根本的内在联系。

其一，反思意识支配、指引着反思行为的发生。教师只有真正具有反思意识，才有可能自觉地、有意识地产生反思行为，这时的反思行为不仅仅是被动的、受挫之后的自我检讨、自我反省，或是为了应付检查制造的一种表面形式。只有具有反思意识的反思行为才能够真正促进教师的发展。

其二，反思行为能够激发和增强反思意识。教师的反思行为可以强化其反思意识，进而提高教师的意识品质，促进教师对教育意义的敏感性和促成教育实践智慧的生成。正如范梅南所言："我作为教师的个人是根据我的行为和智慧性行动的可能性来决定的。但是，我的可能的行动并不是魔术般地发生的，它们依据的是我在回忆性的反思中所能够获得的智慧。"[1]这表明，教师的反思行为对于教师教育智慧的形成，乃至教师的发展具有不可或缺的积极意义。

3. "自省反思"教师素养的形成

自省反思，无论是作为教师的行为表现，还是作为教师的意识存在，在当前文化多元、信息庞杂，以及思想观念层出不穷的时代背景下，理应成为教师素养的一项基本要求。"自省反思"教师素养的形成有以下几个途径。

首先，提升教师的理性认知水平。理性是相对于感性而言的，感性所认知的是事物的表面现象，理性所认知的则是事物的内在本质、必然联系，是人所具有的批判和推理的能力。"反思的基本要求就是不盲信文本，而是从实际出发；不盲信领导，而是从真理出发；不盲信权威，而是从事实出发；不盲信榜样，而是从自身出发；同时，也不盲信自己，而是从科学出发。"[2]而所有这一切都需要人具有较高的理性认知水平。人的理性认知水平的提高，无疑需要大量理论知识的支撑，以及在此基础上的思维训练。因此，要提升教师的理性认知水平，教师就必须不断学习，并进行持久的思维训练。

其次，养成教师自觉反思的习惯。习惯是指一个人反复做一件事情而逐渐

① ［加］马克斯·范梅南：《教学机智——教育智慧的意蕴》，李树英译，154 页，北京，教育科学出版社，2001。

② 吴康宁：《教师应成为自身专业发展的主人》，载《南京师大学报(社会科学版)》，2015(5)。

形成的下意识行为。教师要想形成自省反思的素养，就需要始终保持反思的意识和行为，即根据自身的状况与可能，对于个人发展的方向、目标、途径、步骤等，随时随地进行审视、质疑、分析、调整乃至重构，使反思成为教师自觉性的行为模式。

最后，使教师成为自我发展的主人。教师发展的最高境界应该是"成为最好的自己"。这意味着教师的发展要体现在他的专业成就上，更要体现为教师的自我完善和自我实现。或者说，只有达到真正的自我完善和自我实现，才能成就更好的专业结果。但是，自我完善和自我实现绝无统一标准可言，而是高度个性化的。每个人都是这世界中的唯一，每个人都是他（她）自己的唯一。这种"唯一"便是每一位教师在自身发展方面能有所作为的资本所在，也是每一位教师即便在激烈的竞争环境中也能寻觅到对自己而言最合适、最有价值的发展空间之依据所在。因此，教师发展应该是自觉的、自主的、自省的、自由的发展，让自己成为自我发展的动力、领导，成为智者，成为自己。[①]

【本章思考与练习】

1. 如何理解教师的职业性质？

2. 教师专业发展的内涵是什么？当前教师专业发展的价值取向有哪些？

3. 什么是教师角色？新时代教师应该具有什么样的角色？

4. 教师应具备哪些职业素养？

5. 为什么要不断提升教师的境界？

6. "为人师表"意味着什么？教师为什么必须"为人师表"？

7. 什么是教师观？教师应该具有什么样的教师观？

8. 结合实际，谈谈你对不同教师观的理解与看法。

【推荐阅读】

1. 叶澜，白益民，王枬，等. 教师角色与教师发展新探[M]. 北京：教育科学出版社，2001.

2. 叶澜. "新基础教育"论：关于当代中国学校变革的探究与认识[M]. 北京：教育科学出版社，2006.

3. 叶澜. 回归突破："生命·实践"教育学论纲[M]. 上海：华东师范大学出版社，2015.

---

① 吴康宁：《教师应成为自身专业发展的主人》，载《南京师范大学学报（社会科学版）》，2015(5)。

4. 舒志定. 教师教育哲学[M]. 北京：北京大学出版社，2012.

5. 陈玉琨. 教育：从自发走向自觉[M]. 上海：华东师范大学出版社，2012.

6. 张人杰. 国外教育社会学基本文选[M]. 上海：华东师范大学出版社，1989.

7. 张大均. 教育心理学[M]. 北京：人民教育出版社，2004.

8. 陶志琼. 教师的境界与教育[M]. 北京：北京师范大学出版社，2006.

9. 肖川. 润泽生命的教育[M]. 北京：北京师范大学出版社，2012.

10. 杜威. 我们怎样思维·经验与教育[M]. 姜文闵，译. 北京：人民教育出版社，2005.

课程是构成教育活动的主要因素之一，体现为教育内容。人类的教育活动从最直接的意义上说，就是通过教育者与受教育者的共同活动，传授和掌握一定的教育内容的过程。那么，什么是课程？课程在学校教育中的作用及意义如何？课程是怎么形成的？课程与知识的关系是怎样的？作为一名教师，应该具有什么样的课程观才能更好地从事教育工作？这些就是本章需要深入探索的问题。

第五章　课程观

人类的教育活动是由教育者、受教育者、教育内容和教育方法手段几个基本要素构成的。其中，教育内容是教育活动得以进行的重要媒介和依据，是连接教育者与受教育者的桥梁，也是教师与学生共同活动的对象。在现代学校教育中，教育内容是以课程的形式存在的。那么，什么是课程？课程是如何构成的？作为一名教师应如何认识和理解课程？对于这些问题的认知与思考，可以帮助教师更加有效地从事教育活动。

第一节　课程的本质内涵及其意义

课程，作为知识的重要载体，作为构成教育的重要组成部分，究竟意味着什么？在人们长期的探索和研究中，形成了各种各样对课程的论说。课程的本质内涵是什么？对于教师而言，课程又意味着什么？这是需要我们进一步深入探究的问题。

一、课程的基本含义

课程在人们的教育活动中，虽然是一个并不陌生且经常使用的概念，但迄今为止在理论界并没有一个确定的、共识的定义。正如英国学者理查德·斯考特所认为的，课程是一个用得最广泛的术语，也是一个定义得最差的术语。[①]
这充分说明"课程"这一概念的复杂性，以及人们对课程理解的多样性。

---

① 转自陈侠：《课程论》，13页，北京，人民教育出版社，1989。

（一）"课程"的起源

"课程"（curriculum）起源于拉丁语，它是作为古法语动词"currere"被引入到英语中的，意思是"跑"（to run），引申为"过程"，即在跑道上跑的过程。随着时代的发展以及"curriculum"用于学校教育，这个词的意思便逐渐发展为"学习的路线""学习的进程"等，亦即"学程"。与"curriculum"这个词相关的词义还有"流动"（current）、"流通"（currency）、"信使"（courier）等，从而说明"课程"一词从一开始就包含着不确定性。

教育学范畴内的"课程"概念，最早出现于彼得吕斯·拉米斯发表于 1576 年的《知识地图》，并于其后出现在莱顿大学和格拉斯哥大学的记载中。[①] 而关于"课程"概念的界定，最具影响力的当数英国哲学家、教育家斯宾塞的解释，他于 1859 年在《什么知识最有价值》一文中提出"课程"一词，并将其解释为"教学内容的系统组织"。

在我国，"课程"一词始见于唐代，唐代孔颖达在《毛诗正义》里为《诗经》的"奕奕寝庙，君子作之"的注疏中就有"教护课程，必君子监之，乃得依法制"的描述[②]，这是我国最早关于"课程"的记载，但这并不是我们今天所理解的"课程"概念。南宋朱熹也曾说过"宽着期限，紧着课程""小立课程，大作功夫"[③]等，这里所说的"课程"，含有所分担的工作的程度，包括学习的范围、领域、时限、进程的意思，少有涉及教学方法上的要求和约定，因此只能称作学程。

从中外"课程"一词的溯源中可以看出，"课程"的本义与知识相关，可理解为学习的内容，但又不仅限于知识本身，还包括对学习内容的组织、计划和安排，是教育内容的整体规划。

（二）现代"课程"的诸种界定

伴随着教育的发展以及课程理论的研究深入，现代社会人们对"课程"的理解越来越丰富。

国外学者康纳利（F. M. Connelly）和兰茨（O. Lantz）归纳出了 9 种关于"课程"的具有代表性的定义。

（1）课程是在学校建立的一系列具有潜力的经验，目的是训练儿童和青年以群体方式思考和行动。

① ［美］小威廉姆·E. 多尔、［澳］诺尔·高夫：《课程愿景》，张文军等译，32 页，北京，教育科学出版社，2004。

② （汉）毛亨传、（汉）郑玄笺、（唐）孔颖达疏：《毛诗正义》，757～758 页，北京，北京大学出版社，1999。

③ （宋）黎靖德编：《朱子语类》第 1 册，王星贤点校，165、136 页，北京，中华书局，1985。

（2）课程是学习者在学校的指导下所学得的全部经验。

（3）课程是学校传授给学生的，旨在使他们取得毕业、获得证书或进入职业领域的资格的教学内容和具体教材的总计划。

（4）课程是一种对教师、学生、学科和环境等教材组成部分的范围的方法论的探究。

（5）课程是学校的生活和计划，一种指导生活的事业，是构成一代又一代人生活的生气勃勃的活动流。

（6）课程是一种学习计划。

（7）课程是通过有组织地重建知识和经验而得到系统阐述的有计划、有指导的学习经验和预期的学习结果，在学校的帮助下，推动学习者个人的社会能力不断地、有目的地向前发展。

（8）课程由 5 种大范围的学科学习组成：①掌握母语，系统地学习语法、文学和写作；②数学；③科学；④历史；⑤外国语。

（9）课程被看作有关人类经验的范畴，而不是结论的可能思维模式的不断扩大的范畴。

美国学者蔡斯则列举了 6 种关于"课程"概念的界定。

（1）课程是学习方案。

（2）课程是学习内容。

（3）课程是有计划的学习经验。

（4）课程是在学校领导下"已经获得的"经验。

（5）课程是预期的学习结果的构造系列。

（6）课程是（书面的）活动计划。

我国学者施良方也归纳出了 6 种典型的课程定义。

（1）课程即教学科目。

（2）课程即有计划的教学活动。

（3）课程即有预期的学习结果。

（4）课程即学习经验。

（5）课程即社会文化的再生产。

（6）课程即社会改造。[①]

上述表明，由于每个人从事课程、教育理论与实践研究的经验、立场、价

---

① 转自陈玉琨、沈玉顺、代蕊华等：《课程改革与课程评价》，2~4 页，北京，教育科学出版社，2001。

值取向等不同，也就难免会出现对课程概念的不同理解。

（三）"课程"概念的解读

概括国内外众多关于课程概念的界定，我们可从以下三个层面理解课程的基本含义。①

1. 课程即目标或计划

所谓目标或计划，是指把课程视为学生的学习活动所要达到的目标、学校教学的预期结果或教学的预先计划。美国著名课程论专家塔巴认为，课程是"目的和具体目标的陈述"；奥利沃提出，课程是"一组行为目标"；我国也有学者把课程定义为"一系列有组织的、有意识的学习结果"；等等。这是将课程作为一种教学的目标和计划。

2. 课程即学科

这是使用最普遍、最为常识化的一种课程定义，指各级各类学校为了实现培养目标而开设的学科及其设置。《中国大百科全书（教育卷）》关于课程的定义是，课程是指所有学科（教学科目）的总和，或学生在教师指导下各种活动的总和。这通常被称为广义的课程。狭义的课程则是指一门学科或一类活动。② 美国教育哲学家、课程论专家费尼克斯认为，一切课程内容都应当从学问中引申出来，换言之，唯有学问中所包含的知识才是课程的适当内容。③ 这是对课程作为学校所开设的各门学科及人类所创造的科学文化知识的强调。

3. 课程即学习者的经验或体验

所谓学习者的经验或体验，是指课程是学生在教师指导下或自发获得的经验或体验。杜威把课程视为学生在教师指导下所获得的经验。美国课程论专家卡斯威尔和坎贝尔也认为，课程是儿童在教师指导下所获得的一切经验。美国20世纪60年代出版的《教育研究百科全书》认为："20世纪30年代后期，课程就被定义为学习者在学校指导下的一切经验。"④这是对学生的直接经验在课程中的核心地位的强调。

综上所述，课程是以人类科学文化知识和学生的经验为内容，以学科设置

---

① 《教育学原理》编写组：《教育学原理》，223～224 页，北京，高等教育出版社，2019。

② 中国大百科全书总编辑委员会《教育》编辑委员会、中国大百科全书出版社编辑部：《中国大百科全书·教育》，207 页，北京，中国大百科全书出版社，1985。

③ P. Phenix, *Realm of Meaning：A Philosophy of the Curriculum for Gereral Education*，New York，McGaw-Hill Book Company，1964.

④ R. L. Ebel, *Encyclopedia of Educational Research（4th edition）*，London，Macmillan，1969，p. 275.

为形式，并体现教学目的性、计划性的教学内容组织系统。

二、课程本质观

课程，无论是作为教学的目标或计划，还是作为学校的学科设置，抑或作为学习者的学习内容，都只是课程的外在形态。那么，课程的本质是什么？正如人们对于课程概念的界定各有所指一样，对于课程本质的理解也不尽相同。概括国内外关于课程本质的认识，可归纳为以下几种课程本质观：

(一)课程是知识

这是一种比较古老、传统的课程本质观，也是在国内外最具代表性和普遍性的观点。近代课程理论的出现和形成，在一定程度上与这种观点密不可分。

所谓课程是知识，可从三个层面理解。首先，课程表征的是人类优秀认识成果，是旨在为年轻一代未来生活作准备的间接经验。其次，在现实形态上，课程表现为一系列学科，而划分学科的依据和逻辑结构，一方面与对应的科学领域相一致，另一方面则依照学生的认识水平加以编排。最后，课程是教学认识的客体，学习课程就是学生在教师的指导下掌握知识，而在掌握知识的过程中"存在着一种最佳的理解方式"[1]，即学习者普遍具备接受学科知识的潜质。

斯宾塞以此观点为基础，建立了以科学知识为主要内容的近代课程体系。其特点是：①课程体系是以科学逻辑组织的；②课程是社会选择和社会意志的体现；③课程是既定的、先验的、静态的；④课程是外在于学习者且凌驾于学习者之上的。[2]

课程的知识本质观尤其注重课程在课程规划与开发中的学科知识体系的逻辑性、完整性，却较少顾及学生的需求；在课程实施中倾向于教师更多地发挥主动性，而学生主要是一种接受状态。同时特别强调受教育者掌握完整系统的科学知识，教师是课程的说明者、解释者，学生则是课程的接受者。这种课程本质观主要关注的是学习者的认知过程。

把知识作为课程的本质，是基于对知识在课程中的功能的认识的两种取向。一种取向强调学习者通过课程学习掌握系统知识，从而为未来生活作准备，代表人物有夸美纽斯、斯宾塞等。夸美纽斯努力为学生构建"百科全书"式的课程，把一切知识教给一切人类；斯宾塞则通过将科学知识作为价值主导，来调和知识总量激增带给课程编制的矛盾。另一种取向则强调知识对个体理性发展的功能，这种功能的知识不是服务于生活的具体知识，而是存在于具有

---

① 刘万海：《从知识到经验——课程本质的现代解读》，载《全球教育展望》，2004(12)。

② ［英］赫·斯宾塞：《教育论：智育、德育和体育》，胡毅译，北京，人民教育出版社，1962。

"永恒价值"的学科领域。教育的价值就在于传授永恒真理的知识，以此来丰富学生的心智和理性。

毋庸置疑，课程的核心构成不能没有知识在场，使受教育者掌握人类系统的文化知识是教育与生俱来的重要功能。然而，这种对学科知识、认知过程的强调，往往会导致课程成为强加给学习者的任务，且很容易忽略学习者的意愿以及在学习过程中的主观能动性，未必能够达到使学习者真正获取系统的科学文化知识的目的。不仅如此，学习者掌握知识的数量和质量往往成为教师甚至整个教育所追求的目标，但时代和社会的发展对于教育的要求越来越明确地表现为追求人的整体素质。因此，把知识作为课程本质的局限与不足便日益显现出来，遭到人们的质疑和批判。

（二）课程是经验

把经验看作课程本质的观点，是在对课程的知识本质观批评与反思的基础上逐渐形成的。将这种观点加以系统化、理论化并付诸实施，同时也将其推向极端的，当数美国著名哲学家、教育家杜威。在社会发展愈加注重人性、个性以及人的全面发展的时代背景下，国内外越来越多的人秉承和拥护这一观点。从知识到经验，不仅表明了人们对课程本质的立场转变，也反映了课程理论从传统走向现代的质性飞跃。

"课程是经验"的基本思想是，课程是学习者本身获得的某种性质或形态的经验。也就是说，只有个体亲身的经历才称得上是学习，因为这种情况下，外在的知识才能转化为学习者自身所有，即经验。课程就是让受教育者体验各种各样的经历，在这样的过程中，将学习对象——包括知识但不仅限于知识，转化为自身的经验，并且实现自身的变化发展。

经验的课程本质观具有以下几个特点：①课程强调和突出学习者作为主体的角色，以及在课程中的体验；②课程注重从学习者的角度出发进行设计，突出学习者在学习过程中的主动性；③课程是与学习者个人经验相联系的，并以学习者实践活动的形式实施的；④课程不是外在于学习者，更不是凌驾于学习者之上的，学习者本人是课程的组织者和参与者。

20世纪70年代以后，随着课程研究范式的整体转换，对于课程的"经验"本质又有了更深入的理解，即从对建立在感觉实在论基础上的直接经验的强调，转变为对建立在人本主义基础上的个体经验的彰显。后者更深入地从课程价值观、课程功能来透视"经验"的本真含义，使其带有浓厚的人文色彩与终极关怀，从而使课程不再是简单地提供知识、理性以适应人们未来的生活，而且强调课程本身就是生活，并通过学习者分享经验、批判和建构经验，达成个人意义上的最终自我实现。而且，这种"经验"正在朝着更高的境界——"体验"迈进，课程成为"体验"，或者一种"超越性经验"。在这之前所说的"经验"是立足于主观世界对客观世界的反映，是对作用于环境的行动结果的反思；而"体验"则是立足于人的精神世界，对人、自然、社会有机统一的意义的理解与超越。从"经验"走向"体验"，并非一种转向，而是提升和超越，"体验"是对"经验"深入理解的更高阶段。这种深入使得学习者与课程变得更加紧密，而对于学生甚至教师来说，"从外边旁观式的认知到前进不息的世界活剧中的积极参加者是一个历史的转变"①。

把经验作为课程的本质，是对课程知识观局限的突破。尽管人们在用经验定义课程时，具体的出发点和依据存在一定的差别，却不约而同地注意到同一个基本事实：知识本身的完备并不能直接转化为学习者理想的发展。虽然课程在知识水平上可以达到严密、完整、系统乃至权威的程度，却经常由于脱离了学习者的主观世界和内心体验而无助于他们的发展，甚至不能够保证这些知识真正为学习者理解和掌握。因此，人们逐渐从努力追求课程在客观上的完美，转移到追求课程对学习者产生的主观效果，即学习者的主观体验。需要说明的是，强调学习者的主观体验并非主观唯心主义，相反，主观体验往往是最具有客观实在性的。只有那些真正为学习者所经历、理解和接受了的东西，才称得上是课程；也只有在学习者主动获取经验的过程中，才能达到个性的充分发展。

虽然杜威的理论及相应的实践受到普遍的批判，但是，在世界范围内，以学习者为中心、以学习者自主获得学习经验为目的的课程已经成为相当广泛的实践。人们普遍认为，这样的课程对受教育者发展的效果是一味强调知识的课程无法企及的。

（三）课程是活动

持"课程是活动"观点的学者认为，无论是将课程的本质归为"知识"，还是将其归为"经验"，都无法克服课程实施中所导致的局限：前者容易"见物不见人"，置学习者于被动的状态；后者则因课程概念边界的模糊与不确定性，使得教育工作者难以把握。因此，课程的本质应当是"活动"。

这种观点的基本思想是，课程是受教育者各种自主性活动的总和。学习者通过与活动对象的相互作用实现自身各方面的发展。从现有研究中可以看出，

① ［美］约翰·杜威：《确定性的寻求——关于知行关系的研究》，傅统先译，293 页，上海，上海人民出版社，2004。

这种课程本质观具有以下特点：①强调学习者是课程的主体，以及作为主体的能动性；②强调以学习者的兴趣、需要、能力、经验为中介实施课程；③从活动的完整性出发，突出课程的综合性和整体性，反对过于详细的分科；④从活动是人心理发生发展的基础出发，重视学习活动的水平、结构、方式，特别是学习者与课程之间的关系。

"课程是活动"的观点，与心理学和哲学界活动理论的发展息息相关。21世纪以来活动理论的成就有目共睹，尤其是皮亚杰的发生认识论以及苏联的社会文化历史学派的活动理论，对于儿童通过活动作用于外部世界，同时通过内化过程建构起自己内部的认知结构，作了极为精辟的分析论证，对于活动的结构、要素和转换的揭示，达到了前所未有的深刻和系统的程度。所有这些，都为课程的研究提供了新的理论基础。课程是活动的理论，不只是关于感知、记忆、思维等心理过程的个别研究的拼接，也不再是多少带有揣摩、想象色彩的学生学习过程的描述，而是直接触及学习者学习活动的心理机制，以及他们与课程相互作用时形成的个性经历和变化的详细解释和说明。因此，"课程是活动"的观点确有其独特的吸引力。

毫无疑问，活动理论对课程观产生了深远的影响。但是，课程本质是否应当定义为活动似乎也可以进一步讨论。其一，活动是人类的基本存在方式，活动理论研究的对象是比较抽象和概括化的一般人类活动，即使像皮亚杰所作的包括大量个案的研究，所追求和得到的也是普遍性结论。因此，活动理论的基本原理和具体观点对于课程研究主要应当是一种理论指导，而不是直接的解释说明。其二，与活动的普遍性相对应，活动概念也是比较宽泛的，在哲学和心理学中，它都是最基本、最上位的概念。当然这一概念不是说不可用于课程，但可以预料，在使用时难免出现一些混乱，势必需要经常加以说明，以致造成一些不便，甚至产生曲解和误会。①

（四）课程即资源②

伴随着信息化时代的到来，以及数字化学习的崛起，课程的本质内涵必然被人们重新审定，如：课程应该是"适度弹性"的，不再是纯粹设计好的教案文本；课程应该是"交互流动"的，不再是事先沉淀在教师头脑中的有限的知识结晶，亟待通过一种稳定的方式输入到学生的头脑中去；课程应该是需要"生长

---

① 丛立新：《知识、经验、活动与课程的本质》，载《北京师范大学学报（哲学社会科学版）》，1998(4)。

② 赵婧、武晓楠：《课程即资源——信息时代课程本质探析》，载《教育理论与实践》，2011(34)。

发展"的，源源不断的信息将以"课程"的名义纳入学生的经验中去，并有类型多样的信息渠道不断被挖掘和开辟；课程还应该是"三位一体"的，研发者、出版者和使用者不再形同陌路、相互隔绝，而是完全可以通过网络实现即时互动，合力推动课程价值的最大化。

"课程即资源"就是基于信息化背景而对课程本质作出的一个新判断，其内涵可概括为：课程是服务于年轻一代全面发展和终身学习的信息要素的总和。具体而言，这一课程观突出强调了以下三个方面：第一，课程不仅包括年轻一代社会化成长所需要的科学性资源要素，而且包括年轻一代社会化成长所需要的人文性资源要素；第二，课程不仅为学生全面发展提供所需要的基础性资源要素，而且为学生全面发展提供所需要的拓展性资源要素；第三，课程不仅涵盖国家、民族持续发展所需要的规定性资源要素，而且涵盖学生终身学习所需要的个性化资源要素。

"课程即资源"是对传统课程本质观的批判、扬弃与超越，它反映了一个崭新时代对课程本质的认识的深化，具有以下优越性：体现了课程元素的丰富性；强调了课程理念的全纳性；诠释了课堂中的"知识反哺"现象；凸显了课程在促进学生个性化成长和终身学习方面所具有的功能和价值。

对于课程本质的认识，可谓仁者见仁，智者见智，在我国除了上述几种具有代表性的课程本质观，还有一些有较大影响的观点，如课程即教学科目、课程即有计划的教学活动、课程即预期的学习结果、课程即社会文化的再生产、课程即社会改造等。通过深入分析和研判不难看出，这些课程本质观的提出都是有其深刻的社会根源的，都是基于一定的社会现实以及教育实践所作出的理论概括。每一种对课程本质的诠释都试图在批判与扬弃之前的课程本质观的基础上，尽可能地实现对当下课程实践和今后课程发展趋势的最有力、最深刻、最全面的洞悉与预测。正是在此意义上我们说，对课程本质的探索和研究，并不是寻求一个课程是什么的标准答案，而是要促使人们更加全面、深刻地理解课程，进而充分发挥课程在教育中应有的价值。

三、课程在学校教育中的重要作用

课程是整个教育体系的基本构成要素，是教育活动得以进行的重要媒介。因此，在学校教育中有着不可或缺的重要作用。

(一)课程是学校人才培养目标实现的具体方案

学校是培养人才的专门机构，而对人才的培养，首先需要确立人才培养目标，即把人培养成为什么样的人。培养目标一旦确立，就必须围绕目标设计具体的培养方案，也就是用哪些内容、采取什么方法实现人才培养的目标。课程，首先体现为教育的内容，规定了人才培养过程中，教师教什么和学生学什么这样的基本问题；而课程开设及其顺序则构成了人才培养目标达成的内容体系；课程实施更是从手段、方法、组织形式等方面保障学校人才培养目标的实现。所以，如果没有课程，学校教育对人才的培养就成为一句空话。

（二）课程是教师从事教育活动的基本依据

教育是一项专门培养人的活动，教师则是培养人的直接责任人。为了确保人才培养的质量与规格，教师对人的培养要依据一定的课程来进行。课程具体体现为课程计划、课程标准和教科书。课程计划，也称课程方案，是指根据教育目的和各级各类学校的教育任务，由国家教育行政部门制定的有关教育和教学的指导性文件，通常包括课程设置、结构、性质、开设顺序，以及学时安排、评价方式等。课程标准是指国家教育行政部门制定的某一学科或学习领域的课程纲领性文件，它规定各门课程的性质、目的、内容框架，并提出教学建议和评价建议，是课程计划的具体化。教科书是依据课程标准所研制的、教师教与学生学的基本教学媒介，由课程标准所要求的各种知识内容及方法所构成，是课程计划、课程标准的重要工具载体。

对于教师而言，就是遵循一定的课程计划，根据一定的课程标准和教科书，对学生进行知识传授、能力培养、情感陶冶、观念意识引导等，使其身心得以不断发展。所以，课程是教师从事教育活动的基本依据。

（三）课程是学生获得发展的重要精神来源

教育的最终目的是促进学生身心健康、持续地发展，而学生的身心发展需要以知识为载体的各种具有教育功能的元素的滋养，这些元素就体现在课程中。也就是说，课程是依据一定的培养目标以及学生发展的需要，对人类长期积累的科学文化知识进行加工、提炼和编制，以课程的形式呈现给学生，并通过一系列精心组织的教学活动使学生掌握，进而从中获取促使其身心发展的养分。正是在此意义上，我们说，课程是学生获得发展的重要精神来源。

当然，"重要来源"并非"唯一来源"，除了课程，学生的发展还依赖于其他很多因素，如学生所处的社会、家庭环境，学生个人的主观能动性，学生直接经验的获得，甚至包括学生的遗传素质等。尽管如此，在学校教育过程中，课程是学生获得全面发展的重要来源，这一点是毋庸置疑的。而且，在一定意义上可以说，合理的课程设置对于学生的全面发展起着决定性作用。

第二节　课程与知识

虽然把知识作为课程的本质的确存在一定弊端，但是在教育活动中，课程作为教育内容的主要表征，不仅无法脱离知识而存在，而且必须以知识为核心。"人的教育是通过知识来进行的，无论这种知识是通过什么形态得以陈述和组织。离开了知识，教育就成了无源之水、无本之木。然而，人类的知识是无限多样的，有限的教育时空并不能传递无限多样的人类知识。因此，对知识的理解、选择、组织和控制，就成为课程和教育生活得以可能的重要前提。"① 因此，对于课程的认知，离不开对知识的深入剖析。

一、知识及其意义

人类教育的产生始于传递生产和生活的经验，伴随着人类社会的巨大变迁、演化和发展，教育的方方面面也发生了翻天覆地的变化。尽管如此，知识传递作为人类教育的核心和重要职能这一点却始终没变。那么，什么是知识？知识对于教育、人生意味着什么？

（一）知识的含义

何谓知识？对此，我们可以从以下几个层面加以理解。

1. 日常生活中的"知识"

在日常生活中，人们对于"知识"一词的使用千差万别，而通过对"知识"各种不同用法的归纳，可概括出"知识"的几个关键特征：第一，知识是一种重要的智力资源，即知识的获得和应用有助于提高人们的认识和实践能力；第二，知识不是一种内隐的心理要素，而是一种可以在公共领域加以传播的社会要素；第三，知识是个褒义词，即一个人掌握知识的多寡，相当程度上代表着其对事物理解的程度或实践能力的大小；第四，知识是后天习得的，而非先天遗传的。②

2. 词典中的"知识"概念界定

在《说文解字》中，"知，词也，从口矢"③，包含"有其内容""可外传""了

---

① 石中英：《教育哲学》，107 页，北京，北京师范大学出版社，2007。

② 石中英：《教育哲学》，108 页，北京，北京师范大学出版社，2007。

③ （汉）许慎撰、（清）段玉裁注：《说文解字注》，227 页，上海，上海古籍出版社，1988。

悟""意向"等含义;"识,常也,一曰知也"①,意味着"记存于心",与"知"同义。英文的"知识"一词,多用 episteme,泛指人的一切阅历、见闻与学习心得,具体包括学识、智能、有系统的体系三个方面的含义。②

《哲学大辞典》中对"知识"一词的定义是:知识是"人类认识的成果或结晶。包括经验知识和理论知识……知识通常以概念、判断、推理、假说、预见等思维形式和范畴体系表现自身的存在"③。由此可以看出,知识属于人类认识的"经验",但又高于人类认识的经验,是那些已经得到证明和正式的、有价值的经验。

郎特里(D. Rowntree)在其编著的《英汉双解教育辞典》中将"知识"定义为"个人通过生活经验与教育获得的信息与认识的总体。教育机构在确定与承认什么是有价值的知识上极有权威,以致不属于这些教育机构之文化背景的人常常认识不到或不够尊重自己无可置疑的知识与学习能力"④。很显然,这一知识定义比较宽泛,囊括了个人在后天生活中获得的"所有经验",并将"知识"等同于"信息"。

3. 西方哲学界关于"知识"概念的认知

理性主义知识观。这种观点认为,知识是人类理性认识的结果,是人们对于事物本质的反映和表述,不同于人类感性认识所产生的"意见"。由感官获得的对事物的认识是混乱的,是人与动物所共同具有的;只有由思想获得的对事物的认识才是清晰可靠的,是人类所特有的。总之,理性主义强调知识构成中的逻辑成分,以及知识形成中的理性作用。

经验主义知识观。这种观点认为,人类所有的知识都来源于感觉经验,都是对外部世界各种联系的反映。例如,培根认为,真正的知识就是对外界事物的忠实反映;观察和实验是获得这些知识的最可靠的途径。洛克则提出,人的心灵如同一张白板,没有任何先验的观念;所有的观念都是通过经验得来的,经验是获得知识的唯一通道。

实用主义知识观。实用主义对知识概念的理解,既不再将知识与主体的理性联系在一起,也不再将知识与客体的属性联系在一起,而是把知识看成是一种行动的"工具",因此也称为工具主义的知识观。例如,詹姆士认为:"'它是

---

① (汉)许慎撰、(清)段玉裁注:《说文解字注》,92页,上海,上海古籍出版社,1988。
② 邬昆如主编:《哲学概论》,34、31页,北京,中国人民大学出版社,2005。
③ 金炳华等编:《哲学大辞典(修订本)》,1966页,上海,上海辞书出版社,2001。
④ [英]郎特里:《英汉双解教育辞典》,赵宝恒等译,239页,北京,教育科学出版社,1992。

有用的，因为它是真的；'或者说：'它是真的，因为它是有用的。'这两句话的意思是一样的。"①这种对知识的理解具有明显的"实践性"和"能动性"特征。

20世纪西方哲学界对"知识"的解读，要么是对理性主义、经验主义、实用主义知识观的修正，要么是对这些知识观的根本抛弃，呈现出更加丰富多彩的知识观，具有代表性的观点有：知识是由话语实践按照一定的规则所构成的一组要素；知识是一个人能够在话语实践中谈论的东西；存在着科学之外的知识，但是不存在没有特殊话语实践的知识。在此，知识已经不是一种静止的东西，而是一种运动的东西；已经不是一种符号化的陈述，而是一系列的标准和行为方式；不仅是理性沉思的结果，而且是一系列权力关系运作的结果。②

综上所述，我们可以从以下几个方面理解"知识"的含义。①知识是一套系统的经验。也就是说，知识不等同于信息，也不是孤立的经验，任何知识都必须进行合理性辩护。②知识是一种被社会选择或组织化了的经验，是已经得到某种知识制度认可并被整合到社会知识传统中去的个体经验和个体思想，任何知识都必须进行合法性辩护。③知识是一种可以在主体间进行传播的经验，传播的过程既可能是显性的，也可能是隐性的，任何知识都是可以通过学习的途径获得的。④知识是一种可以帮助人们提高行动效率、更好达成行动目的的经验。

(二)知识的价值

"知识就是力量"，这意味着知识对于人的存在和发展而言，具有不可估量的价值，具体体现为以下几方面。

1. 知识是人更好地认识自然、社会及自我的重要工具

人若要更好地生存与发展，就必须充分地认识自然、社会以及自我。因为人只有对自然、社会及自我有了正确的理解和把握，才能使自己的行为更加合理、有效，才能使自身的生存环境和发展空间更加适宜和广阔。然而，对于自然、社会及自我的正确认识，仅凭个人摸索、经验积累和"试误"是远远不够的，需要借助人类积累的经验结晶——知识，即"站在前人的肩膀上"。

人类社会发展的历史证明，获取人的生存与发展能力的最简捷、最有效的途径或方法，就是学习和掌握人类已经系统化、组织化和符号化的间接经验——知识。只有掌握了知识，人才能不断地丰富个人的经验系统，从而提高

①　[美]詹姆士：《实用主义：一些旧思想方法的新名称》，陈羽纶、孙瑞禾译，104页，北京，商务印书馆，1979。

②　石中英：《教育哲学》，110～111页，北京，北京师范大学出版社，2007。

自身的生存与发展能力。相反，无知的人，由于缺乏对自然、社会及自我的充分认知和正确把握，就无法对如何生存、怎样发展做出明智的选择，也不能灵活地调整自己生存与发展的方式，从而导致自身的生存与发展受阻。因此，人的生存与发展必然要依赖于知识的获取；掌握了知识，才可能使我们真正掌握自己的命运。

2. 知识建构人的生活

人生在世，须从事各种各样的活动，这就需要人们具备相应的知识，否则，就难能取得最佳的活动结果。例如，为了谋生，一个人需要从事某种职业，而他(她)若要在职业生活中获得满足，并有所作为，就必须具备与职业相关的专业知识基础。可想而知，一个没有医学知识的人，就无法做好一个医生；一个没有法律知识的人，就无法做好一个律师、法官；同样，一个没有教育知识的人，就无法做好一个教师，这在信息时代、知识社会的今天尤为如此；今天，工人、农民若没有相应的知识基础也很难在其职业生涯中获得满足，更谈不上有所成就。

人生除了职业生活，还有家庭生活、公共生活，需要从事学习、娱乐、交友等各项事务，而人无论做什么，都无法脱离知识的支撑。想要有一个和谐美满的家庭，就必须掌握正确处理家庭成员相互关系的知识；想要获得满意的学习结果，就必须懂得与学习相关的知识；想要尽情娱乐，就须习得一些诸如唱歌、跳舞、吟诗、作画等方面的知识。总之，"一个知识贫乏的人，就不会有丰富的生活；一个知识狭隘的人，就不会有健全的生活。在这个意义上，莎士比亚说，'无知是上帝的诅咒，知识是我们飞向天堂的翅膀'"①。

3. 求知是人的本性

探索未知，寻求真知，是人之为人的本性，也是人区别于动物的重要特征。早在两千多年前，荀子就提出："凡以知，人之性也；可以知，物之理也。"②荀子明确把"求知"作为人的本性。杜威和福柯等人也指出，人有很多"本能""意志"，其中之一就是"探究本能"或"求真意志"，其实质就是对知识的追求。在日常生活中我们可以观察到，人类婴幼儿时期有着极其强烈的好奇心、求知欲，他们对知识的探求是超功利的，是追求在探索的过程中的精神满足而非探究结果。如此充分说明，求知是人与生俱来的本性。

求知作为人的本性，从其反面来说是人"恐于无知"。现实生活中，每个人

---

① 石中英：《教育哲学》，114 页，北京，北京师范大学出版社，2007。

② （清）王先谦撰：《荀子集解》，沈啸寰、王星贤点校，406 页，北京，中华书局，1988。

都不愿意承认自己是无知的。因为"无知"意味着自身社会和历史经验的缺乏，理解力和解释力的欠缺，行动能力、交往能力的丧失，等等。所有这些会使人在精神上和实践活动中陷入孱弱与无助的困境，从根本上威胁到人的生存，进而引起人本能的恐慌。因此，求知必然为人之本性。

二、知识性质与课程

知识是课程构成的原材料，因此，知识的性质在一定程度上便构成了课程的价值取向及课程实施的标准。这就需要我们在理解知识含义的基础上，进一步明确知识性质及其与课程的关系。

(一)知识的性质

知识的性质是指知识的本质特性，是作为一种陈述、认识是否是知识的判断标准，也是认识论中最关键的要素。一个时代或个人对知识性质的认定，是构成这个时代或个人知识观的主要组成部分。这意味着，知识性质的转变必然引发知识观的转变，进而影响到一个时代或个人学习与教育生活的改变。对于知识的性质，可从以下两个层面理解。[①]

1. 现代知识的性质

伴随着现代社会的发展，在认识论领域，关于现代知识的性质有诸多表述，其中，"客观性""普遍性"和"中立性"是三个最基本的性质。

所谓客观性，是指知识是客观存在的反映，即正确反映了事物的本质属性及事物间的本质联系。布朗希尔对知识的"客观性"内涵作了比较全面的概括：第一，这种知识必须指称某种独立于我们自身的"实体"；第二，这种知识是可检验的；第三，这种知识不必局限于感觉，但必植根于感觉，感觉为经验提供证据；第四，这种知识必须自圆其说，就像一幅地图必须有自身的独立状态和体系；第五，这种知识有"非人格性"和"公共可传达性"，以至于无论我们身处何时何地都能准确地理解它们。[②] 知识的客观性要求人们在获得知识的过程中摈弃个人的主张、意见、经验、情感等，以确保知识的客观、实证、精确或确定。

所谓普遍性，是指一种知识陈述如果是客观的，那么同时它就是超越各种社会和个体条件限制的，是可以得到普遍证实和接纳的，是"放之四海而皆准"的。如"2＋2＝4"就是普遍性知识陈述，因为它不会随着一个人意识形态、价

---

① 石中英：《知识转型与教育改革》，129～160 页，北京，教育科学出版社，2001。

② R. J. Browhill, *Education and the Nature of Knowledge*，London ﹠ Canberra, Croom Helin, 1983，pp. 11-13.

值观念、生活方式以及性别、种族等的改变而改变。不仅如此，知识的普遍性还指生产与辩护知识的标准是能够得到普遍认同和尊重的。知识的普遍性可以为不同文化背景中的人提供解决知识冲突的方法，有利于形成一个巨大的知识共同体，对于促进知识交流、推动知识进步、培养科学人才起到了重要作用。

所谓中立性，是指知识是纯粹经验的和理智的产物，只与认识对象的客观属性和认识主体的认识能力有关，而不与认识主体的性别、种族及所持有的意识形态等有关。现代知识的中立性也称"价值中立"或"价值无涉"。现代知识的中立性产生了"为知识而知识"的知识分子及认识论路线，深刻影响着知识传播的过程，同时也强化了知识的客观主义、普遍主义及西方中心主义，加快了本土知识的瓦解过程。

2. 后现代知识的性质

随着人类科学知识的迅猛发展，以及人的认识水平的不断提高，人们开始对现代知识的客观性、普遍性和中立性提出了质疑、批判和反思，进而形成了对知识性质的新认识——后现代知识观。概括起来，后现代知识的性质主要包括"文化性""境遇性"和"价值性"。

所谓文化性，是指知识的性质不可避免地受到其所在的文化传统和文化模式的制约，与一定文化体系中的价值观念、生活方式、语言符号及人生信仰等不可分割。因此，知识就其本性而言是"文化的"而非"客观的"，是"文化涉人"的而非"文化无涉"的，是有一定"文化限域"的而非"跨文化"或"超文化"的。后现代知识的文化性是针对现代知识的客观性提出的，后者认为，知识是人的认识对客观存在的反映，但前者认为：在认识活动之前，先有认识主体的存在；在认识主体之前，先有赋予认识活动以视角和最终合法性的社会存在。所以，从来就不存在脱离一定文化背景的认识主体，进而也不存在脱离一定文化背景的认识活动、认识产品和对认识产品的辩护，故文化性才是知识的基本属性。

所谓境遇性，是指任何知识都是存在于一定的时间、空间、理论范式、价值体系、语言符号等因素之中的；任何知识的意义都不只是由其本身的陈述来表达的；离开了特定的境遇，既不存在任何的知识，也不存在任何的认识主体和认识行为。后现代知识的文化性是针对现代知识的普遍性提出的，后现代知识观认为，认识的过程根本不是以纯粹个体反映外部世界的形式进行的，而是以个体和历史"视域"不断融合的形式进行的。因此，脱离一定的境遇的知识是不存在的。

所谓价值性，是指所有的知识生产都是受社会的价值需要指引的，价值的需要已经代替求知的渴望成为知识生产的原动力；所有知识本身都是体现着一定的价值要求的，尤其是社会和人文知识；所有知识的传播都是受权力因素制约的，即受一定的价值取向引导。后现代知识的价值性是针对现代知识的中立性提出的。后现代知识观认为：首先，现代知识"中立性"所要求的作为认识对象的"自主性"和"非人格性"是不成立的；其次，现代知识"中立性"所要求的纯粹的感觉经验和理性形式也是不成立的；再次，现代知识"中立性"所要求的"普遍性证实"也是一种假象，"可证实性"或"符合性"本身就是一种愿望而非一种事实；最后，现代知识"中立性"所要求的"价值中立"的知识陈述形式，只适用于有限的一些知识领域。因此，不存在价值中立的知识，任何知识都具有价值性。

很显然，现代知识观对知识性质的厘定，突出了知识的确定性、稳定性、唯一性和可传播性，但同时也遮蔽了知识的生成性、发展性和主观性，尤其是滋生了知识的"科学主义""权威主义"，即对所谓真理的盲目"狂热"与"迷信"。后现代知识性质并非对现代知识性质的简单否定，而是对知识性质的进一步阐释。这种阐释不仅可以在一定程度上祛除知识的"科学主义""权威主义"，而且可以帮助我们更好地理解和认识知识的性质，进而使人类更加理性、有效地进行知识生产、传播与消费。当然，后现代知识观对知识性质的解读，也极易模糊和虚化知识的本真性质，使人们无法获得对知识性质的清晰认知，导致现实中的无所适从。

(二)知识性质与课程的关系

由于知识是构成课程的核心要素，因此知识性质与课程必然有着不可分割的内在关联。

1. 知识性质影响着课程内容的选择

知识虽然是构成课程内容的基本元素，但并非人类所有的知识都要编入课程内容中，在学校教育有限的时间和空间内，必须根据一定的教育目的，对人类知识加以筛选和提炼。影响课程知识选择的因素有很多，其中，知识的性质就是一个不可忽视的因素。因为知识的性质一方面可以作为一种标准来区别"知识"与"非知识"或"准知识"，为课程内容选择提供一个最低标准，将所有的"非知识""准知识"等排斥在课程内容之外；另一方面，知识的性质也可以作为比较各种知识价值大小的标准，以为课程内容选择最有价值的知识。

2. 知识性质影响着课程知识的性质

由于课程知识是从人类总体知识中，根据一定的标准选择产生的，因此，对人类总体知识性质的看法就直接影响到对课程知识性质的看法。如果一个时代或个体认为知识的根本性质是"客观性"，那么这个时代或个体同样也会认为课程知识是客观性的知识；如果一个时代或个体认为知识的根本性质是"实用性"或"工具性"，那么这个时代或个体同样也会认为课程知识是"实用性"或"工具性"的知识。这种根源于知识性质的课程性质，必将直接导致课程编制者、实施者和学习者对待课程的态度。

3. 知识性质影响着课程实施

课程实施是将课程理念、课程计划付诸实践的过程，是通过教学来完成的，其中课程知识的传递与掌握是教学的核心内容，而对知识性质的理解将直接影响教师与学生对课程知识的教和学。教师与学生如果都把知识理解为是"客观性"的，那么他们在教与学的过程中就会坚信课程知识的正确性、真理性，就不会有个人的思考、见解和判断。在这种知识观支配之下，教师的主要任务就是帮助学生理解和掌握这种"客观性"知识；师生关系的基本性质就是知识的传递者与学习者的关系；教学评价的主要标准就是对知识的记忆、理解、综合及简单运用。事实上，真正有价值的教学应该通过课程知识的传递培养学生的怀疑态度、批判意识和探究精神，使他们懂得知识是不断进步和发展的，人类社会的发展不仅需要知识传递，更需要知识创新。

三、知识选择与课程建构

课程知识是对人类知识的概括和提炼，这就意味着课程的建构需要对人类知识加以选择。那么，如何选择知识？选择什么样的知识？这是我们进行课程建构首先需要解决的问题。

(一)课程建构中知识选择的价值取向

在课程建构中选择什么知识的问题，直接关系到什么知识最有教育价值的问题；而什么知识最有教育价值的问题又与"什么知识最有价值"的问题密切相关，因为学校教育过程中所传递的知识必须是有价值的知识。因此，课程建构首先面临的就是知识选择的价值取向问题，即选择什么知识才是最有价值的。

现代教育对"什么知识最有价值"的回答是"科学知识"。这一回答一方面基于人们对知识性质是"客观""普遍""中立"的知识观，认为科学知识才是真正的知识，是对客观世界的反映，对于这种知识的掌握可以帮助人们更好地认识客观世界；另一方面则是基于"功利"的需要，认为科学知识是实用的知识，能够给人们带来实际的经济、政治或其他方面的利益。正是在这种价值取向引导下，以科学课程为核心的现代课程体系自19世纪末以后，在世界各国的教育体系中占据了统治地位。

然而，随着人们对知识"客观性""普遍性""中立性"的质疑，以科学课程为核心的现代课程体系也就不可避免地遭受到了重重危机。对于人类的生活而言,科学知识是否是最有价值的知识? 对于人们的教育生活而言,科学知识是否是最有教育价值的知识? 对于学生的个体发展而言,科学知识是否是最有发展价值的知识? 诸如此类的反思和疑虑,促发了课程体系由以科学课程为中心向科学与人文相统一的转型,尤其是使人们逐步认识到人文知识对于个体人生以及社会的价值:"人文知识所关注的不是外在世界的控制和征服,而是内在世界的理解和塑造。缺乏这种内在的理解和塑造力量,人们对外在世界的控制和征服就会出现种种病态,就会导致个体和社会的'片面发展'和'畸形发展',就会威胁到个体和社会的可持续发展,最终给个体和整个人类带来灾难性后果。"①

上述表明,"什么知识最有价值"不仅是人类对知识追求的价值选择,也是人们教育生活的核心价值取向,直接关系着学校课程知识的建构。不同历史时期人们对"知识价值"的追求,既是时代发展的需要,也是人的社会生活的需要,更是教育活动存在的意义和价值追求的需要。

(二)课程建构中知识选择的理论基础

课程的理论基础是指那些对课程的建设和发展起决定作用的理论学说,可理解为课程的基础学科。也就是说,课程理论的建构,需要借助其他学科的基本原理和研究方法。就目前的课程建构和发展来看,主要有哲学、心理学、社会学、文化学、人类学等学科作为课程构建的理论基础。

1. 哲学

哲学对于课程建构中知识选择的意义,主要体现在对知识本质的理解,即知识观方面。

在西方,对知识问题的探究可以上溯到古希腊哲学家、科学家和教育家毕达哥拉斯的知识学说及其教育实践。毕达哥拉斯认为,真正的知识是关于事物本质属性的间接认识,而不是对事物的表象直观。在其所办的教育机构——毕达哥拉斯学园中,追求知识、探讨真理、热爱智慧成为教育的根本宗旨,教学的基本目标在于促使学生去思索事物的普遍性和探寻事物的真实性,发展学生的思维力。毕达哥拉斯对知识的观点与教育实践对苏格拉底、柏拉图产生了直接影响。苏格拉底反对智者在对待知识问题上的相对主义态度,首次区分了知识与意见,把知识与概念联系起来,试图揭示多样事物中的一般、共性。柏拉图在苏格拉底开创的事业基础上,提出"理念论"与"回忆说",力图为知识奠定

---

① 石中英:《知识转型与教育改革》,167 页,北京,教育科学出版社,2001。

理性的根基，以构建知识的大厦。其知识传授的课程关注如何把学生先天已有的观念引导、挖掘出来，因而注重学生的理性活动。

柏拉图、亚里士多德奠定了西方古典知识观的基础。在知识的本质观方面，除坚持"人是万物的尺度""感觉即知识"的智者学派外，多数教育家都追求知识的普遍性质，他们不满足个人的感觉经验，力求把握事物的一般特征、变化中的不变。他们对知识普遍性质的追求深刻地影响了后来人们对知识的本质主义态度，导致了哲人对知识的标准、知识的证明问题的苦苦思索，也导致了理性主义的课程取向。

近代以来，特别是以杜威为代表的实用主义哲学，特别注重知识的实用性质，把知识看作行动的工具，对知识的理解具有明显的"实践性"和"能动性"特征。在此知识观基础上建立起来的课程观主张以儿童的活动、经验作为课程的中心，以儿童的需要和兴趣作为课程设计的根本依据，变多种学科为综合的单一学科，在"做"中学，把经验课程当作主体。

上述表明，哲学对知识本质的探究影响着人们课程观的构建。

2. 心理学

在 19 世纪初，赫尔巴特就提出"教育学作为一种科学，是以实践哲学和心理学为基础的。前者说明教育的目的；后者说明教育的途径、手段与障碍"[①]。自那时起，心理学作为课程论的理论基础之一就成为学界的共识。与包罗万象的哲学相比，心理学对课程的影响更加直接、更加明显，也更为具体。

很多课程理论流派就是以心理学为依据建立起来的。杜威在机能主义心理学的基础上建立起了经验自然主义课程论；泰勒则以贾德、桑代克的心理学理论为基础提出了著名的"泰勒原理"；巴格莱以心理训练说、智力训练说为基础论述了要素主义课程思想；布鲁纳以发现学习心理学理论为基础提出了结构课程论；等等。课程理论与实践的蓬勃发展与纷呈的心理学流派的关系密不可分，其中尤其以行为主义、认知主义、人本主义、建构主义的影响最为突出。

心理学对课程的作用可划分为三个层次：其一，知识层面，心理学为课程论提供概念和理论阐释；其二，价值层面，心理学扮演着哲学作用于课程的中介者，为课程价值的实现提供"人"学的理论支撑；其三，方法论层面，心理学为课程提供理论研究和实践探索的方法论依据。

---

① [德]赫尔巴特：《普通教育学·教育学讲授纲要》，李其龙译，190 页，北京，人民教育出版社，1989。

3. 社会学

教育与社会的关系是教育学永远都无法回避的问题。20 世纪 70 年代西方兴起课程社会学研究之后，首先引起了我国台湾地区学者的关注，并出版了不少专著，代表性的有欧用生的《课程研究方法论———课程研究的社会学分析》、陈伯璋的《潜在课程分析》等。中国大陆地区对课程进行社会学研究则是在 20 世纪 90 年代之后，以吴永军和吴康宁等为代表。吴永军在 1999 年出版了《课程社会学》；吴康宁主持了全国教育科学"九五"规划项目"课程的社会学研究"，并在 2004 年出版了《课程社会学研究》。关于课程的社会学基础研究主要散见于各类教育社会学著作、课程论研究著作以及课程与教学论著作中。[①]

国外学者关于课程社会学的研究内容主要包括两个方面，一是考察作为社会子系统的课程的自身运作过程，二是考察社会系统与课程之间的关系。伊格莱斯顿认为课程涉及知识的呈现，包含了学生学习经验的模式。该模式反映了社会对知识的性质、分配和效用性的观点，因此是会变化的。[②] 英国著名课程论专家劳顿认为：课程本质上是社会文化的选择，课程就是学校选择文化的过程，而学校决定优先顺序，付诸实施的方式，这就是课程设计。[③]

我国学者也运用以上理论从社会学视角研究课程知识的选择。吴康宁所著的《教育社会学》和主编的《课程社会学研究》都对课程知识的选择进行了探讨。吴永军在《课程社会学》第四章中，从社会学特别是课程社会学的视角研究了课程内容的选择，分析了课程专家在知识选择中体现出的意识形态特征，以及选择中伴随的价值冲突，这种意识形态过程和价值冲突不仅体现在课程内容的选择标准上，也体现在课程内容本身上，其反映的都是统治阶级的意识形态。

4. 文化学

文化，与自然相对应，泛指人类所创造的一切，包括物质文化、制度文化和精神文化。文化学就是以文化为研究对象，探讨各种文化现象的起源、演变、传播、结构、功能、本质，以及文化的共性与个性、特殊规律与一般规律的社会人文学科。这一学科首倡于德国的列维·皮格亨和克莱姆。1838 年皮格亨首先提出"文化科学"一词，主张对文化进行科学的研究并建立相应的学科。1843 年克莱姆在其《普通文化学史》一书中，第一次使用了"文化学"一词。

---

① 和学新、金红霞：《我国课程的社会学基础研究的内容、问题与改进》，载《当代教育与文化》，2017(5)。

② J. Eggleston, *The Sociology of the School Curriculum*, London, RKP, 1977, pp. 12-13.

③ D. Lawton, *Class: Culture and the Curriculum*, London, RKP, 1975, pp. 6-7.

由于课程内容的构成在一定意义上就是人类的文化，因此，课程的建构也就必然要以文化学为理论基础。

1989 年，我国在课程领域首次引进了课程的文化分析研究成果，课程的文化学基础研究也随之兴起。20 世纪 90 年代初，我国学者开始用文化学解释课程现象，主要集中在研究学校课程与文化传播的关系、社会文化结构与学校课程改革的关系方面，认为课程直接传播文化，社会文化结构决定了学校课程。20 世纪 90 年代中期后，我国学者进一步运用文化的不同范畴揭示文化与课程之间的关系，主要集中在文化传统、文化变迁、文化交流对课程价值取向、课程设计、课程变革的制约作用上，认为文化传统决定了课程内容的价值取向，文化变迁推动着课程改革，文化交流又促进着文化变迁。进入 21 世纪后，我国课程的文化学基础研究逐渐丰富起来，扩大到文化种类、文化生态、文化模式、主文化和亚文化、多元文化、文化变迁、文化交流等因素对课程目标、课程内容选择、课程实施、课程改革等问题的影响方面。这些研究不仅在文化哲学的高度考察文化与课程的关系，还涉及不同学科、不同年级课程的文化学思考，同时探讨了多元文化、隐性文化、主流文化、亚文化等当今课程领域的热门话题。[①]

除此之外，我国学者还对西方关于课程的文化基础的研究成果进行了梳理与借鉴。单丁在《课程流派研究》一书中全面地介绍了西方各国课程流派，其中包括课程的文化学基础研究，诸如劳顿的"文化分析"理论等。邹进的《现代德国文化教育学》、冯青来的《文化教育学思潮及其当代价值之探求》、韩延明和有宝华的《20 世纪德国三大教育学流派的考察与分析》等，在很大程度上丰富了我国课程的文化基础研究。

文化与课程的关系主要体现为文化对课程目标、课程内容、课程实施、课程设计以及课程评价的影响。学者们认为课程的目标与内容取决于基本的文化价值倾向，且课程还不能机械模拟和重复社会文化，必须是最具适应性和迁移性的文化精华；课程设计是文化的选择与提升，其结果也会反过来影响以后社会文化的选择与提升；课程的实施是文化的传递与继承，是客体文化与主体文化不断转化的过程；课程评价是文化的理性反思与批判，是对文化进行扬弃。同时，课程对文化具有反作用，即课程具有文化传播的功能：纵向上，课程能够传递人类文化遗产；横向上，课程可以吸收、融合各国先

---

① 和学新、马苏静：《我国课程的文化学基础研究：进展、问题及其改进》，载《现代教育论丛》，2017(1)。

进文化。另外，课程在传播文化的过程中还会出现增殖现象，即衍生出新的文化意义。

总之，我国在介绍国外课程理论时引进了课程的文化性分析。学者们普遍认为，课程内容应是人类文化遗产中最具广泛性、适应性、迁移性的内容，是人类最精粹的文化要素。这一方面是因为文化具有超生理性，不可能通过遗传方式获得而只能通过传递方式获得；另一方面则是因为人类的文化浩瀚复杂，而学生在校学习的时间有限，要解决这个矛盾就必须对人类的文化进行提炼和加工。[①]

(三)课程建构中知识选择的现实依据

课程是学校教育的重要载体，是实现学校教育目的的重要途径和手段，知识又是课程的最重要载体。不管人们对知识有着怎样不同的理解，也不管人们对课程有怎样的看法，在课程中，知识问题都是永恒的问题，课程也都永远不可能摆脱知识的纠缠，学校教育也无法绕开知识问题这一基本的核心问题。知识在任何社会和时代对课程建构和教育教学都有重要的意义，尤其是在当前"知识爆炸"时代和信息化、学习型社会。那么，在课程建构中应如何进行知识选择，选择的依据是什么？

1. 依据教育价值和目的

一般而言，价值是指客体的属性对主体需要的满足。如此说来，教育价值就是作为客体的教育对作为主体的社会与个人发展需要的满足；换言之，是教育存在对社会和个人所具有的意义，也可分为教育的社会价值和个人价值。教育价值与教育事实相对应，是对教育事实的意义的判断和取舍。教育事实是一种客观存在，教育价值则是一种关系存在，即教育与社会、个人之间的一种特定关系，意味着教育所具有的属性对人与社会的意义和作用。人们对教育价值关系所形成的相对稳定的认识和评价，就构成了人们一定的教育价值观。

教育价值也可以理解为教育活动对于人与社会所具有的功能，但绝对不等同于教育功能。"功能"是指事功和能力，这种事功和能力是事物固有的、客观存在的属性。在此意义上，教育功能就是指教育活动或系统的属性对个体发展和社会发展能够产生的各种影响和作用。因此，教育功能是教育的属性的反映；教育价值则是教育的属性与其他事物关系的反映。二者的关系体现为：教育功能是教育价值赖以生存的客观前提和条件。离开主、客体的相互作用，功能依然存在，但价值却不会产生；而一旦价值产生，功能就会得到更充分的发

---

① 胡斌武、吴杰：《试论课程的文化学基础》，载《西南师范大学学报（人文社会科学版）》，2002(3)。

挥。另外，教育价值观的形成，引导和决定着教育功能的发挥。

课程建构中选择什么样的知识，直接与人们的教育价值观密切相关，如对教育的社会价值和个人价值的重视程度不同，就会导致在课程建构中对自然科学知识和人文科学知识的重视程度不同。所以，课程建构中人们的价值选择制约着知识的选择。

教育目的是指对所培养的人的质量、规格的总要求。教育问题归根结底是培养人的问题——培养什么人和怎样培养人的问题，其他问题都是这个问题的细化、深化或具体化。培养什么人就是教育目的的问题；怎样培养人是教育内容和方式的问题，培养什么人决定着怎样培养人和应该怎样培养。也就是说，教育内容和方式的选择，取决于教育目的。因此，课程建构中知识的选择也就必然要依据一定社会、国家的教育目的。

2. 依据社会文化

不仅文化学是课程建构的重要理论基础，而且课程建构中知识的选择更需要一定的社会文化。课程内容是人类文化的结晶，因此课程在一定意义上也就是对一定社会文化的选择。

社会文化指人类在社会历史实践中所创造出的物质成果与精神成果的总和。课程是文化的一种形态，文化是课程的源泉。文化对课程内容具有制约作用，它要求课程既不能无视特定社会文化的制约作用，又不能机械地模拟和重复特定的社会文化。社会文化是一个国家或地区政治、经济、科技、人口、自然环境等历史发展的产物，体现为一定社会的意识形态、价值取向、习俗等，影响着身处其中的人们的世界观、价值观、人生观、思维方式和行为模式。由于教育无法脱离社会而存在，因此教育内容的体现——课程知识，也就必然是一定社会文化的反映。不同文化背景下的教育和课程、教学改革可以相互借鉴，但不能"克隆"。"没有一个国家的课程理解或课程'模式'是'可出口的'，至少在'出口'的时候不会不冒损害'进口'国的独特性的风险。每一个国家必须努力用自己的术语去理解：当课程被阐述并向年轻一代教授的时候，其紧迫问题是什么。"[①]也就是说，每一特定社会文化背景下的教育，都有其特定的教育内容要求，这就决定了课程知识的选择必然要依据一定的社会文化。

3. 依据教育对象

教育对象是教育活动构成的主要因素，一切教育在归根结底的意义上都是

---

① ［美］威廉·派纳、威廉·雷诺兹、帕特里克·斯莱特里等：《理解课程——历史与当代课程话语研究导论》(上)，张华等译，中文版序 1 页，北京，教育科学出版社，2003。

为了对教育对象产生影响，促进其更好地发展。教育对象虽然是要获取知识、接受教育的，但不是知识的"容器"、被动等待加工的"原材料"，而是在其现实性上是"社会关系总和"的人，是有着自身身心发展规律的人，是具有能动性、自主性、独具个性的人。因此，教育活动能否对教育对象产生预期的影响，在一定程度上取决于教育过程中课程建构的知识选择是否与教育对象相适切，并且能否满足教育对象的发展需要。

依据教育对象进行课程建构时的知识选择，着重体现在以下三个方面。

首先，社会发展对教育对象基本素质的要求，如良好的思想品德、基本的科学文化知识、认识和实践能力与技能、一定的信息素养等，这些都是当代人必须具备的基本素质。这些素质既是确定当代教育目的的根据，也是教育过程中课程知识选择的重要依据。

其次，教育对象身心发展的年龄特征。教育对象是有着自身发展规律的生命体，在不同年龄阶段有不同的身心发展特征，身体的发育，感知觉、记忆、思维等的发展皆是如此。这就要求教育内容的选择既不能超越，也不能滞后于教育对象身心发展的程度。否则，不仅难以被教育对象所接受，更有甚者很可能抑制教育对象的学习欲望及兴趣，进而使教育适得其反。

最后，教育对象个性发展的需要。每一个教育对象都是独一无二的，都有着独特的发展潜力和自我发展的预期。教育对人的培养不仅要促使其社会化，还要使其个性化，只有彰显个性化的社会化，才能使人更好地生存与发展。因此，教育内容的选择不仅要给人基础的知识与能力，更要给人个性化发展需要的"给养"，如思维的训练、方法论的指导，包括特殊才能的激发等，这也是当前社会课程建构的重要使命。

4. 依据学科性质

如前所述，在关于课程的定义中，"课程即学科"是使用最为普遍、最为常识化的一种定义。这一课程定义明确指出：课程即各级各类学校为了实现培养目标而开设的学科及其设置。这表明，课程与学科有着不可分割的内在关联。正如美国教育哲学家、课程论专家费尼克斯所指出的：一切的课程内容应当从学问中引申出来。或者换言之，唯有学问中所包含的知识才是课程的适当内容。这是将课程作为学校所开设的各门学科，亦即人类所创造的科学文化知识来强调。同时也意味着课程建构中的知识选择，必须依据一定的学科。

一般认为，可以从三个不同的角度来阐述学科的含义：从创造知识和科学研究的角度来看，学科是一种学术的分类，指一定科学领域或一门科学的分支，是相对独立的知识体系；从传递知识和教学的角度看，学科就是教学的科目；从大学里承担教学科研的人员来看，学科就是学术的组织，即从事科学与研究的机构。我们这里所说的学科，是指第一种，即学术的分类，如数学、化学、物理学、社会学、历史学、法学等。

依据学科进行课程建构的知识选择，重要的是依据学科的性质，而学科性质主要体现为以下两方面。

一是学科知识的完整性和内在逻辑性。学科作为一定科学领域或一门科学的分支，是相对独立的知识体系，有着自身的相对完整性和内在逻辑性。虽然课程建构中的知识选择需要依据教育对象身心发展的年龄特征，充分考虑他们的接受能力，但这并不意味着可以以牺牲学科知识的内在关联为代价。相反，对于教育对象而言，只有那些体现着知识的系统性、完整性和逻辑性的学科知识，才更有利于他们吸纳、理解、运用，乃至内化。因此，针对不同年龄阶段的学生选取的学科知识，应以螺旋式上升的方式进行编排，最大限度地保持知识的相互衔接，使学生在接受完系统的教育之后，能够获得相关学术领域较完整的学科知识体系以及相应的学术素养。

二是不同学科知识的特性。人类的科学知识从总体上可分为两大类：自然科学和人文社会科学。自然科学和人文社会科学虽然都是系统的知识体系，但又是具有明显区别的两种不同性质的知识体系。自然科学知识具有较强的客观性、普遍性，是新知取代旧知的直线式发展方式。这就要求在选择自然科学知识时，要放眼世界，要反映科学前沿，同时要注重那些经典的科学实验、范式或方法的介绍与掌握。比较而言，人文社会科学的知识虽然也有一定的客观性、普遍性，但更具有社会性、文化性和价值性等特质。这就要求在知识选择时，要注重知识生产时独特的社会历史和文化背景的介绍；同时要引导教育者和学习者以一种批判的态度来对待这些知识。

第三节　课程取向与课程观

人们对课程本质的理解不同，形成了课程建构的不同视角及价值取向，进而产生了不同的课程观。而课程观无论是对于学校教育中教师的教，还是学生的学，均具有导向和引领作用。

一、三大基本课程取向

课程建构须根据对知识性质的认知、教育目的、学习者的需要、社会发展的需要、学科特点等要素对人类知识进行取舍，并加以设置。在实际的课程建构中，人们对于这些要素的不同倾向，就形成了不同的课程取向。其中，最具代表性的有如下三种。

（一）以知识为中心的课程取向

"以知识为中心"是一种传统的课程取向，也是世界各国长期以来存在的一种基本课程模式。很显然，这种课程取向立足于"课程即知识"的课程本质观，强调教育中的知识传递功能。

以知识为中心的课程目标，就是学生在教师的传授与指导下掌握人类的知识精华，而这一知识精华是"制度化知识"。所谓"制度化知识"是指：第一，这种知识在现代被视为真理与真实的学术，是被政府审定这一"滤纸"通过的知识；第二，这种知识是可以给学生"明白地传递"的；第三，这种知识在许多场合是现代学术中已经明确的结论，即学生无须通过学术的论争、辩论来学习，而是通过教科书使之被视为正确的结论；第四，这种知识由于是上述所限定的框架内的知识，故教师和学生不能超越这一框架。[①]

以知识为中心的课程的取向体现为以下几方面。首先，借助教育实现人人平等的理想追求。本着"把一切知识教给一切人"的宗旨，使每一个人通过"制度化知识"的学习而平等地分享人类的知识，进而消除由于知识拥有的差异而造成的人与人之间的差异。其次，尽可能地弱化人与生俱来的先天能力的差异，强调后天环境，尤其是教育对一个人能力发展的影响，充分彰显教师的作用。最后，谋求教育与学术的结合，以期最大限度地提高每一个人的认知能力，在此基础上增长聪明才智，成为更加理性、有教养的人。其基本主张包括：强调知识的传授，特别是对间接知识的学习；认为应以知识的学科逻辑体系组织编写教材；以掌握学科的基本知识、基本规律和基本技能为目标。（见表5-1）

表5-1　以知识为中心的课程的关键

着重点	教学内容来自学术性学科 有组织的范围和顺序
教学	教师是学者/学习者 教师主导的课程 多样化的教学策略

---

① ［日］佐藤学：《课程与教师》，钟启泉译，22 页，北京，教育科学出版社，2003。

续表

学习	掌握教材 学生是被动的学习者
环境	明确关注学术性 传统学科 学校即学习场所
评价	正规考试 标准化评价

毫无疑问，以知识为中心的课程，在一定程度上为学生在有限的时间内习得人类系统的科学文化知识创造了条件，可以使教师的教学有所依据，且目的明确、操作规范。然而，这种课程模式也带来了一些问题。其一，由于个体差异性，人们在习得"制度化知识"时存在"适应者"与"不适应者"的差别，因而便产生了教育过程中所谓的"好学生"和"差学生"之分，这显然与通过教育实现人人平等的理想是背道而驰的。其二，对于学生而言，学习失去了本真内涵，即学习不再是对未知世界的探索、发现，而是必须完成教师所规定的任务；学习成绩的好坏，以记忆或掌握教科书的内容为评价标准，这就使得学习不再成为学生的需要，更谈不上体验到学校本身所带来的喜悦与满足感。其三，由于"制度化知识"是按照学科分类设置的，因此相对人类知识的整体而言，很容易造成人们所获得的知识彼此间的割裂，从而会影响到学生的知识结构、思维方式的完善，甚至会影响他们身心的全面发展。

(二)以社会为中心的课程取向

以社会为中心的课程，把关注的焦点从"知识"转向了"社会"，着眼于课程建构中社会发展的需要，把社会当作教育的实验室，认为只要提供合适的课程引导，年轻人就能准备好并有能力改造社会。"民主共同体不但关注学生是什么，也关心学生将成为什么。他们既帮助学生满足现需求，又帮助他们成长为明日有爱心的和积极主动的公民。"[①]

以社会为中心的课程的根本宗旨是探究和解决社会问题，其基本主张包括：社会改造是课程的核心，课程不应只是帮助学生适应社会，而是建立一种新的社会秩序和社会文化；课程的价值既不能根据学科知识本身的逻辑来判

---

① ［美］亚瑟·K.埃利斯：《课程理论及其实践范例》，张文军译，81页，北京，教育科学出版社，2005。

断，也不能根据学生的兴趣、需要来判断，而应该有助于学生的社会反思，唤醒学生的社会意识、社会责任和社会使命感；学生是社会的一员，应尽可能地参与到社会中去；课程开发应广泛吸收不同社会群体参与。（见表5-2）

表5-2　以社会为中心的课程的关键

着重点	寻求与社会的相关性 公民意识的教育
教学	问题解决单元 学科科目作为工具 社区中的人力资源 小队设计/小队教学/小队学习
学习	团体项目 协作努力 做领导的机会
环境	课堂/学校是民主的 跨年龄/跨年级 真实世界是学习的实验室
评价	在真实世界中的成效 公民意识和领导能力的发展 知识和技能的应用 集体反思 社会性方面的发展

　　以社会为中心的课程的定位指向现实社会中的问题，即以真实世界中的生活、社会问题的解决为课程的原始资料。这种课程取向认为，不应该用空洞的教科书、无趣的练习题和无休止的伏案作业等，把学生与身边的真实世界割裂开来。问题就在我们周围，它们需要学生运用一定的知识予以解决。因此，课程内容应该是社会问题。从这一角度来看，学科知识本身不是目的，而是解决社会问题的工具。总之，以社会为中心的课程提供知识的目的是应用，为了公民生活，为了社会问题的解决以及促进社会的改造。

　　上述表明，以社会为中心的课程取向注重课程与社会的密切关联，从社会现实需要出发，以社会问题反思和解决为宗旨设计、组织课程，以培养具有社会责任和使命担当，并具有一定改造社会的意识与能力的公民，进而促进社会的健康发展。然而，由于这一课程取向片面强调社会需要与社会改造，在夸大课程的社会作用的同时，忽视了课程是人类知识的系统化、规范化，削弱了课程对个体发展的独特价值。

(三)以学习者为中心的课程取向

"以学习者为中心"的课程所关注的既不是"知识",也不是"社会",而是学习者个人。这种课程取向特别强调课程对于个人的自我完善、自我实现的意义。"如果设立学校的目的是为了学生的发展而不是为了别的,那么课程应该由学生的需要和兴趣来决定。"[①]

以学习者为中心的课程的根本宗旨是满足学习者自我实现的需要,其基本主张包括:课程设置应以学习者的兴趣、动机、需要和能力发展为出发点;课程内容要以学习者的现实需要为基础,以他们的活动为中心;课程的组织应考虑学习者的身心发展规律,并充分考虑他们已有的经验和能力。(见表 5-3)

表 5-3　以学习者为中心的课程的关键

着重点	聚焦个体 个人成长和发展 学习者兴趣 强调情感
教学	教师作为促进者 随机教育
环境	培养创造力 激励性的 游戏化环境 活动的自由 信任的气氛
评价	学习者自发 面向发展 强调形成性 轶事的、经验的 非竞争性的

以学习者为中心的课程的定位指向学习者个人的成长和发展,这就决定了课程并非由各个学科所组成,而是由学习者的兴趣、经验等所构成。杜威提出,课程应考虑学生的思维方式、兴趣和需要,要求抛弃把教材当作某些固定的和现成的东西灌输给学生的观点,认为"学校科目相互联系的真正中心不是科学,

---

[①] ［美］亚瑟·K.埃利斯:《课程理论及其实践范例》,张文军译,47 页,北京,教育科学出版社,2005。

不是文学，不是历史，不是地理，而是儿童本身的社会活动"①。罗杰斯也认为，教育的目的在于使学生获得个人意义。因此，课程的重心应放在学生的情感而不是认知上，课程的职能是为每一个学生提供有助于自由发展的经验；学生不是作为课程传递的对象存在的，而是课程的参与者。

很显然，以学习者为中心的课程取向特别注重课程对于学习者个人发展的意义，充分认识到了学生在学习过程中的地位和作用，强调课程与学习者应该是融为一体，而不是彼此割裂的，课程的设置应从学习者的发展需要出发，并旨在培养学习者良好的情绪情感和解决实际问题的能力。但是，不能否认，以学习者为中心的课程取向因过于强调学习者个人的兴趣、需要、经验等，就难以保证在学习过程中所获得知识的系统性、逻辑性，乃至深刻性，从而影响到学习者发展的全面性、可持续性。

以上三种课程取向只是理论上的划分，现实中没有绝对的是此非彼。事实上，课程的建构必须建立在"知识""社会""个人"三者有机统一的基础之上。我们之所以需要从理论上对于不同课程取向进行划分，是因为通过对不同课程取向的分析与探讨，有助于加深我们对课程实质的认识，从而帮助我们树立正确的课程观，以促进教育过程中课程的有效实施。

二、课程观及其确立

课程观也就是人们对课程是什么、为什么的基本认识，其中包含着对课程内容的选择，蕴含了一定社会的教育目的、教育价值和教育的方式方法等。不同的课程观在一定程度上决定着教育所培养的人的不同，以及教育活动的组织和开展。因此，树立正确的课程观是每一位教育工作者从事教育工作的基础和前提。

(一)课程观的含义

关于课程观的含义，国内外学者的认识基本上是一致的，即课程观是人们对课程的基本认识，包括对课程目的、课程内容、课程价值等问题认识的总和。具体而言，课程观需要回答的是课程的本质、课程的价值、课程的要素与结构、课程中人的地位等有关课程的基本问题。

1. 课程的本质

课程的本质是规定课程之所以是课程的根本属性，是课程区别于其他事物

---

① ［美]杜威：《杜威教育论著选》，赵祥麟、王承绪编译，6页，上海，华东师范大学出版社，1981。

的根本特性。如前所述，目前理论界关于课程的本质，有"知识说""经验说""活动说"及"资源说"等。对课程本质的不同理解和认识，构成了课程观的认识基础。

2. 课程的价值

课程的价值是指作为客体的课程对个人、社会主体的需要的满足或意义。对于课程的价值是什么的回答，是人们在对课程本质认识的基础上，对课程与人、与社会相互关系的厘定，由此便产生了个人本位的课程价值观与社会本位的课程价值观。很显然，个人本位的课程价值观强调课程对个人的发展、完善、自我实现的意义；而社会本位的课程价值观则强调课程对于社会的进步与改造的意义。对课程价值的不同回答，是构成课程观的思想基础。

3. 课程的要素与结构

课程的要素与结构是指构成课程的基本要素及其组织方式。对于课程本质的不同认识以及课程价值的不同强调，必然会影响到人们对课程构成要素及其组织方式的不同认定。把知识作为课程本质的认识，会把课程的构成要素看成是人类各个领域的科学文化知识，强调以知识的学科逻辑体系来组织编排课程，使知识结构化，进而按照某种顺序依次为学生开设这些课程。而若把经验作为课程的本质，并倾向于重视课程的个人价值，就会将任何能够增加和改造个人经验的活动都纳入课程的范畴，并强调应根据个人的能力发展、态度与情感的养成等组织课程。

4. 课程中人的地位

课程中人的地位主要是指课程实施和课程评价中，教育者和受教育者各自所处的位置和拥有的权利。同样，不同的课程本质和价值观，对教育者和受教育者在课程中地位的看法也是不同的。把知识看作课程的本质，就会强调教师的绝对权威，以及教师在课程实施过程中及课程评价中的支配地位和主导作用，学生则处于被动和服从地位。反之，如果把经验、活动看作课程的本质，就会强调学生在课程实施过程中的主体地位，以及主观能动性的发挥；强调课程评价必须以学生的兴趣、能力及态度、情感的发展为标准。

总之，对于上述问题所形成的理性认识，便构成了课程观。

(二)课程观的意义

作为对课程本质、价值、要素等的基本认识，课程观在一定程度上决定课程知识的选择，支配着课程设计、课程实施、课程评价等，制约着教师与学生在课程中的地位和角色，进而直接影响着学生身心素质的发展。不同的课程观蕴含着不同的课程价值取向和不同的课程思维方式，并导致课程的不同存在形态，如前文所述的"以知识为中心""以社会为中心""以学习者为中心"的课程取向，就是三种不同的课程观，代表着三种不同的课程存在形态。教育是以课程为媒介实施和完成的，因此，不同的课程存在形态必然会导致不同的教育结果。

对于课程观，我们还可以从宏观、中观、微观三个层面来认识其存在形态。在宏观层面上，课程观可以理解为课程的哲学思考，它是对课程的整体设置、发展、评估和改革等方面的方向性指示，对于课程知识的选择以及课程的价值取向和思维方式起着导向作用。在中观层面上，课程观是针对不同层面和类型的学校的具体课程设置、评估、改革而提出的具体的理念，在一定程度上决定着各级各类学校培养目标的实现。在微观层面上，课程观则具体到某个学科领域、某个课程目标、某个具体的学科课程的设置、评价和改革中所给出的具体指导或原则，是课程实施者具体的行动指南。这三个层面的课程观事实上既有区别又有关联，与我们每一个教育工作者的教育实践息息相关。[1]

总之，课程观作为观念形态，对课程实践乃至教育实践具有重要的意义。首先，课程观可以指导课程改革，以满足与时俱进的人才培养的要求。随着人类社会的不断发展，对人才培养要求就会有所不同，这就需要对课程进行改革；而课程改革不是盲目的，是要在一定的课程观的引领下进行的。其次，课程观对于课程实践具有评价功能。所谓评价功能，是指课程观以其特定的课程理念和价值观，对课程实施的过程及结果是否合理、有效进行价值判断，进而调节课程实践，使课程的实施达到一定的课程标准。最后，课程观是课程实践主体进行课程实施的思想基础、行为准则，即有什么样的课程观，就会有什么形态的课程设计、课程组织以及课程践行的方案和行动。

（三）教师的课程意识[2]

1. 教师课程意识的含义及意义

课程意识是教师的一种基本专业意识，属于教师在教育领域的社会意识范畴。作为一种特定形态的社会意识，课程意识是教师对课程系统的基本认识，是对课程设计与实施的基本反映。课程意识作为对课程存在的反映，其基本形式是观念层面的，它在本质上就是教师教育行为中或明确或隐含的"课程哲学"。"课程哲学"作为课程意识的表现形态，它必然包括教师在教育行为过程中体现的课程观与课程方法论。因此，可以说教师的课程意识是以课程观为核

---

① 王树凤、叶绍梁：《论课程观的转变》，载《复旦教育论坛》，2009(3)。
② 参见郭元祥：《教师的课程意识及其生成》，载《教育研究》，2003(6)。

心形成的，是对教育活动体系中课程系统的一种整体认识，是教师的"课程哲学"，是课程实施过程中的课程观与方法论。

20世纪70年代以来，美国课程理论中出现了两种代表性的观点：一是"教师即课程"；二是"教师作为研究者"。前者强调的是教师要有课程意识，教师进入课程，才能实施课程，才能使静态设计的课程转化成为动态的课程实施。后者强调的是教师的课程意识要建立在研究的基础上，以研究的方式展开课程实施过程，才能表现出有效的课程行为。

明确的课程意识支配着教师的教育理念、教育行为方式、教师角色乃至教师在教育中的存在方式与生活方式。没有明确课程意识的教师，总是把课程视为一种"法定的教育要素"或"法定的知识"，不可变更的系统，并在课程系统面前无所作为。而具有课程意识的教师，则能够以自己对课程的独特理解为基础，从目标设定、内容编制、活动组织、评价手段等维度来整体规划教育活动，从而成为课程的动态生成者。所以，课程意识意味着"教师即课程"。

2. 教师课程意识的形成

从理论上说，每位教师都具有自己的课程意识，其教学行为都或明或暗地受到一定课程意识的支配。但问题是，是否每位教师都具有鲜明、合理的课程意识？每位教师的课程意识是否与时代、社会发展的要求相一致？事实上，教师鲜明、合理的课程意识不是自发产生的，而是自觉形成的，其形成的基础主要包括以下三个方面。

一是合理、正确课程观的建立。如前所述，课程观是人们对课程的基本认识，是对课程的本质、课程的价值、课程的要素与结构、课程中人的地位等有关课程基本问题的解答；合理、正确的课程观则是对这些基本问题的科学合理的认知。教师鲜明而合理的课程意识的形成，首先需要建立在合理、正确的课程观基础之上。合理、正确的课程观对教师的课程意识，乃至教育行为起着价值引导和方法指导的作用。只有教师的课程观念发生了合理的转变，才可能形成合理的课程意识，教师也才可能有自觉、有意识的教育行为。

二是反思性实践能力的养成。反思是一种自觉的行为，是自我建构教育理念的过程。教师反思的是自己在教育教学过程中的理念和行为。教师的反思性实践是以自我为研究对象的一种研究活动，是对自我教育理念的辩证否定。通过自觉反思，教师的课程意识才会逐步明确，并趋于合理。

三是学校课程制度的重建。教师课程意识的形成需要有合理的制度作保证。制度规定并约束了教师的教育行为，直接影响着教师课程意识的形成。因此，教师课程意识的形成，客观地要求学校进行课程教学制度的改革与创新，即对多年来习惯化的教学制度、教学常规、课程教材管理等方面的制度进行改革，依据时代、社会发展的要求，以及学生发展的需要制定新的规范，在学校建立起一种符合时代精神的全新的课程制度。

3. 影响课程意识的两种课程观

教师课程意识的形成与其课程观密切相关。目前有两种课程观直接影响着教师课程意识的形成：一是管理主义课程观，二是生成的课程观。

管理主义课程观倾向于把课程视为一种"法定的教育要素"或"法定的知识"，体现为三个基本观点。一是认为课程是由教育权力部门制定，并由指定或委托的专家设计的。因此，课程成为具有法定意义的教育要素，教师和学校被排斥在课程的形成过程之外。二是依附和接受的观点，即要求教师把课程作为"法定的知识"来接受和传递。教师依附于课程设计专家，依附于权力和权威。在课程实施过程中，教师把课程及相关法定的课程载体（如教学大纲、教科书等）奉为"圣经"，不敢也不能越雷池一步。三是课程实施的"忠实取向"，强调教师是课程的"忠实执行者"，它不希望也不要求教师在课程面前有所作为。

很显然，管理主义课程观是对课程中的国家权力、国家意志和专家权威的强调，却忽略了教师自身和学校的课程权利。而要真正实现课程作为媒介促进学生身心素质发展的目的，就必须尊重教师和学校的课程权利，尤其要增强教师个人的课程意识。

生成的课程观认为，课程对教师而言，不是给定的、一成不变的教育要素，而是教师可以变更的教育要素，是与教师的人生阅历、教师的独特教育理念、师生所处的独特的社会环境、教育情景等直接关联的教育要素。生成的课程观强调以下三个基本命题。第一，教师是课程的创生者。生成的课程观注重教师在课程问题上的基本权利，把教师看成课程由静态设计到动态实施并进入学生生活领域的要素和设计主体，这是由教师的专业自主权决定的。第二，教师进入课程，或说"教师即课程"。教师不是教育权力部门和课程专家的附庸，而是以自己的教育知识和教育理解为根据，去改造预设的课程。这也是不同的教师教同一课程有不同效果的原因之一。第三，课程实施的"创生取向"。在课程实施过程中，教师时刻联系着学生的生活经验和学生生活领域的各种有意义的背景，并以此去改造"给定的知识"。

在生成的课程观指导下的课程实施，是对预设的课程内容所进行的一系列变更——或充实，或替换，或增删，或拓展，或提炼。从课程实施的角度看，学生对课程的学习是依照自己的"履历情境"，依照自我的生活经验和生活连续来理解课程所提供的客体文本的。从此意义上说，不仅"教师即课程"，而且

"学生即课程"。只有具有课程意识的教师，才能在课程实施过程中使学生进入课程，使日常生活和学生的"生活世界"进入课程。

总之，生成的课程观是对教师专业自主权的尊重，同时也是对学生在教育过程中主体地位的尊重。这种课程观突出了师生的日常生活和学生的"生活世界"，可以更有效地体现课程作为媒介促进学生身心素质发展的价值。

第四节　合理课程观的确立

"课程即教师"意味着教师是课程的动态建构者、课程实施的有效执行者；而教师的课程观作为教师对课程的本质、价值、要素与结构，以及课程中人的地位等的基本认识，则直接影响着教师对课程目标的确立、对课程内容的取舍、对教学行为的采取，进而影响学生发展的方向和水平。因此，对于教师而言，树立合理的课程观显得尤为重要。

一、课程观的合理性

著名科学哲学家劳丹曾经指出："二十世纪哲学最棘手的问题之一是合理性问题。"[①]也就是说，究竟什么是合理的，什么是不合理的，这并不是一个显而易见的问题。从目前人们对合理性问题的研究来看，一般认为合理性的含义有两种：一种是科学意义上的合理性，另一种是价值意义上的合理性。科学意义上的合理性含有合事实、合理性、合规律与合逻辑的意思，可称为形式合理性、工具合理性或逻辑形式主义。它指的是一种纯形式的、客观的、不包含价值判断的合理性，主要表现为手段和程序的可计算性、形式的合逻辑性。价值意义上的合理性含有合目的、合理想、合原则及"应该是"的意思，是一种立足于某一信念、理想的合理性，称为价值合理性、实质合理性或信仰合理性。[②]

课程观的合理性体现为合规律性、合目的性与合规范性。

合规律性，是指课程观作为对课程本质、价值、要素与结构等的基本认识，并非人们的主观臆断，它必须以教育的本质及规律、人性的特点与需要，以及社会发展的要求，乃至现实生活的条件等客观因素为依据。也就是说，课程观虽然体现的是人们对课程问题的主观认识，但它反映的一定是客观存在的必然，否则，难以称之为合理的课程观。

---

①　[美]劳丹：《进步及其问题》，刘新民译，116 页，北京，华夏出版社，1990。
②　黄永军：《论人的需要的合理满足》，载《河南大学学报(社会科学版)》，2005(6)。

合目的性，是指课程观不仅要符合外在客观世界的规律，更要符合人的价值追求和行为目标。课程是教育的核心构成要素，因此课程观就是教育观的重要组成部分，而教育观作为对教育本质及其规律的认识，在很大程度上体现为人们的教育价值取向和教育目的。这就决定了合理的课程观必然首先反映一定的教育目的，即对课程是什么的回答应围绕教育培养什么人展开。

合规范性，是指课程观在课程实践层面趋向科学合理的价值目标，并能切实有效地规范和指导教育实践。合规范就是合乎一定的准则和制度，而一定的准则和制度所代表的是人们从事的任何活动所必须遵守的秩序和规范。因此，课程观要想达成对课程实践的有效指导，就必须使对课程的基本认识符合一定的教育实践秩序和规范。

总之，课程观的合理性就是指课程观的合规律性、合目的性与合规范性的高度统一，也是科学意义上与价值意义上的统一。

二、合理课程观中的知识、人与社会

"以知识为中心""以社会为中心""以学习者为中心"的课程取向，所体现的是三种主流课程观，也表明知识、社会、人是制约课程的三个基本要素。

以知识为中心的课程观重视知识的价值及其在人的未来生活中的意义。从表层看，以知识为中心的课程观是对知识在课程中地位的强调；但从深层看，这种课程观所关照的依然是人，即试图通过课程赋予人必备的、充足的知识和未来生活的技能。

以社会为中心的课程观强调课程的"社会价值"，认为课程的使命不仅是通过文化遗产（知识、学科或真理等）的传承，使人达到"社会适应"，而且还表现在唤醒人的批判意识，培养人的社会技能，使他们将来能够促进社会的改造与重建。也就是说，课程的价值与功能应体现在促进社会的改革与发展方面。

以学习者为中心的课程观认为，课程是促进学习者自我实现的手段，强调人的活动在课程学习中的重要性。因此，应该从人的本性出发，并以人的内在天性和发展需要为中心来组织课程。

上述表明，尽管知识、社会、人是制约课程的三个基本要素，但其核心是人。知识与社会要素如若脱离了人，脱离了人的生存状态和人的生活，也就是失去了对课程的意义。事实上，纵观课程观的演进不难看出，人们的课程观是沿着向人回归的道路展开的，是以人的完整生活以及全面、可持续发展为目标，进而实现以人为目的，以知识为核心，以社会为依据的课程追求。

三、教师课程观形成的思维方式

课程观集中体现为人们对课程本质及其相关因素的认识，而认识的结果往往是与人们的思维方式密切相关的。观念总是由思维方式所决定，无论是在课程实践中还是在课程理论研究中，对课程观念的把握都体现了人们思考课程问题的方式。

康纳利(F. M. Connelly)和兰茨(O. Lantz)在描述了关于课程的 9 种定义后认为，人们往往是在"手段—目的"和"存在性—个人性"这两个维度上来定义课程的。在不同维度上，人们的选择不同就导致了课程定义的差异。① 比如在"存在性—个人性"维度上，课程要么指的是课本和教材以及它们的内容，如概念、理论和事实等，强调的是学生要学的东西(对"存在性"的强调)；要么指的是教学情境对学生所具有的意义，强调的是学生的学习或学习中的学生(对"个人性"的强调)。这其实代表了两种认识课程的思维方式。在"存在性"上看课程，总是处在学生的外部世界这一端，把课程当作要"给予"学生的东西以及给予的方式，是独立于学生的外部的东西。坚持教师中心、教材中心、重视现成的知识体系、偏爱一言堂的教学等，都是这种思维方式的结果。而在"个人性"上看课程，则又是处在学生的内部世界这一端，把课程当作学生已经获得的"经验"或者经验的过程，是内在于学生的东西。经验课程观、活动课程观就是这种思维方式的产物。

课程是一个异常复杂的对象。从课程的主体上讲，它涉及学生和教育者；从课程的内容来讲，它既要反映人类已经"生产"出来的成果——知识，以及知识发展的需要，也要反映学生的经验基础、发展特点和愿望；从课程展开的过程来看，它包括教师教的过程和学生学的过程。其中，少了任何一个方面，课程都将是不完整的，甚至就不是课程。

从一定意义上说，课程实际上就处在外部世界与内部世界的连接点上。教育正是凭借着课程连接外部世界与内部世界，实现"外部"对"内部"的影响，进而促进学生的发展。也就是说，课程就是要通过外部世界的东西促进学生内部世界的改变。因此，教师、知识、课堂或学生、经验、活动在课程中都具有极其重要的地位和作用。否认或者淡化其中的任何一个方面，都将影响对课程本质的认识，损害课程实施的效果。既然如此，在认识课程的思维方式上，就应该在"存在性"和"个人性"之间把握课程，这样才既有可能接近课程的本质，又

---

① 江山野主编译：《简明国际教育百科全书：课程》，北京，教育科学出版社，1991。

能比较准确地理解新课程的要求。总之，从"存在性"或"个人性"上来认识课程都具有一定的合理性，但仅从其中的一个方面来认识课程又是局限的。[①]

四、旨在彰显知识教育价值的课程观

无论人们如何理解课程，都无法否认知识是课程内涵中应有之义。因此，在一定程度上可以说，课程观就是人们对知识性质及价值的认定，是对知识的选择和组织。因此，教师课程观的确立，直接涉及的就是对知识的价值，尤其是知识的教育价值的认识。

（一）知识选择的意义

教育，归根结底是通过知识对人进行的培养。很显然，不同的知识及其结构对于人的思想、思维乃至情感、心理发展的影响是不一样的。从某种意义上甚至可以说，教育过程中知识的选择，决定着人才培养的类型和品质，从而体现出知识选择的重要意义。

伴随着人类社会文明发展的进程，知识"爆炸"已成为不可阻挡的大趋势：知识数量正在以几何级数增加，知识更新的速度更是超乎想象，学科交叉导致新的知识门类也不断出现。在这一大背景下，选择学习"什么知识"成为每一个体必然面对的一个重要问题。如前所述，知识是人更好地认识自然、社会及自我的重要工具，是构建个人生活的主要内容，而面对"知识爆炸"的现实，人们不得不重新思考"什么知识最有价值"的问题。培根的"知识就是力量"肯定了知识的重要地位，尤其是当今知识经济时代，没有知识会寸步难行。然而，当今社会，一个人拥有什么样的知识才能更好地生存，并获得完满的发展呢？毫无疑问，这直接关系到知识选择的问题，也可以说是对什么知识最有价值的认知。因此，选择最有价值的知识来学习是现代人必须解决的重要课题，故知识选择的问题在今天更具有重要的时代意义。

教育对人的培养最终要达到的是对人的发展的促进。从人的发展的角度来看"什么知识最有价值"的问题，不是对不同类型知识价值大小的判断与排序，而是以人的发展为宗旨，对知识满足人的发展的属性作出一些基本规定。也就是说，基于教育的立场探讨知识的价值，必须将知识与人联系起来，与人的发展联系起来。因此，在教育的视域中，关于"什么知识最有价值"的问题，实则是"什么知识最有教育价值"的问题。

---

① 刘旭、叶巧先：《在存在性与个人性之间：课程本质的再思考》，载《湖南师范大学教育科学学报》，2007(6)。

（二）"斯宾塞问题"之思①

教育学上把"什么知识最有价值"的争论称为"斯宾塞问题"，这是因为英国著名哲学家、教育家斯宾塞（Herbert Spencer）于1859年发表了《什么知识最有价值》一文。斯宾塞在文中批判了当时英国重虚饰而轻实用的知识价值观，并在区分各种知识的相对价值和比较价值的基础上，确定了一个衡量知识价值的尺度，即是否有利于人完美地生活。他根据重要程度确定了人类五方面的活动，并依据这五方面的活动设置了与其相对应的五类课程知识：第一，直接保全自己的活动，包括解剖学、生理学、卫生学等知识；第二，间接保全自己的活动，包括伦理学、算术、几何学、力学、物理学、化学、天文学、地质学、生物学、社会学、外语等知识；第三，准备做父母的活动，包括生理学、心理学、教育学等知识；第四，准备做公民的活动，包括历史知识等；第五，生活中各项文化活动，包括绘画、雕刻、音乐、诗歌等方面的知识。在论文的结论部分，斯宾塞总结道："什么知识最有价值，一致的答案就是科学……为了直接保全自己或是维护生命和健康，最重要的是科学。为了那个叫作谋生的间接保全自己，有最大价值的知识是科学。为了正当地完成父母的职责，正确指导的是科学。为了解释过去和现在的国家生活，使每个公民能合理地调节他的行为所必需的不可缺少的钥匙是科学。同样，为了各种艺术的完美创作和最高欣赏所需要的准备也是科学。而为了智慧、道德、宗教训练的目的，最有效的学习还是科学。"②

从此，"什么知识最有价值"这一论题就成为课程思想史上的一个重要标志，而课程知识的价值问题也正式被纳入课程研究的范畴中，至今仍是教育领域的核心问题，更是学校教育课程编制必须考虑的首要问题。因为无论时代怎样变化，教育如何发展，人们都要回答"教什么"的问题。尤其是面对信息社会知识爆炸的现状，学校"教什么"的问题就显得更为重要。

从价值论的视角来看，价值所表达的是客体与主体之间的特定关系，即客体属性对主体需要的满足。教育通过知识培养人，以达到对人的发展的促进。因此，知识的价值应最大限度体现为对人的完美发展的需要的满足。人的完美发展的需要不只是人的生存技能发展的需要，还包括人的情感、意志、人格等

---

① 陈铁成、熊梅：《什么知识最有价值——基于斯宾塞课程思想的思考》，载《外国教育研究》，2013(5)。

② ［英］赫·斯宾塞：《斯宾塞教育论著选》，胡毅、王承绪译，91页，北京，人民教育出版社，1997。

精神层面发展的需要。因此，斯宾塞的"科学知识最有价值"的判断，强调了科学知识对于人的发展的价值，却忽略了人文知识应有的价值，在一定程度上造成了科学知识与人文知识在人的发展中的价值割裂。爱因斯坦说过，科学只能告诉我们"是什么"，却不能解决"应当怎样"的问题。科学只能解答"是非"而不能给人以"价值判断"，"价值判断"还要靠人文科学。科学技术与人文科学分离的结果，使现代人要么成为只懂技术而灵魂苍白的"机器人"，要么成为奢谈人文而技术薄弱的"边缘人"。所以，教育中知识的选择，应是科学知识与人文知识的统一。

（三）什么知识最具教育价值

从教育的视角出发，选择什么样的知识更有价值？这不仅是课程编制者需要思考的问题，而且是每一位教育工作者必然要进行的选择，故也是教师课程观构成的主要内涵。站在教育的立场上讨论知识的教育价值，必须将知识与人联系起来，与人的发展联系起来。如此说来，最具教育价值的知识，着重体现为以下几个方面。

1. 既面向学生生存又指向学生生命成长的知识最有教育价值

知识的教育价值不仅仅表现在帮助学生保全生命，实现物质性的生存，不仅仅是为未来生活做准备，更重要的是面向学生的当下生活，观照学生的生命成长。不关心学生生命与生活的知识是没有生命力与发展性的，对于学生来说，它们只是大量的事实性素材，是与学生的生命生活没有关系的外在性素材，是难以进入学生生命的。对于青少年而言，学会生存是首要的，在生存的基础上建构丰富的生命内涵，并具有追求未来生活的知识就显得尤为迫切。

学生通过教育获得的知识应该对自身的生存与发展具有支撑作用，也就是说，这种知识既能够满足学生当下生命、生活各个方面的需求，又能够为学生的未来发展奠定良好的基础。所谓"知识改变命运"，是因为知识真正发挥了促进人的发展的功能。因此，既面向学生生存又指向学生生命成长的知识，就是真正能够促进人的身心和谐发展的知识，也就是最具教育价值的知识。

2. 既教给学生事实又赋予学生意义的知识最有教育价值

不可否认，教育中的知识是以符号的形式呈现出来的，学生接触到的是事实性的知识符号，知识的符号表示的是各种事实与间接经验。这种知识可以使学生在一定程度上掌握大千世界的一些运行规律，明了人、社会、各种事物的一些道理。然而，对于学生的生存和发展来说，只有事实性的知识是远远不够的，教育更应该让学生通过事实性的知识去挖掘、获取事实背后所隐含的思维方式与意义。比如，语文、数学、外语、历史、地理等，蕴含着怎样的思维方式，对人生、人的发展具有怎样的意义？符号只是知识的表征形式，知识的内核是意义。因此，既能教给学生事实，又能赋予学生意义的知识才能够最大程度地实现知识的教育价值。

3. 既促进学生能力发展又促进学生精神发展的知识最有教育价值

学生的发展应该是全面的，学生需要获得多方面的发展，包括语言、情感、人格、个性素养等各个方面的全面协调发展。学校教育既需要给学生多方面的知识学习，使其获得各种生存、生活的能力，又需要通过知识使学生获得精神方面的发展，包括情感的丰盈、价值观的陶冶、人格的完善等。所以，最有教育价值的知识，是既能促进学生能力发展又能促进学生精神发展的知识。

总之，人类自诞生之日起，其生存和发展的根本目标就是追求幸福生活，教育的质的规定性是培养人，人是教育的出发点。因此，幸福也是教育的最终归宿。也就是说，既然人的一生中所做的一切都是为了追求幸福的生活，那么教育目的也应该是促成人之幸福的。教育作为一种培养人的活动，不仅应该把学生的幸福定位为终极目的，更应该使教育过程本身充满幸福，使幸福与教育在本质上统一起来，让学生的学习生活成为享受学习的过程，这是教育的应有之义。由此推论，最具教育价值的知识归根结底应该是能够使学生获得幸福的知识。

上述表明，教师课程观的确立，不只是对课程本质及其构成的认识，还包含对教育的本质、知识的性质及价值，以及人、社会、知识本质的联系等的认识。教师只有对这些问题有较为正确的理解和认知，才能树立起比较合理、正确的课程观。

【本章思考与练习】

1. 什么是课程？如何理解课程的本质内涵？

2. 课程在学校教育中的作用有哪些？

3. 知识的价值是什么？

4. 如何理解知识性质与课程的关系？

5. 课程建构中如何进行知识选择？

6. 什么是课程观？什么是合理的课程观？

7. 你认为最有教育价值的知识是什么知识？

8. 你认为教师应该具有什么样的课程观？

【推荐阅读】

1. 石中英. 知识转型与教育改革[M]. 北京：教育科学出版社，2001.

2. 方明. 缄默知识论[M]. 合肥：安徽教育出版社，2004.

3. 陈玉琨，沈玉顺，代蕊华，等. 课程改革与课程评价[M]. 北京：教育科学出版社，2001.

4. 赫·斯宾塞. 斯宾塞教育论著选[M]. 胡毅，王承绪，译. 北京：人民教育出版社，2005.

5. 亚瑟·K. 埃利斯. 课程理论及其实践范例[M]. 张文军，译. 北京：教育科学出版社，2005.

6. 小威廉姆·E. 多尔，诺尔·高夫. 课程愿景[M]. 张文军，等，译. 北京：教育科学出版社，2004.

7. 佐藤学. 课程与教师[M]. 钟启泉，译. 北京：教育科学出版社，2003.

在学校教育中，教学是实现教育目的的主要途径，也是教师的主要工作。教师能否胜任教学工作并使教学有效，进而达到教育的目的，这在一定程度上取决于教师的教学观是否合理、正确。那么，什么是教学观？如何判断教学观合理、正确与否？教师应该具有什么样的教学观？对于这些问题的深入思考和理解，将有助于教师更好地做好教学工作。

第六章　教学观

教师的根本职责是教书育人，"育人"是教师追求的终极目标，"教书"则是教师育人的重要手段，也是教师从事教育工作所要承担的首要任务。通过教学，教师不仅仅使学生获取一定的知识，更重要的是帮助他们增长才智，进而促使其身心健康发展。教学能否真正实现这一目标，在一定程度上取决于教师是否拥有合理、正确的教学观。

第一节　教学与教学过程的本质

教学观是人们对教学的认识所形成的观念。合理、正确的教学观首先应建立在对教学本质的正确理解和深刻把握上。因此，对教学本质的深入探究，将有助于教师树立科学的教学观。

一、教学的本质内涵

教学，作为教师从事教育的基本实践活动，伴随着时代的变迁、社会的发展，以及人类教育的不断丰富与完善，其内涵也在不断发展着。

（一）"教学"的词义溯源

在中文语境中，"教学"最早出现在《尚书·说命》中，即"教学半"①，后为《学记》所引用。有很多学者认为，这里的"教学"并不是一个词，而是两个词，分别指称"教"与"学"这两种活动。此处的"教"与"学"有广义的"教育"之义。唐代孔颖达疏："上'学'为教，音敩，下'学'者，谓习也，谓学习也。言教人乃

---

① （汉）孔安国传、（唐）孔颖达疏：《尚书正义》，253页，北京，北京大学出版社，1999。

是益己学之半也。"①说明当时的"教学"是指通过教人而学，并不是现代意义上的教学，而是"学习"。从甲骨文的源流来看，"教"是源于"学"的，是一种"督促"或"促进"学生"学"的活动。"教"以"学"为中心，"学"以"教"为条件。而"学"则指"觉也""反其质"，即不断地"觉悟"以回归本性（善性）的过程。因此，"教""学"不仅仅是指"知识的传递或获得"，而且是指"引起学生积极的思想活动"，以便更好地理解和实践伦理原则的过程。

在英语中，"教学"（teaching and learning，instruction）可以从希腊语、拉丁语中找到源头。teach 的古英文为 taecan，源于希腊语 deiknne，表达的是"解释""演示""引导"的意思，常与教师的行为有联系，作为一种活动。learn 来自中世纪英语 lernen 一词，意思是"获取知识"；在中世纪英语中，lernen 与 teach 可以互换。instruct 源于拉丁语 instruere，有"积累""堆积"的意思，引申为"传授""告知"等义。后来，人们的一般看法是："教"用 teaching 表示，"学"用 learning 表示，而"教学"常用 instruction 表示。有时，"教学"也用 teaching-learning 或 teaching and learning 表示。

总结上述分析，英语"教学"的古典意思就是"传递与获得知识"。这个意思决定了英语中"教学"一词以"知识"为核心，以"授受"活动为外在形式。

（二）"教学"的词义界定

定义是对概念内涵的逻辑表达，对于教学内涵的把握，我们还可以从国内外诸多关于教学的定义中有所领悟。

1. 我国关于"教学"的定义

日常生活中，人们往往把"教学"理解为"教授""教书""教学生"或"教学生学"。"教授"意味着教学是教师单方面的行为，与学生的行为无关；"教书"意味着不仅定义了教学的形式——教，而且进一步明确了教学的内容——书本知识；"教学生"则意味着突出了教学的对象——学生，表明教学的对象不是僵死的书本知识，而是活生生的人，这也意味着教学定义视角的转换；"教学生学"更加明确教学是指导学生学习，而不是单纯传授知识，即所谓叶圣陶先生所提出的"教是为了达到不需要教"的教学境界。

在教学理论界，我国学者对于"教学"的定义有诸多见解。王策三认为："所谓教学，乃是教师教、学生学的统一活动；在这个活动中，学生掌握一定的知识和技能，同时，身心获得一定的发展，形成一定的思想品德。"②李秉德

---

① （汉）郑玄注、（唐）孔颖达疏：《礼记正义》，1052 页，北京，北京大学出版社，1999。
② 王策三：《教学论稿》，88~89 页，北京，人民教育出版社，1985。

先生认为："'教学'就是指教的人指导学的人进行学习的活动。进一步说，指的是教和学相结合或相统一的活动。"[①]在顾明远主编的《教育大辞典》中，把"教学"一词界定为："教学是以课程内容为中介的师生双方教和学的共同活动。"[②]

相比较而言，王策三不仅界定了"教学"的性质，而且指出了"教学"的目标；李秉德则突出了"教学""指导学习的人进行学习"的特性；而《教育大辞典》中则提出了"教学"的"中介"——课程内容。当然，理论界关于"教学"的定义非常多，这里不能一一列举。概括这些定义不难看出，人们对教学的认识，涉及"教学"的性质、结构、目标、中介等要素，体现了人们认识教学本质的不同立场和视角。

2. 国外关于"教学"的定义

国外学者关于教学的定义也是众说纷纭。美国教育学者史密斯在《教学的定义》一文中把英语国家对"教学"含义的讨论归纳为五种类型。[③]

(1)描述式定义，如"教学是传授知识或技能的活动"。这一界定是对教学一般意义的一种描述。

(2)成功式定义，如教学是"X 学习 Y 所教的内容的一种活动"，即如果 X 没有学会，则等于 Y 没有教，由此表明教与学是相互关联、不可分割的。在此，"教学"意味着不仅要发生某种相互关系，而且要求学习者掌握所教的内容。

(3)意向式定义，如"教学是一种意在引起学生学习行为的活动"。从这个意义上说，教学是一种有意向的行为，教师的行为表现是受他们的意向左右的，而他们的意向是以教师自身的信念体系和思维方式为基础的。

(4)规范式定义，如"教学是符合特定道德条件的引起学习的活动"，即教学是一种规范性的行为活动方式，要求教学活动必须遵循一定的道德原则，不仅要求教师要引导学生学习，而且这种引导要符合一定的道德方式。

(5)科学式定义，如 $a = df(b, c, \cdots)$。a 表示教学是有效的，"$b, c, \cdots$"表示教师作出的反馈，"$= df$"则说明随着命题之间的微小变化，a 将发生变化。这一界定表明教学要符合科学的基本要求，要由可以得到经验证实的教学

---

① 李秉德：《教学论》，2 页，北京，人民教育出版社，1991。

② 顾明远主编：《教育大辞典(增订合编本)》下卷，178 页，上海，上海教育出版社，1990。

③ 参见施良方、崔允漷：《教学理论——课堂教学的原理、策略与研究》，8～10 页，上海，华东师范大学出版社，1999。

效果的命题来构成。

这五种定义方式涉及"教学"的主观意向、外部行为特征、道德条件以及师生之间的互动等一系列要素。

在西方，对"教"(teaching)的概念分析最有名的当数英国教育哲学家赫斯特。他认为"教"不是一种单一活动，而是一组活动。从目的而言，"教"的目的就是"引起学习"，既包括教师引起学生学习的意向，也包括实际上引起学习的结果。这是一个非常扼要的逻辑概括，揭示了"教"与"学"之间的依赖关系。

(三)"教学"概念的关键特征[①]

虽然人们基于不同的视角对"教学"的定义不同，但"教学"之所以是"教学"，还是有着一些共同的关键特征的。

1. 意向性

教学的意向性包括两个方面：一是形式方面，指"引起或指导学生的学习行为"；二是实质方面，指"达成一定的发展目标"，如某种态度、知识、技能、信念等。根据这一特征，那些没有关注和引起学生学习行为的课堂行为，如"灌输"，就不能称为"教学"；那些不是由教师意图引起的"无意学习"等也不能称为"教学"。

2. 双边性

教学作为一种师生之间的双边活动，尽管与一般的人与人之间的互动有许多共同之处，但无论是在形式上还是在目的上都有着自己的独特性。就形式而言，教师要在师生互动的过程中占据主导地位，并发挥引领、促进师生互动的作用。就目的而言，师生互动的独特价值在于：帮助学生克服学习态度、认知方式和行为习惯上的障碍，激发、激励、维持和更新他们的学习行为，从而更有效地实现教学的意向。

3. 中介性

无论是要实现教学的意向性，还是要体现教学的双边性，都离不开一定的教学内容或材料，从来就没有无内容的教学。对作为教学中介的教学内容的认识、理解、批判和应用，是实现教学意向的必要途径，也是师生双边活动的核心任务。

4. 伦理性

教学的伦理性，是指不管是教学的意向，还是师生双边互动的形式，抑或教学的具体内容，都必须符合一定文化体系中伦理规范的要求，采取一种学生

[①]　石中英：《教育哲学》，159～161 页，北京，北京师范大学出版社，2007。

在道德上能够接受的方式来进行。那种对学生进行讽刺、挖苦、侮辱和恶意体罚的行为都不能称为"教学"行为，也不能构成"教学"行为的一个要素。

上述四个特征从四个不同方面说明了教学活动的基本规定性：意向性从"动机""目的"方面规定了教学活动的性质；双边性从"形式"或"人际关系"方面规定了教学活动的性质；中介性从"内容"或"材料"方面规定了教学活动的性质；伦理性则从"道德"或"价值"方面规定了教学活动的性质。正是这四个方面的关键特征，使得"教学"区别于"训练""灌输""宣传"等。

（四）"教学"内涵释义

通过上述国内外"教学"的词源追溯和定义分析，以及对我国学界目前关于"教学"概念探究的归纳总结，可将教学的基本内涵概括为：教学是以课程为中介，教师教、学生学的共同活动，旨在促进学生获得身心的全面发展。对此，可从以下几个方面加以深入理解。

首先，教师教和学生学是同一活动的两个方面，二者是辩证统一的关系。在教学活动中，教是一种外化过程，学是一种内化过程，二者各自以对方为自己存在的前提和条件。只有二者相互影响、相互作用，才真正构成教学活动。正如杜威所言，教与学犹如买与卖，离开了任何一方，另一方都不复存在。

其次，构成教学活动的教师教、学生学双方，在共同的活动中的地位和作用是有所区别的。教师的教是一种意向性、规范性行为，在教学活动中起主导作用；学生是有意识、有主观能动性的人，不是被灌输的容器和等待加工的客体，在教学活动中是学习的主体。因此，在教学中学生的学必须依赖教师的指导；而教师的教在任何时候都不能代替学生的学。

最后，教学的最终目的是通过教师的教，促发和规范学生的学，进而达到对学生全面发展的促进。在此过程中，如果学生的学不是积极的、能动的，就无法真正实现教学的最终目的。

总之，对教学本质内涵的解读包含两个层面的问题：一是教学应该是怎样一种活动；二是教学应该如何进行。前者是目的论层面的问题，需要借助哲学资源，对教学的目的进行价值论探析；后者是工具论或方法论层面的问题，需要凭借心理学、社会学等资源，对教学的手段、方式、方法进行科学的探讨。

二、教学过程的实质

教学是教师和学生以一定的教育内容为媒介所进行的教与学的共同活动，而教学过程是这一活动的展开过程，是教学各要素相互作用的过程。对于教学过程实质的探究和把握，有助于教师掌握教学规律，提高教学质量。

(一)教学过程是一种特殊的认识过程

把教学过程的实质看作一种特殊的认识过程,在我国教学理论界是一种影响最大且基本上达成共识的教学过程本质观。这一观点源于苏联著名教育家凯洛夫,并由我国教育理论工作者在辩证唯物主义认识论的基础上进一步完善形成,其主要思想如下。

1. 教学过程是一种认识过程

教学,在一定意义上就是学生在教师的引领、帮助下,认识大千世界、万事万物,进而获得身心全面发展的过程。从这个意义上说,教学过程本质上就是一种认识过程,即学生在教师的指导下学习、掌握科学文化知识的过程,是人类认识的一种表现形式。

马克思主义认识论认为,人的认识是遵循着由感性认识上升为理性认识,然后能动地回到实践这一规律发生、发展的。具体来讲就是,人在实践基础上获得关于事物的感性认识,包括感觉、知觉、表象等形式;这种感性认识作为对事物的直接反映,是人们获得知识的起点,属于认识的初级阶段。当感性认识积累到一定程度,经过人的思维加工,如分析与综合、归纳与演绎等,感性认识上升为理性认识,形成理论知识体系。理性认识一旦形成,即可能动地指导实践。感性认识是对事物表面的具体认识,理性认识则是对事物本质的抽象认识。"理性认识依赖于感性认识,感性认识有待于发展到理性认识,这就是辩证唯物论的认识论。"①

在教学活动中,无论是学生的知识技能学习,还是智力、能力发展,以及思想品德、情感、意志、性格的培养等,都必须遵循人的一般认识规律。教学过程与人的一般认识过程的一致性主要表现在以下几个方面:①二者都是人脑对客观世界的反映,是主体对客体的反映;②社会实践是认识的目的、基础和检验标准,教学过程必然始终建立在一定的实践活动基础上;③教学过程的顺序或阶段须遵循一般认识过程的顺序或阶段,即由感性认识发展到理性认识,再由理性认识能动地回到实践;④人的一般认识与教学过程都是主体的能动活动,不是简单、机械的复制或被动接受的活动;⑤教学过程与人的一般认识过程一样,不是直线的、静止的、可穷尽的,而是曲折的、充满变数的、永无止境的过程;⑥教学过程与人的一般认识过程都是实践、认识、再实践、再认识循环往复的活动,不仅改造着客观世界,也改造着人自身的主观世界及自我的

---

① 《毛泽东选集》第1卷,291页,北京,人民出版社,1991。

认识能力。①

所以，教学过程在本质上首先是认识过程。换言之，只有把教学过程看作认识过程，才能从根本上把握教学过程的实质，因为"只有用认识过程才足以概括教学过程的各种成分、各个方面、各种属性。其它任何一种成分、方面、属性，都不足以概括"②。

2. 教学过程作为一种认识过程的特殊性

虽然教学过程在本质上就是一种认识过程，需要符合人的一般认识过程的规律，但是，与人的一般认识过程相比，教学过程又有其自身的特殊性。

首先，教学过程是一种间接性认识过程。学生认识的客体是教材，教材是对客观世界的间接反映，是前人在实践的基础上，由感性认识抽象为理性认识而形成的科学文化知识，对于学生而言是他人的认识成果，是间接经验。这就决定了教学过程是学生以掌握人类长期积累起来的科学文化知识为中介，间接地认识客观世界和自我的过程。间接经验表现为抽象的概念、原理、定理、公式等理论知识，而人类的一般认识规律要求人的认识只能从直接经验、感性认识出发。因此，教学过程要把教材内容转化为学生能够理解和掌握的个人知识，就必须以学生个人的直接经验为基础，注重学生感性认识的获得，正确处理教学过程中直接经验与间接经验、感性认识与理性认识的辩证关系。

其次，教学过程是一种简捷性认识。教学过程中学生学习的内容主要是他人的认识成果，这种认识成果的获得需要经过长期、反复、曲折的漫长过程。而在教学过程中，把这种认识成果依据学科知识的逻辑体系和学生的身心发展年龄特征进行编制，并在教师的指导帮助下，让学生在有限的时间内学习和掌握，这相对于人的一般认识而言，走的是一种简捷的认识路线。所以，教学过程是一种简捷性认识过程，是一种科学文化知识的再生产过程。正如马克思所言："因为再生产科学所必要的劳动时间，同最初生产科学所需要的劳动时间是无法相比的，例如学生在一个小时内就能学会二项式定理。"③

最后，教学过程是一种引导性认识。教学是教师教、学生学的共同活动，而教师的教在教学过程中起着主导作用。这是由于教师一般来说闻道在先，学有专长，且经过专门训练，因此在教学过程中担负着引领、指导学生学的使命。同时，教师在教学过程中的观念、思维、情感态度以及所采用的方法手

---

① 杨小微、张天宝：《教学论》，235页，北京，人民教育出版社，2007。
② 王策三：《教学论稿》，112页，北京，人民教育出版社，1985。
③ 《马克思恩格斯全集》第26卷第1册，377页，北京，人民出版社，1972。

段，都会潜移默化地影响学生对知识的理解和个人知识的建构，乃至身心的发展、人格的形成。所以，教学过程中学生的认识是由教师引导着进行的，这种引导在一定程度上保障教学的正确方向和质量，以及学生认识的有效性。

（二）教学过程是一种特殊的交往过程

如果说把教学过程视为一种特殊的认识过程，主要是从把教学活动看作教师与学生作为主体共同作用于教学内容这一客体来说的；那么，认为教学过程是一种特殊的交往过程就是人人把教学活动看作教师与学生相互作用的形式来说的，即教学过程是在教师与学生的交往活动中展开和进行的。

1. 教学过程是人与人之间的交往过程

教学是教师与学生的共同活动，这就意味着在教学过程中，教师与学生必然会相互影响、相互作用。事实上，教学活动正是在师生之间的交往中实现的，它在本质上是一种建立在人与人之间平等的交流、沟通和对话基础之上的主体与主体之间的交往实践过程。

"交往"从词源上看，是由拉丁语 communis（分享）派生而来的，最初含义是"共同的、通常的"，现在一般理解为分享思想、感觉或交流观念、思想、情感、信息等。1968 年版《国际社会科学百科全书》中列出的"交往"词条就有十多种含义。我们现在通常使用的"交往"概念的一般理论前提来自现代通信理论和传播学，即"交往"既指实物、信息或意义的异地传输、移动或转达，也指资源、信息或意义的分享或共享以及由此带来的人与人之间的相互作用。语言学、文化人类学、社会学等领域的"交往"概念的含义更为广泛，即交往不仅具有交流和互动的行为学意义，而且具有使社会系统得以运作的机制、工具或"润滑剂"的意义。

现代西方哲学更是给予了"交往"高度关注，认为交往是人的生存或生活方式，如狄尔泰的"生活关联体"、胡塞尔的"生活世界"、维特斯根坦的"生活形式"、海德格尔的"在世存在"，以及伽达默尔的"视域融合"，而哈贝马斯的"交往行为理论"则是西方现代交往理论的大整合。在人类迄今为止的众多交往理论中，马克思在其历史唯物主义世界观和方法论基础上所形成的交往思想，有着独到而深刻的理论见地，蕴含着丰富的学术和思想价值。

从唯物史观的立场出发，马克思把人类全部的实践活动分为两大类——生产实践和交往实践。生产实践是人类为了满足生存而进行的物质资料的生产活动，是主体对客体的活动。交往实践则是基于人的生产需要而产生的人与人之间相互协作、相互作用的活动，是主体与主体的活动。马克思交往理论所考察的人类交往现象，是主体间的一种互动过程，是人们的物质、能力、情感、信息等交换和交流的过程。因此，交往不是静态的社会关系的总和，而是在物质生产实践活动过程中，动态地展现出来的人与人之间的协同活动。从这个意义上讲，交往作为人与人之间的互动，也是人类的一种基本实践活动方式，只不过这种活动方式与人类的劳动这一实践活动方式相比，其实践性体现为交往共同主体对客体的改造、认知作用，以及在多个主体之间表现的相互认识、相互作用和相互改造，而不是单个主体对客体的改造和作用。

如此说来，教学活动就是教师和学生这一共同主体所进行的相互影响、相互作用的交往活动，属于主体与主体之间的交往实践。因此，教学过程实质上就是人与人之间的交往过程。

2. 教学过程作为一种交往过程的特殊性

教学的终极目标是促进学生身心的全面发展。因此，作为一种交往过程，教学过程与一般意义上的交往相比，有其自身的特殊性。

首先，教学过程是一种具有"教育意义"的交往过程。教学过程中教师与学生的交往宗旨不是一般交往意义上的"占有"，而是为了交往者（尤其是学生）个体获得身心的发展，是体现着教育意义的交往。因此，整个教学活动的展开和进行，应该说都是对教育意义结构的调整和完善，即如何使客观存在的却又是潜在的、可能性的教育意义凸显出来，并转化为现实的、对个体人的发展的意义；如何使教师预设的教育意义更加具有现实的根据，从而达到预期的教育结果；如何使学生对教育意义的理解趋向实际存在的意义或教育者预设的意义。由此而论，教学交往追求的不是交往本身，而是教育的意义，是教育如何成就人的现实生存和发展的使命。

此外，由于教学交往一开始就被赋予了"以有意识地影响人的身心发展为直接目标"的性质，所以，教学交往过程不只是对教育意义的调整和完善过程，还是教师与学生为了达到共同的目标，在教与学的相互作用中不断生成和建构教育意义的过程。正如杜威所言："人们因为有共同的东西而生活在一个共同体内；而沟通乃是他们达到占有共同的东西的方法。"而且，"这种共同生活，扩大并启迪经验；刺激并丰富想象；对言论和思想的正确性和生动性担负责任"。① 这表明，真正的教育是在人们的共同生活和沟通中才发挥着教育的作用的。从这个意义上说，教学交往也就是生成教育资源的过程。总之，教学过程中教师与学生的交往是指向生成"教育意义"的交往，而不是一般意义上的个体之间的互动和来往。这种交往体现为对交往双方精神的重构，尤其是对成长

① ［美］杜威：《民主主义与教育》，王承绪译，9、11页，北京，人民教育出版社，2001。

238

中的年轻一代起着发展定向和驱动的作用。

其次，教学过程作为一种交往过程旨在满足交往者的精神需求。人类的交往活动是基于人的生存和发展需要产生的，而人的生存与发展需要包括物质需要和精神需要。人不仅是一个自然性存在、社会性存在，还是一个精神性存在。人的精神属性既指人的意识、思维、理性等，也包括人的情感、意志、感觉、欲望等，是人的理性与非理性的统一。正是由于人具有这样的精神属性，人才成为一个具有创造性、超越性和理想性的精神存在者。这就决定了人通过交往所要获得的不只是物质需要的满足，还有精神需要的满足。

教学过程作为教师与学生的交往过程，是主体与主体之间的精神交流过程，包括知识的传授，能力的培养，情感、人格的陶冶等，也就是把人类所创造的精神财富转化为个体的精神能量，故教学活动在本质上是以人的精神世界为指向的特殊的精神性交往实践。需要特别指出的是，人的精神需要的满足与物质需要的满足的最大不同就在于：物质需要可以直接从外界或他人那里获得，而精神需要则必须是需要者对外界资源充分理解、消化之后，才能内化为自身的精神财富。因此，在教学交往过程中，只是停留在"给予"的教育观念和方法，是难以达到真正的交往目的以及预期的教育效果的。

最后，教育交往中主体间的关系是生命与生命间的互动关系。交往是主体间的互动，是主体与主体之间的相互作用，教学过程作为一种交往过程同样如此。然而，对于教学交往中的主体——教师与学生来说，他们之间的交往不仅是有目的、有意识的活动，更是生命与生命间的互动。

事实上，从人的生命向度对人及其主体性进行理论关照，早在马克思哲学那里就有所体现："动物和自己的生命活动是直接同一的。动物不把自己同自己的生命活动区别开来。它就是自己的生命活动。人则使自己的生命活动本身变成自己意志的和自己意识的对象。他具有有意识的生命活动……仅仅由于这一点，他的活动才是自由的活动。"[1]也就是说，人不仅仅是有意识的个体，而且还是具有信念、欲望、情感生活及自主地追求自己的目标等一系列特征的生命个体。从生命的视角把握主体，使我们看到一个丰满充实、鲜活生动的主体形象，它不是一个概念符号，也不是一个抽象的理念，而是现实中的具体个人的主体性。

教育是直面生命并旨在提升生命质量的活动，这意味着教育对人的影响不是单纯的知识传授、能力培养、道德教化等，而是生命整体的改善。为此，把

---

[1]　《马克思恩格斯选集》第 1 卷，46 页，北京，人民出版社，1995。

教学过程作为一种交往过程只是强调学生作为一个主体的存在还很不够，应更加强调其作为一个生命主体的存在，从而一方面突出从整体性上把握学生作为主体在交往中的意义，另一方面突出从具体性上把握学生作为主体在交往中的意义。

（三）对教学过程的诸多认识

关于教学过程的实质究竟是什么，由于人们研究的理论基础不同，所基于的视角和立场不同，采用的方法不同，便形成了不同的认识和观念。除了上述两种典型的教学过程本质观以外，目前我国教学理论界对教学过程本质的表达还形成了以下几种有代表性的观点。

1. 认识—发展说

"认识—发展说"认为，教学过程不仅是教师领导下学生能动掌握知识、认识世界的特殊认识过程，而且是一个以此为基础促进学生身心全面发展的过程。

在"认识—发展说"看来，教学活动主要是按照一定的认识（学习）任务和内容，依据认识论的规律和学生的认识特点而组织进行的，学生逐步掌握和运用知识的活动过程，而这一过程本身并不是学生的身心发展过程。在教学过程中，教学与发展的关系是：一方面，教学要引导学生的发展，通过知识的传授提高学生发展的水平；另一方面，教学又要遵循学生身心发展的规律，激发学生发展的自主性、能动性，引导学生以最有效的方式获得发展。在教学活动中，教师有目的、有计划地引导学生能动地进行认识活动，进而使学生获得身心的全面发展。从这个意义上说，教学过程既是一种特殊的认识过程，也是一个促进学生发展的过程。

2. 认识—实践说

"认识—实践说"认为，教学过程是一个包括认识过程和实践过程两个方面的活动过程，是认识与实践相统一的过程。也就是说，教学过程不仅是学生掌握人类已有的知识经验，发展认识世界的能力的认识过程，而且是一种师生共同参与改造主观世界，促进个性发展及个体社会化的实践过程。

在马克思主义认识论看来，人类的一般认识过程是由实践到认识，再由认识到实践，循环往复，这是人类认识发展的全过程。由此可见，马克思主义认识论包含认识和实践两个基本方面。教学过程作为人类的一种特殊认识过程，同样也应该包括认识与实践两个方面的内容。所以，教学过程在本质上就应该是学生在教师的指导下，掌握人类已有知识经验的认识活动和改造主观世界、形成和谐发展个性的实践活动的统一过程。

3. 相互作用（双边活动）说

"相互作用（双边活动）说"认为，研究教学过程的本质问题，必须坚持从"教学"的本质内涵出发，即教学是教师教、学生学的双边活动，而不能仅从"教"或"学"单方面去认识。

在"相互作用（双边活动）说"看来，教学过程既包括教师的教授过程，又包括学生的学习过程，但又不是二者的简单相加，而是教师教和学生学的有机结合和辩证统一。也就是说，在教学的双边活动中，教师的教和学生的学相互依存、相互支持、相互渗透、相互转化；教师发挥主导作用，学生居于主体地位，教师的教不能代替学生的学，学生的学也离不开教师的教。因此，教学过程本质上就是教师的教授与学生的学习相互结合、相互作用、相互统一的双边活动过程。

此外，关于教学过程的实质还有以下认识："教育途径说"，即教学过程是实现教育目标的基本途径，是以智力为核心的德、智、体、美、劳综合教育的过程；"价值目标说"，即教学过程是教师引导学生掌握知识，认识世界，进行交往，以促进学生的身心发展，并追寻与实现价值增值目标的过程；"多质说"，即教学过程具有多层次、多类型的本质，是社会、认识、心理、生理等因素相互作用的过程；等等。这说明人们对教学过程实质的认识的丰富性，同时也说明教学过程本身的复杂性。

以上关于教学过程实质的观点，虽然各有其自身的局限性，但是从不同角度、不同层面向我们揭示了教学过程的实质内涵，从而可以加深我们对教学过程实质的理解。事实上，教学过程是教学系统运转的过程，它是由教师、学生、教学内容以及其他要素的相互作用构成的。只有用系统的观点才能完整、准确地表述教学过程的本质特征。

三、教学与理性

教学是教师教、学生学的共同活动，而教与学的内容则是人类积累的科学文化知识。科学文化知识的理解和掌握，需要依赖人的理性；而科学文化知识必然会促进理性的增长。这就意味着教学一方面要以人的理性为基础，另一方面则要以发展人的理性为旨归。

（一）人是理性的存在

理性，在现代汉语语境中包括两层含义：一是指概念、判断、推理等思维方式或思维活动；二是指划分认识能力或认识能力阶段的用语。[1] 这两种释义

---

① 辞海编辑委员会：《辞海（第六版彩图本）》，1350 页，上海，上海辞书出版社，2009。

说明：第一，"理性"是人类多种多样思维方式或类型中的一种；第二，依赖于这种思维方式或类型的认识活动是一种高级的认识活动，其目的在于获得关于事物存在、变化或彼此之间联系的高级知识或真知。

在英文中，"理性"（rationality）一词来源于拉丁文"Ratio"，《牛津哲学词典》中的解释为："人类心灵活动的各种表现形式，如行为、信念、论述、政策等，都可以被看作是理性的。将某种东西看成是理性的，就意味着将其看成是可知的、适当的、可欲求的，并与一些已知的目标如真理或善的追求相一致。尽管人们常常将理性看成是一种将人与动物区别开来的推理能力，但是在这种推理能力的性质上却众说纷纭。"①这是一种描述性定义，扼要说明了日常生活中人们是怎样使用"理性"这一概念的，其中最关键的就是指出"理性"是一种推理能力。

纵观国内外理论界关于"理性"的研究，可归纳出"理性"概念的关键特征或用法。第一，"理性"是人类精神生活的一种形式，是一种人类特有的思想活动，不仅包括了概念、判断和推理，而且包括了质疑、反驳和辩护。第二，作为一种思想活动，"理性"最主要的特征就是在一定的规则下就某一问题应用概念进行推理或认识的能力。第三，作为一种推理或认识能力，"理性"不仅关涉知识的获得，而且关涉行为目的的正当性与合理性辩护。第四，"理性"不仅是人类的一种认识能力，而且也是人类的一种存在特性。第五，作为人类的一种存在特性，"理性"与人类的存在方式（时间、地点、环境、组织等）密不可分。因此，"理性"不是普遍的，而是境域，不同的文化孕育着不同的理性风格；不是抽象的，而是具体的，其所使用的概念、遵循的规则等都与一定的社会历史环境不可分；不是绝对的，而是历史的，是随着历史的变迁而不断变化的。所以，人类理性有一个不断发展和重构的过程。②

从上述关于"理性"的概念分析可知，理性是人类所特有的，是人区别于动物的一种基本特性，也是人能够把握万事万物本质特征、获取真知所特有的能力。理性对于人类而言意义非凡，"理性具备有效地选择手段的能力；理性能够协调个人和社会的生活；理性把探求知识作为一个重要的社会目标；最后，理性是所有具有社会意义的主体的独立的道德源泉"③。总之，人是理性的存在，理性对于人是不可或缺的。

---

① ［英］布莱克波恩编：《牛津哲学词典：英文》，318页，上海，上海外语教育出版社，2000。

② 参见石中英：《教育哲学》，150页，北京，北京师范大学出版社，2007。

③ ［英］里克曼：《理性的探险》，姚休等译，150页，北京，商务印书馆，1996。

（二）理性是教学的基础

教学，作为学校教育的重要途径，其首要任务就是借助一定的教学内容完成人类知识的传授与学习。知识是人类认识的成果和结晶，通常以概念、判断、推理、假说、预见等形式存在着，是人类理性的表征和体现。虽然人的感性和实践活动是知识的源泉，但知识本身只能是"理性的作品"。感性所产生的是人们对事物表面现象的认识，不能称之为"知识"；理性则是人们对于事物本质的反映和表述，表现为概括、判断、推理等思维活动，所形成的是真正的知识。这就意味着，在教学中，无论是教师的教，还是学生的学，都必须借助"理性"这一人类特有的思维形式，才能真正理解和把握人类认识的成果和结晶——知识，进而也才能使人类的知识内化为个人知识。

教学过程在一定意义上是人的一种特殊认识过程，这一过程一方面要求教学要遵循人的一般认识规律，即由感性认识上升为理性认识，然后能动地指导实践。在此，理性认识的获得既要建立在感性认识的基础上，同时又是教学作为认识过程所要追寻的高级目标。这是由于理性认识的获得不只是意味着教师与学生对教学内容的深刻把握，更加意味着他们对人生、所处社会及其意义的深刻领悟。只有依赖人的理性，并充分挖掘人的理性优势才能做到这一点。另一方面，教学过程作为一种特殊认识过程，其特殊性首先就体现为"间接性"，即在教学过程中，认识对象是他人的认识成果、间接经验，也就是书本知识。虽然我们强调在教学过程中要善于把间接经验转化为直接经验，但不能否认即便是"转化"，也需要理性的支持；更何况人的理性在一定程度上是能够直接把握间接经验的。

教学过程作为一种特殊的交往过程，也必须建立在理性的基础上。所谓特殊的交往过程意味着，教学是在教师与学生的相互影响、相互作用中进行和完成的。交往的目的是什么？交往的意义在哪里？交往应该本着什么原则进行？交往双方应该具备怎样的身心素质才能确保交往的顺利进行？应该采用什么样的交往方式才能使交往有效？只有对这些问题深思熟虑，达到理性认识，才能使教学交往合理且有效，进而才能真正实现教学目标。

上述表明，教学必须建立在理性的基础上。

（三）教学是为了更好地发展理性

人虽然是理性的存在，但人的理性最初只是作为一种潜质存在，且理性水平是一个不断成熟、不断发展的过程，这就意味着理性是需要训练和培养的。由于理性是一种借助概念进行的推理或认识活动，因此一个人理性能力的大小就取决于其对概念系统掌握的程度、对认识规律知晓的程度，以及相关知识的积累程度。所以，要想使一个人的理性达到较高水平，就必须施之以适当的教育和训练。

教学的主要使命是通过人类知识的传授与学习，促进人的身心全面发展。而知识所代表的就是概念体系、认识规律等，故通过教学促进人的理性发展便是教学的应有之义。正如柏拉图所言："每个人的灵魂里有一个知识的器官，它能够在被习惯毁坏了迷盲了之后重新被建议的这些学习除去尘垢，恢复明亮。（维护这个器官比维护一万只眼睛还重要，因为它是唯一能看得见真理的器官。）"[①]因此，通过教学促进人的理性发展，不仅是认知理性发展的需要，更是教学价值的重要体现。

第二节　教学的价值取向

教学是实现教育目的的重要途径。然而，把人培养成为什么样的人，在一定程度上则取决于教育者在教学过程中不同的价值取向。价值取向指的是一定主体基于自己的价值观在面对或处理各种矛盾、冲突、关系时所持的基本价值立场、价值态度以及所表现出来的价值选择。价值取向具有实践品格，它的突出功能是决定、支配主体的行为举止，进而对主体的实践活动产生定向作用。因此，教师的教学价值取向对于把学生培养成什么样的人具有至关重要的意义。

一、"对"的教学与"好"的教学

教学究竟应该给予学生什么？或者说，人们通过教学应该获得什么？这实际上就是人们对教学价值的追问，由此也将会对教学存在的意义给出不同的评判。

（一）教学评价的标准

教学评价是评价主体在对教学的事实材料进行描述和把握的基础上，依据一定的标准对教学活动的整体或局部进行价值判断的过程。其中，评价标准是对教学现象进行价值判断的一个重要依据。很显然，不同的评价标准将导致人们对教学存在意义的不同追求。从整体上看，对于教学目前存在着两种评价标准，即"对"的教学与"好"的教学。

---

① ［古希腊］柏拉图：《理想国》，郭斌和、张竹明译，292页，北京，商务印书馆，1986。

　　所谓"对"的教学，是科学层面的标准，它强调从事实层面评析各种不同的教学对学生已经、正在或将要产生的诸方面的影响，它所要回答的是"什么是正确的教学"。"对"的教学所追求的是学生对人类已有知识的准确把握，是教学过程中学生对教师、书本知识的绝对服从和无条件接受，是对标准答案的深信不疑。例如，"雪化了会成为（　　）"，"水"是正确答案，若学生给出这一答案，教学就是成功的，否则教学就是失败的。

　　所谓"好"教学，是哲学层面的标准，它强调从价值层面评析不同的教学对学生作为一种生命存在及其发展的意义，它要回答的是"什么是有意义的教学"。"好"教学所追求的是学生通过教学获得的丰富的认知、思想的启迪、情感的润泽，是教学过程中教师与学生的共同参与、交流互动，是对标准答案的质疑、批判与深究，以及学生创新意识、创新精神的激发与引导。例如，"雪化了是（　　）"，"春天"就是一种有意义的答案，其意义体现为这一答案蕴含着学生丰富的想象力、细致的观察力，以及灵动的生命活力。教学从根本上应该追求这样的存在意义。

　　（二）"对"的教学与"好"的教学的关系

　　如上所述，"对"的教学是建立在科学层面对教学进行判断的标准，而"好"的教学则是建立在哲学层面对教学进行判断的标准。事实上，科学和哲学，是人类认识和把握世界的两种不同的方式和路径。

　　科学最初的含义是"知识""学问"，是对一定对象和事实的规律性认识。科学是人们基于常识、逻辑、质疑与实验所作的判断，对现实世界进行认识的结果，具有理性特征。科学具有实证性，即凡是科学的事物及知识，都可以通过实验来实证或证伪；而且科学具有共享性，也就是说，科学成果影响全人类，也可以世代相传。科学不仅是为了解决某个具体问题，而且是对真理的不懈追求，是人类对现实世界的不懈探索和把握。

　　哲学就是关于世界观的学问、思维的科学，是理论化、系统化的世界观和方法论。世界观是人对自然、社会及自身的总体看法。哲学是用最普遍的概念、最一般的范畴和具有普遍性的规律来把握世界，即它是对自然、社会及人文的整体认知，而非对具体问题的理解。因此，哲学是系统化、理论化的世界观。方法论是研究人、社会、自然的方法取向，是方法的理论基础，是方法合法性和适用性的理论依据。自然科学、社会科学及人文科学均以其特有的方法探索各自领域的本质和规律；而哲学对真理的探求则体现为以什么观念、什么方式认识自然、社会及自我。如果说自然科学、社会科学及人文科学是认识世界的科学，那么哲学就是如何认识世界的科学，也就是一切科学研究最根本的方法论。

很显然，科学与哲学作为人类认识世界的两种路径和方法，存在着诸多不同：科学是要追求事物的真相，哲学则要探索事物的意义和价值；科学考察的对象是事物的局部，哲学探究的对象则是事物的整体；科学重视客观的分析，哲学则重视主观的反省；科学把握的是事物的本质与规律，哲学把握的则是人之生命的高度与质量。因此，"如果说科学旨在认知，那么哲学功在反思；如果说科学的目的是寻求真知，那么哲学旨在透察人生；如果说科学指向经验世界，那么哲学则是对其结果的反思；如果说科学是在不断'试错'中诞生，那么哲学则是思想"解放"、深层意识的觉醒或智慧的结晶"①。

但是，科学与哲学也不是完全对立和彼此割裂的。科学指向事实，哲学指向价值。人类所赖以生存的现实世界实际上是由事实与价值共同构成的，这就决定了人类对现实世界的探求不可能只停留在事实层面，而是要上升到价值层面，即追问对事实探寻的目的与意义。因此，哲学是在科学基础上的精神凝炼和升华；是以科学为基础，却又超越科学的一种终极关怀和反思批判精神。由于客观事实或现实是建立在一定时空的基础上的，所以科学属于有限范畴；而哲学是对事实的超越，体现着某种理想、追求，属于无限范畴。从这个意义上说，哲学包含着科学——哲学不仅要以科学为基础，还要充分体现科学的目的、意义和价值。

(三)以"好"教学为旨归的价值取向

教学是实施教育的重要途径，教育首先面临的就是把人培养成什么人的问题，即教育的目的。因此，以什么标准衡量和评价教学，就直接涉及教育所培养的人的质量与规格。"对"的教学与"好"的教学从科学与哲学两个领域给出了评价教学的标准，从事实与价值两个层面对教学的合理性作出判断，是我们认识和把握教学的两种不同的路径和方法。因此，"对的"与"好的"理应成为评价教学的两种不可或缺的标准。但是，在此我们更加强调目前我国学校教育中的教学应以"好"教学为价值取向，原因如下：

首先，不能仅知晓"教学是什么""教学过程是怎样的"，而要深入思考"人应该成为什么样的人""教育对于人的存在与发展而言意味着什么""教育应该怎么做才是合理的"等问题，才能使教师真正理解教学的真谛，进而在教学过程中有的放矢地引导学生获得身心的全面发展。很显然，在教育学中，价值问题要高于事实问题；对于教育价值的追求要比对教育事实的认知更具理论和实践

---

① 赵克：《关于科学与哲学关系认识冲突的一个学理性反思》，载《哲学分析》，2011(4)。

意义。因此，对"什么样的教学才是好的教学""教学的价值究竟是什么"等问题的思考和深究，才更加有助于教师做好教学工作。

其次，教学目的，也可称为教学目标，是评价学生学习质量的重要依据，也是评价教师教学、学校办学质量的重要依据。教学目的可用"是"来表述，即任何教学活动都是要追求最大期望效用的，都是要有明确的指向性的，如"教学的目的是让学生掌握人类的科学文化知识"。同时，教学目的又可用"应该"来表述，即任何教学活动应该追求的最大期望效用是什么，如"教学的目的应该是让学生通过知识的掌握获得身心的全面发展"。这是因为目的和价值本来就是不可分的，具体而言，目的是具有某种价值的，否则就不会被人们追求；任何价值都是相对于某一目的而言的，离开目的的价值是不存在的。这意味着，无论教学目的是什么，其中都包含着人们对教学活动的价值追求，也就是教学"应该"达到什么目的。因此，教师对于教学目的的应然理解就显得尤为重要。

最后，现实中"好的"教学评价标准缺失。在我国学校教育中普遍存在着对"对的"教学的追求，而忽略"好的"教学。正如人们只认同"雪化了是水"这一标准答案的正确性、唯一性，而没有意识到"雪化了是春天"这种答案所蕴含的学生思想、情感、思维等的生成与发展。"好的"教学不仅仅体现在教学的结果上，更加体现在教学过程之中，即"好的"教学是师生共同参与且伴有情感交流的活动过程，而不是只关注正确知识传授的过程。事实证明，只有当教学过程成为师生互动、情感交流的过程，学生才能真正将知识内化，并在掌握知识的过程中感受到生命的灵动与精彩，进而获得身心的愉悦与发展，这才是教学所应追求的终极目标和最大价值。

二、有效教学

"好的"教学必然是有效的教学，但由于人们对"有效教学"的解读不同，所以未必所有"有效的"教学都是"好的"教学。这就需要对"有效教学"进行深入、细致的梳理和分析。

（一）有效教学的提出及含义

1. 有效教学的提出

有效教学最初兴起于20世纪上半叶的美国，其产生的因素主要有二：一是美国进步教育运动之后，针对美国学生学习成绩普遍下降的状况，为提高教学质量而开展教学有效性研究；二是受当时教学科学化运动影响，人们开始摒弃20世纪以前占主导地位的"教学是艺术"的观念影响，试图用科学的实验方法来研究和开展教学。由此可知，有效教学最初是指向教学如何更好地提高传授知识的有效性，其目的是如何大范围、大幅度提高学生的学习成绩。因此，此时的有效教学关注的是教学方法或教学技术的科学化问题，是一种工具技术取向的教学理念。在这一理念支配下，有效教学特别注重对教师"教"的研究，如教学技能、教学组织设计、教学策略等方面。随着有效教学理论研究的深入以及实践的发展，其研究逐步突破了对教师"教"的研究，开始突出对学生的有效学习及师生互动的综合性研究，特别是着重于对教师教学反思以及学生发展的研究。可以说，"有效教学"是一个动态的、发展的概念和研究过程。

在我国，有效教学的兴起主要依托于21世纪初我国基础教育领域的新课程改革。新课程改革针对"应试教育"的痼疾，倡导课程知识的建构性、教学过程的生成性、师生关系的交往性、教学目标的统整性、教学评价的多元性等，指向学生发展的理念和实践变革。从这个意义上说，有效教学研究的后期发展与我国新课程改革的理念具有内在的一致性。然而，事实上"有效教学"在进入我国教学研究和实践场域后，对我国教学实践产生的影响却主要不在于对学生发展的关注和促进，而是对知识传授更加关注。这是因为有效教学对知识传授有效性的关注，与我国"应试教育"的追求不谋而合。因此，有效教学在我国备受基础教育领域的认可和青睐。一方面，有效教学的引入可以在理念上满足新课程改革的需要；另一方面，有效教学的引入可以在实践中名正言顺地为学校的"应试教育"服务。①

2. 有效教学的含义

对于有效教学的含义，目前学界尚未达到普遍的共识。

在国外，对有效教学的解释主要可以归结为三种基本取向：目标取向、技能取向和成就取向。目标取向的有效教学认为，判断有效教学的标准是看教学目标达到的程度。技能取向的有效教学认为，教学是一项复杂的工作，有效教学是通过一系列可获得的、可改进的和可发展的教学技能来实现的。成就取向的有效教学认为，有效教学的目标在于全面提高学生的学业成绩。

对于有效教学的定义，具有代表性的是把教学的有效性描述为能够产生有效学习的教学，以美国的默塞尔为代表。他以学生为中心，以教学结果为判定依据，认为能使学生感受自由，并获取自信，教学效果持久，且能在生活中运用的教学才是有效教学。

在我国理论界对有效教学的含义有两种较为经典的解释。

---

① 参见于伟主编：《教育哲学》，223～224页，北京，北京师范大学出版社，2015。

一是从教学效果、教学效率、教学效益三方面综合来描述教学有效性。这种观点认为教学有效性是指教师遵循教学活动的客观规律，以尽可能少的时间、精力和物力投入，取得尽可能多的教学效果，从而实现特定的教学目标，满足社会和个人的教育价值需求而组织实施的活动。这种对教学有效性的解释包含三重意蕴：其一，有效果，即教学活动结果与预期相吻合；其二，有效率，沿用经济学的概念将教学效率表述为教学产出（教学效果）与教学投入的比值，也可从师生双方投入的时间角度表述为有效教学时间与实际教学时间的比值；其三，有效益，即教学目标与特定的社会和个人的教育需求吻合。

二是从学生有效学习与发展的角度规定教学有效性。把"教学有效性"规定为以下三个方面：①促进学生的学习和发展是有效教学的根本目的，也是衡量教学有效性的唯一标准；②激发和调动学生学习的主动性、积极性和自觉性是有效教学的出发点和基础；③提供和创设适宜的教学条件，促进学生形成有效的学习是有效教学的实质和核心。

很显然，我国对有效教学含义的理解，由教师转向了学生，这是人们认识上的一大进步。但是在实践中，有效教学无论是强调教师的教，还是学生的学，最终均指向学生学习成绩的提高。总之，我国教育领域对有效教学的理解，从理论层面看，主要偏重目标取向，即关注教学目标的达成；从实践层面看，主要偏重成就取向，即关注通过教学提高学生的学习成绩。

（二）有效教学的应然之义

对于有效教学含义的解释，关键在于对"有效"的理解。在现代汉语中，"有效"被释义为："能实现预期目的；有效果。"[①]人们一般认为，"有效"就是有效果、有效率、有效益。"效果"是指通过某种活动所产生的结果；"效率"是指单位时间内完成的工作量；"效益"就是效果和利益。按照这种理解，"教学效率"表示单位时间内完成教学任务的多少；"教学效益"指教学活动所达到的教学目标及其使个人或社会所获得的利益。因此，有效教学就是以尽可能少的时间、精力和物力投入，取得尽可能大的教学效果。

很显然，这是一种基于经济学立场对有效教学的理解。不能否认，从经济学的角度来看，人类的任何活动都需要追求效率、效益，教学活动应该也不例外。然而，教学的目的是培养人，不是生产物质产品。人是有思想、有情感、

---

　　① 中国社会科学院语言研究所词典编辑室编：《现代汉语词典（第7版）》，1591页，北京，商务印书馆，2016。

有生命活力、有主观能动性的主体，不是任由加工、塑造的客体。因此，对"人"的培养不能像对"物"的生产那样，追求单位时间内效率的最大化。否则，就会在教学中只关注技术、方法、策略的运用与改进，以达到所谓最佳的教学效果，而忽略教学过程中教师与学生的情感体验以及作为生命存在的状态。

如果说教学需要追求有效性，也应该是教学效益的最优化。在此，教学效益的最优化并不是以所谓的投入与产出的比率来衡量的，而是以教师与学生在教学过程中的主观体验、收获，尤其是学生的变化、身心各方面的发展水平为衡量标准。因为教学不只是实现某种特定目标的手段，还是师生共同参与其中的生命实践活动，即对于教师与学生（尤其是学生）而言，教学活动是他们的一段生命历程，同时也是他们获得生命成长的最佳途径。从这个意义上说，有效益的教学内在地包含了有效果的教学和有效率的教学的统一。如此说来，有效教学的应然之义包含以下几个方面的内容。

首先，有效教学应该使全体学生都能获得不同程度的发展。教学的终极价值是促进学生的发展，那么有效教学就是最大程度上促进学生的发展。尤为重要的是，这里所说的学生一定是全体学生，而非个别学生。我们承认，由于个体差异性的存在，学生在同样条件的教学过程中不可能获得同样的发展。但是，有效教学的意义就在于使不同的学生在各自的基础上通过教学获得不同的发展。当然，学生的发展是指思想、情感、观念、能力等身心的全面发展，而不仅仅是学业水平的提升。

其次，有效教学应该是师生在教学过程中体验到的满足感和成就感。如前所述，教学活动从本质上说是师生共同参与其中的生命实践活动，是师生的一段生命历程。因此，教学效果就不能仅体现为教学任务的完成或教学目标的达成；更加要体现为在教学过程中，教师与学生的生命活力被激发、释放，精神需要获得满足，乃至自我价值得以实现。也就是说，有效教学应注重教学过程的有效性，而不只是注重教学结果的有效性。

最后，有效教学应该追求动态的、变化的教学效果，而不是静止的、永恒的教学效果。教学作为以知识为核心促进学生身心全面发展的活动，不可能是一次性的，其效果更不可能是永恒的，而是一个不断变化、发展的过程。因此，有效教学不是追求永恒有效的教学效果，而是在教学中不断寻找促使学生发生改变的更加有效的"教学起点"，尤其是注重教学过程中"生成性"教学元素的掌握与利用，树立动态的过程性教学评价观。

（三）有效教学的层次结构及深层解读

1. 有效教学的层次结构

有效教学在一定程度上也是对"好教学"的追求，其本身体现为以下三个层次。

从表层看，有效教学是一种教学形态。作为一种形态，有效教学表现为教师高超的技术与策略运用，学生积极能动的学习投入，以及融洽的教学气氛、优质的教学质量、高效率的教学成果等。从教学形态这一层面来看，有效教学呈现出的是可见、可感的现实状态，在这种状态下，任何人只要身处其中便可以对其有效与否作出合理的评价、认定，不需要深入的技术测量和价值论证。

从中层看，有效教学是一种教学思维。教学思维是对教学本质及其规律的认识方式，不同的教学思维可导致不同的教学结果。作为一种思维方式，有效教学表现为教师对教学进程的全面干预、自觉调适能力。它是教师基于对教学规律、教学原则的把握，利用自己的实践智慧和教学艺术，对教学因素进行的最优化组合。从这一层面上说，有效教学集中体现为各种教学策略的理性选择和灵活运用。同时，这一层面上的"有效"是能用可测性的工具来评价的，其原因就在于教师对教学策略的选择和驾驭能力与学生的发展水平、质量之间具有高度的相关性。

从深层看，有效教学是一种教学理想、教学境界。所谓"理想""境界"就是追求的目标、达到的高度。教学理想存在的意义是为现实教学产生一种导向、牵引和推动作用。如果说表层的有效教学着眼于教学的现实，那么深层的有效教学则是着眼于教学的未来。这一层面的有效教学，表现为教学主体对"好教学"的执着追求，也是人们对教学价值的判断和选择。

根据有效教学的层次结构可以看出，有效教学应是一个动态的转化过程，即从有效的"理想"转化成有效的"思维"，再转化为一种有效的"状态"。这一过程就是教师把自己的专业素养与教学材料、学习者活动及其他课程资源（如学校环境等）有机结合，使教学获得生命形态的过程。在此意义上也可把有效教学概括为：为达成"好教学"的目标而自觉树立先进的教学理想，并通过综合利用一切教学策略和教学艺术，使这种教学理想转化为能使师生协调发展、不断超越的教学形态的过程。[①]

---

① 龙宝新、陈晓端：《有效教学的概念重构和理论思考》，载《湖南师范大学教育科学学报》，2005(4)。

2. 有效教学的深层解读

首先，有效教学是一种具有可持续性的教学环节"链接"。传统教学把"教学"视为一个简单的知识授受、技能训练、态度形成的流程，即知识—技能—态度—价值观，每个知识单元教学就是这样一个周而复始的循环。这种单向的教学进程，只适合于知识积累，而不适合于知识的增殖、创新，因为它本身就是将知识以定论形式教给学生的。有效教学则是以有效的"学"为价值追求，以有效的"教"为根本环节，在教与学之间形成一种以认知、情感同步发展为媒介的互动交感状态，其根本特征就在于它能够促使学生学习的过程和结果融为一体、自然转化、相互诱发。当然，这种"链接"式的教学创造的"有效"必然是可持续的、有利于学生终身学习、终身发展的。

其次，有效教学与教师专业发展同步。教学之"有效"始于对"教"这一着力点的及时、恰当、有力的控制，而这一调控的主体是教师。因此，教师专业发展与有效教学相伴而行、相辅相成。可以说，教师专业发展水平是衡量教学有效与无效、效率高与效率低的一个重要标尺。有效教学与教师专业发展同步的联结点也应在教学实践中、在课堂上，因为有效教学需要教师在实际的教学中，不断地去创新教学设计，去反思教学过程，并更新和内化教学理念。所以，有效的教学与教师的专业发展是相互交融的，即教师专业水平的提高正是其教学日益"有效"的过程；教师专业发展水平是教学"有效"程度的最全面、最客观、最精确的权衡尺度。

再次，有效教学的终极价值不是体现在既定教学目标和教学效果的达成，而是体现在教学目的的合理性的提升以及教学过程的道德性的凸显。也就是说，教学不是"制器"而是"育人"，如果在教学中缺失了对人性的关怀，以及对人之生命的意义、价值、尊严、独特性等的关照，就背离了教育的真谛，教学也就从根本上是无效的。"我们试图确证那些特别有效的教学方法或内容中的技巧与手段，然而我们发现的所有必要的技巧、方法与手段，只有在它们被人性化地运用到学生身上时才是有效的。即使所谓'好'的展现内容的手段或是高效的技巧也可能会对学生的求知欲以及学习中的尊严造成伤害。因此，我们深信，教学论知识必须是责任、专业意向以及伦理关怀结合在一起的。有效性与责任同等重要，毋宁说，是这二者的结合给教学带来力量与卓越。"[①]

最后，有效教学与有效评价相互依存。有效教学可以有多种评价尺度，用

---

① Fritz K. Oser, Andreas Dick, Jean-Luc Patry (eds.), *Effective and Responsible Teaching: The New Synthesis*, San Francisco, Jossey-Bass Inc., pp. 1-3.

不同尺度衡量教学的有效性，其结果之间可能是相互冲突，甚至截然对立的。例如，从认知角度评价得出的"有效"教学，再从情感角度去评价它，得到的结论可能是"无效"的教学。不仅如此，对于教学是否有效的评价，在一定程度上取决于教学主体的评价观及"有效"观。所以，有效教学随评价观的发展而变化，"有效"是一个相对的、发展的概念，没有永远"有效"的教学。

总之，有效教学不是寻求最有效教学模式的教学，不是驻足最优教学策略、片面关注学生认知发展的教学，也不是追求永恒有效的教学；而是在教学中寻求更有效的"起点"，着眼于教学过程的生成性，构建教与学同步发展的路径，树立动态评价观的教学。

三、好教学及其标准

教学作为实现教育目的重要途径，其过程的好与坏，不仅直接关系着教育质量的高低，而且对身处其中的人的身心发展产生着深远的影响。毋庸置疑，好教学可以最大限度地促进人的身心健康发展。那么，什么才是好教学？这是每一位教师需要深入思考和明确的问题。"好"是指符合人们期待与要求的美好事物，是人们从事任何一种活动所追求的方向。好教学也就意味着人们期望通过教学所达到的理想状态，这实际上是人们对教学的价值判断。因此，对什么样的教学才是好教学，不能用描述性定义予以回答，只能是以规范性方式给出应然解答。

（一）好教学是理性化的教学

教学的理性化也可以称为教学的合理化，"是指这样的一种思想过程：借助于经过严格定义的概念或范畴，对于种种的教学观念、制度、行为以及时间和空间的配置等进行系统的分析、检验、批判与重构，从而最大限度地减少教学认识和实践过程中非理性成分的过程及其结果，使得整个教学活动真正成为一种理性的思考或探险活动"[①]。教学理性化不仅包括教学工具、手段的合理化，而且包括教学目的或价值的合理化；不仅包括教学交往的合理化，而且包括教学伦理的合理化。理性化的教学具体体现为以下几方面。

1. 教师与学生对教学目标的理解与内化

对于教师而言，教学目标不仅是一个需要完成的"教学任务"，而且是一个需要不断深入阅读、分析、理解、内化的"教学文本"，正是在这一理解和内化过程中，教学目标对于整个教学活动的意义才得以充分显现出来；对于学生来

---

① 石中英：《教育哲学》，181 页，北京，北京师范大学出版社，2007。

253

说，只有真正理解和内化了教学目标，才能将其转化为自己的学习目标。

2. 良好师生关系的建构

"建构"意味着师生关系不是既定的，而是生成的，是师生双方对彼此的认识由感性上升为理性的过程，是师生相互之间借助"爱心"和"理智"达到的彼此认同。

3. 师生对教学内容的重新思考

不只是把教学内容看作静态存在的、等待"传递"和"掌握"的东西，而是对其所蕴含的逻辑关系、生活意义、人生价值等进行梳理和探究，使教学内容真正成为涵养健康人格的重要精神养料。

4. 认同教学伦理

教学活动与其他任何人类活动一样，是一种伦理性的活动，从事这种活动的师生双方都要"遵循"一些基本的伦理要求，如教师要热爱学生，尊重学生，认真备课，公正评价；学生要尊敬教师，遵守纪律，努力学习。遵循教学活动伦理要求的思想前提在于师生双方认同这些伦理要求，而认同教学伦理要求的关键在于理解这些教学伦理要求的合理性，即对教学伦理要求进行理性的思考。唯有如此，教学的伦理要求对于师生双方才真正具有约束和教育作用。

总之，理性是教学的前提条件和重要基石，也是好教学或成功教学的基本特征之一。

(二)好教学是正当且有效的教学

好教学一定是有效的教学，但有效教学并非就是好教学。那种在技术理性的驱使下，仅仅着眼于教学的工具性价值，片面追求教学效率的大规模、标准化的工业生产式的教学，不是好教学，而是坏教学。只有正当且有效的教学才是好教学。

"所谓正当性，就是用以衡量教学之好坏的价值基础和伦理标准，是教学之为教学的内在规定性。具体而言，教学正当性一方面要求尊重学生的主体性，在教学过程中时刻以学生为目的，而不能将其视为达成其他外部效果的手段；另一方面，守护教学的本己，避免将教学窄化为知识和技能的传授方式，令其丧失促进学生全面发展，尤其是精神成长的丰富内涵。"[1]

正当性具有绝对意义，它是衡量教学好坏的首要维度，教学正当性是自足的、第一性的，在教学实践活动中，教学正当性并不存在所谓"追求"与"争取"的问题，只存在"夺回"与"保护"的问题。也就是说，教学正当性对于教学来说

---

① 汪明：《什么样的教学是好教学？》，载《中小学教材教学》，2015(6)。

既非一种简单的价值性存在，亦非一种教学境界的少数性抑或偶然性存在，而是教学守护本己、远离异化，使教学成为教学的内在规定性、自成目的性品格。所以，好教学必须首先是正当的。当然，好教学与有效教学并不对立，好教学也要关注与追求教学的有效性。

在教学实践中，正当性与有效性似乎存在着矛盾对立的一面，即当人们追求教学的有效性时，就会忽略教学的正当性，甚至以牺牲正当性为代价；而当人们注重了教学的正当性，就只能放弃教学的有效性。这实际上是人们对教学的正当性与有效性认识上存在的偏差。事实上，"在教学活动中，以人的幸福为旨归的有效性和伦理性之间是内部一致的，且关系共存、价值共享、实践共行"①。教学正当性与教学有效性恰如一枚硬币之两面，二者虽然形式上对立，但缺一不可。总之，正当性是一个绝对意义上的概念，它是衡量教学的首要标准；而有效性是一个相对意义上的概念，同样是好教学不可或缺的要素。

（三）好教学是符合真、善、美标准的教学

真、善、美是衡量人类一切美好事物的基本标准，自然理应成为衡量好教学的标准。

所谓"真"，就是追求教学的有效性。好教学最直观的显示就是效率高，即在好的教学里，学生学业成绩好，同时还学得轻松甚至愉快。而高效率的教学所折射出的是教师专业水平的高超，即具备真才实学，如在教学过程中对学生学习兴趣和积极性的调动、对教学目标的深刻理解和内化、对教学内容的合理规划和挖掘、对教学方法的有效选择与运用等。也就是说，好教学一定是基于教师的真才实学而创造的高效率的教学。

所谓"善"，就是要在教学中讲道德。这里的"讲道德"包括三层含义。一是所有学科教学都要有最自觉的道德教育。一方面，所有学科教学本身都蕴含着发展学生科学思维、理想人格，以及积极的世界观、人生观等功能；另一方面，教学方式、师生互动、教学空间的布局等，也都隐性存在着一定的德育影响，有润物无声的功效。二是教师必须以身立教，行最人道的教育。好教学所求之道德，对于教师而言，与其说是教学专业的要求，毋宁说是人生修养的挑战，正所谓"自古经师易找，人师难寻"。三是培养学生的高尚情操，好教学向来是能够给学生精神滋养的。没有什么比培养"精致的利己主义者"更为可怕的教学，也没有什么比让学生拥有一个大气的人生更为重要的教学任务。语文若只讲字、词、句、语法修辞，而不讲文以载道、天下担当，数学若只讲四则运

---

① 李小红：《教学有效性与伦理性的关系及其整合》，载《课程·教材·教法》，2014(12)。

算、几何、代数，而不讲科学精神、真理追求，都只能算是一种教书匠的劳作，称不上真正上乘的教学。

所谓"美"，就是教学要具有美感。教学的美感表现主要在美育、学科之美、教育之美三个维度。美育并非等同于艺术教育，就像好教师一定会承担德育的责任，所有的学科教学也应该可以因势利导开展美育活动。在此，教师对于生活美学的自觉与应用最为重要，就像苏霍姆林斯基常常让孩子观察花园里的玫瑰，带孩子进入秋天的森林那样。学科之美对于完美教学至关重要，好的教师必须有能力最充分地展示自己所任学科的魅力(学科之美)，用学习内容本身的美好让学生感到趣味无穷，并伴有持续的内在学习动力。学科之美不仅能够激发学生的学习热情，也可以反过来增强教师学科教学的自豪感、成就感。实际生活里那些为自己所教学科由衷骄傲的教师，往往都是充分领悟学科之美的教师。学科之美的展示，离不开教育之美的塑造。好教学可能有艺术手段的恰当运用、教学叙事的精巧设计、课堂节奏的良好把握等，同时更需要有教师人格之美、教育境界之美的存在。同时拥有教学的技术之美与境界之美，是自古以来好教学的普遍特征。[1]

总而言之，好教学是集真、善、美为一体的教学。

第三节 基于"发展"的教学观

对于教学方方面面的认识，最终是要形成教师一定的教学观。只有当教师树立了正确的教学观，才能真正发挥教学所特有的育人功效，并使教学真正成为教师与学生人生中一段精彩的生命历程。

一、教学观及其构成

教学观作为教师对教学的基本认识，是指导教师从事教学活动的行动指南，直接影响着教学质量的高低和教学目标的达成。因此，对于教学观进行深入的分析和探讨，有助于帮助教师树立正确的教学观，进而达到通过教学培育良才的目的。

(一)教学观的含义

教学观就是关于教学的观念。"教学观念"的概念界定，在教学领域相对较

---

① 檀传宝：《好教学之"好"其义不外乎三》，载《北京教育(普教版)》，2020(7)。

为统一，即指教师对教学本质和过程的基本看法。国外教学观念（conception of teaching）研究中具有代表性的认识是：教师从实践和经验中形成的对教学的本质和过程的基本看法就是教师的教学观。

由于国外教学观的研究兴起较早，国内大部分研究者对教学观的理解基本上借鉴了国外的研究成果，即将教学观界定为：教师对教学的本质及教学过程的基本认识；教师对教学及教学价值的根本看法和根本观点。也有研究者认为，教学观是教师和学生在教学实践活动中基于经验的积累，对教学本质及其过程的理解的逐渐深化，是对教学究竟是什么以及什么样的教学是最好的教学的认识与感悟。

总而言之，所谓教学观，是指教师对教学本质、教学过程，以及教学相关要素的基本认识或对教学的基本主张。这种基本认识或主张对教师的教育教学活动产生着直接的影响。有什么样的教学观，就有什么样的教学行为。教学观支配着教师的教学实践活动，决定着教师在教学活动中采取的态度和方法。

（二）教学观的历史演进

教学观作为人们对教学的基本认识，在不同历史时期总有一些占据主流的观念意识存在，这些观念意识对于人类的教育教学产生了深刻的影响。[①]

在古代社会特有的时代背景下，孕育了以压制、权威与功利为主流的教学观。所谓压制的教学观，是指以"人性恶"人性论为前提，认为教学就应该是采用强制的手段压抑人性，使人"改邪归正"。所谓权威的教学观，是指由于知识是神圣的、不可置疑的，故传授知识的教师在教学中的地位是绝对权威的。因此，在教学中教师与学术的权威地位根深蒂固。纵观人类教学实践的历史，这种教学观影响着从古至今的教学。所谓功利的教学观，是指教学的最终目的是使人们谋取一定的利益——经济利益或政治利益，所谓"书中自有黄金屋，书中自有颜如玉""学而优则仕"等，这种教学思想在一定程度上也贯穿于人类的教学中。

进入近代社会，由于科学技术的迅猛发展及其对人类社会影响的日益凸显，加之一大批思想家对理性的倡导，教学的观念开始发生了转向——理性主义与科学主义逐渐成为教学观的主流指导思想。理性主义与科学主义指引下的教学观表现为：极度强调理性，注重科学技术的重要作用，要求用"科学"的方法来统领思维与教学。由此教学就被定义为用科学的方法来传授科学的教学内容，从而使教学走向了理性与经验的二元对立，走向了完全与经验背道而驰的

---

① 李雪飞：《偏失与创新——教学观念的演进及其理论基础》，载《教育理论与实践》，2007(3)。

"科学化"道路。

在教学思想发展的历史长河中，伴随着主流教学观的存在与发展，时常会出现一些新的教学思想萌芽。基于怀疑主义对教学中知识和教师权威的否定，允许并注重学生积极思考、勇于发问的教学观认为：教学的本质就是要发展学生获取知识的能力和独立精神，从而使教学从一种"传授"之教学迈向一种"思考"之教学。自然主义影响下所产生的教育思想给教学观带来的改变则体现为：强调教学应符合学生身心发展的规律。教学必须考虑到教育对象——学生作为一个生命存在的特点。教学必须适应这种生命体的生长特点，创造出符合生命发展规律与生命需要的教学，这是一种人本主义的教学观。另外，对兴趣的关注使教学的研究进入了一个新的探索领域，如第斯多惠认为：教学的艺术不在于传授本领，而在于善于激励、唤醒、鼓舞。对兴趣的关注也使教学开始思索如何让学习从"外在动机"向"内在动机"激发转化，从而使学生的学习兴趣来自学习本身。

进入 20 世纪，教学观在对前人扬弃的基础上产生了质的飞跃，产生了人本主义教学观、建构主义教学观、后现代主义教学观等。这些教学观虽然立场不同，理论基础各异，思想内容各有所侧重，但它们有一个共同的特点，就是逐渐让"人"在教学中得以真正显现。后现代主义教学观认为，教学目的应由单纯注重显性知识的获得转向对学生生存与发展的关注；教学过程应由"生活的预备"的知识传递过程转向意义建构、生命体验的视域融合过程；教学内容应由单一性、确定性转向多元性、非确定性；教学主体关系应由教师绝对权威转向师生对话合作。[①]

总之，教学观的形成与人们对教学问题的思考有关，教学观的演变也与教学研究问题域的转换相关。在教学思想发展的历史长河中，教学观的核心问题集中体现为"如何教学""教学是什么"及"教学为什么"。教学观也呈现出如下转换：从重视教师向重视学生转变；从重视知识传授向重视能力转变；从重视教法到重视学法转变；从重视认知向重视发展转变；从重视结果向重视过程转变；从重视继承向重视创新转变。

（三）教学观的构成

通过对历史上不同教学观的梳理可以归纳出，教学观作为对教学的基本认识，主要由以下几个方面的内容构成。

---

① 金玉梅、靳玉乐：《论教学观的后现代转换》，载《课程·教材·教法》，2006(3)。

1. 教学本质的认知

教学观从根本上说就是对教学本质的认知。本质是关于事物的质的规定性，是决定此事物区别于他事物的根本原因。因此，教学本质也就是教学的质的规定性，是教学区别于教育、智育、学习等的根本要素。

教学的质的规定性究竟是什么？不同的认知会形成不同的教学观。认为教学的质的规定性在于"教"，就会形成"传授"的教学观，即把教学作为纯粹的教师教授的活动，而忽略学生的学。如前所述，教学的本质是教与学的统一，是教师教与学生学的双边活动，在这一活动中，教师为主导，学生是主体。这种教学观的核心思想就是，教师的教是否引发了学生的学，学生通过学是否获得了变化和发展。

2. 教学过程的理解

教学观的根本之处不仅体现为对教学本质的认知，还体现为对教学过程实质的理解，即教学过程究竟是怎样一种过程。如前所述，若把教学过程单纯看作一种特殊的认识过程，就很容易形成"以知识为中心"的教学观，认为教学就是传授和掌握知识的过程；而若把教学过程看作一种特殊的交往过程，就会形成"以人为中心"的教学观，认为教学是教师与学生共同参与的一种实践活动，是师生双方积极互动、相互作用的过程。

在教学理论界，对于教学过程存在着"预设性"和"生成性"两种不同理解。"预设性教学"意味着教学过程有既定的本质和规律，教学活动是由事先计划好的程序展开的，教学的成败以是否达到预期的目标为评价标准。"生成性教学"则意味着教学过程是一个充满不确定性、变化发展的过程。教学固然是在一定的教学目标指引下，按照教学规律的要求有计划地开展的，但这种计划在教学过程中更多地体现为教学是有设计的、有准备的，并不代表计划就是固定的、一成不变的。很显然，把教学过程看作是预设的，就会强调教学的计划性、规范性，以及教学最终达到的结果；而把教学过程看作是生成的，就会注重教学中教师与学生的个体感悟、生命体验，以及随时随地出现的各方面的变化。

3. 教学对象的厘定

教学观在很大程度上体现为一种学生观，也就是对教学对象的认识。如果把教学对象看作被动的客体、等待加工的"原材料"，就会形成压制的、灌输的教学观，进而在教学中无视学生的主观能动性。反之，如果能认识到学生虽然是教的对象，但同时是学的主体，且是具有自主性、能动性的人，那么教学才能达到应有的效果，也才能真正促进人的身心全面发展。

不仅如此，对于教学对象还应该做到有教无类。也就是说，每一个学生都是教师的教育教学对象，即每一个学生都有权利获得教师的教导，每位教师都有义务面向每个学生开展教育教学。进一步讲，每一个学生无论家境、个性、学业成绩如何，都是需要教师关注和帮助的对象，理应得到教师的爱护和尊重。学生个体之间只有发展水平的差异和发展潜力的大小，没有好坏之分。不管学生处在什么发展水平，有什么样的发展潜力，教师都要一视同仁、尽心尽力，公平公正地对待每一个学生。对于那些发展水平较低的学生，教师更要多付出一些耐心和精力。

4. 教学任务的确立

我们常说教育主要通过教学来实现，即教学是教育的基本途径，这意味着对于教学的认识，还必然涉及教学任务的确立。也就是说，教学任务是为了使学生掌握基础知识和基本技能，还是发展学生的智力和能力，抑或培养学生的思想道德品质。这不仅仅是对教学任务的认识，更是对教学是什么，或者应该是什么的意识。

根据我国教育培养全面发展的人的宗旨，教学任务应具有全面性，即促进学生德智体美劳全面发展。

5. 教学内容的选择

教学内容是教育教学的重要媒介，直接关系着教学目标的达成，乃至教育目的的实现。换言之，培养什么样的人，取决于选取什么教学内容。因此，在一定程度上，对于教学内容的选择也反映了人们对教学目的、价值的认识。

近代以来，随着人类科学文化知识的日益丰富，学科划分越来越细致，教学内容也越来越强调分门别类。尤其在今天，分科教学大行其道，因此很容易导致所培养的人才缺乏对世界的整体认知能力和处理问题的综合能力。人本来就是一个整体性存在，世界也是一个整体，各个方面都有千丝万缕的联系，故进行综合教育，培养人的整体性是教育应有之义。鉴于此，现代教学应从人的生命整体出发，提倡综合性教育，加强教学内容的有机联系，让学生通过教学达到对世界的完整认识，进而培养学生的综合意识和能力，培养完整的人。

二、"发展"教学观的确立

近几十年来，东西方教学思想的发展，都反映出在教学观念上由知识性教学向发展性教学转变。这一转变所涉及的实质上是教学价值观如何重新确定、教学质量评判标准如何裁定、教学组织工作出发点如何把握等最基本的教学理论问题。

(一)"发展"教学观的提出

"发展"教学观的出现是现代国际社会竞争的积极产物。1957 年苏联第一颗人造卫星上天，对美国震动极大。美国在科技上的落后促使其开始对传统教育进行反思和谴责。美国传统教育中存在的"经验课程论"和"分科课程论"，要么忽视了学生学习知识的系统性，只片面强调培养学生的认知兴趣和经验，致使学生既无系统的知识，又不能全面有效地发展智力；要么偏重于单纯地传授学科知识，片面地追求知识的深度，而忽视了知识的基本结构，忽视了学生智力的发展，以致把学生带进了"知识迷宫"。因此，美国教育界掀起了一场轰轰烈烈的中小学课程改革，改革的核心是"教什么、怎样教和达到什么目的"。美国心理学家布鲁纳概括、总结了此次改革的主导思想，并在其《教育过程》一书中阐述了自己的"教学观"：理论上，在坚持传授好基本的系统知识这一前提下，着重于学生的智力和创造性才能的发展；实践中，坚持实行发展性教学，以引导学生发展创造性思维，掌握"机灵的预测、丰富的假设和大胆迅速地作出试验性结论"[①]的天赋。

苏联的心理学家、教学论专家赞可夫在 20 世纪 70 年代也树起了教学改革的大旗，进行了大面积的教育实验。他主编的《教学与发展》一书于 1975 年出版，该书成为现代"发展"教学观演化发展的重要里程碑。他认为，教学应同时完成双重任务：既在掌握知识和技巧方法上达到高质量，又在学生的发展上取得重大的进步。他指出，要使掌握知识和技巧的过程成为学生积极发展的源泉，而且"不应当把我们的原则理解为似乎背离了高质量地掌握知识和技巧这一任务……学生在一般发展上的成绩，乃是自觉而牢固地掌握知识和技巧的可靠基础"[②]。他认为，这些任务的完成是以尽可能大的教学效果来促进学生的一般发展，其中所有的教学原则的确立和教学方式方法的选择使用，都应为了这一目的。这就把学生的"一般发展"突出地放到了教学目标的位置上。在此，赞科夫既辩证地阐明了知识技巧的获取和智力发展的"源泉"与"基础"的关系，又把这一目标的实现牢牢地建立在两者相统一的联系之上。

什么是一般发展？赞科夫指出，一般发展是指儿童个性的发展，个性的所有方面的发展，一般发展和全面发展一样，是跟单方面的、片面的发展相对立的。一般发展不同于特殊发展（数学、音乐等某一方面才能的发展），又有别于智力的发展。一般发展是特殊发展的牢固基础并在特殊发展中表现出来，而特殊发展又在促进一般发展。一般发展不仅包括智力发展，还包括情感、意志、

---

① ［美］布鲁纳：《教育过程》，邵瑞珍译，33 页，北京，文化教育出版社，1982。

② ［苏］赞可夫编：《教学与发展》，杜殿坤、张世臣、俞翔辉等译，42 页，北京，人民教育出版社，1985。

道德品质、个性特点和集体主义精神的发展，并且一般发展还应当包括身体的发展。

与布鲁纳、赞科夫同时代或稍后的教育家或教育统派，如苏联维果茨基的"最近发展区"理论、日本的"自主学习论"、苏联巴班斯基的"最优化教学理论"、东欧北美的"启发教学"、美国普莱西的"程序教学"等，都在不同程度上推动了"发展"教学观的创新与发展。

20世纪80—90年代，随着改革开放的深入，"发展"教学观在我国逐渐显现出来。我国发展性教学注重的是学生的全面发展，全面发展的内涵包括知识与技能，过程与方法，情感、态度与价值观三方面。时至今日，我国更是以"核心素养"作为学生全面发展的内涵，核心素养着眼于学生内在和外在的同时发展，这种发展既有预设性的，也有生成性的，它不仅关注学生的当下发展，更注重学生的终身发展。

总之，"发展"教学观是以现代教学观念为核心，以促进学生主体性发展为目标的教学观，它不是对传统教学的全盘否定，而是针对传统教学严重忽视人的发展的弊端提出的，是对传统教学的扬弃。

(二)"发展"教学观的内涵解读

对于"发展"教学观的内涵，可以着重从以下几个方面理解。

1. 从教学目标看：坚持核心素养整合的整体发展观

教学目标是教学活动的出发点和归宿，教学目标的确立制约着教师对教学内容的选择、教学关系的判断、教学方式与方法的运用以及教学评价的开展，进而直接影响教学效果与人才培养质量。

所谓核心素养，即学生应具备的，能够适应终身发展和社会发展需要的必备品格和关键能力，是关于学生知识、技能、情感、态度、价值观等多方面要求的综合表现，是每一名学生获得成功生活、适应个人终身发展和社会发展需要的、不可或缺的共同素养，其发展是一个持续终身的过程。

核心素养以科学性、时代性和民族性为基本原则，以培养"全面发展的人"为核心，分为文化基础、自主发展、社会参与三个方面，综合表现为人文底蕴、科学精神、学会学习、健康生活、责任担当、实践创新六大素养，见图6-1。

很显然，这是对学生身心全面发展及可持续发展的强调，而不只是把教学看作单纯的知识传授。

"发展"教学观认为，作为人才培养重要途径的教学，其根本目标应是促进学生的未来发展。在教学过程中，学生获取知识的多寡并非教学追求的终极目标，学生获得知识、能力，尤其是情感、意志、人格、实践能力等的全面协调

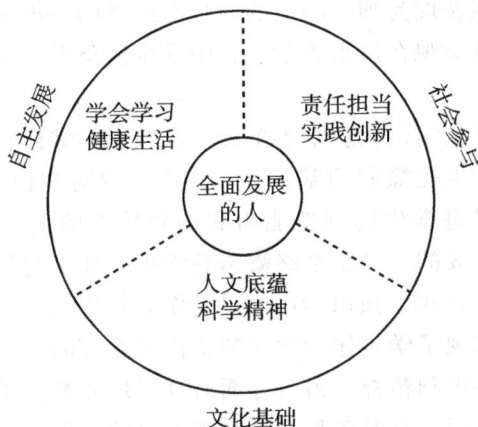

图 6-1 "核心素养"结构

发展，才是教学的根本要求。

2. 从教学关系看：强调教学过程中学生的主体地位

教学关系即指教学过程中"教"与"学"的关系，它是构成教学模式、影响人才培养质量的要素。长期以来，对于教学关系一直存在着"教师中心"与"学生中心"之争。建立在人本主义心理学基础上的人本主义教学理论，趋向于强调学生是学习活动的主体，认为教学过程只有靠师生双方的积极活动才能卓有成效地进行；学生的学习主动性、积极性和独立性的充分发挥是实现教学目标的决定性因素。

基于人本主义教学理论，与传统的"教师中心"相对应，"发展"教学观强调教学的"学生本位"或"学生中心"。在教学关系上，它认为学生是教学过程中最基本、最活跃的因素，是教学过程中作为目的而存在着的、具有主动积极性、独立性的个体。教师对于学生发展的作用不仅体现在对学生的知识传授，更表现为充分尊重学生的个性、兴趣和需要，进行以学生为主体、师生互动的参与式教学，不断创设问题情境，通过对学生学习的启发、引导和点拨，达到培养学生乐于学习、善于学习、自主自信、个性健全等综合素质的目标。

3. 从教学过程看：更加关注教学中学生的生成性发展

"生成性"是与"预设性"相对而言的。预设性发展是指可预知的发展，即从已知推出未知，从已有的经验推出未来的发展；生成性发展则是指不可预知的发展，即这种发展不是靠逻辑可以推演出来的。在教学中，生成性往往表现为学生"茅塞顿开""豁然开朗""悠然心会"，也可能表现为"怦然心动""浮想联翩"

"妙不可言"，还可能表现为师生心灵的共鸣和思维的共振或者内心的澄明与视界的敞亮。"发展"教学观在注重教学过程中学生的预设性发展的同时，更加强调其生成性发展。

生成性发展要求教学过程从学生单纯追求知识的掌握转向其探究能力的培养，即教学应引导学生在探究的基础上，逐步实现对知识的自我选择、判断、体验、反思，进而促进学生的创新能力和创新精神的培养。在这种教学过程中，教学的目标是开放的，自始至终渗透着学生对知识的发现、探索，学生作为"批判的思想者"而存在，知识（教材）只是作为师生意义生成的材料。这样的教学过程，一方面体现了学生作为学习的主体对学习的主动性、选择性，有利于培养其探究意识和批判精神；另一方面有利于培养其科学精神，既敢于对各种知识进行质疑和反驳，又对各种意见和观点保持一份理解和宽容。

4. 从教学评价看：强调以学生的终身发展为教学评价的价值取向

教学评价既是对教学过程和教学效果的事实判断，又是在一定的教学观念支配下的价值判断。"科学主义"侧重于教学的事实评判，表现为一种客观的、实证化的、模式化的、知识验证式的考试制度，从而极易忽略甚至无视人的存在。"人本主义"则以学生的发展为教学评价的标准，主张将促进学生的可持续发展贯穿评价的全过程，凸显教学评价的价值意义。

"发展"教学观着眼于学生的全面发展，主张将促进学生的未来发展作为教学评价的标准，凸显教学评价的"理解性"和"发展性"，即通过评价更好地理解学生和促进其发展。具体而言，就是把学生看作正在不断发展、有待发展的人，以动态、发展的眼光评价学生，而不是以某种固定的指标衡量学生，使评价成为学生进一步发展的精神动力和方向指导，帮助学生发现学习中存在的问题并找出解决方法，并引导他们了解、明确自身发展的优势和潜能，以使他们获得更好的发展。

（三）"发展"对于人的特殊含义

教育是培养人的，对人的培养归根结底是为了人更好地生存与发展。教学，作为培养人的重要途径，其终极目标指向人得以更好地发展。不仅如此，之所以要树立"发展"教学观，还因为对人而言，"发展"有着更为特殊的含义。

发展，是人之进化的本质，人之永恒追求，更是人之生命价值的体现。作为人之进化的本质意味着，人的生命进化体现为一种积极主动地适应环境、完善自身的发展过程。这一过程表明，作为生命个体的人的发展，一方面是大自然运动的必然规律，是人之为人的不可抗拒的自然大法，即人唯有发展，才能存在；另一方面，人的发展从本质上不同于一般生物的进化，主要依赖于后天因素影响的社会性、文化性发展，是积极主动适应和改变生存环境、完善自身的发展，是具有个体性、差异性的发展。作为人之永恒追求意味着，一方面，人是一个不断追求自我发展、自我完善的存在者；另一方面，人的发展是与时代、社会发展的状况密切相关的。人以发展为生命存在的内容和形式，更以发展为生命存在的价值。作为人之生命价值的体现意味着，人的发展不仅是一种事实判断，同时也是一种价值判断，是人对"我到哪里去"的询问和期待。也就是说，人的发展与否以及如何发展，并不纯粹是一种客观的事实和自然而然的过程，也渗入了人对自身存在与发展意义的追求。人的生命价值不仅仅体现为存在的价值，还体现为"创造"的价值，即人是一个创造性存在，是具有巨大生命能量和潜质的存在。人的生命延续的过程，就是人不断释放生命能量和开发潜质的过程，也就是人之为人的发展过程。

总而言之，人，无论作为一种自然的生命存在，还是作为一种超自然的社会存在、文化存在，发展都既是其存在的必然，又是其自觉的追求。人的发展，无论是从生物进化的意义上来看，还是就人自身的需要而言，所体现的都是人所特有的生命价值。这就意味着教育这一面向人、通过人、为了人的人类社会的活动，必将通过对人的发展的促进，彰显人的生命价值。

三、"发展"教学观的践行

"发展"教学观是以促进学生发展为目标的教学理念。那么，在教学实践中，如何才能将这一理念贯彻落实呢？为此，必须着重从以下几个方面入手。

（一）教师须准确把握"人的发展"的精髓

践行"发展"教学观，首先要求教师对"人的发展"本真内涵有一深刻的领悟和把握。从科学的意义上说，人的发展意味着人从生到死身心的变化过程；而从哲学的意义上说，人的发展则预示着人作为生命存在所蕴含的无限可能性，这也是人的发展的精髓所在。

"发展"最本质的含义是"显现""展现"，即已有东西的显示，是从一种存在状态到另一种存在状态的过程，是从潜在向实在、从可能向现实的转化过程。以此理解人的发展，也就是人的潜在素质展示、显现的过程，是人的一切发展可能性变为现实性的过程。换言之，人的发展虽然体现为人的生命价值，但这种价值并不在于人的发展的现实性，而在于人的发展的潜在可能性。"在教育有关潜能语言的日常使用中，我们所知的潜能并非是人既有的或显然具有的能力、技能或已经具备的其他方面的特征，而是指未来这种特征的学习或发展或形成的可能性。"①因此，人的发展实际上是人的发展可能性向现实性转化的过程，教育对人的发展的促进，归根结底也就体现为对人的潜能的开发。

人的潜能作为人的一种发展可能性，也是人之为人的一种内在超越性。这种超越性在生物学的意义上表现为，人能够利用工具延长和增加自身肢体和大脑的功能，以更好地适应和改造环境，求得生存和发展。在社会学的意义上表现为，人能够通过与他人的交往活动，依靠群体的力量，获得生存与发展的条件和能力。在哲学的意义上表现为，人能够凭借思维跨越时空界限，拥有人生的经验和智慧，从而弥补生理、环境、物质等方面的缺陷，使人生更加美好和充实。德国生命哲学家齐美尔用两个特别的命题进一步说明了人的生命的这种超越性："生命比生命更多"和"生命超出生命"，即生命是一个生生不息的创造过程，它不仅创造出更多的生命来时时更新自己，而且从自身创造出非生命的东西，这些东西又具有它们自己的规律和意义。也就是说，生命有超越生命自身的能力，而这种能力也就是人之发展的可能性——潜能。

对教育而言，把人看作具有发展潜能的人，意味着教育所面对的人，无论具有怎样的个性差异或身心发展区别，都是具有发展潜质的人。也许这是一个近乎常识的说法，但在现实的教育中却难以落实成行。在某些教育者的眼中，似乎总也抹不去学生有天资聪慧和天生愚笨、可教与不可教、有发展前途与无发展前途的差别。这种认识既不符合人之本性，又不符合教育的本真内涵——人的本性是以发展求生存，而教育是以促进人的发展为存在根据和旨归的。正如联合国教科文组织国际教育发展委员会所提出的：21世纪不仅要求人人都有较强的自主能力和判断能力，而且还有一个十分迫切的需要，即"要让象财富一样埋藏在每个人灵魂深处的所有才能都发挥出来"②。

因此，践行"发展"教学观，首先要求教师真正理解人的发展的要义，充分相信每一个学生都是具有巨大发展潜质的人，其生命中都潜藏着巨大的发展能量，坚信通过真正合理有效的教学，可以使每个学生都能获得应有的发展。

（二）要充分激发学生的学习动力

众所周知，教学是教与学的共同活动，而学生是教学活动中的学习主体。教学活动是否有效，学生是否通过教学获得了应有的发展，在一定程度上取决

① ［美］谢夫勒：《人类的潜能——一项教育哲学的研究》，石中英、涂元玲译，48页，上海，华东师范大学出版社，2006。

② 《教育——财富蕴藏其中》，联合国教科文组织总部中文科译，10页，北京，教育科学出版社，1996。

于学生的学习动力。学习动力，即学生参与教学活动的愿望和投入教学活动的程度，是学生在教学中能否有学习效果的重要主观条件，也是学生获得发展的巨大推动力量。学生学习的动力来源于他的各种需要、追求和兴趣。教学要有效地促进学生发展，必须重视学生学习动力的有效激发、提高和培养。

激发学生的学习动力，首先要尽可能地避免学生的学习异化。所谓学习异化，是指学生已不再是学习活动的主体，而沦为学习的奴隶。在学校教育中，学生学习活动的异化突出地体现为以下几方面。

第一，学习目的的异化。学习，作为人类的一种实践活动，是人的一种生存方式。因此，学习归根结底是为了人更好地生存和发展，是为了使人的生命更加充盈和富有生机，是让学习者在学习过程中确证自我的本质力量和彰显其主体的价值。遗憾的是，在现实的教育中，有些情况下，学习不是人们获得生存与发展的方式，而是考试、升学、获得文凭的手段和工具。人不是为生存而学习，而是为学习而生存。

第二，学习本质的异化。学习，最本初的含义应是"鹰乃学习"[①]，指小鸟练习飞翔，预示着生命个体进行成长探索的过程。所谓"学而时习之，不亦说乎"[②]，也就是说，学习应伴随着经常不断的践行，才是一种真正的快乐。然而，有些情况下，学习被异化为外在于学生的读书、写字等活动，而且，这些活动成为与他们生命成长无关的机械活动，成为与他们的发展需要相背离的活动。这样的学习如何能使学习者感到快乐，又怎能不造成教师厌教、学生厌学的状况？

第三，学习方式的异化。学习，是学的过程，更是习的过程。所谓习，就是需要学习者亲历、经验、体悟。而这种"习"的过程实际上也是学习者的探究心、求知欲得到满足的过程，是他们的主动性、能动性得以释放的过程。但是，很多时候，学生的学习不是被动地接受，就是被牵着鼻子走，学生学习的主动权被剥夺了。这样的学习不仅难能使学习者的所学内化为自身的素养，而且使原本促进人的生命成长的学习异化为危及人的身心健康发展的活动。

学习的这些异化现象最终导致的就是学习者自身的异化，即在这样的学习活动中，学习者被异化为学习的奴隶，失去了作为学习主体的地位和性质。学习活动不再是他自身的对象性活动，而是外在于、强加于他的手段性活动。在学习中，能动性、超越性、创造性等这些人之为人的本性，不是获得张扬而是

---

① （汉）郑玄注、（唐）孔颖达疏：《礼记正义》，508页，北京，北京大学出版社，1999。
② 杨伯峻：《论语译注》，1页，北京，中华书局，1980。

受到压抑。由是，学习不再是人的内在需要、生存方式及生命成长的过程，而是与人相敌对的、胁迫人的势力，以致人们认为"学是为了不学""学是为了逃避学"。

很显然，异化的学习活动必然造成学生学习动力的丧失，故对学生学习动力的激发，必须最大限度地避免学习异化。

激发和培养学生学习动力有三种主要途径。第一种是外在奖惩，即利用学生对各种物质和精神奖励的追求以及对可能出现的惩罚的恐惧与逃避，来促使学生努力学习。不过，此类措施也易产生负面作用，应慎重使用。第二种是教学本身的吸引力，即通过提高教学活动的艺术性，使教学成为富有活力和魅力的活动，从而促使学生产生学习愿望，自然地参与教学活动。第三种是学生的个性力量，即利用学生的自尊感、进取心、理性追求、意志力等个性因素，促使学生积极参与教学活动，发挥个人的智慧潜能。

教学实践的大量经验表明，提高教学吸引力和发挥学生的个性力量，是激发和培养学生学习动力的主渠道。学习兴趣依靠教学过程来不断巩固，具有持久性和增力效果，是稳定可靠的学习动力因素。个性力量是一种内在的人格力量，对个人行为具有重要影响，这种力量一旦觉醒，对学习活动的驱动就会相当强大而持久。因而，在激发和培养学生学习动力的教学策略上，"发展"教学观主张多关注学生的内在人格力量，使其学习动力与个人发展方向保持内在的关联性，进而形成比较稳定、持续的学习动力。

(三)教师要有创造性劳动

教学活动从本质上讲就是一种复杂的创造性活动，而不是一种简单重复性活动。人的复杂性决定了教学活动的复杂性；教学活动的复杂性也就意味着教师的劳动应该是一种创造性的劳动，而不是简单重复性的劳动。教师劳动的创造性的具体表现为以下几点。

首先，教师所面对的是个性迥异、知识和能力千差万别的学生，不能像工厂生产标准件那样生产出统一型号的产品，"因材施教"正是教师劳动创造性的典型表现。其次，由于学生是活生生的人，在教育过程中随时都可能发生预料不到的新情况、新问题和偶发事件，需要教师的教育机智，即需要教师创造性地运用教育教学理论、原则、方法和手段，完成教学活动。成功的教学要"无意于法则，而自合于法"，所谓"从心所欲，不逾矩"①，就是教师劳动创造性的表现。最后，创造性是教师职业内在尊严与欢乐的源泉。也就是说，教师只

---

① 杨伯峻：《论语译注》，12 页，北京，中华书局，1980。

有用创造的态度对待工作，才能享受教学过程本身带来的自身生命力焕发的欢乐，也才能使教师职业真正成为令人羡慕和富有内在尊严的职业。① 这表明教师本人要想克服厌教情绪，避免机械重复，使教学充满乐趣，就必须进行创造性劳动。

教学促进学生发展并不是自发地实现的，而是需要教师专门设计和精心组织教学活动，创造性地开展教学工作。这就要求教师一方面必须研究和掌握学生发展的规律性，了解学生身心发展的阶段性、年龄特征、个体差异，使教学活动的设计和组织切实符合学生的发展规律；另一方面要掌握一定的教学艺术，让教学方法和组织形式多样化，使教学过程充满灵活、灵动和机智，进而达到真正通过教学促进每一个学生的发展的目的。

（四）教学情境的创设

要想使学生通过教学获得发展，关键在于学生能够把教学过程中学到的各种知识融会贯通，并内化为个人知识。而在教学中，如何才能将外在于学生的知识内化为学生的个人知识？这在一定程度上取决于教师能否创设一种恰当、良好的教学情境。德国一位学者有这样一个比喻：将15克盐放在你的面前，你无论如何也难以下咽。但将15克盐放入一碗美味可口的汤中，你就在享用佳肴时，将15克盐全部吸收了。情境之于知识，犹如汤之于盐。盐须溶入汤中，才能被吸收；知识须"溶入"情境之中，才能显示出活力和美感，才易被人吸收。

知识本身具有丰富生动的实际内容，而表征它的语言文字（包括符号图表）则是抽象和简约的，学生所学的正是语言文字所汇集成的书本知识，即教材。这就要求学生不论学习什么知识，都要透过语言文字、符号图表把它们所代表的实际事物想清楚，使其"活"起来，从而真正把两者统一起来。从教育心理学角度讲，这样的学习就是有意义的学习。相反，如果学生只记住一大堆干巴巴的文字符号，而没有理解其中的实际内容，这样的学习便是机械的学习。

教学情境就是以直观方式再现书本知识所表征的实际事物或者实际事物的相关背景，从而使学生的学习成为有意义的学习。捷克教育家夸美纽斯指出，一切知识都是从感官开始的。这表明，直观可以使抽象的知识具体化、形象化，有助于学生感性认识的形成，并促进其理性认识的发展。

教学情境包括"境"和"情"两维度。"境"的维度有四个要求。

---

① 参见叶澜、白益民、王枬等：《教师角色与教师发展新探》，14～17页，北京，教育科学出版社，2001。

第一，要有生活性。强调情境创设的生活性，其实质是要解决生活世界与科学世界的关系。为此，第一要注重联系学生的现实生活，在学生鲜活的日常生活环境中发现、挖掘学习情境的资源。第二要挖掘和利用学生的经验。美国著名的教育心理学家奥苏伯尔在《教育心理学——认知观点》的扉页上写道："假如让我把全部教育心理学仅仅归纳为一条原理的话，那么，我将一言以蔽之：影响学习的唯一最重要的因素就是学生已经知道了什么，要探明这一点，并应据此进行教学。"①

第二，要有形象性。强调情境创设的形象性，其实质是要解决形象思维与抽象思维、感性认识与理性认识的关系。也就是说，我们所创设的教学情境，首先应该是感性的、可见的、摸得着的，它能有效地丰富学生的感性认识，并促进感性认识向理性认识转化和升华；其次，应该是形象的、具体的，它能有效地刺激和激发学生的想象和联想，使学生能够超越个人狭隘的经验范围和时间、空间的限制，既让学生获得更多的知识，掌握更多的事物，又能促使学生形象思维与抽象思维互动发展。

第三，要有学科性。学科性是教学情境的本质属性。情境创设要体现学科特色，紧扣教学内容，突出学习重点。当然，教学情境应是能够体现学科知识发现的过程、应用的条件以及学科知识在生活中的意义与价值的一个事物或场景。只有这样，才能有效地阐明学科知识在实际生活中的价值，帮助学生准确理解学科知识的内涵，激发他们学习的动力和热情。强调学科性，还意味着要挖掘学科自身的魅力，利用学科自身的内容和特征来生发情境，如利用数学的严密性、抽象性来创设数学教学情境，利用语文的人文性、言语性创设语文教学情境等。

第四，要有问题性。有价值的教学情境一定是内含问题的情境，它能有效地引发学生的思考。情境中的问题要具备目的性、适应性和新颖性。"目的性"指问题是根据一定的教学目标提出来的，目标是设问的方向、依据，也是问题的价值所在；"适应性"指问题的难易程度要适合全班同学的实际水平，以保证大多数学生在课堂上都处于思考状态；"新颖性"指问题的设计和表述具有创新性、奇特性和生动性，以使问题具有真正吸引学生的力量。

"情"是教学情境的另外一个重要维度，指教学情境具有激发学生情感的功效。第斯多惠说得好："教学的艺术不在于传授的本领，而在于关于激励、唤

---

① ［美］D. P. 奥苏伯尔等：《教育心理学——认知观点》，佘星南、宋钧译，文前页，北京，人民教育出版社，1994。

醒、鼓舞。而没有兴奋的情绪怎么能激励人，没有主动性怎么能唤醒沉睡的人，没有生气勃勃的精神怎么能鼓舞人呢?"①也就是说，教学情境创设要求教师必须用情感激发学生的学习欲望和动力。正如有学者所指出的：从血管里流出来的是血，从山泉里流出来的是水，从一位充满爱心的教师的教学里，喷涌出来的则是一股股极大的感染力，它可以使学生产生同样的情感。在教学中，如果教师上课冷漠，那么学生听课也必然冷漠；教师讲课无激情，学生听课必然无激情；教师讲授无真情，学生学习必然无真情。没有激情，课堂教学就像一潭死水；没有真情，师生即使面对面，也犹如背对背。只有激情和真情才会在师生间产生一种互相感染的效应，从而不断激发学生学习的热情，唤起学生的求知欲，诱发学生进入教材的欲望。情感激发的目的在于为课堂教学提供一个良好的情绪背景——学生的学习是兴致勃勃、兴趣浓厚、兴高采烈的。

总之，创设教学情境既要为学生的学习提供认知的支点，又要激发学生的学习意愿和动力。这是"情境"的两大功能，也是促进学生内化知识，进而通过教学获得发展的必要条件。

（五）优化学生的主体活动

教学是教与学的共同活动，这意味着学生是构成教学活动的主要因素，是教学过程中学习的主体。教学活动质量的高低，不仅取决于教师作为教的主体活动的优劣，同时也取决于学生作为学的主体活动的优劣。尤其是只有当学生的活动真正成为一种主体活动，才能够达到通过教学促进学生发展的目的。这是因为，一个人从事什么样的活动，怎样从事这些活动，是决定一个人身心发展的根本所在，正如人之所以从本质上区别动物，就在于人与动物根本不同的活动性质和方式。

所谓主体活动，是人之为人主体性的体现。学生的主体性，是指作为主体的学生在教师引导下，投入教育教学活动时所表现出的人性特征，具体表现为选择性、自主性、能动性和创造性。

选择性突出地表现在学生对学习内容的选择上，同时也包括对外界信息的接收、加工、整合和改造。学生选择的正确与否对其身心的发展产生着直接影响。

自主性首先表现为学生具有独立的主体意识，有明确的学习目标和自觉积极的学习态度，能够在教师的启发、指导下独立地学习，并自觉把学到的知识运用于实践。其次，学生还能够把自己看作教育对象，对学习活动进行自我支

① 张焕庭主编：《西方资产阶级教育论著选》，387页，北京，人民教育出版社，1979。

配、自我调节和控制，充分发挥自身的潜力从事学习活动。

能动性是指学生在教育教学活动中，既表现出能够根据社会的要求积极接受一定的教育影响，以此作为自己学习的努力方向；又能以自己已有的知识经验、认知结构和情意结构去主动地同化外界的教育影响，从而实现自身主体结构的建构与改造。

创造性是人之主体性的灵魂，是主体性的最高层次。如果说能动性的实质是对现实的选择，那么创造性的实质则是对现实的超越。所谓创造性，包括对外在事物的超越和对个人自身的超越。对学生的学习而言，创造性不仅包括首创前所未有的新知识、新见解，还包括在学习上的举一反三、灵活运用知识、丰富的想象力、发表与别人不同的见解等。也就是说，创造性这个概念不仅与学生的学习活动及结果相联系，更重要的是指向学生作为主体的品质、特征和属性。

学生获得发展，一般落实为学生主体活动的丰富与完善。因此，为了实现教学促进学生全面发展的宗旨，就必须在优化学生的主体活动方面下功夫。所谓优化，就是要不断提升和强化学生作为主体的选择性、自主性、能动性和创造性。虽然主体性是人之为人的本质属性，但它只是作为一种可能性存在的。在现实的活动中，人的主体性的发挥，受个人的成熟度、所处的环境，以及所从事活动的性质、类型等因素的影响。所以，主体性也是需要培养的，而培养的一个重要途径就是通过丰富多样的主体活动。这就要求我们在教学中注重学生主体活动的设计与实施，在活动中优化学生的主体结构，进而促进学生的发展。

综上所述，"发展"教学观既强调教学对学生发展的主导作用，更强调教学是促进学生发展的必要条件。只有在观念正确、目标明确、教师创造性地开展工作、学生学习动力充足、学生的主体活动优化等条件保障下，才能最有效地践行教学发展观，进而才能最大程度地通过教学促进学生的发展。

【本章思考与练习】

1. 教学的本质内涵是什么？
2. 教学过程的实质是什么？
3. 如何理解"有效教学"的有效性？
4. 什么是"好"的教学？
5. "发展"教学观的内涵、内容及意义是什么？

6. "发展"教学观实现的条件和要求有哪些？

7. 你认为教师应该具有什么样的教学观？

【推荐阅读】

1. 石中英. 教育哲学[M]. 北京：北京师范大学出版社，2007.

2. 于伟，王澍. 教育哲学[M]. 北京：北京师范大学出版社，2023.

3. 张立昌，郝文武. 教学哲学[M]. 北京：中国社会科学出版社，2009.

4.《教育学原理》编写组. 教育学原理[M]. 北京：高等教育出版社，2019.

5. 全国十二所重点师范大学联合编写. 教育学基础[M]. 北京：教育科学出版社，2008.

6. 王策三. 教学论稿[M]. 北京：人民教育出版社，1985.

7. 李秉德. 教学论[M]. 北京：人民教育出版社，1991.

8. 施良方，崔允漷. 教学理论：课堂教学的原理、策略与研究[M]. 上海：华东师范大学出版社，1999.

9. 刘月霞，郭华. 深度学习：走向核心素养[M]. 北京：教育科学出版社，2018.

10. 教育：财富蕴藏其中[M]. 联合国教科文组织总部中文科，译. 北京：教育科学出版社，1996.

11. 谢夫勒. 人类的潜能：一项教育哲学的研究[M]. 石中英，涂元玲，译. 上海：华东师范大学出版社，2006.

12. 瞿葆奎. 教育学文集：智育[M]. 北京：人民教育出版社，1993.

班级，是学校施加教育影响，学生进行各种活动的基本单位。班级既是一个管理性组织，也是一个教育性组织。班级管理的成效直接关系到学校教育质量的高低，更直接影响到每一个学生的发展。那么，应如何定义班级？班级管理的内涵、实质、内容、功能、意义是什么？教师具备什么样的班级管理观，才能更加有效地进行班级建设，进而达到最佳的教育效果？这些就是本章所要着重探讨的问题。

第七章　班级管理观

班级管理观是人们对班级管理的性质、功能、意义，包括班级管理的运作方式等的基本认识。不同的班级管理观将导致不同的班级管理模式，进而产生不同的班级育人效果。因此，树立一个合理、正确的班级管理观就显得至关重要。

第一节　班级及其功能

树立正确的班级管理观，首先需要对"班级"有一准确、深刻的理解和把握。在学校教育中，班级究竟是怎样一种组织？它的存在意味着什么？作为一种组织形态，班级对于身处其中的教师与学生，尤其是学生而言，又有哪些独特的功能？对于这些问题的深入探讨，有助于我们树立正确的班级管理观。

一、班级的由来及其界定

班级是学校教育活动的基本单位，也是学生个体社会化的重要场所。班级的状况直接影响学生对于学校生活的感受和参与程度，影响教师的教育效果，研究学校教育，研究学生的发展，就不能不研究班级。

（一）班级的由来

在古代，学校教育主要是由教师面对个别或少数学生进行的，即采取个别教学的形式。学生在原有程度、学习内容、学习进度等方面各不相同，没有一致的要求和规定，这是一个教师分别面对不同的学生实施教学的基本形式。此时教师负责教授学生各种基本知识，但只是针对不同学生的实际情况设计教学，没有对所有学生的统一要求，因此也就没有统一的组织和管理。很显然，这种形式的教学比较有利于因材施教。

16世纪，随着资本主义工商业的发展和科学技术的进步，教育对象的范围逐步扩大，教学内容也随之增加，这就要求教学的规模和效率必须扩大和提高。以往个别教学的形式已经无法满足这样的需求，于是出现了一种新的教学组织形式——班级授课制，班级组织也应运而生了。

事实上，率先正式使用"班级"一词的是荷兰的著名教育家伊拉斯谟。而现代学校的班级是与"班级授课制"的建立与发展联系在一起的。众所周知，"班级授课制"的奠基人是17世纪捷克教育家夸美纽斯，他总结了前人和自己的实践经验，在其代表作《大教学论》中对班级组织进行了论证，从而奠定了班级组织的理论基础。此后，班级组织在欧洲许多国家的学校中逐步得到推广。

从历史上来看，"班级授课制"的发展经历了三个阶段。第一阶段，以夸美纽斯为代表的教育家从理论上对"班级授课制"加以总结和论证，使它基本确立。第二阶段，以赫尔巴特为代表，提出教学过程的形式阶段的理论，并以此为基础对"班级授课制"的理论加以重要补充和发展。第三阶段，以苏联教育学为代表，在教学实践中努力践行"班级授课制"，并不断对其进行改革和完善，使班级授课制更趋成熟。自此，"班级授课制"从理论到实践基本形成了完整的体系。

中国采用班级组织形式始于1862年清政府开办的京师同文馆，该馆采用了编班分级的授课方式。20世纪初废科举、兴学校之后，全国各地的学校开始采用班级组织的形式。随着学校教育不断发展和教育改革的不断深入，班级逐渐成为学校教育的基本单位和基层组织，旨在为每一个学生创设有助于其充分成长的空间，确保学校教育的各项要求的有效落实。

(二)班级的界定

从社会学角度分析，组织是由若干个人或群体所组成的具有共同目标和一定边界的社会实体。"组织"一词可以从三个层面分析：一是以人为中心，把人、财、物合理配合为一体，并保持相对稳定的社会实体；二是具有为本组织全体成员所认可并为之奋斗的共同目标；三是保持明确的边界，以区别于其他组织和外部环境。

班级是一种组织，是有着特定内涵的组织。而班级组织究竟是什么？不同的学者有不同的解说，概括起来大致有以下几种观点。[①]

---

① 参见谢维和：《班级：社会组织还是初级群体》，载《教育研究》，1998(11)。

（1）将班级作为一种社会体系进行分析。这种观点主要来自教育社会学家帕森斯的班级理论。他在《作为一种社会体系的班级：它在美国社会中的某些功能》一文中，明确地把中小学班级作为一种社会体系进行分析，并由此出发，对班级的社会化和筛选功能进行了说明。

（2）由苏联的教育学家克鲁普斯卡娅等人于 20 世纪 20 年代提出并不断发展起来的班级集体理论。班级集体是群体的高级形式，它是一种有共同价值、共同的活动目标与任务，并具有凝聚力的高度组织起来的群体。马卡连科则把班级集体确定为组织起来的，拥有集体机构，以责任关系彼此联结在一起的个人组成的有目的的综合体。他认为，这种集体具有高度的社会倾向性、组织性和社会主体性。

（3）由日本当代著名的教育社会学家片冈德雄提出的班级理论。他把在课堂里进行学习的人的群体组织称为班级，并规定为"学习集体"。这种学习集体以持续的学习为目标，包括两个以上的人，而且在成员之中存在指导与学习的分工。当然它一般需要有一定的物理环境条件。

（4）将班级看作社会组织。这种观点认为，班级不仅是社会化学习为中心的社会关系体系，而且是一种为社会需要培养未来人才的社会组织。尽管班级具有一些它自己的特点，但它作为一种社会组织，具有各类社会组织所共有的特点，并具有社会组织通常拥有的组织目标，以及包括职权结构、角色结构和信息沟通结构等在内的组织结构。

由于班级是一种微观社会系统，因此，对于班级的认识主要诉诸社会学分析。迄今为止，国内学者关于班级的社会学分析多半是以社会系统的层面为线索，逐一阐述班级的组织目标、文化、人际关系及功能等。

我国学者吴康宁则明确提出，班级是一种特殊的社会组织。[①] 一方面，班级中存在社会组织的三个基本要素：明确的目标、鲜明的组织结构和一定的规章制度。另一方面，从教育学角度分析，班级是人类教育历史发展的产物，是伴随教学组织形式的演进而形成的，具有"自功能性"和"半自治性"。所谓自功能性，是指一般组织的生存目标是指向组织之外的，如工厂以制作产品为生存目标，医院以医治病人为生存目标，故工厂、医院是他功能的组织。而学校班级的生存目标是指向班级内部的，其功能是因满足学生的学习需要产生的，因此是一种自功能性组织。所谓半自治性是指作为非成人组织的班级并非完全靠

---

① 参见吴康宁：《教育社会学视野中的班级：事实分析及其价值选择——兼与谢维和教授商榷》，载《教育研究》，1999(7)。

自身的力量来管理自身，而总是在一定程度上借助组织外部的力量。由于作为班级组织之主体的学生正处于身心发展的过程之中，相对成人来说，学生是未成熟者，表现为自主意识水平、组织调控技能均有待提高，因此必然导致班级组织的半自治性特征。

因此，班级是为了满足学生的学习进而达到身心发展的需要，根据学生的年龄、文化程度等将学生按照一定数量组建的教育组织。班级组织是学校开展教育教学活动，履行各种职能的基本单位。班级不同于一般的社会组织，区别在于作为一种教育组织的班级凝聚了人们的价值期待，这种价值期待的总体趋势是积极向上的，是指向学生发展的。

二、班级的根本属性及其认识意义

事物的根本属性是决定该事物之所是，区别该事物与他事物的根本性质。因此，只有对班级的根本属性有所认识，才能真正理解班级的本质内涵，也才能有效地进行班级建设，进而实现班级的功能。

(一)班级的根本属性

通过对班级的教育社会学分析可知，班级是一种特殊的社会组织，其特殊性不仅表现为"自功能性"和"半自治性"这些性质，更表现为"教育性"这一根本特性。这意味着，班级的根本属性可概括为：班级是一种专业化教育组织。

首先，班级最早是作为学校教学组织出现的。如前所述，"班级"概念的诞生，是与近代学习教育的规模扩大，以及教学内容日益增加、丰富直接相关的。通过近代教育之父夸美纽斯所著《泛智学校》中对"班""级"的描述可知，班级是学校教学的相关组织制度，旨在保障大规模教学的有序和高效进行，是与学校教育实践密切相关的一个概念。虽然"班级授课制"之后受到了来自多方面因素的冲击与挑战，但夸美纽斯关于班级组织形式和功能的阐述，已成为迄今为止班级的基本规定，即便是在高度崇尚个性发展、天性自由的西方教育文化传统中，班级是课堂教学的主要组织形式这一基本判断也不曾发生根本性改变。

其次，班级由学生所组成。学生的首要属性是"学习者"，其基本任务是学习。而学生的学习则是在特定的环境中，并在教师的指导、帮助下完成的。班级正是由担负着一定的学习任务的学生所构成的特殊社会组织。这种组织的需要是教育教学活动的有序和有效进行，是学生学习任务的圆满完成。从这个意义上说，班级是因为学生、通过学生并为了学生而建立的一种教育组织。当然，伴随着人类社会的发展，以及教育理论与实践的不断丰富与深化，班级组建的宗旨不再局限于只是为了教学，或者单纯地为了学生的学习，而是通过班级这一特殊环境因素，促使学生获得身心的全面发展。

最后，班级的"自功能"性质决定其必然是一种教育性组织。如前所述，班级作为一种社会组织，具有"自功能性"，即一般来讲，其他社会组织的生存目标都是指向组织外部的。比如，"制造产品"与"医治病人"就分别是工厂与医院的生存目标，衡量生存目标实现与否也不以组织成员（工人或医生）的自身发展状况为依据，而是以组织之外的某种变化为标准，也就是工厂制造多少产品、医院治愈多少病人等。所以，这些社会组织所履行的首先是与组织成员的自身发展无涉的功能。在这个意义上，我们不妨将这些社会组织称为"他功能性组织"。然而，班级作为一种社会组织得以建立，从根本上来说，就不仅仅是为了实现某些外在性目标，譬如提高教学效率、便于学校管理等，而是基于学生自身的发展需要。故班级作为一种特殊的社会组织，是一种无以替代的教育影响因素，具有非他莫属的教育价值。

（二）认识班级根本属性的意义

认识"班级是一种教育性社会组织"这一根本属性，对于我们的教育教学具有重要的指导意义。

首先，有助于教师从"社会化"的视角来看待学生，审视学生在班级中的生活。"班级是社会组织"，这意味着：一方面，在学校中，学生相互之间是平等的，即大家都是受教育者；另一方面，在班级中，学生相互之间又是不同的，例如，一部分学生是"班干部"，另一部分学生是"群众"。正是在班级中，学生开始过"组织生活"，开始有"身份差异化"体验，开始学习正式规范，学习管理、服务与被管理、被服务。这就要求教师对待学生必须把握两个基本方面。第一，既然学生之间是平等的，那么教师就应当尊重、关心与爱护每一个学生，而不应差别对待。第二，既然在班级组织中，学生之间是不同的，具有身份差异，而这种身份差异体验又是学生社会化的重要组成部分，那么教师就应在班级中通过尽量增加"班干部"角色类型，并采取角色定期轮换等方式，消除学生在班级组织中的地位固滞化现象，使每一个学生都能得到不同身份的体验，学会处于任一身份时对于其他身份的理解。

其次，有助于教师对学生的行为进行进一步认识与理解。"班级是社会组织"，这意味着学生在班级中的行为是带有一定的组织性的。学生的行为可能与其自身在班级组织中的身份有一定的关联，也可能与其他有关成员在班级组织中的身份有一定的关联，还可能同班级组织的整个文化氛围有一定的关联。换言之，学生在班级中的行为通常是学生的个性、自己或他人在班级组织中的身份，以及班级组织文化等的综合反映。因此，在班级组织结构中，学生之间及师生之间的行为，包括那些个体间互动行为，往往都不是一种"纯粹的私人性行为"，而是折射出些许"组织化"的影子。由此也充分说明，班级作为一种强大的教育力量，对学生的行为乃至身心发展产生着重要的影响。

最后，有助于教师充分挖掘和利用班级组织的教育价值。"班级是一种教育性社会组织"，这意味着，一方面，由于班级是一种自功能性组织，所以发掘、利用与增强班级组织自身对学生的积极影响便成为学校教育的重要课题。这里有两层含义：一是要防止班级组织出现负向功能，避免班级组织自身缺乏明确的组织结构与行为规范，或不符合社会要求的价值、规范与行为方式等；二是要使班级组织的影响在一定程度上成为可控因素，使班级组织的积极影响更多地体现为教师对班级组织有目的、有计划的建构。另一方面，由于班级是一种半自治性组织，要求教师在指导班级工作时，既不可包办一切，采取全控制方式，也不应让学生完全按自己的意愿去管理班级的一切，采取全放任方式。可以说，半控制方式实际上也反映着教师角色乃至学校教育的精髓：有控有放，有限有导。[①]

三、班级组织的特点与结构

班级组织作为学校的基层组织，是一个特殊的社会性组织、教育性组织、文化性组织和生命性组织。

(一)班级组织的特点

1. 班级组织是一个特殊的社会性组织

班级是一种特殊的社会性组织，也有人说班级是一个"小社会"。这表明班级不仅是一种以学生的社会化为宗旨的社会组织，而且是一种为社会需要培养未来人才的社会组织。就主体对象而言，班级组织的主要成员是学生。班级组织自身确已成为学生奠基性学习的重要中介乃至直接对象。也就是说，在现代教育中，班级组织所承担和指向的目标不是游离于外在的表面，而是具有"内指向性"，与班级成员的发展密切相关。此外，班级组织中的师生、生生互动，不仅要通过正式的规章制度来维持，而且也要通过各种非正式的方式和手段来维持。

2. 班级组织是一个教育性组织

班级组织是一个由教师和若干不同学生群体所组成的文化生态组织，学校

---

① 参见吴康宁：《教育社会学视野中的班级：事实分析及其价值选择——兼与谢维和教授商榷》，载《教育研究》，1999(7)。

教育功能的发挥主要在班级中实现，班级组织是一个教育性组织。实际上，班级组织建设和管理的过程就是以育人为目标，使所有学生获得全面、和谐、自由的发展，其中学生既是班级组织教育的对象，又是班级组织教育过程的主体。作为学校组织的一个基本单位，班级组织不仅是教育性的学习组织，也是教育性的生活组织，它作为一种独特的教育力量，是现代教育最具代表性的体现。在班级组织中，学生作为学习的主体，最重要的任务就是学习，班级组织发挥着育人功能，组织建设的重要成果就体现为使每一个学生的身心获得和谐、全面的发展，实现培养人、塑造人这一目标，使班级成员的智力、能力、个性都能得到充分的发展。

3. 班级组织是一个文化性组织

班级组织作为各种教育力量组成的核心组织，对学生具有情感陶冶、价值塑造和环境熏染的重要功能，这种功能更多的是以文化育人的形式存在的，所以，班级组织是一个文化性组织。良好的班级形象和氛围是班级组织作为一种文化性组织的深刻体现，进而可形成独特的班级文化。班级作为一种文化性组织，所渲染的积极向上的氛围能够有效调动学生参与班级管理的积极性，增加班集体的向心力和凝聚力；所造就的积极的人文关怀，能够体现师生的相互认同和共同理念，具有无形的教育影响乃至强大的教育力量。

4. 班级组织是一个生命性组织

班级组织就像是一个有机的生命体，它不仅有细胞、骨骼、系统，还有理念、精神与灵魂，不仅能在适宜的环境下创生，还能在自主的引导下繁殖成长，不仅要在成长的过程中输血、学习和导入，还要不断地造血、发展和创新。因而班级组织是具有生命性的。具有生命性的班级组织超越了制度型组织的刻板性，将自身置于一个可以自主成长和创新的生存环境中，有力促进了班级组织的自我发展和完善，有利于班级组织走向更为科学的轨道，具有生命性的班级组织是班级组织建设的最高境界。

（二）班级组织的结构

班级组织是由学生和教师等基本成员构成的，它通过师生的相互影响来达到预定的教育目标。班级组织的结构主要包括职权结构、角色结构、师生关系结构和生生关系结构。

所谓职权结构，是指班级组织的建立在某种程度上也符合行政科层制的特点，即层次分明、制度严格、权责明确。但是，班级组织与行政组织又有所不同，具体表现在班级的组织机构的松散性，以及组织层次跨度大等方面。

所谓角色结构，是指班级成员各自所扮演的不同角色。角色从某种角度来说，意味着一种责任、一种义务。职权与责任是统一的，因此职权与角色也应该是统一的，即有什么样的职权就会承担什么样的角色；反过来，承担什么样的角色，就会拥有什么样的义务。

所谓师生关系结构，是指班级中教师与学生通过教学活动建立起来的关系。当然，从不同的角度来看，教师与学生之间的关系结构会有所不同：从作为一个自然人来看，二者之间是平等的关系；从教与学的角度看，二者是授受关系；从人格角度来看，二者是相互影响关系。但不管师生角色如何转换，都必须保证以发挥学生的主体性作用为前提。只有这样，才能在师生之间形成真正的尊重、平等，才能真正有利于发挥班级的育人功能。

所谓生生关系结构，是指班级中学生之间所构成的各种关系。在班级组织成员之间，个体间目标的一致性较高，并且学生处于身心发展期，教育的目标是帮助每一个学生获得更好的发展。故一般情况下，生生关系相对比较单纯。当然，在其他群体成员中所存在的矛盾关系在生生之间也是存在的，如性别关系、工作关系、学习关系、交往关系等。也正是由于班级组织中有这些关系的存在，学生在学校与班级中才能够经历比较完整的社会化过程，由一个自然人不断成长为社会人。

四、班级组织的功能

班级组织蕴含着促进学生个体生命成长的价值，在班级组织中，学生通过集体的共同学习与生活，养成行为规范，积累社会经验，培养责任意识、平等意识、合作意识和竞争意识。因此班级组织既具有促使学生社会化的功能，又具有使其个体化的功能。

(一)班级组织的社会化功能

班级是学校的基层组织，同时也是一种社会组织，它是学生个体社会化的重要媒介。学生在学校中生活的大部分时间是在班级中度过的，并且学校基本的教育教学管理活动也是围绕班级而组织和开展的。学生经过学校教育过程而社会化，主要是通过班级生活来实现的。在班级组织中，班主任和任课教师按照一定的社会要求，通过教学工作和其他各种教育活动，以集体目标为导向，借助课程文化规范、交往和人际关系等载体，向学生传授社会经验，指导社会生活目标，教导社会规范，培养社会角色，即完成学生的社会化过程，从而实现学生从"班级人"向"社会人"的转化。

班级组织在实现学生的社会化方面具有重要的作用，其关键在于班级组织是一种特殊的场所：班级是学生形成社会价值观、获得社会技能、习得社会规范和培养社会角色的场所。因此，班级组织的社会化功能具体体现为：传递社会价值观，指导生活目标；传授科学文化知识，形成社会生活的基本技能；教导社会生活规范，训练社会行为方式；提供角色学习条件，培养社会角色；等等。

（二）班级组织的个体化功能

班级组织的社会化过程在使学生个体获得社会性的同时，还使班级组织具有另外一种同样重要的功能——形成学生的个性，即个体化功能。

个性是一个人的整个心理面貌。从一定意义上讲，学生个性形成的基础是社会性，对于学生个体来说，社会性表现为共性，而个性表现为个体的特殊性。个体就是共性和个性的统一。班级组织中学生社会化过程也是学生个性形成和发展的过程。

另外，虽然班级组织对学生提出了团体的要求，但学生在班级组织中也会通过自身努力解决团体要求与个人需求之间存在的矛盾，履行团体要求的责任和义务，获得丰富的情感体验，如此也会使得学生个体在获得全面而系统的发展中体现出特殊性。当然，不可避免的是学生的成长与发展存在差异性，恰恰也是这种差异性的发展形成了学生自己的特色和个性。

第二节　班级管理与班级文化

班级将个性不同的学生聚集在一起，自然就产生了相应的管理工作。要充分发挥班级组织的教育功能，实现学生的全面发展，就必须加强班级管理。不仅如此，班级组织功能的有效发挥，也有赖于良好班级文化的建设。

一、班级管理

马克思主义认为，管理作为人类社会任何发展阶段普遍存在的现象，它根源于生产的社会性本质。由于人类的生产活动在任何条件下都是以人群为单位、以社会为单位共同进行的，为了有效地进行社会生产，这个"人群"和"社会"就必须建立一定的程序，必须有分工和协作，必须有协调个人的活动机构和人员，也就是说必须有管理。[①] 班级作为一个社会性组织，同样也必须有管理。也就是说，一个班级作为一个组织系统能否正常运转，各项工作能否顺利

[①] 孙灿成：《学校管理学概论》，2页，北京，人民教育出版社，1993。

进行，并体现其应有的价值，在一定程度上取决于管理得怎样。

(一)班级管理的内涵

班级管理作为班级工作的重要组成部分，虽然吸引众多学者对其进行研究，但"仁者见仁，智者见智"，对班级管理的内涵，至今尚未形成相对一致的认知。

国内学者劳凯声认为，班级管理包括学校领导对班级的管理，又包括班主任对班级的管理，还包括学生的自我管理。其中，以班主任对班级的管理为主。班主任对班级的管理是指班主任按照教育目标和学校教育计划的要求，对班级进行组织、指导、协调、控制，建立和发展班集体以全面实现班级管理的目标。[①]

鲁洁认为，班级管理可以从两个层面上理解：学校领导对班级的管理(班级外部管理)和班主任对班级的管理(班级内部管理)。前者包括班级编制、委任班主任及开展各种以班级为单位的活动等；后者则是班主任按照学校计划和教育目标的要求，充分利用和调动学生以及班级内外的力量，进行班级教育任务的组织、指导、协调、控制等各种活动。[②]

也有学者提出，班级管理是班主任按照一定的要求和原则，采取适当的方法，建构良好的班级集体，为实现共同目标不断进行调整和协调的综合性活动，是班主任对所带班级的学生的思想、品德、学习、生活、劳动、课外活动等多项工作的管理教育的活动。[③]

上述表明，关于班级管理概念的界定，迄今为止并没有一个统一的标准。但通过对学者们的观点的梳理和概括，可归纳出"班级管理"的两层含义：一是指学校根据相关管理原则，科学地分班，配置班级管理力量，创设班级活动条件，使班级成为学校有效的育人单位和主体；二是指班主任遵循班级管理的规律，通过学生的积极参与，对班级的各项活动进行计划、调控、组织和控制，有效处理班级的各项事务，建立完善的组织结构、合理的规章制度，提供良好的学习环境与条件，以达到目标管理的一系列活动。

这一班级管理内涵界定的要义体现在三个方面：从管理主体来看，班级管理不仅包括学校、班主任还包含学生自身的参与；从过程来看，班级管理是一个动态发展的过程，需要多方协同配合；从保障条件来看，班级管理应在一定

---

① 劳凯声主编：《班主任工作实用全书》，218 页，北京，开明出版社，2000。
② 鲁洁：《教育学》，276～277 页，南京，河海大学出版社，1990。
③ 白铭欣：《班级管理论》，19 页，天津，天津教育出版社，2000。

的制度和规则下进行，并且带有某种特定的目的。

(二)班级管理的内容

基于以上对班级管理两层内涵的理解，班级管理的内容可以分为班级思想管理、班级组织制度管理、班级常规活动管理。

1. 班级思想管理

思想是行动的先导，行动是思想的体现，对于班级管理而言，亦是如此。班级管理的主体是人，人是有目的、有意识的个体，行为是思想的表现，思想是行为的指挥棒。因此，思想管理是班级管理的灵魂工程。

班级管理工作目标的实现必须以思想教育为先导，缺乏思想管理的"为管而管、以压代管、管教分离"的做法不是有效的科学管理。从学校层面而言，班级组织作为整体的子单元，需要贯彻和落实学校教育的精神实质、办学理念；就班级组织而言，班主任要对学生进行思想建设和引领，并致力于班级优良育人氛围的构建；就学生而言，加强班级的思想管理就是要帮助学生形成正确的世界观、人生观、价值观，形成正确的学习指导思想，端正学习态度，以及积极向上、健康的心理状态。《中学班主任工作暂行规定》所指出的班主任的职责包括：向学生进行思想政治教育和道德教育，保护学生的身心健康，教育学生热爱社会主义祖国，逐步树立为人民服务的思想和为实现社会主义现代化而奋斗的志向，培养社会主义道德品质和良好的心理品质等。

2. 班级组织制度管理

规章制度是以条文的形式对班级成员在工作、学习和生活中必须遵守的共同行为准则作出的规定。规章制度制约着个体行为，让个体知道应该做什么、不应该做什么。因此，有效的班级组织制度管理是发挥班级组织功能的重要保障。

规章制度能促使班级管理从无序走向有序，从随意走向规范，从经验走向科学民主。因此，要想做好班级管理工作，就必须健全班级的规章制度。[①] 班级组织制度包含三个层次：一是国家教育行政部门制定的规章制度，如学生守则、日常行为规范、考勤制度和奖惩制度等，这一层次的组织制度管理更多的是自上而下地延伸和控制；二是根据上述制度制定的校内规则，如作息时间规则、请假规则、图书馆规则等；三是班级内部制定的各种管理制度，如班级公约等。[②]

---

① 周玫：《德育与班级管理》，120 页，武汉，华中师范大学出版社，2011。
② 郭亚玲：《德育与班级管理》，158 页，长沙，湖南师范大学出版社，2015。

实行班级组织制度管理的关键在于制定规范、合理的制度。首先，制定的规章制度要符合教育方针的总体要求，并从班级实际情况、学生的年龄和现有发展水平出发，充分考虑学生的切身需要。其次，所制定的规章制度内容要明确，文字表达要简明，以便于贯彻执行。最后，制定的规章制度必须具有相对的稳定性，才会让学生更好地理解和执行。总之，班级作为一个社会性组织，要实现班级管理的最终目标和任务，最关键的是要把班级组织制度建设好。只有通过班级的制度管理建设，才能使一个松散的群体转化为一个真正具有凝聚力的组织，才能真正实现班级的教育功能。

3. 班级常规活动管理

班级常规活动管理主要是对班级的日常性事务进行规范和管理，要求人、事、物等因素不断融合，使班级成为有益于学生身心健康发展的家园。心理学、社会学等理论的研究表明，人的发展与其活动的性质、内容及类型密切相关。故开展多种形式的班级活动，对于促进学生发展、加强班级建设具有不可忽略的重要意义。班级的常规活动管理是与学生的学习、生活及开展的各项活动紧密联系的。

班级常规活动是指在班级管理者的组织和领导下，为实现班级教育目标而举行的各种教育活动。它是班级管理者向学生进行政治、思想、道德、心理情感等教育的基本形式，是班级管理者组织、建设学生集体，并通过学生集体来教育和影响学生个体的一种较为普遍的教育形式。由于班级的主要成员是学生，学生的主要任务是进行科学文化知识的学习，因此班级常规活动更多的是围绕学生的学习活动进行的，包括例行性班会活动、晨会活动、值勤活动、宣传活动、竞赛活动和文体活动等内容。

班级常规活动管理要以促进学生的全面发展为根本目的，以学生的发展需要、关注点为契机，面向学生的完整生活，促使学生在活动中丰富感官体验，增强其认知和实践能力，并通过各种形式的活动提升学生的自我意识和主观能动性。

(三)班级管理的原则

班级管理的运作状态直接影响着班级教育功能的发挥，乃至学生的身心健康发展。要想使班级管理卓有成效，就必须遵循以下基本原则。

1. 以学生为主体原则

班级的主要成员是学生，班级管理的根本目的是促进学生的全面发展。因此，学生不是作为客体的班级管理对象存在，而是班级管理的主体，即班级管理从根本的意义上说，是学生自主管理、自我管理。当然，班级是一个"半自

"治"组织，学生正处在不断发展、成熟的时期，需要教师(班主任)的积极引导、指导和帮助。因此，班级管理实则是以学生为主体、教师为主导构建良好班级，达成教育目标的过程。

以学生为主体原则，是指在班级管理中明确学生的主体地位，把班级管理的主动权还给学生，充分发挥学生的主观能动性，使班级管理成为学生自我教育的过程。

以学生为主体的班级管理，要求在进行班级管理时，如各项规章制度的制定、各种班级活动的组织等，都必须首先考虑学生的想法，充分调动学生参与的积极性，并最大程度地吸纳学生的智慧，使学生在整个管理过程中始终是台前的"表演者"，而教师则充当幕后的"导演"和"指挥"。只有如此，才能使班级管理切实有效，真正发挥应有的教育功能。

2. 公平、正义原则

班级作为一种特殊的社会组织，其内部必然存在公平、公正的问题，如班级成员的基本权利与义务能否得到平等分配，每一位学生是否会得到公平对待，因家庭环境、学习成绩等造成的个体差异能否被合理、正确地理解。事实上，由于各种原因，班级成员之间存在着社会性的差异，如家庭的经济条件的差异、个人天资与发展机会的差异等，这使得班级范围内存在正义与公正的问题。[①] 所有这一切直接影响到班集体的形成与稳固，也将影响到班级管理的效率及教育功能的实现。因此，班级管理中的公平、正义原则就显得不可或缺。

公平、正义原则，是指在班级管理中应充分体现教育的人道主义精神，本着为所有学生负责的态度，尊重差异性，关注弱势群体，使班级成为每一个学生身心健康发展的重要场所。

贯彻公平、正义原则，要求认真、透明地进行每一次公共资源的分配，承认班级成员的差异性，并尽可能保护弱势群体，在可能的范围内实施适当的补偿措施，如建立班干部轮换制度、公开竞选制度、班委会协商和班主任个人决策相结合的机制等。总之，坚持公平、正义的班级管理原则，就是要构建班级成员之间平等、信任、协调和共享的班级组织，激发每一位班级成员积极、自由地参与班级生活，进而获得自身的良好发展。

3. 集体与个体相统一原则

班级，是一种组织建制，也可以被看作一个学生集体。因此，班级管理的

---

① 王丽琴：《当前高校班级管理的哲学思考——罗尔斯政治哲学思想的几点启示》，载《教育与现代化》，2005(1)。

核心在很大程度上是将学生集体建设成一个具有共同意识、目标、利益和荣誉，高于个体并对个体的行为具有权威性的组织。从这个意义上说，集体是教育集体成员的重要手段，故集体而不是个体才是教育的对象，也是班级管理的对象。教育是通过集体和为了集体而进行的。我们不否认，这不失为班级管理的根本大法，但同时我们还必须清醒地认识到，集体的共同意识、目标、利益和荣誉等，只有内化为个体的需要、追求，才能转化为真正强大的教育力量。所以，班级管理不应只是以集体为对象，还应以个体为对象，要充分关注到班级中每一个体，把集体与个体有机统一起来，才能达到高效、优质的班级管理。

事实上，集体与个体并不是完全对立的，而是辩证统一的，即集体是由一个个个体组成的，而每一个体必然隶属于一定的集体。把班级看作学生集体，并在理论和实践上作出大量探索且取得一定成就的苏联著名教育家马卡连柯指出："在我们这里共同目的和个人目的的关系不是对立的关系，而只是整体(就是说，连我在内)与局部的关系，而这种局部一方面只是我的，同时它又以特殊的方式归纳到整体里面。"[①]马卡连柯的继承者苏霍姆林斯基则进一步阐述道："集体的教育力量取决于每个人所具有的力量，取决于每个人具有哪些精神财富。"[②]他认为，集体的教育力量是在崇高道德目标鼓舞下的从事的共同劳动中形成的；这样的劳动会激起个体进步的愿望。只有当一个人亲身体验到高尚的道德关系的良好影响，在精神上做出努力以求得进步的时候，才能进行自我教育。

所有这些表明，班级管理中只有协调好集体与个体的关系，才能真正把班级建设成一个具有巨大教育功能的组织。

二、班级文化

班级作为一种特殊的社会组织，其核心和灵魂在于班级文化。班级文化可谓一种隐性课程，对于学生具有潜移默化的教育作用。因此，建设良好的班级文化是学校教育工作的重要组成部分，也是充分体现班级育人功能的重心所在。

(一)班级文化的概念

从词源学的角度分析，"文化"(culture)一词在西方源于拉丁文，是动词

---

① ［苏］马卡连柯：《马卡连柯教育文集》上卷，吴式颖等编，82页，北京，人民教育出版社，2004。
② ［苏］瓦·阿·苏霍姆林斯基：《让少年一代健康成长》，222页，黄之瑞、张佩珍、姚亦飞等译，北京，教育科学出版社，1984。

"colere"的派生词。在拉丁文中的原意，是指人在改造外部自然界使之满足衣食住行等需要的过程中，对土地的耕耘、加工和改良。在英文中原意为种植、耕作，含有通过劳作获得成果之义。直到16世纪才逐渐演变为培育、有教养等意义。

在汉语中，"文化"一词最早出现在汉朝刘向所编的《说苑》："凡武之兴，为不服也，文化不改，然后加诛。"[①]这当中的"文化"是封建王朝实施的"文治"和"教化"的意思。

伴随着人类文明的发展，"文化"一词的内涵越来越丰富，含义也越来越复杂，以致成为一个说不清、道不明的概念。简单来说，一切与自然相对应、人为所创造的东西均可称为文化。目前，学术界一般把文化的概念区分为广义和狭义两种：广义的文化是指人类在社会历史实践过程中所创造的一切财富的总和，包括物质文化、制度文化和精神文化。狭义的文化则是指精神文化，是包括社会的思想道德、科技、教育、艺术、宗教、传统习俗等的一种复合体。

班级文化作为人类文化的缩影，可以被认为是教育的微观现象，学者也对其有诸多的研究，当前对于班级文化的概念分析主要集中在以下方面。

(1)多因素说。有学者指出，班级文化是指班级在学校教育教学过程中所表现出来的积极向上的班级精神、班级形象、班级行为规范和意识等文化诸因素，它对班级管理具有重要的作用，是建设良好校风和学风的基础。[②] 这种观点强调班级文化是由多种因素构成的共同体，也对班级管理和建设具有重要的作用。

(2)意识形态说。这种观点认为，班级文化是班级成员在班级管理者的引导下，朝着班级目标迈进过程中所形成的、被班级多数成员所共同遵循的基本信念、价值标准和行业规范。这种观点更强调意识层面的内容，重视文化价值观和精神的形成。

(3)系统说。这种观点认为，班级文化是校园文化中的亚文化，受校园文化和社会文化的影响，班级文化不仅仅存在于校园文化之中，它同时也是人类大文化系统中的一个子系统。这种观点更多强调的是班级文化折射社会大文化，班级文化选择和沉淀社会大文化。

综合目前国内外的相关研究，可将班级文化的概念界定为：班级文化是班级成员(包括教师和学生)在学习和交往活动过程中所形成的物质文化、制度

---

① (汉)刘向撰：《说苑斠补》，刘文典学，328页，昆明，云南人民出版社，1959。

② 童恩正：《文化人类学》，8页，上海，上海人民出版社，1989。

文化和精神文化的总和。既包括班级学生学习生活所需要的物质条件和环境等物态形式，也包括班级成员趋于一致的理想信念、价值取向、行为标准以及精神风貌等。班级文化是学校文化的一部分，因而具有学校文化的共性。同时，班级文化又具有自身的完整性，是一个相对独立的系统。

（二）班级文化的功能

班级文化作为一种特殊的环境因素和有效的精神载体，对身处其中的学生发展具有着潜移默化、润物细无声的影响作用。其功能主要有以下几个。

1. 规范功能

班级文化的规范功能是指班级文化具有规范班级成员言行的作用。在班级中，无论是教室环境的布局，还是班级规章制度的制定，抑或占主导地位的思想观念、价值取向、行为习惯等，均对学生的言行产生着直接或间接的规范作用，进而影响着班级成员的发展。班级文化的规范功能主要是通过学校及班级的各种活动体现的，如常规的教学活动、学校的课外活动、社会实践活动、文体活动、班会、团队活动等。

班级文化之所以能够规范班级成员的言行，是由于班级成员都归属于一定的组织，他们都有被承认和被接纳的心理需要，他们总是自觉不自觉地要根据一定组织的要求来规范自己的言行。这些要求并非都是明文规定的，更多体现为一种无形的标准，这种无形的标准即班级文化，班级文化对班级成员的行为起着协调和制约的作用。不仅如此，班级文化作为班级成员趋于一致的理想信念、价值取向、行为标准，所反映出来的行为模式是为大多数人所认同的，因而对班级成员具有一定的调节和约束作用，同时也是班级成员评价自己及他人言行的标准。

班级文化不但规范着班级成员的学习行为、交往行为，甚至还影响着班级成员，尤其是学生的校外行为，甚至对学生走出校园后，在人生道路上、在社会生活中面对各种问题时的观念认识、态度倾向、行为方式等产生着深刻的影响。

2. 陶冶功能

班级文化的陶冶功能是指班级文化对成员具有潜移默化的浸染作用。文化，是一种无形的教育力量，对人的影响是渗透式的，使人在不知不觉中发生着改变，这种润物细无声的渗透作用就是班级文化的陶冶功能。

首先，班级文化中精神层面的因素，如班级成员趋于一致的价值观、人生观、道德观、审美观，以及在班级活动中形成的班风、舆论、人际关系和相应的心理气氛等，对身处其中的每一位班级成员产生着潜移默化的影响，使其把符合班级文化要求的思想意识和行为准则转化为对自我的要求，凝练为自身素养，并付诸行动。

其次，班级文化中物质层面的因素，同样对班级成员产生潜移默化的影响。班级成员总是在一定的环境中活动，在活动中他们既受到精神环境的影响，同时也受到物质环境及其所蕴含的意念的感染，如班级整洁的桌椅、干净的地面、合理的布置、美观的摆设、良好的设备、醒目的标语和板报、竞赛栏、图书角，等等，无一不给班级成员透露出一定的信息，给予他们一种美的感受，让置身其中的每一个成员油然而生一种积极向上、奋发图强的情感。

3. 同化功能

班级文化的同化功能是指班级文化对班级成员具有同化其思想观念、行为方式的作用，这是班级社会功能的重要体现。从生物学的观点来看，同化就是把外界元素整合于一个机体正在形成中或已完全形成的结构内。而同化是人在认识过程中，把环境因素纳入主体已有的思维模式之中，以丰富和加强主体的动作。在文化的范畴中，同化指的是一批个体，以自愿或者非自愿的形式接受新的思考模式、习俗、语言等，其价值观、行为和信仰可能率先发生重大改变；抑或少数群体的文化完全融入主流文化之中，从而使少数文化的特征变得极度不明显，甚至完全消失。如此说来，班级文化的同化功能意味着，班级文化具有使班级成员形成共同的理想信念、思想意识、行为方式等的作用。

班级文化同化功能的心理基础就是，班级成员之间的从众、服从、感染、认同、模仿和暗示等心理。班级成员的思想意识、价值取向、兴趣爱好等是在互相影响和互相感染中逐渐发展成为班级的共同倾向的。班级的班风、舆论也对班级成员产生一种无形的影响，对班级成员的行为作出无形的评判。在从众心理的作用下，大多数班级成员都会选择服从班级利益的行为，因为班风、舆论代表着大多数人的观点，而且班级成员一般都有归属的心理需要。只有服从集体，才能得到集体的认同。

班级文化对班级成员的同化作用，主要是通过暗示和感染体现的。而暗示和感染之所以能够产生同化力，主要因为暗示和感染所产生的效应，如对某一观念的认同、对某一行为的趋从，都是通过班级成员之间的互相影响、互相作用而形成的。

（三）良好班级文化建设的意义

上述表明，班级文化对于班级成员，尤其是学生的发展有着不可估量的影响作用。因此，进行优良班级文化建设，为学生的成长创建一个积极向上、充满正能量的教育氛围，就显得意义非凡。其意义主要体现为以下几方面。

1. 释放学生天性自由

"文化上的每一个进步，都是迈向自由的一步。"[①]良好的班级文化有利于释放学生的天性。个性的形成是自我、教育者和班级文化环境因素共同作用的结果，建设班级文化的最终目的是使每个学生获得自我教育的自觉意识与能力。因此，班级文化所发挥的功能和作用可以体现为帮助学生追求内心自由、生命自由，让班级文化成为促进学生实现理想、全面发展的推动力，成为陶冶学生，使其健康成长的精神摇篮。

良好的班级文化可以为学生绽放自由、释放生命的原始能量提供一个自由的生态环境，表现为：一方面可以解放学生的思想，激发学生的创新意愿，帮助学生成为具有创新个性的班级主体；另一方面，可以唤醒学生的自我意识，彰显学生的个性，形成以学生个人意愿表达的班级目标与价值观，并使其成为学生认同的深层次行为准则，进而促进学生理想人格的养成。

2. 渗透正确价值观念

班级文化能够渗透正确价值观念，是指通过班级文化环境、活动等间接的文化形式，对学生进行正确价值观念的引导，从而潜移默化地帮助学生在吸收、整合、内化的过程中提升自身的思想品质和素养。

文化具有"润物细无声"的功能，能够让人在不知不觉中有所感悟，受到影响。大量实践表明，通过班级文化对学生进行正确价值观的教育，要比一般的纯粹说教更加行之有效。

在班级文化中渗透正确的价值观念的方法有：可以通过主题班会、理论知识研讨、名师座谈等渠道，将正确的价值观念渗透到教育内容中去；也可以通过各种实践活动，如班级文体活动、社会实践等，帮助学生在实际的行动中领悟正确的价值观念；同时也可以通过环境——硬件环境、制度环境、人文环境以及网络环境等，渗透正确的价值观念，使其发挥文化的潜在导向作用，从而达到育人的宗旨。

3. 约束个体行为习惯

舆论是班级文化的一个重要表现形式。正确的班级舆论是一种巨大的教育力量，对班级每个成员都有约束、感染、熏陶和激励的作用。[②] 因此，班级组织在进行目标确立、制定和实施组织规章制度、解决组织冲突与矛盾的过程中，都离不开班级文化所形成的正确舆论的支持。同时，班级的各种制度与规

---

① 《马克思恩格斯选集》第 3 卷，456 页，北京，人民出版社，1995。
② 海国华：《积极建设班级文化 构建学生精神家园》，载《中国教育学刊》，2008(8)。

范本身也是一种班级文化，对班级成员的行为产生着规范与约束作用。

在班级组织运行过程中，班级文化可以为班级成员提供一些思想与行为的规范与标准，班级成员也能感受到身为组织的一员应履行的组织角色，如果自己的言行举止符合组织文化的要求，则较易被组织接纳；反之，往往会被边缘化，甚至被淘汰。班级文化中蕴含的道德与规范，会使班级成员感受到一种无形的心理压力，起到约束个体行为习惯的作用。故班级成员为了取得心理平衡，就会自觉地服从班级规范，养成自身良好的行为习惯。

4. 提升个体精神品质

个体的精神品质凝聚了人类文化的智慧和理想，对人的情感、价值取向、思维方式具有巨大的影响。班级文化，从狭义上来说，就是一个班级的精神象征，内含着滋养身处其中的个体精神成长的丰富养分。正是在此意义上我们说，良好的班级文化建设可以提升个体的精神品质。

以提升个体精神品质为宗旨的班级文化建设，体现为把引导学生理想信念放在首位，确立马克思主义的坚定信仰，树立社会主义核心价值观，提升个体的人文素养。同时，要深入研究班级成员，尤其是学生个体的精神需要，使个体与国家、集体的利益联结在一起，在帮助个体正确处理社会价值与个人价值关系的基础上，达到自身精神品质的提升。

第三节 "以人为本"的班级管理观

班级作为一种社会性组织，必然存在管理问题。管理是一个协调性工作，其目的是更有效率和有效果地实现组织目标。班级管理是教育管理者按照教育管理的规律和要求，采取科学有效的方法，为实现班集体的共同目标，不断进行组织、指导和协调的职能活动。而如何管理才能更加有效地实现班级组织目标，并在最大程度上发挥班级组织的功能，这首先取决于人们具有什么样的班级管理观。

一、班级管理观及其演变

观念是人们对事物的理性认识，即符合事物本质的认识。据此，我们可以把班级管理观理解为：根据时代发展要求和学生发展规律而得出的符合班级管理工作需求的观点。很显然，班级管理观是随着时代、社会的变迁与发展，以及人的认识水平的不断提高而不断演进的。

（一）古典班级管理观

在古典管理主义指导下，班级管理主要表现为"管理至上"和"效率至上"的理念。其主要问题如下。

1. 班级管理目标的错位

班级管理的根本宗旨是构建一个良好的育人环境，以促进学生得到更好的发展。因此，班级管理目标应定位于使学生获得生动活泼、身心健康的发展。然而，在人们不断追求生产效率和规模经济的社会大背景下，教育领域也随之出现了过分强调教育的规模化、标准化等外在特征，学校就像是一个加工厂，教师是工人，学生是待加工的产品。在这样的教育生产过程中，班级管理目标指向了班级组织的规范化、标准化程度，而忽略了学生是具有鲜活生命、独特个性、不断发展的人。这不仅违背了班级管理的初衷，更是背离教育的本质。

2. 教师权力的绝对化

传统的班级管理中一直都存在着教师权威性的管理，强调班级的规范、学生的服从，凸显教师的权威性，甚至常常把教师在班级活动中的权力绝对化。由此使学生无论在心理，还是在行为上对教师产生畏惧，并逐渐演变成学生只是教师管理的对象。很显然，这样的班级管理没有意识到学生作为班级管理主体的存在，在一定程度上压抑了学生的个性发展，不仅难以产生应有的管理效果，更无法达到通过管理育人的目的。

3. 管理模式科层化

在古典班级管理观的影响下，班级管理模式趋向行政化的管理模式，即只关注班级中各层级组织及等级体系的建设，并实行下级服从上级、统一指挥的管理机制。显而易见，这种班级管理模式，带有强烈的支配—服从色彩，目的在于有效地管理而不是教育，其管理目的是与教育目的相悖的。

总之，古典班级管理观以古典组织理论为基础，倾向于采取严明的纪律，强调教育管理者对学生的控制，维持班级秩序和引导学生服从，通过奖励、惩罚、规则、程序提高教和学的效率。

（二）现代班级管理观的演进

与古典管理主义不同的是，产生于20世纪20年代末期的行为科学理论推翻了以往管理理论中"经济人"假说的研究前提，将管理的重点转向管理中最活跃的因素——人，并提出了人是"社会人"的论点。自此，人际关系理论、效能理论、激励理论等现代管理理论开始如雨后春笋般涌现，管理理念开始从"物本"向"人本"转化。因此，随着现代管理理论的深入发展，班级管理的理念也把着眼点放在了人的身上，关注人本身的发展。

现代班级管理观以人际关系模型、行为科学方法模型和系统理论为基础，旨在把班级建设成使学生能够自由、自主、愉悦成长的学习型组织。这样的班级组织强调班级成员的非正式结构和参与式管理，主张通过促进教师与学生、学生与学生之间的对话、交流和互动，树立班级成员共同的学习愿景，为学生创造不断学习的机会，营造学生自主学习的氛围。同时，鼓励班级中的各种非正式组织间的相互协作和团队学习，创建有利于学生成长的良好班级文化，真正发挥班级管理的育人功能。

毋庸置疑，现代班级管理观改变了古典管理的专制管理和权力象征，使得班级管理充满活力和民主和谐。在这种管理理念支配之下，教师不再"一管到底""事必躬亲"，像学生的"保姆"一样为管理而管理。学生被推向了"前台"，教师把管理的主动权还给了学生，学生的参与意识、自主权等不断增强。这样的班级管理使得教师在各种班级活动中不再是唯一的管理者，不再实行"一言堂"，而是给予了学生诸多自由、平等沟通的机会，以及自我发展的渠道。

综上所述，随着历史的发展，班级管理观遵循着从物本主义到人本主义，从效率至上到以人为中心这样一条主线转变，并在管理思想的沿革中最终形成了两大对立的管理思路：效率主义和人本主义。[①] 班级管理的发展得益于管理理念的发展，从传统的古典管理主义逐渐演变为现代的以人为本的管理理念，意味着班级管理理念的进化与优化。

二、班级管理新理念

伴随着诸如心理学、哲学、社会学、生态学、管理学等多学科在当代的发展及其在教育领域的渗透，人们对班级管理认识的视野不断扩展，进而形成了各种各样关于班级管理的观念，班级管理理念得以不断丰富和发展。概括起来，当代班级管理理念主要体现为以下几个方面。[②]

（一）人本理念

班级教育的最终目的是促进每一位学生的发展。班级管理中的人本理念，就是以学生的发展为中心开展班级的管理活动。

首先，"人本理念"要求班主任在实施班级管理时，应把促进人的自我发展和完善看作班级管理的出发点和归宿，应始终把发展人的素质、提高与扩展人的价值看作班级管理活动的轴心。其次，"人本理念"要求班级管理应以学生为本，即一切为了学生，为了学生的一切，为了一切学生。也就是说，在班级管

---

① 齐学红：《班级管理》，81页，武汉，武汉大学出版社，2011。
② 参见刘志军：《教育学》，267～268页，北京，高等教育出版社，2011。

理中要尊重和确立学生的主体地位，激发他们的能动性、自主性和创造性。把增强学生主体意识、提升学生主体能力和释放学生主体力量作为班级管理的重要抓手，从而把学生培养成为具有进取意识、创造精神及具有丰富、全面主体人格的人。最后，"人本理念"要求在班级管理中要重视对学生的人文关怀，即在重视学生的学业指导的同时，还应在思想上、生活上、情感上给学生以关怀，切实关心他们的成长和进步，关注他们的身心健康发展。

（二）自主理念

学生是班级的主要成员，班级管理的终极目标是促使每一位班级成员获得不同程度的发展，这意味着班级管理在一定意义上是学生的自主管理。所谓自主，是指学生是班级管理的主体，具有参与甚至掌控班级管理的主动权。虽然班级是一个"半自治性"组织，需要教师对班级管理进行指导、设计、调控等，但不能由此断定教师就是班级管理的绝对主体，学生只能是客体，是被管理的对象。

然而，长期以来，我国的班级管理形成了以教师为中心的管理模式，班主任是班级管理的主宰者，根据学校的规定去制订班主任工作计划，按照自己的意愿安排各项班级事务，在班级管理中代替学生作出各种选择和决定，缺乏对学生的参与意识、主动性和积极性的培植与调动。这样的班级管理无形中剥夺了学生的主动权，在一定程度上造成了学生的依赖心理，使学生对班级组织缺乏应有的责任心，更缺乏主人翁意识和参与意识，对班级的一切置身事外。可想而知，这种班级管理是难以真正实现其教育功能的。

自主管理理念就是倡导学生作为主体进行班级的管理，以达到自我教育的目的。具体而言，就是在班主任的指导下，以学生为主来管理班级的日常事务，充分调动学生参与管理班级的热情和积极性，充分发挥学生的主人翁精神，使班级管理真正成为学生自我教育的重要渠道。

（三）民主理念

所谓民主理念，就是在班级管理中要充分尊重每一位学生，调动学生的积极性、主动性，让所有学生都参与到班级管理的各项决策中，真正体现学生在班级管理中的主体地位。

根据管理学中的行为理论，可以把班主任管理风格分为专制型、放任型和民主型三种类型。专制型，是指班主任倾向于集权式班级管理，在管理过程中习惯自己做决定，不太考虑学生关于班级建设的想法，认为学生还很不成熟，必须绝对服从教师，因此而忽略学生的主动参与和自我管理。放任型，是指班主任在班级管理中给予学生充分自由，事事由学生做决定，甚至放任自流，完全放弃了自身应有的指导和引领职责，致使班级组织松散无序，缺乏凝聚力和正确的导向。民主型，是指班主任在班级管理中善于征求学生的意见，鼓励学生参与班级建设，给予学生较多的自我管理空间，在平等思想的基础上与学生沟通交流，充分尊重学生，把学生看作班级管理的主体。

很显然，专制型和放任型的班级管理都是不可取的。实践证明，唯有民主型的班级管理才能够最大化提高班级管理的效益，才能够最大程度地发挥班级管理的教育功能。民主型管理具体表现为：在班级建设中，班主任不要急于做决定，而是要在全班范围内进行充分的讨论；在充分听取学生意见的基础上达成共识。例如，班级规章制度的制订、班干部的挑选、奖励或处分的决定等，都应与学生进行充分商讨；各项活动的开展，也都需要以学生为主体进行组织。"学校只有让学生参与制订制度，参与管理过程，参与评定结果，才能使他们产生责任心和使命感，并且提高自主认识、自主教育、自主管理的能力。"①

（四）生命理念

教育的根本旨趣在于促进学生生命的成长和发展，而学生生命是身体生命和精神生命相统一的双重存在。班主任专业化的核心内容就是关怀学生的双重生命，让它们展现出本真的色彩而诗意地栖居于教育之中。

班级管理中的生命理念要求，班主任要意识到学生身体的健康发展是学生一切发展的前提和基础，不能使学生的发展建立在牺牲学生身体的代价之上，更不能运用粗暴的管制方式，如体罚等来教育学生。同时，班主任要深入了解和研究学生的精神世界，关注他们的心理和情感需求，注重其正确人生观、世界观和价值观的形成，对学生的精神生命的成长给予切实有效的关怀与滋养。

综上所述，班级管理理念的发展是一个逐渐趋向全面、完善的过程。虽然班级管理理念的每一个发展阶段侧重点各有不同，但基本上都与"人"有着或多或少的关联，从不见人、忽视人到逐渐重视人、关心人、爱护人、激励人。现阶段，人本管理思想已逐渐形成，并日益成为当今进行班级管理的主旋律，班级管理是否注重以人为本，已经成为其管理理念是否现代化的一个重要标志。因此，班级管理要跟上时代发展的步伐，就必须始终抓住"人"这个根本因素，"围绕人，依靠人，为了人"，真正确立学生在班级管理中的主体地位，实现学生的自我管理和自我完善。

---

① 新课程实施过程中培训问题研究课题组：《新课程与评价改革》，31页，北京，教育科学出版社，2001。

三、"以人为本"班级管理观的确立及践行

从当代教育使命的变化、素质教育的发展以及高质量发展教育的提出可以看出，以人为本已然成为现代教育的必然选择，因而也是当今社会班级管理所应秉持的基本观念。

(一)"以人为本"的哲学基础

哲学的问题就是人的问题，这虽然已经基本上达到了共识，但并非所有哲学对人的探究都是以"人"为"本"。人类思想史上，有从"善""恶"等伦理道德探究人的，有从人之属性——理性、非理性、自然性、社会性等探究人的，而真正从"人本"的立场探究人的当属人本主义哲学。

1. 传统西方人本主义

人本主义思想最早可以追溯到古希腊，当时的智者普罗泰戈拉发出一句千古名言："人是万物的尺度。"这意味着哲学从"神性"向"人性"转换。14 世纪，伴随着以意大利为中心的文艺复兴的兴起，人本主义思想获得了巨大的发展，其最大成果之一就是"人的发现"。一批人文主义者，如但丁、彼得拉克、塞万提斯、莎士比亚、米开朗琪罗、达·芬奇、拉斐尔等，通过不同艺术形式，对人的伟大和人的价值进行了热情的讴歌。在他们看来，人不再是匍匐在上帝之下的可怜的被造物，而是上帝创造的杰作，世间最可宝贵的生灵。14 世纪下半叶，这股人本主义思潮由意大利传播到了欧洲其他国家，成为西方文化的一个要素。这一时期的人本主义思想的重大意义在于它是针对中世纪神本主义而提出的。所谓神本主义指欧洲中世纪的宗教神学以神为中心，主张上帝造人，进而扼杀人性。这就使人从神的统治下解放出来，恢复了人之为人应有的尊严与自由。

然而，真正在西方哲学史上实现从神本到人本转变的是 17 世纪法国哲学家笛卡尔，他提出"我思故我在"的命题，成为人的主体性觉醒的第一声呐喊。"我思"，指我的思想活动；"我在"，指"我"这个实体，即人们可以通过自我的思想活动，得知自身的存在。"我思故我在"，标志着人之自我的主体性代替了上帝的全知全能，人可以通过自我的思想活动，即自我意识把握包括上帝在内的所有存在，而且"我思"是理性的象征、人的本质属性所在。从此开始了西方人学的理性主义时代，也就是对人之理性的高度弘扬和尊崇的时代。正如恩格斯所言：启蒙学者是"非常革命"的，"他们不承认任何外界的权威，不管这种权威是什么样的。宗教、自然观、社会、国家制度，一切都受到了最无情的批判；一切都必须在理性的法庭面前为自己的存在作辩护或者放弃存在的权利。

思维着的知性成了衡量一切的唯一尺度"①。作为理性主义的集大成者康德，从"人是理性的存在者"出发，将前期人本主义思想以自我意识为核心的认识论，转变为以人为中心的世界观，使人本主义精神得以进一步发扬光大。

概括讲，传统西方人本主义思想主要体现为以下几点。首先，倡导从人本身出发研究自然，突出人在宇宙万物中的核心地位，反对以所谓的神性压抑人性，主张恢复人的尊严与自由。其次，强调人之理性的力量，提出理性是人之为人的本质属性，是衡量一切事物的尺度。因此，人始终是目的，不是工具，"在全部被造物之中，人所愿欲的和他能够支配的一切东西都只能被用作手段；唯有人，以及与他一起，每一个理性的创造物，才是目的本身"②。最后，由于传统西方人本主义者崇尚理性，高度推崇人在宇宙万物中的地位，相信理性建立起来的理想王国能保证人的自由、幸福和尊严，所以他们对人类的现实生活和前途持积极、乐观的态度，且极力倡导自由意志，即人自己支配自己的天赋权利。

2. 现代西方人本主义

现代西方人本主义肇始于 19 世纪中叶的欧洲，与传统西方人本主义有着内在的思想渊源，但由于各自形成的时代背景和理论基础不同，其哲学主张及理论体系有着根本的区别。现代西方人本主义主要包括以叔本华、尼采为代表的唯意志论，以狄尔泰、柏格森为代表的生命哲学和以海德格尔、雅斯贝尔斯、萨特为代表的存在主义。

唯意志论的创始人叔本华针对传统西方人本主义"理性至上"观念把世界分为自在之物和现象两个世界，进而宣布前者是意志，后者是表象。在叔本华看来，只有意志是世界的基础和本原，意志是世界的内在内容，是世界的本质生命。意志的特点是求生存，故又称"生存意志""生命意志"或"生活意志"。人的本质不是理性，是一种求生的欲望，即意志。人的一切认识方式如感性经验、理性思维等都是意志的工具。所以，唯有人的非理性的直觉才能支配人的思想和行为，使人能够认识人和世界的本质。另一位唯意志论哲学家尼采尽管不同意叔本华把意志归结为求生存的欲望，而是把意志称为追求权力的权力意志，但其奉意志为世界最高本质的思想，显然与叔本华一脉相通。

生命哲学继承并修改了这种唯意志论，认为人的生命冲动创造了整个世界，因而生命冲动是万事万物的本原。这种生命冲动本身既不是物质，也不是

---

① 《马克思恩格斯选集》第 3 卷，355 页，北京，人民出版社，1995。
② ［德］康德：《实践理性批判》，95 页，韩水法译，北京，商务印书馆，1999。

一般的精神，而是一种纯粹的创造力，柏格森称其为"生命之流"或"绵延"。在柏格森看来，"绵延"等同于"自我"和"自我意识状态"，它们是最基本的存在。自我处于世界的中心，自然、社会处于世界的外围。柏格森不同意主观唯心论把自我当作一种精神实体的观点，认为"自我"是一种"纯情绪性的心理状态"，是人的活动本身，即人心理体验的变化运动，即"绵延"本身。

20世纪西方人本主义的转向，集中体现在对"存在"意义的发现，而一切存在都可归结为人的存在。因此，现代西方人本主义最为典型的代表就是存在主义。存在主义是一种把人的存在当作全部哲学的基础和出发点的哲学。存在主义的先驱克尔凯郭尔认为，真实存在的东西只能是存在于人内心中的东西，是人的个性。海德格尔则强调个人的存在相对于其他一切存在的优先地位，宣布个人是一切其他存在的根据。他认为，只有从个人出发，才能理解其他一切存在，而对个人的理解却不依赖其他事物的存在，个人的存在是通过其存在本身被领悟的。

在存在主义看来，哲学对人的研究应立足人的存在而不是本质。传统哲学由于主张本质先于存在而致力于对永恒本质的探讨。事实上，人不同于物，一切物都是本质先于存在，而人则是存在先于本质的。也就是说，世界上的万物都是先有一个规定性才决定其是什么东西；而人却是由他的存在方式决定他是谁、是什么样的人。所谓"存在先于本质"，即"人的选择造就了自己"。正如存在主义大师萨特所指出的，启蒙运动虽然否定了上帝的决定作用，但又假设了一个"人性"作为人存在之前的本质。然而，"人的自由先于人的本质并且使人的本质成为可能"①。这种"存在先于本质"的观点，实际上是对人之为人的自由、个性、自我的弘扬，反映了存在主义对真实的、人道的人的存在的高度关注，目的是去除工业社会所造成的人的物化和非人格化。

总之，存在主义极力主张人是哲学研究的核心。萨特提出，哲学应把被遗忘的人重新召回来，把人的问题当作基本问题来研究，哲学应该是一种人学。海德格尔也强调，哲学应起源于对人的研究，认为人的问题就是全部的存在主义。不仅如此，存在主义还特别强调人是自由的存在者。存在主义反对传统理性主义把人的本质归结为理性，认为人的意志、欲望、情感、心境等非理性的一面才是人真实的存在，应予以高度关注和理解。

3. 费尔巴哈人本主义思想

生于19世纪的德国哲学家费尔巴哈，曾把自己的哲学称为人本学，其基

---

① ［法］萨特：《存在与虚无》，陈宣良等译，56页，北京，生活·读书·新知三联书店，1987。

本思想就是要冲破传统的理性至上、抽象思辨的哲学思维，开创一种以人及其自然性为核心的唯物主义人学理论体系。

费尔巴哈的人本观是与他的唯物主义自然观紧密联系在一起的。从其自然观出发，他认为人不是任何超自然的特殊造物，不可能是由基督教的创世说或某种哲学的虚构产生的，人只能产生于自然界，是自然界的一部分。因此人是物质的、客观实在的东西，包括人的大脑、精神在内的一切都是自然界的产物。费尔巴哈虽然十分强调人的自然本质，但并不否认应从整体的意义上对人的本质进行把握。他认为，人的本质是人有别于动物的各种属性的总和，具体包括三个层次：自然本质、社会本质和精神本质，而三者统一于人的自然性中。在此意义上，他提出：人"是自觉的自然本质"①。所谓自觉的自然本质，是指人的自然本质不像动物那样只是受本能驱使，顺从自然界，而是可以在社会中，靠精神来统摄人的自然性。可见，费尔巴哈在强调人的自然本质时，并不否认人的社会性和精神性。只是由于他把人作为"感性对象"而不是"感性活动"，所以无法真正理解现实存在的完整人的各种性质。

应该说，费尔巴哈关于人的本质观，将当时的"观念人"认识导向了生物人、自然人，从而使关于人的认识由唯心主义转向了唯物主义。尤其是他对完整人的阐述，使人们对人之本质的认识进入到了一个深层次结构。但是，由于他不理解人由自然脱胎而来，依靠的是人自身的实践活动，因此不可能真正理解人与自然的关系，也就无法在一种现实的意义上理解人的自然属性，进而对人的认识仍只能是停留在"理论领域"。所以，费尔巴哈只是传统哲学关于人的认识的终结者，却无法超越传统哲学，更不可能成为新人学思想的开拓者。

4. 马克思主义人本思想

马克思、恩格斯在批判地汲取西方人本主义思想精华的基础上，尤其是在积极扬弃费尔巴哈人本主义思想的过程中，本着历史唯物主义的世界观，对人的问题进行重新审视和探究，形成了独特的人本思想，其核心内容如下。

（1）自由自觉的活动——人的类本质

在马克思看来，人直接地是自然存在物。但是，作为自然存在物，人与动物有着根本的不同：动物是纯粹自然物，而人是人化自然物、属人的自然存在物。所谓纯粹自然物意味着动物只能依附于自然而生存，被动地接受自然的规定。而人化自然物则表明，人不仅依赖自然，而且还可以通过自身的活动改变

---

① ［德］路德维希·费尔巴哈：《费尔巴哈哲学著作选集》上卷，荣震华、李金山等译，116页，北京，商务印书馆，1984。

自然，创造出一个为我所用的自然，并在改造自然的同时改造着自身的生命自然。所以，动物依赖自然而生存，人则依赖自身的活动而生存；动物属于它的环境的组成部分，人则将环境变成被改造的对象，使其构成人的生命的组成部分(人的无机身体)。由是，生命的本性就发生了根本的变化，即"人把生命变成了'自我规定'的自由存在，使生命摆脱了自然的绝对控制和主宰"①。人之所以能够如此，就在于人从生命本性上不仅具有受动性，而且具有能动性，也就是马克思所概括的："一个种的全部特性、种的类特性就在于生命活动的性质，而人的类特性恰恰就是自由的有意识的活动。"②

马克思在人的感性活动中，亦即人的生命活动中找到了理解人之为人生命本性的锁钥。在马克思看来，人是自己的"造物主"，"整个所谓世界历史不外是人通过人的劳动而诞生的过程，是自然界对人说来的生成过程，所以，关于他通过自身而诞生、关于他的产生过程，他有直观的、无可辩驳的证明"③。也就是说，人类产生和发展的历史表明，正是在人自身的活动中，造就了人之为人的本质特性。

在马克思看来，以费尔巴哈为代表的感性主义由于仅仅把人视为感性存在，过分强调人与自然的同源性与一致性，从而导致对人的能动性认识不足。与感性主义相反，理性主义则是从人的内在世界规定人，把理性看作人的本质，从而提升了人在外部世界和自我世界中的地位。但是，由于这种提升是以理性与人的肉体相分离为代价的，因而颠倒了精神与存在的关系，导致了对人的抽象理解。"和唯物主义相反，能动的方面却被唯心主义抽象地发展了，当然，唯心主义是不知道现实的、感性的活动本身的。"④正是在这种对传统哲学关于人的本质认识的清理和批判中，马克思确立了自己新的唯物主义人本观，从而合理地揭示了人的生命自然的本质内涵。

这就是马克思从人的生命自然特性对人之本质的揭示，从中我们可以感悟到，马克思既不是从人的生物性、文化性、感性、理性等人的某一特性认识人，也不是把人作为一种生命实体——感性对象来认识，而是从人的生命活动方式——感性活动来理解人，从而引导我们：对人之生命自然的认识，应特别关注人自身的生命活动。

---

① 高清海、胡海波、贺来：《人的"类生命"与"类哲学"——走向未来的当代哲学精神》，35 页，长春，吉林人民出版社，1998。

② 《马克思恩格斯选集》第 1 卷，46 页，北京，人民出版社，1995。

③ 《马克思恩格斯全集》第 42 卷，131 页，北京，人民出版社，1979。

④ 《马克思恩格斯选集》第 1 卷，54 页，北京，人民出版社，1995。

（2）社会关系的总和——人的现实本质

人是自然存在，更是社会存在，且在本质上是社会存在。"人的本质不是单个人所固有的抽象物，在其现实性上，它是一切社会关系的总和。"①这意味着，社会性不仅仅使人在生命性征上与动物区别开来，更重要的是它在现实性上决定了人之为人的本质特征，使人成为"最名副其实的社会动物"。

在马克思看来，"自由自觉的活动"作为人的类本质，是从人与动物的本质区别来说的，它表明人之为人的"类"的根本性规定，但却不足以说明现实生活中人之为人的根本规定，即不同时期、不同地域、不同文化背景下人与人的本质区别。因此，对人的认识，既要从人与动物相区别的一般本质来认识，又要从人与人相区别的特殊本质来认识，否则就无法理解现实中人的本质特性。费尔巴哈由于把人的本质统一在人的生物性中，所以只能揭示出人的一般本质。马克思则在承认人的一般本质的前提下，进一步揭示了人之为人的特殊本质在于它是"一切社会关系的总和"。

首先，人是生活在一定的社会关系之中的。"社会关系的含义在这里是指许多个人的共同活动。"②人们在社会关系中所处的不同地位，使他们产生了不同的利益、思想和情感，形成了他们独有的社会特质。其次，人虽然生活在一定的社会关系中，但社会关系是人创造的。社会关系不是固定的、抽象的，而是随着人的活动逐渐发展起来的，因此，人的本质也是变化的、具体的。同时，社会关系作为人的本质，还意味着人的本质不是先天固有的，而是后天获得的。最后，人虽无法脱离社会而存在，但人并不是社会的消极产物，作为社会关系的承担者和创造者，人不会完全被关系所束缚，而是具有超越现实社会关系的能动性，即人通过"自由自觉的活动"创造出属人的世界和属人的关系。

总之，在马克思的理论视野中，"人是人的最高本质"③，而这一本质集中体现为：人是生活于具体社会阶段并进行着现实活动的社会的人。换言之，社会造就了人，人也造就了社会，且人在造就社会的同时也造就了人自身，造就了人的本质。

（3）全面发展——人的生命价值追求

现实中的人是一个自然存在的人、社会存在的人，更是一个超越自然、社会存在的人，即人是追寻人生意义、趋向生命价值的存在。马克思说："人是

---

① 《马克思恩格斯选集》第1卷，56页，北京，人民出版社，1995。
② 《马克思恩格斯选集》第1卷，80页，北京，人民出版社，1995。
③ 《马克思恩格斯文集》第1卷，11页，北京，人民出版社，2009。

人的最高本质。"①这意味着人是能够主宰自我命运的价值存在，而这一价值存在的核心就在于人的发展性。

马克思所关注的人的发展，是人的本质的全面发展，即"人以一种全面的方式，也就是说，作为一个完整的人，占有自己的全面的本质"②。人的本质，在"类特性"上表现为人的"自由自觉的活动"；在"现实性"上表现为"一切社会关系的总和"。因此，人的全面发展既包括人的一切活动能力的全面提高，又包括人的所有社会关系的全面生成。马克思"全面发展"思想主要体现为以下几个方面。

首先，人的全面发展是指"每个人"的全面发展。"每个人"首先指的是相对人类、社会或集体而言的具体个人；其次是指社会全体成员而不是某个人。也就是说，马克思意义上人的全面发展是社会的每一个成员都必须获得全面自由的发展，而不是以牺牲个人发展为代价来换取人类的一般性发展。

其次，虽然人的全面发展是指人的本质的全面发展，但是由于马克思把人类的物质资料生产看作人类生存的第一个前提，且人的各种社会关系也都是在这个前提和基础上形成的，所以，马克思人的全面发展的具体内容就是以人的生产能力发展为核心的全面、自由和充分的发展。

最后，人的全面发展是一种历史范畴，而非一种单纯的理想人格境界。所谓历史范畴，是指人的全面发展是一个实际运动的过程，是个人所处的社会历史发展阶段的产物，同时也是每个人在不断地变革其现实生存状况的过程中，获得自身发展的过程和对理想人格的追求过程。不仅如此，个人的全面发展在不同的历史时期、不同的社会条件下有着不同的具体内容和要求，这是一个不断由低级向高级演进，并伴随着阶段性的质变和飞跃的过程，也是一个永远无法穷尽的过程。因此，对人的全面发展的追求不是一定规格的人的实现和完成，而是伴随着人类社会发展的进程向理想人格的不断靠近，是每个人自我发展和自我实现需要的不断满足，是个体生命价值不断获得实现的渐进过程。

历史和实践表明，马克思主义哲学关于人本、人性的揭示，是迄今为止更具真理性的思想，因此理应成为"以人为本"班级管理观的最重要的哲学基础。

（二）"以人为本"班级管理观的本质内涵及特征

哲学家们关于人之本质的探索和深究，为我们理解"以人为本"提供了重要的思想来源和理论基础。而"以人为本"的本真内涵究竟是什么？"以人为本"对

---

① 《马克思恩格斯文集》第 1 卷，11 页，北京，人民出版社，2009。
② 《马克思恩格斯全集》第 42 卷，123 页，北京，人民出版社，1979。

于教育意味着什么？"以人为本"的班级管理观又是一种什么样的观念？这些是需要我们进一步明确的问题。

1. 以人为本的本质内涵

西方人本主义、费尔巴哈人本学以及马克思主义人本思想构成了以人为本的哲学基础。然而，马克思主义人本思想是对西方人本主义、费尔巴哈人本学的积极扬弃，且建立在历史唯物主义这一被实践证明科学的世界观基础上；因此，以人为本的实质内涵可依据马克思主义人本思想进行解读。

"本"字面上的意思是指草木的根，事物的根源或主要部分。在哲学上，"本"首先具有本体论的意义，指的是世界的本原和基础。在哲学发展史上，"物""心""神"都曾经被当作"本"，由此演化出哲学的唯物主义、唯心主义、神学等流派；而费尔巴哈把人作为"本"，便衍生出人本学。据此，"以人为本"是指人们在处理和解决问题时，以人为出发点，把人放在突出和中心的地位。进一步讲，"以人为本"是指人们秉承以人为根本的理念和态度，并采用以人为根本的方式、方法来理解和处理问题。所谓根本，就是问题解决的根源、根据，也是最初的出发点和最终归宿。对于以人为本的深刻内涵，须从以下几个方面加以理解。

(1)以人为本的"人"是现实存在的人

现实，作为世界的一种存在形态，是自在与意识相统一的复合存在。"自在是世界的原始形态，早于意识并独立于意识，是纯粹的物质世界。现实则是自在与意识的组合产物。"①也就是说，如果没有意识，世界就只能是一种客观存在而非现实。对人来说，完全独立于意识的纯粹客观存在是毫无意义的，从而也就等于无，现实才是属人的世界和人存在的根基。

现实是属人的世界，这意味着人一方面无法脱离现实而存在，另一方面则对现实具有能动的创造作用。只有在现实中，人才是真实的、具体的、鲜活的，进而对人的认识，才是合理的、正确的和有意义的。正如马克思所说："德国哲学从天国降到人间……这里我们是从人间升到天国……前一种考察方法从意识出发，把意识看作是有生命的个人。后一种符合现实生活的考察方法则从现实的、有生命的个人本身出发，把意识仅仅看作是他们的意识。"②也就是说，观念、意识是附属于人的，而不是人附属于观念、意识。因此，对人的考察就应从现实存在着的、有生命的个人出发，而不是从人的观念、意识出发。

---

① 韩民青：《现实：人的世界》，22页，南宁，广西人民出版社，1993。
② 《马克思恩格斯选集》第1卷，73页，北京，人民出版社，1995。

马克思主义人本思想之所以优于历史上其他关于人的本质的揭示，就在于它不是从抽象的"人"的概念出发理解人、认识人，而是从现实生活中的个人出发去理解人。"社会结构和国家总是从一定的个人的生活过程中产生的。但是，这里所说的个人不是他们自己或别人想象中的那种个人，而是现实中的个人。"①因此，我们说"以人为本"中的人是现实存在的人。

（2）以人为本的"人"是"具体个人"

如果说，人作为人类是抽象的，作为社会存在物是现实的，那么作为个性自我则是具体的。"具体个人是既有惟一性、独特性，又在其中体现着人之普遍性、共通性的个人，是个性与群性具体统一的个人。"②"具体个人"的特性主要有以下几点。

唯一性。具体个人意味着人是独一无二的生命个体，是通过他自身的活动成为"他自己"的。每个人活动的内容、活动的范围、活动的目的、活动的手段和方法不同，使得每一个生命体都是独特的、唯一的、与众不同的。在现实中，这种生命个体的独特性也就是每个人在所处的各种关系中表现出来的个性。人的个性一方面体现为个人独立的自主性、能动性和创造性；另一方面体现为他自己的类特性、社会特性的个别存在形式。马克思曾在《1844年经济学哲学手稿》中指出，人正是由于它的特殊性或个别性"使他成为一个个体，成为一个现实的、单个的社会存在物"③。

差异性。人之自我的独特性是以与他人的差异性表现出来的。人的本质在其现实性上是社会关系的总和，而每个人所处的社会关系不同，就必然会造成个人与个人之间的差异。因此，差异性也就是具体个人存在的合理性，即个体之间的差异是一种合理的存在。

主体性。人的个性是与主体性联系在一起的，即个性就是人的主体性的个体表现。人是主体，这是在人在自身的活动中具有主观能动性、自我意识和意志并能够决定自我的存在和发展的前提下说的。作为主体的人，是"在受动中求能动，在实然中求应然，在适应中求超越，在有限中求自由"④的人。

（3）以人为本的"人"是有着发展需要的人

"发展"最本质的含义是"显现""展现"，意即已有东西的显示，是从一种存

---

① 《马克思恩格斯选集》第1卷，71页，北京，人民出版社，1995。
② 叶澜：《教育创新呼唤"具体个人"意识》，载《素质教育大参考》，2003（4）。
③ 《马克思恩格斯全集》第3卷，302页，北京，人民出版社，2002。
④ 王道俊：《主体教育论的若干构想》，载《教育学报》，2005（5）。

在状态到另一种存在状态的过程，是从潜在向实在、从可能向现实的转化过程。以此理解，人的发展就是人的潜在素质展示、显现的过程，是人的一切可能性变为现实性的过程。

人的"先天不足"，以及人所特有的"意识性"，决定了人是一个在发展中求生存的人，因此也是一个有着发展需要的人。人的需要体现着人的本性，而人性之所以不同于动物性，其中一个根本的原因就在于人的需要是一种超本能需要，即人永远都不会停留在既有的生存状况中，永远都不会满足已获得的需要。人的需要在驱动人的活动中不断获得新生、增加和拓展，从而也永远不停地推进人的活动，使人获得不断的发展。所以，人的需要的发展，从本质上丰富和提升着人。正是在此意义上我们说，人的发展也就是人的需要的发展。人的需要的满足则不仅是为了维持生存，更是为了人获得发展。

从这个意义上说，以人为本就是以人的发展需要为本，即人为了获得发展所产生的生理上、心理上及精神上的需求。马斯洛把人的需要从低到高分为五个层次，即生理需求、安全需求、归属与爱、尊重需求和自我实现，并认为人作为一个不可分割的整体，只有在人的需要的满足中，才能获得真正的全面发展。恩格斯曾经将人的需求分为生存需求、享受需求和发展需求。生存需求是人作为生命个体存在的基本需求；享受需求是人的生存需求得到基本满足之后产生的较高层次的需求，使人享受肉体和精神上的快乐与舒适，以及对高质量生活的需求；发展需求是人表现自己生命力和体现自身生命价值的需求，是人类最高层次的需求。

总而言之，以人为本的本质内涵就是，在解决任何问题时要以现实中的具体个人的发展需求为根本出发点和归宿。

2. 以人为本的教育理念

以人为本思想与教育有着内在的本质关联。教育以人为对象，是培养人的活动，理应以人为本。对于教育工作者来说，要想做好教育工作，首先需要树立以人为本的教育理念。作为一种教育理念，以人为本意味着以下几点。

(1)教育必须把人作为出发点

教育的出发点就是教育最直接、最基本的着眼点，同时也是教育所指向的最高目标。教育是直面人、为了人的活动。因此，人是教育最直接、最基本的着眼点，也是教育所指向的最高目标，之所以如此，是由于以下几点。

首先，培养人是教育的本质内涵。虽然人的本质在现实性上是社会关系的总和，但对于教育而言，所面对的仍然是人，不是社会。社会性只是人之为人的根本特性，它提示我们在对人进行教育时必须关注这一特性。因此，教育对人的培养只能以人为着眼点，且以满足人的生存需要、促进人的发展为直接目的。

其次，培养人是教育的本体功能。尽管教育也有促进社会发展的功能，但这一功能是由教育的育人功能派生出来的，即教育对社会发展的促进，是通过培养高素质的人才实现的。所以，人才是教育真正意义上的出发点和归宿。

最后，人的发展是人类社会发展的终极目标。人与社会相辅相成，互为自身存在的前提。但是，从人类历史发展的总体来看，人的发展更具决定性意义。人不仅依赖社会而存在，更是推动社会发展的主体力量。因此，要先推动社会的发展，首先必须着眼于人的发展，而促进人的发展是教育的根本职能。

总之，人是教育的对象，人的发展是社会发展的最终决定力量，促进人的发展是教育最根本的职能，人在人、社会、教育三维关系中占据核心地位。所以，教育必须以人为出发点。

（2）教育必须立足于现实中的人

人是教育的出发点，这里的"人"不是由符号、图像、逻辑等所构成的抽象存在，而是处在一定条件下进行活动的、具体的、能够在经验中观察到的"现实的人"。因此，一切教育活动的展开，都必须基于"人"这一原点。

"现实的人"首先是存在于可感肉身之中的生命个体。个体生命的第一个重要特征就是它的"个性化"。个性化意味着每一个体都是独一无二的、不可复制的。以"现实的人"为基点的教育就是面向"每一个人"的教育，是充分尊重个性并致力于促进个性发展的教育。个体生命的另一个重要特征就是"自主性"。作为生命个体，人和动物最根本的区别就在于：动物只能依附自然而生存，人则可以通过自由自觉的活动改造自然而生存。"人把生命变成了'自我规定'的自由存在，使生命摆脱了自然的绝对控制和主宰。"[1]人之所以能够如此，就在于人从生命本性上不仅具有受动性，而且具有能动性。以"现实的人"为基点的教育就应是对每一生命个体自主性的呵护与维护，是让个体成为他自己而非社会及他人的附庸。

"现实的人"还是存在于一定社会之中的人。人的本质在其现实性上是社会关系的总和。这表明任何人都无法脱离社会而存在，人是最名副其实的社会动物，体现为：一方面，人从一开始就是一定社会关系中的人，即不同文化背景、社会阶层地位的人有着不同的本质特性；另一方面，人的生存与发展需要

---

① 高清海、胡海波、贺来：《人的"类生命"与"类哲学"——走向未来的当代哲学精神》，35 页，长春，吉林人民出版社，1998。

的满足，乃至人生价值的实现，都必须依赖一定的社会条件。因此，教育所立足的人是现实生活中的人，是活动中的人、关系中的人，也就是社会的人，是和社会、他人须臾不离的人，而不是那种仅仅存在于抽象思维之中的孤立个体。教育的重要使命就在于引导和促进人的社会化，即根据一定社会的要求，把人培养成为符合社会发展需要的，具有一定知识、技能、情感、态度和信仰的人。

总之，"现实的人"也就是有个性的社会的人。社会性是人之本质所在，个性则是社会性的个别形态或具体表现形式。很显然，社会性并不否定个性的存在，个性也无法脱离社会性而存在，二者是有机统一在个人身上。

(3)教育应以人的发展需要的满足为旨归

人是通过发展谋生存的物种，这意味着：一方面，人的先天"不足"和"缺陷"，使人必须在后天不断完善和发展，才能生存下来；另一方面，人性之所以不同于动物性，其中一个根本原因就在于人永远不会停留在既有的生存状态之中，不会满足已获得的需要，而是不断寻求新的需要以获取自身的不断进取和发展。

人的发展过程，在一定意义上也就是人的需要不断产生并通过人的实践活动不断满足的过程。换言之，人是以自身的需要以及对需要的满足的方式存在和发展着的。人的需要丰富和发展到什么程度，他的本性或本质力量也就丰富和达到什么程度。人的需要在驱动人的活动中不断获得新生、增加和拓展，从而也永远不停地推进人的活动，使人获得不断的发展。人的需要的发展，从本质上丰富和提升着人。所以，人的发展也就是人的需要的发展。人的需要的满足则不仅是为了维持生存，更是为了让人获得发展。

总而言之，人，无论作为一种自然的生命存在，还是作为一种超自然的社会存在、文化存在，发展都既是其存在的必然，又是其自觉的追求。这就意味着教育这一面向人、通过人、为了人的人类社会活动，必将是通过对人的发展的促进，达到彰显人的生命价值的事业。因此，以人为本的教育，必须把满足人的发展需要、促进人的发展作为最高宗旨和终极目标。

(三)"以人为本"班级管理观的意蕴

班级是一种特殊性的社会组织，更是一种教育性组织，故班级管理的根本旨归是促进学生的发展。这就要求教育者、管理者必须秉持以人为本的班级管理观。

顾名思义，"以人为本"班级管理观，是指在班级管理中突出人的主体地位，尤其是学生在管理中的主体地位，将学生作为班级管理活动的出发点和落脚点，并将班级管理的终极目标指向促进学生的全面发展。对于这一班级管理观，需要从以下几个方面理解其中所蕴含的寓意。

1. 学生是自主管理的主体

学生不仅是班级管理的对象，更是自主管理的主体。如前所述，学生首先是作为一个主体性的人存在的。主体性意味着学生具有能动性、自觉性和创造性，这决定了学生在班级管理中是自主管理的主体。所谓自主管理，是指学生在班级制度和文化建设中，乃至自我的发展中均具有一定的自我意识和理想目标。因此，"以人为本"班级管理观要求班级管理将学生放在管理工作的主体位置，充分调动学生的主观能动性，让学生积极主动地参与到班级管理活动中，引导学生自主并有效地管理自我，使学生真正感受到在班级中寻求发展是自身的需求，而非管理者的要求。

学生作为自主管理的主体，还体现为他是责任和需求的主体。学生的主体性源于学生的责任和个体需求的辩证统一。一方面，学生作为一个"社会人"，应该承担相应的社会责任。同时，班级管理活动中，学生也有自主教育、自主管理、自我发展的需求。只有当二者辩证统一于个体之中，才是人之主体性的体现。这就要求在班级管理中充分尊重学生的合理性需求，引导学生对自己和他人负责，让学生能够认识到权利和责任的并存性和辩证统一性。

不仅如此，学生作为自主管理的主体，意味着每一个学生都是一个独立的个体。作为个体，学生具有独立的主观意志，有鲜明的个性和自主性，在班级管理活动中有自己的思想和判断，并非完全以教育者的意志为转移。因此，在班级管理活动中，教育者要因势利导，不能主观地将自己的意志强加于学生，要充分尊重学生的个体独立性，真正做到以学生为主体。

2. 在班级管理中充分发挥学生的主体作用

人是具有主观能动性的，而一个人主观能动性的发挥与否，在一定程度上决定着外界因素对其产生影响的大小。以人为本的班级管理观，特别强调在班级管理过程中充分发挥学生的主体作用。唯物辩证法告诉我们：内因是事物变化发展的根据，外因是事物变化发展的条件，外因通过内因起作用。因此，班级管理要想达到应有的育人效果，就必须激发学生自身的主观能动性，使其产生自我管理、自我发展的强大内生动力。反之，那种灌输式的、压制式的管理模式，是无法彰显学生在班级管理中的主体作用的。

发挥学生在班级管理中的主体作用，就是要让学生能够感受到自主教育、自主管理的快乐，能够在自我管理中体验到使命感、责任感，以及心理的满足感。自主，是人之为人的基本特性，是人与生俱来的内在需求。人本主义理论认为，顺应人性的管理，才是最好的管理。也就是说，只有当人内心的需求得到满足，并感受到作为一个独立人格存在时，才能激发其当家作主的意愿，才能达到自觉自律。

因此，尊重学生的自主性，肯定学生的自主选择使其潜能得以自由发挥，是班级管理中学生主体作用发挥的重要前提。对学生自主性的尊重，就是要真正把学生作为班级管理的主体，而不仅仅是被管理的对象，要在班级管理中体现权利分享、责任分享和能力分享。权利分享，是指让每一个学生都拥有班级管理的权利，包括参与决策权、规则制定权、活动组织权、督导权和评价权等。责任分享，是指让每一个学生明确对于班级建设所应承担的责任，加强学生主动承担班级建设的责任意识，自觉把自身行为与班级利益紧密结合起来。能力分享，是指教师和全班同学共同完成班级管理工作，在这一过程中使学生相互学习、相互促进，进而达到自我管理、自我教育的目的。

总之，只有当学生自身的主体作用得以充分发挥，才能使各项管理措施落到实处，也才能真正实现通过管理促使学生获得全面发展的宗旨。

3. 祛除管理主义倾向的影响

所谓"管理主义"，从学科角度看，它既是一个管理学的概念，也是一个社会学的概念。这个概念所表达的基本意思是，将实现各种社会活动目标的基本手段的管理活动绝对化，并且把这种管理手段本身变成目的。运用到对教育活动的分析和说明中，管理主义是指把作为教育手段和重要形式的教育管理绝对化，变成目的本身，也就是为管理而管理，而不是通过管理促使班级全体成员获得应有的发展。

班级活动中管理主义倾向的消极影响主要表现在以下几个方面。①

第一，影响了教师和学生之间以及学生和学生之间比较正常和宽松的交往，特别是使这些交往单一化。班级是学生在学校中最基本的活动场所，也是学生各种交往活动得以开展的基本平台。管理主义把本来应该是多样化的交往活动模式化、标准化、统一化，把本来应该满足学生多方面要求的交往活动单一化，把本来应该促进学生发展和成长的交往活动变成单纯规范学生的工具和手段，把作为学生交往活动的"平台"，变成了束缚他们进行交往的"框框"，其结果只能是影响了学生的健康成长。

第二，在一定程度上影响了学生的个性发展。青少年学生的学习和发展，

① 谢维和：《论班级活动中的管理主义倾向——兼答吴康宁教授的商榷文章》，载《教育研究》，2000(6)。

不仅是社会化的过程，而且也是一个个性化的过程。管理主义片面强调学生社会化和身心发展过程中社会方面的要求，在班级活动中，过分地强调"听话"和"遵守纪律"，不恰当地突出教师的权威，甚至把教师在班级活动中的权力绝对化，由此使青少年学生在心理和行为上对教师和管理者产生畏惧。特别需要指出的是，即便是教师认识到学生个性发展的意义和要求，并力求通过各种办法和措施来促进他们的个性发展，但在管理主义思想的潜在影响下，往往自觉或不自觉地把自己的愿望和意志强加于学生的个性发展过程中，以至于在一定程度上把学生的个性发展变成了教师自己的个性发展。

第三，不利于学生创新意识和创新能力的培养。因为管理主义所强调的是一种简单的规范和服从，而不是个性和主动；是一种同一性，而不是差异性和多样性。众所周知，一个人缺乏个性和主动精神，没有恰当的求异性思维和活动的取向，是不可能具有创新意识和创新能力的。班级活动中的管理主义恰恰就是在一定程度上限制了学生的想象力和探索精神，这实际上也影响了班级管理应有的教育功能。

上述表明，树立以人为本的班级管理观，必须祛除管理主义倾向的不良影响，真正以人的全面发展为管理的最终目标，而不是把管理本身作为目的。

除了管理主义，在现实的学校班级管理中，还奉行一种"科学主义"的管理理念。这种理念的思想内核是以提高生产效率、办事效率为管理的根本目标，忽视被管理者的主体精神，将其看作实现管理目标的工具，同时强调要通过科学研究寻找最佳的工作程序和规范，以此建立一系列规章制度。在这一理念支配下的班级管理，极易造成班级管理者与被管理者之间的关系紧张甚至尖锐对立，束缚甚至压抑学生的主动性、积极性和创造性。

综上所述，以人为本的班级管理观是针对传统班级管理的弊端提出的，它是对传统的"专制式"管理"见物不见人"或"见物少见人"的摒弃，表现为：首先强调学生的自主性，把学生当主体人看待；其次，关注人，具体而言就是关注每一个学生；最后，把人的发展作为管理的起点和归宿，真正以学生的全面发展为班级管理的根本目标。

（四）"以人为本"班级管理观的践行

1. 坚持以生为本，重视学生发展

首先，尊重个体的个性和人格。人本主义认为每个人都是独立而有差异的个体，都有自己的性格和特点，每一个人都是生动的、个性鲜明的、富有创造力的主体。因此，尊重学生是科学管理学生的前提，尊重的含义就是要正确地理解和平等地对待。其次，树立正确的学生观。以人为本的现代学生观认为，学生是全面完整的具有主体性、主动性和发展性的个体。因此，教师在面对所有学生时，要尊重其个体差异，满足其发展需求，充分为学生创造条件，激发其参与意识和主动创造精神，促使学生的全面发展落到实处。最后，树立正确的教学管理观。以人为本的现代教学观认为，课堂教学并非学生被动地接受知识，而是师生双方的双向信息沟通和情感交流。因此，教师在课堂管理中应多采用能够促进学生全面发展的激励、协调、评价等措施，尽量不采用传统的"灌输式"的教学方法，重视学生的持续性发展。

2. 构建"以人为本"的班级管理机制

构建"以人为本"的班级组织。采用"以人为本"理念对班级组织加以构建，这需要在构建班级组织的过程中，对成人化、社会化、政治化的思想加以摒弃，使得每一位学生都能够得到全面及充分发展。要淡化权力意识，强化协调及服务意识，尽可能地将班级中的上下级界限打破，为每一位学生提供自主管理和发展的机会和权利。采取自荐、民主、集中相结合的方式，让每一个体在班级中进行角色转换，使学生在角色转换中学会理解、尊重、合作、竞争和自控，这也体现了教育的民主和平等。

另外，在制度建设方面，班级制度的产生必须通过学生本人，可以把规章制度制定的权利交给学生，尊重学生的需求，在班级制度的内容设置方面应该充分考虑到学生的人格、信念、操守及道德规范，考虑到学生的个性特点和需要，使其具有社会责任感，不断实现自我更新和突破。

3. 营造"以人为本"的班级文化

著名学者马尔库塞认为，观念和文化的东西是不能改变世界的，但可以改变人，而人是可以改变世界的。因此，理想的班级管理不应停留在事物层次、技术层次、制度层次上，应致力于班级文化的建构，营造"以人为本"的班级文化。人本主义所强调的班级文化管理重视学生内在的价值追求、精神理念和人格心灵，并以学生的文化心理结构的形成和完善为核心标志，建立起丰富多彩和富有人文关怀的班级文化。

"以人为本"班级文化的营造须着重做好以下几个方面的工作。第一，建设具有人文关怀的班集体。建设具有人文关怀的班集体要以学生的发展为目标，做到尊重学生、关爱学生、理解学生，对学生富有关爱情怀。在班集体的建设中始终以人文关怀理念做导向，使班级的每一个学生都认同以人为本和人文价值的理念。第二，营造民主管理的班级氛围。要营造多元的文化氛围，在充分发挥教师主导作用的基础上激发个体主观能动性，彰显学生的主体性，塑造民主、平等、自由的管理模式，实现学生的全面发展。第三，构建良好和谐的师生关系。"以人为本"的班级管理理念强调尊重学生，与学生和谐相处，能够增强学生在班级中的归属感。因而师生之间应当建立一种民主、平等的关系，和谐相处，重视作为"人"的学生，热爱学生，信任学生，成为学生发展的引导者和共生关系的对话者。

【本章思考与练习】

1. 班级是怎样一种组织？具有哪些特性和功能？

2. 班级管理的本质内涵是什么？

3. 班级管理的内容和原则有哪些？

4. 什么是班级文化？为什么要进行班级文化建设？

5. 什么是班级管理观？当代先进的班级管理观有哪些？

6. "以人为本"的哲学基础是什么？

7. "以人为本"班级管理观的本质内涵是什么？

8. 如何在班级管理中实现"以人为本"？

9. 教师应该具有什么样的班级管理观？

【推荐阅读】

1. 叶澜. "新基础教育"论：关于当代中国学校变革的探究与认识[M]. 北京：教育科学出版社，2006.

2. 叶澜. "新基础教育"发展性研究报告集[M]. 北京：中国轻工业出版社，2004.

3. 陈孝彬. 教育管理学[M]. 北京：北京师范大学出版社，1990.

4. 白铭欣. 班级管理论[M]. 天津：天津教育出版社，2000.

5. 劳凯声. 班主任工作实用全书[M]. 北京：开明出版社，2000.

6. 郭亚玲. 德育与班级管理[M]. 长沙：湖南师范大学出版社，2015.

7. 齐学红. 班级管理[M]. 武汉：武汉大学出版社，2011.

8. 刘志军. 教育学[M]. 北京：高等教育出版社，2011.

9. 高清海，胡海波，贺来. 人的"类生命"与"类哲学"：走向未来的当代哲学精神[M]. 长春：吉林人民出版社，1998.

10. 童恩正. 文化人类学[M]. 上海：上海人民出版社，1989.

11. 瓦·阿·苏霍姆林斯基. 让少年一代健康成长[M]. 黄之瑞，张佩珍，姚亦飞，等，译. 北京：教育科学出版社，1984.

参考文献

《教育哲学》编写组. 教育哲学[M]. 北京：高等教育出版社，2019.

Browhill R J. Education and the Nature of Knowledge[M]. London & Canberra：Croom Helin，1983.

艾伦·布鲁姆. 走向封闭的美国精神[M]. 缪青，等，译. 北京：中国社会科学出版社，1994.

奥兹门，克莱威尔. 教育的哲学基础[M]. 石中英，邓敏娜，等，译. 北京：中国轻工业出版社，2006.

白铭欣. 班级管理论[M]. 天津：天津教育出版社，2000.

柏拉图. 柏拉图全集：第 2 卷[M]. 王晓朝，译. 北京：人民出版社，2003.

保尔·朗格朗. 终身教育引论[M]. 周南照，陈树清，译. 北京：中国对外翻译出版公司，1985.

博尔诺夫. 教育人类学[M]. 李其龙，等，译. 上海：华东师范大学出版社，1999.

蔡建东. 试论建构主义学习环境下学生角色的转变[J]. 开放教育研究，2003(3)：39-41.

陈鼓应. 庄子今注今译[M]. 北京：商务印书馆，2007.

陈鼓应. 老子今注今译[M]. 北京：商务印书馆，2003.

陈桂生. "教育学视界"辨析[M]. 上海：华东师范大学出版社，1997.

陈桂生. "教育哲学"辨[J]. 教育评论，1995(5)：5-8.

陈铁成，熊梅. 什么知识最有价值：基于斯宾塞课程思想的思考[J]. 外国教育研究，2013，40(5)：73-79.

陈侠. 课程论[M]. 北京：人民教育出版社，1989.

陈向明. 教师的作用是什么：对教师隐喻的分析[J]. 教育研究与试验，2001(1)：13-19＋72.

陈友松. 当代西方教育哲学[M]. 北京：教育科学出版社，1982.

陈玉琨，沈玉顺，代蕊华，等. 课程改革与课程评价[M]. 北京：教育科学出版社，2001.

陈玉琨. 教育：从自发走向自觉[M]. 上海：华东师范大学出版社，2012.

陈志尚. 人学原理[M]. 北京：北京出版社，2005.

程斯辉，刘宇佳. 试论教师应具备的"三种"意识[J]. 学校党建与思想教育，2019(4)：13-15.

丛立新. 课程论问题[M]. 北京：教育科学出版社，2000.

丛立新. 知识、经验、活动与课程的本质[J]. 北京师范大学学报（社会科学版），1998(4)：25－30.

邓金. 培格曼最新国际教师百科全书[M]. 教育与科普研究所，编译. 北京：学苑出版社，1989.

笛卡尔. 第一哲学沉思集：反驳和答辩[M]. 庞景仁，译. 北京：商务印书馆，1986.

窦桂梅. 激情与思想：我永远的追求——特级教师专业成长研究[J]. 课程·教材·教法，2004(5)：3－13.

杜威. 学校与社会·明日之学校[M]. 赵祥麟，任钟印，吴志宏，译. 北京：人民教育出版社，2005.

菲利普·W. 杰克森. 什么是教育[M]. 吴春雷，马林梅，译. 北京：北京时代华文书局，2015.

冯建军. 教育基本理论研究20年：1990—2010[M]. 福州：福建教育出版社，2012.

冯建军. 生命与教育[M]. 北京：教育科学出版社，2004.

冯友兰. 中国哲学简史[M]. 涂又光，译. 北京：北京大学出版社，1996.

弗里德里希·席勒. 审美教育书简[M]. 冯至，范大灿，译. 上海：上海人民出版社，2003.

傅统先，张文郁. 教育哲学[M]. 济南：山东教育出版社，1986.

盖伯琳，王晓路，李妙然. 信仰的智慧：信仰和科学信仰教育研究[M]. 北京：中国社会科学出版社，2006.

高清海，胡海波，贺来. 人的"类生命"与"类哲学"：走向未来的当代哲学精神[M]. 长春：吉林人民出版社，1998.

顾明远. 教育大辞典：增订合编本[M]. 上海：上海教育出版社，1998.

顾明远. 中国教育大百科全书[M]. 上海：上海教育出版社，2012.

郭华. 儿童·孩子·学生[J]. 人民教育，2006(11)：26-27.

郭文良. 论教师境界的养成策略[J]. 中小学教师培训，2021(9)：7-10.

郭亚玲. 德育与班级管理[M]. 长沙：湖南师范大学出版社，2015.

郭元祥. 教师的课程意识及其生成[J]. 教育研究，2003，24(6)：33-37.

郭元祥. 教育理论与教育实践关系的逻辑考察[J]. 华中师范大学学报(人文社会科学版)，1999(1)：38-42.

海国华. 积极建设班级文化构建学生精神家园[J]. 中国教育学刊，2008(8)：25-27.

韩民青. 现实：人的世界[M]. 南宁：广西人民出版社，1993.

汉斯·波塞尔. 科学：什么是科学[M]. 李文潮，译. 上海：上海三联书店，2002.

和学新，金红霞. 我国课程的社会学基础研究的内容、问题与改进[J]. 当代教育与文化，2017，9(5)：18-23.

赫·斯宾塞. 斯宾塞教育论著选[M]. 胡毅，王承绪，译. 北京：人民教育出版社，2005.

赫尔德. 论语言的起源[M]. 姚小平，译. 北京：商务印书馆，1998.

黑格尔. 小逻辑[M]. 贺麟，译. 北京：商务印书馆，1980.

胡斌武，吴杰. 试论课程的文化学基础[J]. 西南师范大学学报(人文社会科学版)，2002(3)：59-61.

胡德海. 教育学原理[M]. 兰州：甘肃教育出版社，2006.

胡萨. 反思：作为一种意识——关于教师反思的现象学理解[J]. 教育研究，2010，31(1)：95-99.

黄济. 教育哲学通论[M]. 太原：山西教育出版社，1998.

黄永军. 论人的需要的合理满足[J]. 河南大学学报(社会科学版)，2005(6)：170-173.

江山野. 简明国际教育百科全书：课程[M]. 北京：教育科学出版社，1991.

教育：财富蕴藏其中[M]. 联合国教科文组织总部中文科，译. 北京：教育科学出版社，1996.

教育部师范教育司. 教师专业化的理论与实践[M]. 北京：人民教育出版社，2001.

教育大辞典编纂委员会. 教育大辞典：第6卷[M]. 上海：上海教育出版社，1992.

金玉梅，靳玉乐. 论教学观的后现代转换[J]. 课程·教材·教法，2006(3)：23-26.

靳玉乐，陶丽. 反思取向教师专业发展的理念与策略[J]. 教师教育学报，

2015，2(1)：8-14.

靳玉乐，殷世东. 生态取向教师专业发展的理念与策略[J]. 教师教育学报，2014，1(1)：23-30.

靳玉乐，王磊. 理智取向教师专业发展的理念与策略[M]. 教师教育学报，2014(6)：24-31.

荆学民. 社会哲学视野：信仰的两大类型及其关系[J]. 求是学刊，2004，31(1)：52-56.

卡西勒. 启蒙哲学[M]. 顾伟铭，杨光仲，郑楚宣，译. 济南：山东人民出版社，1988.

康德. 实践理性批判[M]. 韩水法，译. 北京：商务印书馆，1999.

兰德曼. 哲学人类学[M]. 阎嘉，译. 贵阳：贵州人民出版社，2006.

劳丹. 进步及其问题[M]. 刘新民，译. 北京：华夏出版社，1990.

劳凯声. 班主任工作实用全书[M]. 北京：开明出版社，2000.

李秉德. 教学论[M]. 北京：人民教育出版社，1991.

李德顺. 21世纪人类思维方式的变革趋势[J]. 社会科学辑刊，2003(1)：4-9.

李小红. 教学有效性与伦理性的关系及其整合[J]. 课程·教材·教法，2014(12)：39-44.

李雪飞. 偏失与创新：教学观念的演进及其理论基础[J]. 教育理论与实践，2007，27(3)：41-45.

李政涛. 表演：解读教育活动的新视角[M]. 北京：教育科学出版社，2006.

李政涛. 生命自觉与教育学自觉[J]. 教育研究，2010，31(4)：5-11.

李中华. 中国人学思想史[M]. 北京：北京出版社，2005.

里克曼. 理性的探险[M]. 姚休，等，译. 北京：商务印书馆，1996.

联合国教科文组织国际教育发展委员会. 学会生存：教育世界的今天和明天[M]. 华东师范大学比较教育研究所，译. 北京：教育科学出版社，1996.

林崇德，申继亮，辛涛. 教师素质的构成及其培养途径[J]. 中小学教师培训，1998(C1)：10-14.

刘梅，Theo Wubbels. 教师素养标准的"理想"与"现实"：以荷兰"七大素养标准"的研制与实施为例[J]. 外国教育研究，2022，49(1)：32-46.

刘铁芳. 什么是好的教育：学校教育的哲学阐释[M]. 北京：高等教育出版社，2014.

刘万海. 从知识到经验：课程本质的现代解读[J]. 全球教育展望，2004，33(12)：20-23.

刘万海. "有效教学"辩[J]. 全球教育展望，2007(7)：17-22.

刘旭，叶巧先. 在存在性与个人性之间：课程本质的再思考[J]. 湖南师范大学教育科学学报，2007，6(6)：18-20.

刘志军. 教育学[M]. 北京：高等教育出版社，2011.

柳诒徵. 中国文化史：上册[M]. 北京：中国大百科全书出版社，1988.

龙宝新，陈晓端. 有效教学的概念重构和理论思考[J]. 湖南师范大学教育科学学报，2005，4(4)：39-43.

卢梭. 爱弥儿：论教育[M]. 李平沤，译. 北京：商务印书馆，1978.

鲁洁. 教育学[M]. 南京：河海大学出版社，1990.

陆有铨. 教育是合作的艺术[M]. 北京：北京大学出版社，2012.

洛克. 教育漫话[M]. 傅任敢，译. 北京：教育科学出版社，1999.

马卡连柯. 马卡连柯全集：第5卷[M]. 北京：人民教育出版社，1956.

马克思恩格斯全集：第40卷[M]. 中共中央马克思恩格斯列宁斯大林著作编译局，编译. 北京：人民出版社，1982.

马克思恩格斯全集：第42卷[M]. 中共中央马克思恩格斯列宁斯大林著作编译局，编译. 北京：人民出版社，1979.

马克思恩格斯文集：第9卷[M]. 中共中央马克思恩格斯列宁斯大林著作编译局，编译. 北京：人民出版社，2009.

马克思恩格斯选集：第1卷[M]. 中共中央马克思恩格斯列宁斯大林著作编译局，编译. 北京：人民出版社，1995.

马克思恩格斯选集：第2卷[M]. 中共中央马克思恩格斯列宁斯大林著作编译局，编译. 北京：人民出版社，1995.

马克斯·范梅南. 教学机智：教育智慧的意蕴[M]. 李树英，译. 北京：教育科学出版社，2001.

马佩. 辩证思维研究[M]. 开封：河南大学出版社，1999.

毛泽东选集：第1卷[M]. 北京：人民出版社，1991.

米·伊·加里宁. 论共产主义教育和教学[M]. 陈昌浩，沈颖，译. 北京：人民教育出版社，1957.

墨子[M]. 方勇，译注. 北京：中华书局，2015.

欧阳康. 主体性研究与哲学本性的探讨[J]. 学术月刊，1992(6)：49-53.

齐学红. 班级管理[M]. 武汉：武汉大学出版社，2011.

瞿葆奎. 教育基本理论之研究：1978－1995[M]. 福州：福建教育出版社，1998.

瞿葆奎. 教育学文集：智育[M]. 北京：人民教育出版社，1993.

让-保罗·萨特. 存在主义是一种人道主义[M]. 周煦良，汤永宽，译. 上海：上海译文出版社，2005.

饶跃进. 近年来我国学生观研究的述评[J]. 江西教育学院学报，2010(5)：40-43.

萨特. 存在与虚无[M]. 陈宣良，等，译. 北京：生活·读书·新知三联书店，1987.

桑新民. 当代教育哲学[M]. 昆明：云南人民出版社，1988.

施良方，崔允漷. 教学理论：课堂教学的原理、策略与研究[M]. 上海：华东师范大学出版社，1999.

石中英. 本质主义、反本质主义与中国教育学研究[J]. 教育研究，2004(1)：11-20.

石中英. 教育哲学的责任与追求[M]. 合肥：安徽教育出版社，2007.

石中英. 知识转型与教育改革[M]. 北京：教育科学出版社，2001.

石中英. 杜威的价值理论及其当代教育意义[J]. 教育研究，2019(12)：36-44.

石中英. 教育学研究中的概念分析[J]. 北京师范大学学报(社会科学版)，2009(3)：29-38.

石中英. 教育哲学[M]. 北京：北京师范大学出版社，2007.

舒志定. 教师角色辩护的基础与课题[J]. 天津市教科院学报，2006(1)：5-8.

宋恩荣. 范寿康教育文集[M]. 杭州：浙江教育出版社，1989.

宋学丰. 存在主义视野下学生观的观照与反思[J]. 辽宁教育行政学院学报，2013(2)：80-82.

孙灿成. 学校管理学概论[M]. 北京：人民教育出版社，1993.

檀传宝. 好教学之"好"其义不外乎三[J]. 北京教育(普教版)，2020(7)：24-26＋29.

汤因比，池田大作. 展望二十一世纪：汤因比与池田大作对话录[M]. 荀春生，朱继征，陈国樑，译. 北京：国际文化出版公司，1985.

陶志琼. 教师的境界与教育[M]. 北京：北京师范大学出版社，2006.

童恩正. 文化人类学[M]. 上海：上海人民出版社，1989.

涂尔干. 教育思想的演进[M]. 李康, 译. 上海: 上海人民出版社, 2003.

瓦·阿·苏霍姆林斯基. 让少年一代健康成长[M]. 黄之瑞, 张佩珍, 姚亦飞, 等, 译. 北京: 教育科学出版社, 1984.

汪明. 什么样的教学是好教学？[J]. 中小学教材教学, 2015(6): 35-38.

王策三. 教学论稿[M]. 北京: 人民教育出版社, 1985.

王承绪, 赵祥麟. 西方现代教育论著选[M]. 北京: 人民教育出版社, 2001.

王道俊. 主体教育论的若干构想[J]. 教育学报, 2005, 1(5): 3-17.

王鉴, 徐立波. 教师专业发展的内涵与途径: 以实践性知识为核心[J]. 华中师范大学学报(人文社会科学版), 2008, 47(3): 125-129.

王坤庆, 方红. 多重身份下的教师知识立场及其境界追求[J]. 教育研究, 2012, 33(8): 108-112.

王坤庆. 当代西方精神教育研究述评[J]. 教育研究, 2002(9): 89-96.

王丽琴. 当前高校班级管理的哲学思考: 罗尔斯政治哲学思想的几点启示[J]. 教育与现代化, 2005(1): 44-49.

王树凤, 叶绍梁. 论课程观的转变[J]. 复旦教育论坛, 2009(3): 43-46.

王有升. 理念的力量: 基于教育社会学的思考[M]. 北京: 教育科学出版社, 2007.

威廉·派纳, 威廉·雷诺兹, 帕特里克·斯莱特里, 等. 理解课程: 历史与当代课程话语研究导论(上)[M]. 张华, 等, 译. 北京: 教育科学出版社, 2003.

沃尔夫冈·布列钦卡. 教育知识的哲学[M]. 杨明全, 宋时春, 译. 上海, 华东师范大学出版社, 2006.

邬昆如. 哲学概论[M]. 北京: 中国人民大学出版社, 2005.

吴康宁. 教育社会学视野中的班级: 事实分析及其价值选择——兼与谢维和教授商榷[J]. 教育研究, 1999, 20(7): 42-52.

吴康宁. 教师应成为自身专业发展的主人[J]. 南京师大学报(社会科学版), 2015(5): 80-86.

武天林. 实践生成论人学[M]. 北京: 中国社会科学出版社, 2005.

小威廉姆·E. 多尔, 诺尔·高夫. 课程愿景[M]. 张文军, 等, 译. 北京: 教育科学出版社, 2004.

肖川. 润泽生命的教育[M]. 北京: 北京师范大学出版社, 2012.

谢夫勒. 人类的潜能: 一项教育哲学的研究[M]. 石中英, 涂元玲, 译.

上海：华东师范大学出版社，2006.

谢维和. 论班级活动中的管理主义倾向：兼答吴康宁教授的商榷文章[J]. 教育研究，2000，21(6)：54-59.

谢维和. 班级：社会组织还是初级群体[J]. 教育研究，1998(11)：19-24.

新课程实施过程中培训问题研究课题组. 新课程与评价改革[M]. 北京：教育科学出版社，2001.

许慎. 说文解字：附检字[影印版][M]. 徐铉，校定. 南京：江苏古籍出版社，2001.

雅斯贝尔斯. 什么是教育[M]. 邹进，译. 北京：生活·读书·新知三联书店，1991.

亚瑟·K. 埃利斯. 课程理论及其实践范例[M]. 张文军，译. 北京：教育科学出版社，2005.

杨小微，张天宝. 教学论[M]. 北京：人民教育出版社，2007.

杨兆山. 教育学的"个性"概念[J]. 中国教育学刊，1996(4)：16-18+64.

杨洲. 教师角色的厘定、期待与重构[J]. 继续教育研究，2011(10)：84-85.

叶澜，白益民，王枬，等. 教师角色与教师发展新探[M]. 北京：教育科学出版社，2001.

叶澜. "新基础教育"论：关于当代中国学校变革的探究与认识[M]. 北京：教育科学出版社，2006.

叶澜. 回归突破："生命·实践"教育学论纲[M]. 上海：华东师范大学出版社，2015.

叶澜. 教育创新呼唤"具体个人"意识[J]. 素质教育大参考，2003(4)：6-7.

叶澜. 深化基础教育改革三题[N]. 人民日报，2016-06-03(007).

于伟，王澍. 教育哲学[M]. 北京：北京师范大学出版社，2023.

袁贵仁. 对人的哲学理解[M]. 郑州：河南人民出版社，1994.

袁贵仁. 价值观的理论与实践：价值观若干问题的思考[M]. 北京：北京师范大学出版社，2006.

袁贵仁. 论哲学思维方法[J]. 哲学研究，1987(8)：34-41.

约翰·杜威. 民主主义与教育[M]. 王承绪，译. 北京：人民教育出版社，2001.

约翰·杜威. 确定性的寻求：关于知行关系的研究[M]. 傅统先，译. 上海：上海人民出版社，2004.

约翰·杜威. 我们怎样思维·经验与教育[M]. 姜文闵，译. 北京：人民教育出版社，2005.

约翰·赫伊津哈. 游戏的人：关于文化的游戏成分的研究[M]. 多人，译. 杭州：中国美术学院出版社，1996.

詹姆士. 实用主义：一些旧思想方法的新名称[M]. 陈羽纶，孙瑞禾，译. 北京：商务印书馆，1979.

张光陆. 教师核心素养内涵与框架的比较研究[J]. 宁波大学学报（教育科学版），2018，40(5)：101-106.

张军凤. 学生的身份认同[J]. 中国教育学刊，2012(8)：43-46.

张立文. 新人学导论[M]. 广州：广东人民出版社，2000.

张人杰. 国外教育社会学基本文选[M]. 上海：华东师范大学出版社，1989.

张汝伦. 作为哲学问题的"哲学"[J]. 哲学研究，2021(11)：44-54.

张诗忠. 生物进化与人类进化的比较[M]. 上海：上海社会科学院出版社，1997.

张淑清. 教育基本理论[M]. 北京：中国社会出版社，2008.

赵昌木. 教师专业发展的技术理性取向[J]. 当代教育科学，2012(13)：19-21.

赵婧，武晓楠. 课程即资源：信息时代课程本质探析[J]. 教育理论与实践，2011，31(34)：54-57.

赵克. 关于科学与哲学关系认识冲突的一个学理性反思[J]. 哲学分析，2011，2(4)：125-135.

赵汀阳. 赵汀阳自选集[M]. 桂林：广西师范大学出版社，2000.

赵祥麟，王承绪. 杜威教育论著选[M]. 上海：华东师范大学出版社，1981.

郑文樾. 乌申斯基教育文选[M]. 张佩珍，等，译. 北京：人民教育出版社，1991.

中国大百科全书出版社《简明不列颠百科全书》编辑部. 简明不列颠百科全书：第4卷[M]. 北京：中国大百科全书出版社，1985.

中国大百科全书总编辑委员会《教育》编辑委员会，中国大百科全书出版社编辑部. 中国大百科全书：教育卷[M]. 北京：中国大百科全书出版社，1985.

周玫. 德育与班级管理[M]. 武汉：华中师范大学出版社，2011.

周文叶. 让教师成为自身专业发展的主人：评《在经验和反思中成长——教师的案例开发与专业发展》[J]. 当代教育科学，2008(16)：61-62.

朱立明，马振，冯用军. 我国教师专业素养测评指标体系的构建[J]. 教育科学研究，2019(12)：80-87.

朱宁波，张丽. 国内外教师实践性知识研究述评[M]. 辽宁师范大学学报（社会科学版），2007(3)：66-68.

佐藤学. 课程与教师[M]. 钟启泉，译. 北京：教育科学出版社，2003.